（著者代表）内田健三
井芹浩文　曽根泰教
蒲島郁夫　高橋栄一
川戸恵子　成田憲彦
近藤大博　早野　透

この政治空白の時代

――橋本、小渕、森そして小泉政権

木鐸社

序文

政治の世界に大きな潮目の変化が見え始めた。永田町の「常識」を超えた小泉新政権の出現である。永田町の常識は「非常識」と化し、一般党員の「常識」が予備選挙を通じてストレートに反映されたのが二〇〇一年五月の政局劇だった。小泉純一郎氏を自民党総裁・首相に押し上げた背景に政治への強い不満・不信がある。これは自民党員にとどまらず、国民も共有しているものだ。

橋本龍太郎氏を推した橋本派は、こうした世論の変化を甘く見すぎた。職域党員や後援会に対する締め付けも全く効かなかった。永田町政治に典型的な情報操作、ポストの約束など旧来の手法を総動員したものの、どれも功を奏さなかった。

古い政治スタイルの限界ははっきりした。しかし、新しい政治像はまだ焦点を結んでいない。派閥にとらわれない人事や政策問題への直截な発言など、新しい芽は出ているものの、その可否はまだ判定できない。とりあえず旧来の手法を否定するところから始まった。それ自体は評価されようが、一つ間違うとすぐに崩壊しかねない危うさも併せ持っている。

こうした政治史的な節目にこの本を世に問うことには、いささかの逡巡もある。既に葬り去られようとしている「過去の政治」を論じているだけに過ぎないと感じる向きもあろう。「問題は新しい『小泉政治』『小泉革命』の可否であって、過去の政治ではないはずだ」との議論も成り立つ。しかし、「過去の政治」がどうだったのか。あまりにも忘れっぽい国民性こそは、古い政治が執拗に復権する下地を作ってきたのではないだろうか。過去の政治の功罪をしっかりと踏まえておくことが次の時代の政治を進める上で不可欠だと考える。それが、この本に採録した座談会の意義でもある。

この座談会のメンバー構成はちょっと変わっている。記者あり、編集者あり、学者あり。また記者といっても新聞社あり、通信社あり、テレビ局ありとさまざまだ。座談会参加者の構成の多様さが、この本で展開されたさまざまな議論に多面的な光彩を与えているとすれば幸いである。

かつて丸山眞男は生前、幾度となく「異業種間の交流」の必要性を強調していた。この集まりはそうした異業種交流に当たるとも言えそうだ。われわれは、現代の「政治」に対する関心という一事を結節点として集まり、議論したのだが、お互いベースが違うだけに、議論は思わぬ方向に発展するのが常だった。そこが面白い。座談会を編集して本の形にしたのも、何はさておき参加者自身がその議論から裨益するところ大きかったからでもある。

そもそも丸山眞男が異業種交流の必要性を強調してやまなかったのは、日本社会の「基層」に対する深い思いがあったのではないか。『日本の思想』のなかでも、日本のタコツボ型文化と西欧のササラ型文化の違いを鋭く指摘している。日欧の文化比較・思想比較というと、大げさに思われるかもしれないが、身近なところを観察してほしい。サラリーマンの多くが会社人間になってしまい、せいぜい同業他社の人間としかほとんどつき合わないというのはありがちなパターンだ。

バブル崩壊後の日本社会が閉塞感に陥っているのも、元をただせば社会全体がタコツボ化したためだろう。「社内の論理」あるいは「業界の論理」だけで物事を進めようとしたのが大きな壁にぶつかっている。近代の社会原理であるべき「開かれた社会」になっていないからだ。

その日本社会のなかで最も開かれていないのが「政界」である。「永田町政治」と揶揄される所以だ。国民にはほとんど通用しない、だから当然にも世界的にも通用しない論理が罷り通っている。森政権の行き詰まりも、森喜朗氏ひとりの資質・性格・能力に起因するわけではあるまい。小泉首相の登板は、旧来の政治総体の否定の意味を帯びている。

このメンバーによる座談会のスタートは一九九〇年代初めからだ。以来、十年以上続いている。その間、細川政権からその崩壊までを扱った『大政変』（東洋経済新報社）を一九九四年六月に刊行し、村山「自社さ」政権から九六年十月の総選挙・橋本政権続投までを対象とする『政治は甦るか』（NHK出版）を九七年にそれぞれ刊行した。

今回はこれに続く時代を扱っている。「空白の十年」と言われる一九九〇年代は、政治にとっても空白の時代だった。小泉政権の登場がこの空白を埋めて、政治に生気を吹き込んでくれるのか。即断はできない。こうした微妙な時期の出版を快く引き受けていただき、適切なアドバイスをいただいた木鐸社の坂口節子さんに感謝したい。また、本稿を座談会のテープから起こしていただいた新構想研究会の丸山朋子さんに、参加者一同を代表し紙上を借りてお礼を申し上げたい。なお座談会では、一部敬称を略させていただきました。

二〇〇一年四月二十七日

（井芹記）

目次

この政治空白の時代

——橋本、小渕、森そして小泉政権——

第一章　第二次橋本政権はまず何をしたか

報告者・井芹浩文（一九九七年七月二十五日）

総選挙を経て第二次橋本龍太郎《はしもとりゅうたろう》内閣が発足して以降、この半年の政治の動きをとらえ直してみたい。実際に起きたことを縦糸としながら、それを整理していく横糸として政界再編論、すなわち保保連合路線とか自社さ路線、それにリベラル再結集路線の三つの軸と組み合わせて整理して考えてみたい。

自社さ路線主導　第二次橋本政権初期はおおむね自社さ路線主導で運営された。途中で「(沖縄) 特措法政局」が四、五月にあって、そこで保保派が大きく台頭したかに見えたが、また盛り返されてしまう。しかし、まだ保保派の火種は残っているという状況ではないか。それに民主党・太陽党というリベラル勢力のか細い動きがまだ続いている。これはあまり過小評価もできないし、過大評価もできない。というのは民主党の発足以来、マスコミは民主党にかなり厳しい。日本新党のときにはえらく温かかったけれども、民主党には厳しい。実態としても伸び悩んでいるが、政界再編が今後行われていく上では保保派か自社さ派かだけではないだろう。

これら政党とレベルが違う国民の側の受け止め方の問題がある。ある面ではそちらの方が政治的な危機状態は大きい。政治離れとか投票率の低下とか無党派層の増大といった問題だ。国民がほとんど政治に期待していない。期待していないから良い政治にもならないという悪循環に陥っている。

第二次橋本内閣は、主導権を握った加藤《かとう》（紘一《こういち》）執行部の強い意向で自社さの枠組みを維持した。ただし、社さは閣外協力ということで閣外に去って二年半ぶりに自民党単独政権となったが、それをけんか別れじゃなくて最小限の影響にとどめようということに加藤執行部は意を尽くした。結局、与党協議機関に参加させ、実質的に与党に組み入れたとみていい。

加藤さんたちの自社さ派と梶山《かじやま》（静六《せいろく》）さんたちの保保派と、両方の肩に足をかけるというのが橋本政権の構造。第一次内閣もそうだったわけですが、結局、その基本構造は維持された。それは端的に梶山官房長官が留任し、加藤幹事長の更迭は一時期、話題にはなったが、更迭しきれず、双方留任の痛み分けで収まったところに表れている。

したがって、党の方の主導権は加藤さんが握り、内閣の方は梶山さんが握るということになったが、大きい流れでいえば、この七、八カ月間の主たる政権運営は加藤優位の展開になり、自社さ路線主導できた。その間に一九九六年末の予算編成、防衛費の切り込みとかがあった。新幹線問題に関しては族議員の台頭や地元利益優先など、従来の自民党的な体質がもろに出たが、いちおう予算編成は着地した。

順調な国会審議　九七年の通常国会での予算審議はきわめて順調に行ったと言える。その裏にオレンジ共済（注1）が事件として大きくなり、逆に、大事件になりそうだった泉井事件（注2）が尻すぼみになったことがある。このため新進党は受け身に立たされ、とても政府・与党を追及するという状況ではなかった。

マスコミ的には今ひとつ注目されなかったが、最近、橋本（龍太郎）首相も加藤幹事長も強調しているように、健保法改正案という問題が大きかった。だいたい健保法改正は「二国会必要」と言われていたものが一国会で通ってしまった。これは自社さという枠組みを考えたときに、特に社民党を取り込んだのが功を奏した。

組合健保では本人負担が一割から二割に倍増する。相当大きな負担増なんだけれど、社民党は与党ゆえにのまされてしまった。さらに民主党もいったん賛成に傾いたけれど、これは都議選とかの関係で途中で転身した。この健保法の動きを見ていると、自社さの巧妙さがうかがえる。もしこれを事前調整なしで国会に出せば、国会対策上、大変な作業を要するわけです。それが与党調整会議という形で事前調整を終えていることでうまく一国会で通してしまった。

財政構造改革会議　よく言われるように、与党協議機関というのは国対を与党のなかに取り込んだということだと思うが、その巧妙さ、ずるさというか、非常に効率がいいという意味で自民党の術中にはまっている。社民党の側の党益はどうなっているかという問題はあろうかと思うが、自民党からいえば最大限の党益が達成されている。

もう一つは、橋本内閣は六大改革を掲げたわけですが、その推進にあたって社さを取り込む。その第一弾が財政構造改革会議のやり方です。元首相、元蔵相というところで区切ったことで、村山《むらやま》（富市《とみいち》）さんと武村《たけむら》（正義《まさよし》）さんをそのなかに取り込んだ。それから中曽根《なかそね》（康弘《やすひろ》）さん、竹下《たけした》（登《のぼる》）さん、宮沢《みやざわ》（喜一《きいち》）さんを全部ラインナップにそろえることが可能な人選基準になった。結局、反対しそうな勢力は、ほとんどここに取り込んでいる。

与謝野《よさの》（馨《かおる》）さんも「財政構造（改革）だとこの陣立てで可能なんだけれど、省庁再編になると、そうはいかないんじゃないか」と言っている。行革も分野によっては難しいかもしれないけれども、少なくとも財政構造改革会議があそこまで着地できたのは、これまた自社さの枠組みの成功例の一つだろうと思う。

今後はもっと社さに対して厳しい批判が出てくるだろうし、この省庁再編だとか、特殊法人をつぶす案とかも非常に厳しいだろうと思うけれど、そういうのも社さを入れてやるのが得策というのが自社さ路線の考えだ。（社さを）外に出してやれば、結局、労使交渉的なものを国会のレベルでまたやらなきゃいかん。それを与党内でやった方が効率がいいという考え方だ。その考えに立っているのがＹＫＫ（山崎拓《やまざきたく》、加藤紘一、小泉純一郎《こいずみじゅんいちろう》）だというわけです。

それから、次の課題として沖縄の米軍用地の期限切れを目前に控えて特別措置法が必要だということで、橋本首相が特措法に踏み切るわけですけれど、この間にこれを材料にして保保派が台頭してくる。もともとは梶山さんが選挙前に「救国統一戦線」と言ったり、「問題ごとに連携していく」と言った伏線がある。中曽根さんは橋本内閣の課題である行革を捉えて「行革大連合」という考えを出して新進党と自民党の大連合と言った。それにはまた「普通の国」路線という国家主義的な考えで一致している者が集まるべきだという考えも含まれている。

亀井氏の変身　一月以降、四月の期限切れを控えての期間、かなめの役割を果たしたのは亀井静香《かめいしずか》さんの変身。これはどういう狙いでやったのか、いろいろ憶測があるが、亀井さんはいままで自社さの旗振り役、特に村山政権誕生の旗振り役だったわけです。それが変身して保保派にすり寄ったというか、保保派側に立った。

亀井さんは「日本の危機と安全保障を考える会」をつくって自民党と新進党の渡りをつけ、「亀井・小沢一郎《おざわいちろう》会談」を踏まえて、結局、沖縄特措法では四月二日、三日と「橋本・小沢会談」を行わせ、両党首で合意して特措法が圧倒的多数で通るという下地をつくった。社民党がどうしても反対するので、小差で通るようでは困るというのが保保派の考えだった。結局、そのときは（自社さ派の）加藤幹事長としてもしぶしぶ追認せざるを得なかった。

保保派はこれを次の政界再編への布石にしたかったが、実際には、それ以上は広がらなかった。橋本首相も直接、政界再編につなげて自社さを切って捨てるみたいな危険なことには踏み切らなかった。その後、七月の都議選で新進党が致命的な打撃を受けた結果、新進党としての動きができない。そうすると、それをあてにしていた自民党内の保保派も意気が上がらなくなった。

それじゃ今後、保保派は押しまくられるだけかということですが、まだその動きは終わっていないと思う。日米のガイドライン、すなわち有事法制がある。これは九月には報告書がまとまるが、報告書自体は臨時国会にかけるようなものではないので、まだ自社さの亀裂は顕在化しないが、（九八年）通常国会では有事法制を出すので、このへんからは問題が出てくる。行政改革も省庁再編の案を八月にはまとめて、結局、これも通常国会でのテーマだろう。

野党の行方　新聞紙上では「自社さか保保か」という見出しが多く、民主党とか太陽党はあまり新聞にも載らない。民主党は総選挙直前に発足したが、総選挙で伸び悩んだ。その後、橋本政権の発足時も結局、閣外協力にも行けないままということで、野党でも与党でもない「ゆ党」という言われ方をされている。

二人代表制というのは、どっちを優先させるのか。菅直人《かんなおと》さんは「閣内かどうかは別としても与党に入ってそこで注文つけていくべき」というのに対して、鳩山由紀夫《はとやまゆきお》さんは「野党的な立場で自民党とは一線を画す」という考えだろう。結局、その決着がつかないまま現在に至っている。（九七年）一月ごろには民主党と社民党、さきがけの統一会派構想も出たけれど、つぶれている。

もう一つは、総選挙直後に出た新進党の分党構想がある。保保派にいく分党の動きとリベラルな勢力が一つになる動き、あるいは旧公明党がまた戻って「公明」という勢力になるということを含め、分党構想自体が非常に複雑な動き、複雑な狙いと可能性を持っていて非常に面白かったと思うが、これそのものはつぶれた。

しかし、今も野党再編はこの延長上に動いているという感じもある。太陽党の発足は分党構想のゆえにじゃなくて、羽田孜・小沢一郎個人の感情的なものがあるけれど、「小沢路線にはついていけない」という勢力が分かれた。それから細川《ほそかわ》（護熙《もりひろ》）さん、あるいは細川さんに近い人たちの離党もその分党構想から発しているような感じがする。それから旧公明党勢力がひとかたまりになっていく。それから参議院の公明は（新進党に）合流してこないといったことも含めて考えると、新進党が現在のままじゃなくて分解・分散過程に入っているという気もする。

もう一つは、与党には入っているけれども、与党としてのメリットがあまりない社民党がどうするのか。伊藤茂《いとうしげる》さんは日本版の「オリーブの木」と言って、イタリア型の左翼リベラル連合みたいなものを構想しているんだけれど、これは全く広がりがない。案としてはいいようだが、結局、与党に入り自民党とくっついていながら「オリーブの木」もないだろう。

都議選では民主党もほとんど伸びないし、太陽党、新進党はゼロだし、社民党は激減するということで、（自民党への）対抗勢力はほとんど頼りにならない状況にある。ただ、頼りにならないんだけれども、逆に、保保派的な勢力、国家主義で行くような勢力が一つにまとまるとすれば、それに対抗する勢力としては、いまの民主党なり太陽党なり社民党が路線的にもイデオロギー的にもまとまらざるを得ない。人材的に（強力な）結集軸はないし、弱いなりにただまとまるというだけかもしれないが、そういう動きは決してゼロではないだろう。ただ、消え行くのみというんではないと思う。

内閣支持率の回復　それから最後に一言加えておきたいのは、政界再編というと、政党のリアライメント（再編成）に目を奪われがちですが、現在、むしろ危機的なのはそういう政党の側のいろんな動きそのものが不信感を持たれているということです。これは投票率の低下とか無党派層の増大ということに表れている。例えば共産党が（都議選で）伸びたのもその裏返しであり、既成の与党とか、それに対抗する野党にも飽き足らないということで共産党を伸ばした。

一方、そういうなかで世論調査で見ると非常に不可解な動きもある。例えば橋本内閣支持率は五〇％以上に回復してきている。自民党支持率も回復している。それから新進党支持率は急落して、民主党の支持率と同じぐらい。議席では百五十議席対五十議席で三倍ぐらいだけれど、支持率では同じぐらい。新進党はもう政党支持率のレベルでいくと、解体寸前になってしまっていると思う。

それから実は政治改革が目指していたというか、予想していた二大政党制というものの国民の側の支持基盤は形成されていない。二大政党制がいいというわけでもないし、三大政党制でも、穏健な多党制でもいいのだろうが、問題はいまの国民世論がどういうものを想定して動いているかが不明確だということです。

「一九五五年体制」でいうと、自民党支持が三割から四割、都市部と農村部で少し薄い厚いがあって、社会党が一、二割という支持基盤を持っていた。まあ公明党は一割の支持とかいう区分けで、それに応じた議席数があった。それが自民党の一党支配が続いてきた理由でもあるわけですが、今後、それがどうなっていくのか。自民党は一時、二割五分ぐらいまで落ちて「四分の一政党」になっていたのが、いま「四割政党」に回復している。四割政党ということは、選挙になれば五割ぐらい取れる。小選挙区であるとだいたい勝てるという状況にある。そういう目で見たら、この前の総選挙での二百三十九議席は案外厳しい結果だ。逆にいうと、新進党は政党支持率からいくと、目一杯伸ばして頑張った。ただ、自民対新進という相対的な枠で見ると、新進党が負けたことには変わりない。

総選挙時には二大政党にある程度歩み出したんだけれども、その後はむしろそういう二大政党的な動きにはなっていない。自民支持は依然あまり変わらなくて、他党の支持がどんどん下がっていく。ということは、自民党が相対的に有利な立場になっていく。この前の都議選もそうだったけれど、自民がいいわけじゃなくて、他党が悪くて自民が議席が取れちゃう。そういう状況ではないか。

▽与党マジック、でも選挙は恐い

内田　少し議論してください。成田さん、どんな感じですか。

成田　事実の流れはそういうことでしょう。ただ、私が感じることは、政界再編とか政治過程論よりも、むしろ政治システムに関係するかもしれないけれど、この一連の流れのキーワードは「与党」ということだろうと思うんです。第二次橋本政権が発足するとき、マスコミでも非常に議論されたのは「社さが閣内に入るのか、閣外か」でした。閣外とは「閣僚は出さないけれども、首班指名では投票する」という意味です。

そのとき盲点だったのは、「与党」という概念がぜんぜん表に出なかった。ところが、その後になってみると、与党というマジックがあった。議席を減らした社民が閣僚を取ったってどうせ一ポストですね、あと政務次官一人か二人ということで、閣内とか閣外というのはそれほど実質的意味はない。うまみがあるのは、やっぱり与党ということだった。

与党が協議機関を作ってやる法案や予算その他政府の施策の事前審査というのは大変なうまみがあって、官僚が書類をもってご説明に来るわ、根回しに来るわ、支持団体に対しても「それじゃこんど与党協議で話してみよう」とも言える。党のみんなが与党の恩恵を受ける。与党という魅力ある地位にいれば、閣外・閣内なんてほとんど関係ない。この与党という地位が民主党や他の政党や、さらに保保ということで新進党にまで、その磁力を及ぼしたというわけでしょう。

新進党の側も小沢戦略が手詰まりで政権の展望がない。イギリスの労働党は十八年間、野党の冷や飯を食ってこんど大勝利を収めたけれども、日本の野党はどうして臥薪嘗胆できないのかと思う。総選挙が終わってから半年も経っていないのに「野党暮らしは大変だ。このままではもたない」ということで保保路線が出てきて、特措法の「橋本・小沢会談」なんかやると、新進党の若手議員も与党になったつもりで予算でも何でも通しちゃったというように「与党」マジックがものすごく利いている政局、政治過程なんですね。うまみとか居心地の良さを考えると、閣内よりも圧倒的にこれは与党なんですよ。

一方で、選挙を考えると、与党のままではうかうかいられないというのが社民党に出てきている。もっとも、こちらの方は少し時間がある。与党のうまみと選挙の間で股裂きになっているのが与党に入っている社民とさきがけ、そんな悩みをうらやましいと思っているのが新進党、ふんぎりがつかないのが民主党というのが、いまの構図だと思うんですね。

井芹　それが与党マジックですね。

成田　ええ、与党マジック。だいたい日本のように与党が権力を持っている政治システムは先進国にはない。みんな政府が力を持っている。政府法案をまず与党で審査して政治的調整を済ましてしまうという政治システムは、日本以外にないんです。みんな法案が議会に提出されてから、もし与党として不満があるなら、議会審議手続きのなかで、与党修正や与野党共同修正をするんであって、与党がこんなふうに内閣の政策決定過程にタッチしているのは極めて日本的なシステムですね。

しかし、来年（一九九八年）の参議院選挙もだんだん気になってきて、その先も考えなきゃならないわけです。（九七年の）都議会選挙でも社民党はやられちゃった。共産党は確かに一貫して野党の立場でそれなりに成功している。そういう刺激もあるなかで、選挙を意識して与党や野党の立場をどうしていくかが、いま出てきているポイントだろうと思う。

ただ、非自民再結集は失敗続きなわけです。数合わせはいろいろやって失敗しているから、こんどは数合わせじゃなくて、ある程度基本政策で一致する野党の形成ということにだんだん議論が進みつつあるんだろう。自民党は内部では自社さか保保かという永田町の暗闘めいたこともやってはいるけれども、どちらも「自民党自体は利益誘導でやっていけばとりあえずいい」と思っている。要するに何をやっていけばいいかという一応の指針は自民の方はあるわけだから、野党の方が今後どうしていくのかということがこれからの見所になるんだろうと思う。政治力学的にもだんだんそういうふうに動いていくんじゃないかという感じがしているというのが、とりあえずは私の感想ですけれども。

▽野党機能を果たさない野党とマスコミ

内田　曽根さん、どうですか。

曽根　井芹さんと成田さんの話と結論的には似ているんですが、前提のところを少し話すと、小選挙区比例代表並立制をなんのために導入したのかということと、連立の組み合わせで大連立的な発想が出てくるというのは大矛盾じゃないかということです。比例代表制を入れると、大連立しようとなるのは理の当然なんですよ。そもそも大連立は比例代表だから成り立つ話なんです。しかも三党、四党足して妥協して政策もつくるというのが連立構想。それをやるためには比例代表制じゃなきゃだめなんですよ。

ところが、政治改革の方は小選挙区を中心にした厳しい政治的な対立を前提とする、めりはりのある政治をやろうとしたわけですね。にもかかわらず、選挙の結果、保保連合とか大連立とか行革救国戦線というような発想が出てくるというのは何だか分からない。これがまず大矛盾の一つですよ。

もう一つは、改革の前提は政党の役割を非常に大きくみたということ。政党の役割を前提とした政治にしなければ小選挙区にしろ、比例代表にしろ成り立たないが、政党の組み合わせの話が中心で――これは成田さんと結論は一緒なんですが――政党内の話はほとんど手つかずなんです。むしろ事態は前より悪い。野党に至ってはさらに悪い状態になっている。

そのときにキーワードが「与党」だという成田さんの指摘はそのとおりだと思いますが、この状態を五五年体制と比較してどう見るかというと、五五年体制でも当初、社会党は少なくとも自民党の二分の一の議席があったわけだけれど、ずうっと逓減傾向。最後は七分の一にまで減ったわけですよ。それは何かというと、野党の多党化、野党の弱体化なんです。それが五五年体制の大教訓なんです。その教訓がぜんぜん生かされていないんですね。

　さらに、いまは野党が弱体化するだけじゃなくて野党側から自民党に入っていくわけです。これは五五年体制にはなかった現象なんです。だから佐藤《さとう》誠三郎《せいざぶろう》氏は「一党優位だ」と言うけれども、私は別の言葉で「これは総与党化だ」と言いたい。総与党化というのは、地方議会に典型的に見られた現象ですね。つまり、権力とポスト、つまり利権ポストをみんなが総がかりになって食い合うというやり方になっちゃうという最悪の形態です。

井芹　それが都議会方式なんだ。

曽根　実は権力が集中するのは政治改革の結果でもあるんです。例えば政党でいえば派閥と族議員の役割が少なくなってきて、幹事長の影響力はものすごく強くなる。総裁、幹事長の役割が大きくなった。実利のところでいえば、政党助成金を含めて幹事長の役割が非常に強い。ですから党内の権力にもすり寄るし、政党間でも権力に寄っていく。

つまり権力をどこに見るかですね。与党というポジションから見るのが成田さんのさっきの指摘で、僕は僕なりに与党というか利権的な権力構造のある種、復活の兆しを見ている。こっちだけを見ると、日本は先行き真っ暗なんだけれど、もう片方、橋本内閣は六つの改革を約束し、これをやらないと政権維持できないというそっちの側面もあるわけですね。だけど、今はあまりにも実利的なところが中心だ。さっき野党意識という指摘があったが、野党意識というのはもっと毅然としていていいんですよ（笑）。今のはあたかも浪人のような意識なんですよ。野党は浪人じゃないはずです。浪人というのは選挙に落ちた人、大学に入学できなかった人が浪人。ところが、野党にいるというのは何か浪人しているみたいな発想なんです。だから政党を変えるというのは平気で、普通なら慶応をやめて早稲田に行くなんていうのはあり得ない。本来はいっぺんやめて受験し直して入るのが普通なのに、裏口から編入しちゃう。これが現実に起きているわけでしょう。

　そこが非難されない。その非難されないところは、マスコミがものすごく甘い。五五年体制下の方がもっと権力に対して厳しかったですね。ところがいま、権力の核が見えないがゆえに、マスコミは異常な行動を取っている政治家たちをきちんと非難しない。当たり前だという言い方ですね。それでかなり同情しちゃうわけですよ。そういう点で五五年体制がなぜあんなに長期に続いたかというと、野党は弱かったけれども、マスコミがきちんとしていた。マスコミが野党機能を果たしていたんです。いまはマスコミが野党機能を果たさず、野党が野党機能を果たさない。これは非常に危険ですね。

井芹　残りは外圧だけとかいう話がある。

曽根　そう、そういう話でね、それでいて課題が山ほどあってどうするのか。（金融）ビッグバンなどは外圧で動くけれども、それ以外では、与党的な権力は強いはずなんです。強い権力を使えば改革ができるはずだけれども、そうはいかないわけです。ですから財政構造改革会議はシーリングをちょっと厳しくした程度。マイナス・シーリングを財政構造改革と呼び代えるような話になっている。そこを厳しく見ればいいのに、話が政党の組み合わせにほとんど集約されている。マスコミ批判をついでに言うならば、それは政治部がそこに興味があるということでもあるんです。

じゃ、どうすればいいのか。その（与党と）逆のリベラル勢力にしろ新進党にしろ展望がない。展望がないから戦略が立っていない。自民党の方に戦略があるかといったら戦略はない。ないけれども、利益と利権というのはあるから、現状維持で必然的にみんなが寄ってくるわけですね。こんなにはっきりとした構図が見えているのに、片方の野党側が展望も戦略も立てられないというのはどっかに構想力の基本的な欠陥があるんじゃないかと思いますけれどね。

▽野党に必要な「やせ我慢」

内田　いかがですか、川戸さん。

川戸　曽根先生がおっしゃったように、小選挙区比例代表制になったんだから政党の方がきちんとならなきゃうそなんです。でも、自民党に残った人たちは小選挙区制に反対だったわけですよね。「自分たちは中選挙区制がいちばんいい、そのもとでの自民党一党支配というのは非常にいい。そのノウハウを持っている」と。だから自民党は今までのやり方でやっていいわけですよね。それでうまく成功している部分もある。

だからそういう意味で、二大政党制をつくってきちんと戦略を立てるのは野党の責任、自民党以外の責任だと思うんですね。ところが、それを誰も、どこの政党もやっていない。なおかつもっと悲惨なことに、いちばんそれを言って飛び出したはずの小沢さんがまたああいう形で（自民党と）結びつく。「議会で議論を」と言っていた人が、国会での議論を全く飛び越して橋本さんと会談をして特措法を通してしまう。全く自分たちのやっていることと言っていたことがちぐはぐなわけですよ。

曽根　そこはもう加藤紘一と対照的ね。加藤さんは「もともと中選挙区論者だった。だから政治改革にはぜんぜん期待しない」と。結果は「自社さで、要するに実利のところで現状維持という戦略を立ててなぜ悪い」というところだと思うんですよ。

川戸　まさにそうなんです。理論も政策も違ってもそれぞれすり合わせて実利を取ればいいじゃないかというふうに。

井芹　原理原則では、基本的に細川政権が打ち立てた総改革路線を踏襲している。

成田　そうですよ、その枠組みはね。いま橋本さんの「六つの改革」にしても、これは政治改革、あるいは細川政権の改革路線の延長線上なんですよ。政治改革をやらずに中選挙区制のままで「六つの改革」や（金融）ビッグバンをなし得たかというと、これはやはりできなかったろう。これをやらなければ政権交代が起きるという危機感に駆られて、自民党なり橋本さんが必死に取り組んでいるのであって、これだけの改革を余儀なくされているのは何といっても政治改革のプラスの効果ですよ。ところが、肝心の野党が弱くなると、自民党側が「これは手を抜いても大丈夫だ」ということになってしまう。

井芹　橋本さんは、仮想敵として非自民勢力・改革勢力を想定してやっているんだけれど、その肝心の仮想敵の側はもう分散しちゃって力がない。そうすると、橋本さんの一人試合で勝ちを占める。

曽根　そうなると、あとは官僚と労働組合をどうやってだますかという話になってしまうわけですね。

井芹　福沢諭吉が「やせ我慢の説」を唱えているが、野党というのは一定期間はやせ我慢が必要だ。英国労働党だって政権を奪還するまで十八年（野党を）やっていたわけだから、少なくとも二、三年、もう一回か二回の選挙は、やせ我慢してやってもらいたいなと思う。自分たちの言った政策にしても与党すり寄りじゃなくって、自分たちの考えを訴え続けてほしい。

　この前、森喜朗《もりよしろう》さんに話を聞いたら、小選挙区の緊張感は意外にも政治家自身が強く感じているんだなというのがよく分かった。たまたま大きな政策変更や失策があったときに選挙を迎えたら、全部変えられちゃうわけです。オセロゲームと同じで、二百三十九個の黒だったのが百個ぐらい白に変わっちゃう。その緊張感を政治家は感じているわけですね。われわれは選挙をやっていないから感じないんだけれど……。

　例えば総選挙になったときに、橋本首相のスキャンダルが出たりしたら、もうどうしようもない。小選挙区だから、「私は自民党だけど、小渕派ではありません」と言うわけにはいかない。自民党議員は全部、自民党の政策の結果を担がされるという意味で、それは次の選挙で厳しい審判を受けるわけだけれど、どうもそこまで野党が痩せ我慢できないのが心配だ。野党になったんだから焦る必要はないのに焦りすぎている。

成田　さっき「キーワードは与党だ」って言ったのは、逆に「野党」というワードが日本の政治には欠けているということでもあるんです。

井芹　そうなんですよね。

成田　政治改革以前には、戦後一貫して続いていた保守対革新という非常に硬直した体制選択イッシューのおかげで、有効に機能する野党というものがなかった。また政治改革後も本来期待した野党機能が創出されていないことが非常に問題なんですね。野党とは何かというといろいろあって、責任野党論というものもあるけれども、私は野党の基本機能は批判機能だと思う。

川戸　そういう意味では、やはり細川政権、羽田政権のときの自民党というのはしっかりした野党だった。対案があって……。

成田　うん、しっかりした野党でしたよ（笑）。まあ、裏もいろいろあるんですけれどね。

曽根　手練手管がうまかったですよ。

井芹　今の野党はあのときの自民党ぐらいやってもらわないと。今の野党の国会対策、国会追及はあまりにもお粗末ですよ。

成田　ただ、一度いろんなものを解体しなければ再編が進んでいかないのは事実で、最大の問題は自民党が解体しないことなんだけれども、それはともかく、まだ再編は進んでいくんじゃないかと個人的には思いますけれどね。

曽根　だから長期で見れば、小選挙区比例代表を導入したんだから、大連合なんていうのは選挙区レベルではあり得ない。これは一つの歯止めなんですね。ただ政党、特に小沢さんが考える「保保」というのは何なのかということ、菅直人が考える「責任野党」とは何なのか、これを整理しておく必要がある。野党論で見たら、いま日本で出ている野党論というのは小沢と菅でしょう。しかし、責任野党論というのは国民からも支持されなかったと思うんです。与党論は「ゆ」党を唱えた鳩山だったと思うけれど、与党論も支持されなかったと思う。じゃ、どうするのということ、改革派・リベラル勢力がその拠って立つポジションを決めるのがポイントじゃないかと思うんですよ。

もう一つは、小沢さんの保保連立は自民党内を揺さぶるという作戦が基本的にあるわけです。だけど、これは非常に危険な戦略で、相手を揺さぶる前に自分の（党の）なかを揺さぶっちゃっている。事実、ダメージは党内の方が大きかったわけですよ。だからこんな危険な戦略を取っていいものかというのが一つある。そのときに与党論、責任野党論、それに自民揺さぶり論の三つあるけれども、これ以外に取るとしたら何なのかというのはもう一つはっきりしない。

▽公明が全国政党本部を残したい理由

井芹　政界再編について少し展望を話してもらいたいんで

すが、いかがでしょうか。

成田　まず幾つかの要素がある。政治改革をやった教訓の一つは「非自民」の数合わせで集まってももたないということ。だから数合わせをしてない共産党が伸びているわけだ。じゃ、二大政党なのか穏健な多党制なのか、あるいは内田先生もおっしゃられる「ソフトな二大政党制」か。別に本当に二つだけの政党じゃなくても、政党が分かれてグループ的に与野党の連合体を形成する形になればいいというういろいろな選択肢がある。いずれにしても核になる基本的な政策スタンスで一致していなければならないわけで、数合わせ的なくっつき方というのは反省が出てくるんだろうと思う。

それで個々の政党を見ていくと、まず危機度は民主党がいちばん高い。さきがけ系と社民系、特に横路（孝弘）さんを中心としたグループがなかなか難しいという問題がありますね。二つ目は新進党ですが、新進党にとっての大きな要素は、公明が合流してくるかどうかで、どうもいまの見通しでは公明は合流しないんじゃないか。実は公明の側にちょっとした議論があるという。いま公明は参議院議員を抱えているから全国政党であり、信濃町は全国政党の本部なんです。ところが、新進党に合流しちゃうと、信濃町は全国政党の本部じゃなくなる。「国会等の周辺の静穏の確保に関する法律」というのがあって、全国政党の周り何キロかは右翼の街宣車は近寄れない。しかし全国政党でなくなると、信濃町は右翼の街宣車が自由に入れるようになる。

井芹　徹底的に（街頭宣伝を）やられるんですね。

成田　あそこを全国政党の本部で残した方がいいという議論がトップレベルの間にあるという話がある。まあ、本当かどうか分かりませんし、それが理由というわけではないでしょうが、公明が新進党に合流する見通しは暗いと思いますね。

曽根　全国政党というのは国会議員がいないとだめなんですよ。国会議員何名という規定があるんですか。

成田　一名でも残しておけばいいんだけれど、不自然ですね。都議選での新進党の状況を見ても、公明が合流しない新進党は選挙での力が半減する。総選挙はとりあえずいまの形でも戦えるけれど、参議院選挙が問題になる。公明が将来的に合流してくるという展望が立たなくなると、これは新進党内に動揺をもたらす問題ですね。そうすると、民主党と新進党はそれぞれ解体する要素を持っている。まあ、価値判断や評価を離れた見通しの問題としていくと、そのへんで再編は起こらざるを得ないんだろうという気がしますね。

それでどういう形になるのか。小沢さんとそのシンパが五十人とか八十人というかたまりで例えば自民と連立するとか……。ところが、自民党の自社さ派はこれをものすごく嫌っている。というのは、「政策的に完全に小沢さんに牛耳られちゃう。自民党の旧経世会と小沢新進党で政策を全部やられちゃう」ということで猛烈な危機感を持っている。どうなるかはちょっと分からないんだけれども、小沢さんたちのグループが独立した方が結局、保守系から中道系と旧社民系とに再編されていく形になっていく。それがいちばん自然だし、そういう力学が働くという感じがしている。

井芹　いま社民党は与党側に入っているんだけれど、路線的には民主党や太陽党なんかとも近いだろうし、新進党の残りの部分、あるいは細川さんの一派とは大まかな合意ができるんじゃないかな。

成田　そのカギは（一九九七年）八月の軽井沢ですよ。八月の軽井沢でどういうことが起きるのか。それで即、完成作品にはならないと思うけれどね。完成作品になるのは来年（九八年）の通常国会でしょう。

川戸　細川さんはかなり及び腰のようじゃないですか、いまのところ。

成田　細川さんがどうするかは分からないけれど、いずれにしても八月の軽井沢で一つの見通しが出てくるんじゃないですか。

▽橋本評価は幻滅に変わり、新進党は割れる？

内田　この総選挙後の半年は、もう野党はメロメロで、自民党一方勝ちという話になっているんだけれど、私は希望的観測も含めて必ずしもそうじゃないと思う。それは自民党・平家の奢りは頂点に来ている。もうこのへんが頂点ですよ。それは何かというと、要するに橋本改革というのが受けてる。いまバカ受けしているわけですよ。

井芹　五九％の内閣支持率ですね。

内田　その五九％が私はくせ者だと思っているんだ。もう絶頂ですよ。それは期待感なのね。やたらと店を張って、（金融）ビッグバンはやる、確かに次々にやっている。だからバカ受けしている。ところがこれからは支持率が下がっていくと私は思うんですよ。それは秋の臨時国会で行革が退化すれば幻滅するところが多い。だから一方勝ちのままで行くとは思わないんだな。

つまり、細川さん以来の経緯で「改革だあ」という。これは実に見事にやったわけだけれど、これは魔法の箱、パンドラの箱。開けたら何が飛び出してくるか。野党がむちゃくちゃであることも事実だけれども、これからは九月に自民党がひと騒ぎして、そしておそらくビッグバンは片づけて臨時国会に入っていくでしょう。臨時国会の二、三カ月で、世論というのは当てにならんから、変わってくる。その下降期のなかで政党再編が進むわけですね。

政党再編では、自民党が割れることはあり得ないんだけれども、まず新進党が割れますね。で、いま民主、太陽、新進の一部で話が始まっているんだけれども、これはまず役者がいない。だからひそかなる細川待望論というのがあるが、私は、いま細川に対しては非常に厳しくてね。(細川氏が)ひそかなる待望論があるとか思って軽井沢で派手なことをやったら、もういっぺん叩かれる。つまりオレンジ共済事件で相当きついボディ・ブローが利いていると思っていましてね。だから細川氏は後ろからついていくという形でないとだめなんだよ。いつまでも後ろからついていって、突如として脚光を浴びるというのは非常に難しいと思うけれども、半年は隠忍自重しないとだめだと思う。

いずれにしても、改革会議の三党は、いま成田さんが言ったようにもうめちゃくちゃ。五十人持っている民主党がもう既に五十人の力なんかありゃしない。それから太陽党の十人だって、半分は自民党に戻りたい人もいる。こんどは新進党がどれだけ来るかとなると、私は小沢・新進は公明と手は切らないと思いますね。そうすると(公明系が)四十五人。それから衆議院で言うと、民社系が二十五人。いま合計で百三十四人まで落ちているからね。そうするとこれもばらばらだけれども、公明、民社がついていかないと、小沢組は五十から六十人というところですよ。半々になればちょうどいいところになると思うね。それが民主党の五十を基礎数にして積み上げると、これが百を超す、そうすると、小沢新進は百を割る、という図式が年末ぐらいにどうですか。それは民主党なるものが一体何であるかということと関係してくるね。

井芹 まず政党再編の前に野党再編ですね。

成田 そう野党再編が重要なんですよ。

内田 野党再編は耐えられないということで小沢の方が先に保守連合をやるか、やっぱり小沢が百近く握って、出ていくのが四十、五十いて第三党をつくる。本当につくるのかはまだ分からないけれどもね。

川戸 自民党と小沢さんとそういうふうにうまく手を組めますかね。

内田 いやいや、組むというのは合同するわけでも何でもないですよ。

川戸 合同するんじゃなくてもですよ。

内田 そこでこれ、すべて改革なんですよ。改革というパンドラの箱を開け始めると、中曽根の言う「改革大連合」でしょう。改革大連合の方が本物と国民が思うか、それともこんどの(野党の)改革会議が改革の錦の御旗を取れるかということだね。

川戸 そんな比較は、国民はしないと思いますけれど。

成田 さっき与党のアドバンテージという話をしましたけれど、実はこれから与党はものすごく大変で、支持率は改革をやらなくても下がるし、やればうんと下がるんですよ(笑)。だから野党は「改革」なんていう旗はいったん降ろして、「やり方が悪い」「改革が不十分だ」と批判するフリーハンドを確保していた方がよっぽど利口だと思うんです。

内田 橋本改革というものはこれからだんだん料理が出て

くる。これに対して片や保守連合派と片や改革連合派がどういう戦い方をするかによって決まると私は思うな。

成田 これからの与党は実績が数で見えるんですよ。国債残高二百四十何兆円、これをいくら返したか、消費税率は何%で止めたか、年金はどれだけカットを少なくて済ませたか、というのも全部数字で出てくるわけです。だからこれからの与党、政権というのは大変なんですね。

内田 大変ですよ。

成田 だから野党はきちっと野党をやっていれば、黙っていても相対的に非常にいい地位に来るんですよ。しかも五五年体制の野党と違って、総理経験者もいれば、大臣経験者もいっぱいいる野党というのは……。

内田 ところが、それが四弱でそれぞれの党がまたばらばらでしょ。野党が押し合いへし合いするのはもうしようがないが、秋の関ケ原の頃にどういう攻め方を野党がまとまってやるのか、右と左からやるのか分からんけれどもね。

▽対抗軸にならない「改革」

曽根 「改革」がもう一つのキーワードであることは間違いない。問題は対抗軸で、かつての「小沢改革」対「自民守旧派」というのは、かなり分かりやすかった。ところが、いま自民党が改革派になっているわけです。橋本改革がメーンだということでずうっと動いている。これに対する小沢改革が若干色褪せている。

ましてやリベラル派と称する民主党をはじめとするグループが改革を口にするんだけれども、いまの改革派の主流は、基本的には経済メカニズムに則った、つまり市場原理をうまく導入しながら改革していこうというグループですよ。それでいったら社民党も自民党も本来、(改革は)いやなんですよ。だけれども、基本的には改革に乗っちゃっているから、それに対抗するグループがかつての社民主義を唱えても、福祉国家を唱えても、対抗原理にならない。そうすると、市場メカニズムに対抗する対抗原理を出せるか。

これは社会保険というか、健康保険を考えてもそうなんですよ。健康保険のなかでいちばん威勢のいい議論をしているのは医療の現場を全く知らない経済学者なんです。経済学者がばさっと言う議論の方が医者だとか健保連の連中よりも勝っちゃうんですよ。それは健康保険にも当てはまるし、行政改革にも当てはまるし、財政改革もみんなそうなんですよ。そのときに「経済学者の議論は間違いよ。そうじゃないこっちから行け」という反論を誰が立てられるかです。菅直人は立てられない。鳩山も立てられない。そこにリベラル勢力の弱さがある。

内田 これは自民党のある有力な、どっち派か分からん人が言うんだけれど、「この秋の入口の問題はガイドラインじゃない。医療改革だ。医療改革が最大の争点になる」とね。医療改革も六大改革の一つ。社会保障改革としてね。

川戸　自民党執行部の人というか、リベラル派はみんなそう言っているんです。ところが、いわゆる保保派の人たちは全然別な次元で、それこそ「国家観とかガイドラインが大切だ」と言う。だから「行革」と中曽根さんおっしゃいますけれども、それは何か違うんですよね。

内田　だから小沢組は「日本再構築プラン(注3)をよく読んでくれ。本当の意味の改革を必ずやるんだ」と言うんですね。ところが、悲しいかな、小沢につきまとっているイメージは「改革という旗印を自民党をつぶすために政略的に使った。政策路線はそうかもしらん。しかし、小沢の経世会体質、これからあの乱暴な政治手法を見れば何が改革だということになるんだ」というわけ。だから必ず秋には保守連合の方の非改革派が出てくる。

片や、じゃ、こんどの中道連合はどうかというと、ここで出てくるのが連合ですよ。労働者つまり社民党だな。だから私は社民党と民主党はいまは何か対立しているように見えるけれど、横路と鳩山がどう違うか。鳩山の話を聞いたら、それは経済界の人たちに対して言ったんだけれど、「やっぱり弱い者の立場」ということを言うんだね。そう言えば、それは社民的になる。あのグループはそれがあるんですよ。

だから保守派から言わせると、「(自社さ連合は）必ず最後は弱者の立場になる」という。まあ、医療改革がそうですわな。それから「地方分権いやだ」と自治労が言い、「郵便局（の改革は）いやだ」と全逓が力を持ってくるから、保守連合から言わせると「あちらの改革はできっこない」と。橋本自身も腰砕けになると私は思うんだよ。そこが三つ巴みたいになってきて、その三つ巴がこんどは政略的なレベルで編成されていくのか、非常に複雑な方程式になるように思っているんだけれど、どうですかね。

曽根　もうかなり見えているところは郵貯など郵政三事業。このあたり、渡辺恒雄《わたなべつねお》さん（読売新聞社長）あたりが徹底した民営化路線で突っ走るのかと思ったら、もう触れずに済ませようとしちゃっている。そうすると「これもやらず、あれもやらず」という話が出てくるわけですね。

内田　出てきますね。

曽根　やっぱり日本開発銀行と北海道東北開発公庫の統合のような例だけでは国民は納得しないですよ。それで何らかの成果をどう出すかというと、エージェンシー（独立行政法人）で行くというのは基本的には苦しいと思う。エージェンシーだけでは目玉にならない。そうすると、どっか大きなところをやり玉にあげるしかない。それはまだ見つかっていないわけですね。だから行革は、橋本が問われるんじゃないか。「橋本が悪いんじゃなくて、労働組合の方が問われるんじゃないか。「橋本が悪いんじゃない。組合が悪い、公務員が悪い」と、そっちに批判が集中するんじゃないか。

井芹　郵政一家が悪いということね。

成田　しかし、それはやっぱり「首相の指導力がない」ということになりますよ。

内田　だから橋本（人気）が低下する方向であることは間違いがないが、それじゃ、どこが「ああ、見事に橋本をやっつけた」となるかというと、勝利者がいないんだな。

成田　それは、数字で評価しやすいテーマばかりだから全部数字で評価していけばいいんじゃないかということですよ。数字が良くならなければ、それは与党に対する批判になり、相対的に野党が浮かんでくる力学ができる。で、政権交代してやらせてみてやっぱり数字が良くならないとまた政権交代……。

曽根　だけど、それは三十年というワン・ジェネレーションの単位の話ですからね、（自民党の）先延ばしという手法は見事だからね（笑）。

成田　ただ、先延ばしもそろそろ二〇〇一年ぐらいまでがデッドラインですからね。

内田　橋本論がだいぶ賑やかだけれど、本当にかっこよく見栄を切りすぎた、と思うよ。しかしそれはマスコミに戻ってくるよ。「マスコミがなんでちやほやしたんだよ」という自己反省を込めてやれるかどうか。新聞はやっぱり「まあ、やると言ってもこんなもんさ」みたいなことになるんじゃないの。

川戸　いや、マスコミは初めから期待してない。

成田　いやあ、「こんなもんさ」というところに落ち着けば立派なもんですよ。焼け太りだとか、大公共事業省だとか、「何だ、これは」という話になりかねない。

曽根　ぱっとすぐ気がついて「これは何だ」とマスコミが怒ってくれればいいけれど、怒らないんじゃないですか。「いやいや、行革ごもっとも」と言う。見ると、数が減っているから、これでいいやという。

成田　それほど甘くはないと思いますけれどね。

内田　渡辺恒雄君は中曽根の盟友だから、「橋本に不満だけれども、やるだけやらせなきゃいけねえ」と。省の数を十にするなんてことを言っていて、その一方で、大臣は二十人残すとかおかしな話をしているんだけれど、明らかに彼は郵政省を残す案を行革会議のなかで主張している。そんなことだから、それこそ『朝日』がいまやもう一度弱者の味方に戻れば（笑）新聞間戦争になるんだけれどもね。

曽根　『朝日』の弱者の味方の原理もちょっと筋通っていないしね、『日経』に至っては経済原則を唱えていながら、新聞再販認めちゃうわけだから、これも話にならん。つまり原理原則でいえば日本のマスコミはいちばんだめですよ（笑）。

内田　だから「究極の改革はマスコミ改革である」と私は言っているんだけれど（笑）。

井芹　結論が出たじゃないですか（笑）。

（注1）オレンジ共済　新進党の参院議員友部達夫の関係政治団体が運営するオレンジ共済組合が一〇〇億円近い資金を集めながら、友部がこれを選挙資金に流用、一九九七年一月、警視庁に逮捕された。

（注2）泉井事件　大阪の石油卸商「泉井石油商会」代表泉井純一にからむ不正事件。東京地検は一九九六年一二月に泉井を脱税容疑で逮捕したが、捜査は官界のみで終わり、政界には波及しなかった。

（注3）日本再構築プラン　新進党が一九九七年八月にまとめた包括的な基本政策。基本理念では「あらゆる分野を整合的、統一的に変革する『構造改革』」を提唱し、政策的には、①一〇省庁への再編成、②国会公務員の二五％削減、③市町村を三〇〇程度に統合――などを盛り込んでいる。

第二章 橋本龍太郎はどういう政治家か

報告者・早野 透（一九九七年九月十四日）

橋本再選 橋本さんの自民党総裁再選は、無投票の再選だった。それで、第二次橋本改造内閣ができたという状況です。橋本政権を振り返ってみると、必ずしもこのように順調な再選ができると思われていたわけではなくて、振り返ってみれば「三月危機」「六月危機」「九月危機」が囁かれていた時期もあった。

しかし、去年（一九九六年）のいま頃、竹下登氏は橋本さんについて「彼はザ・総理である」と言い続けていて、「これは長期政権になる」とも言っていた。それは今年（九七年）の十一月に行政改革会議の最終答申がセットしてある。したがって、橋本がこれに着手した以上、そこまではやらざるを得ないという状況になる、というのが実際的理由であった。竹下さんの見通しのとおりになった。つまり橋本氏の自民党総裁再選は、はっきりとした大義名分があるのが大きな強みだったと思う。新聞記者はその局面、局面で危機を煽り立てたけれども、竹下さんはさすがに見るところを見ていたということなんでしょう。

それから大義名分はそういうことだけれども、橋本さんの個人的なことでいえば、再選にあたって「橋本氏はやっぱりしっかりしている」ことが結論的には評価されたんじゃないか。かつては「威張る、すねる、怒る」とかいって彼のキャラクターを揶揄する向きもあったけれども、橋本さんも竹下派、その前の田中派のなかで必ずしも自尊心が満たされていたわけじゃなくて、その反動で威張ったり、すねたり、怒ったりということだったと思う。もちろん生まれつきの問題もあるかもしれないが（笑）、政治的にはそういうことだった。

ところが、とにかく総理大臣になってみると、そんな必要はなくなるわけですね。この間の橋本訪中なんかを見ると、かつて靖国神社を胸張って歩いていた橋本さんとは思えない変身ぶりで、これもなかなかの総理大臣の振る舞いを身につけてきたと思う。

「課長補佐級」と言われる行政実務への非常に細かい関心の持ち方は変わりはないけれども、答弁の堅実さは明らかで、これが橋本氏のプラスになっている。とにかく基礎的素養に欠ける総理大臣がだいぶ続いたから、橋本さんは相対的には安定感があって再選に至った。大義名分と彼の成熟度が再選につながったということだ。

自社さ派と保保派のバランス

それじゃ、それまでの橋本政権はいったいどうだったのかとなると、これは、言うまでもなく自民党が過半数を割っている状況でつくられた政権である。したがって、基本的にどこかの政党と組まなければ過半数が取れないということであって、それが自民党内に「自社さ派」と「保保派」の二つの流れを生む基本的条件になったわけです。これは必然的な条件だったわけで、橋本さんはこれまで、自社さ派と保保派の二つの柱の上に乗っかって、そのバランスの上で仕事をしてきた。これは歴然としているところだ。自社さ派は加藤紘一幹事長、保保派は梶山静六官房長官――こういうことだったわけですね。

振り返ってみれば、九六年の住専国会では新進党がピケを張ったけれども、あのときは村山（富市）さんや武村（正義）さんとがっちり組んで自社さ路線で乗り切った。今年の通常国会、沖縄特措法は新進党と組んで乗り切った。二年間の通常国会をそれぞれのパターンで乗り切った例で典型的に表れているように、橋本さんはそこの乗り方がうまかったと言える。

それでいろいろ凌いできた結果の今回、夏の政局ですけれども、ここで保保派と自社さ派のいわば一つの決戦の時期を迎えていた。基本的には、この春以来の政局は保保派が仕掛けた保保派の攻勢ということで特徴づけられると思う。保保派の最大の攻勢の原点は四月三日の「橋本・小沢会談」、それによって特措法が楽に成立したということですね。

このときの立役者が亀井（静香）さん。亀井さんはそれまで自社さ派のいわば最前線で、保保派に槍を突きつけていたと思ったら、その最前線がくるっと寝返って逆の方に槍を向けたものだから、これは非常に効果的だった。半面、あの当時の加藤紘一氏なんかはいささか茫然としていたぐらい、逆の方には非常にショックだったわけですね。

この亀井さんの動きがこんどの自社さ派と保保派の決戦の最初の第一幕だったわけだけれども、あまりに意外だったから反発もすごかった。それは廊下歩いてたって亀井さんの顔を見りゃ、加藤紘一氏にしろ山崎拓氏にしろ白川勝彦《しらかわかつひこ》氏にしろ目をそむけちゃうほどだった。そっちからの悪口も相当僕らの耳に入ってくる状況だった。

そこにこんどは中曽根康弘さんが登場してくる。これまでの政争は赤坂の料亭で密謀をこらす形を取っていたけれど、このごろは政争の局面がテレビに出る。中曽根さんが田原《たわら》総一朗《そういちろう》氏の（テレビ朝日の）番組に出てきて、「加藤紘一君は二期やればもう十分だ。二期以上はおかしい。三期になるのは良くない」と公言した。

これを亀井氏に言わせると「中曽根氏が血刀を振るった」

という表現になる。僕らから見ても、さすがにこのごろの中曽根さんはやや年取った印象があって、ややお化けみたいな雰囲気で、そんなすごいことを言うものだから、これは奇異な感じがした。しかし、中曽根さんがそうやったものだから、亀井氏に言わせれば、中曽根派の江《え》藤隆美《とうたかみ》氏だとか山中貞則《やまなかさだのり》氏も「親分だけに血刀を振るわせるわけにいかない」ということで馳せ参じて、その後の保保の戦列の先頭に立ったというんだけれども、そういうことかもしれません。

梶山氏の計算　それでいささか度肝を抜かれているところに次に起きたのが梶山氏の辞任騒動。第一幕が亀井氏だとすれば、第二が中曽根さん、第三が梶山さんということですね。梶山さんの辞任の意思は、糖尿病でもう体がもたないということであって、これはまんざら嘘でもなさそうです。奥さんなんかもとにかく梶山さんに「辞めてほしい」「官房長官を辞めるだけじゃなくて代議士も辞めてくれ」と言っていると伝えられるぐらいだから、これはそんな嘘ではない。

　しかし、もう一方、梶山さんのことだから、自分の辞任の意思がどういう政治的効果を生むかはむろん十分計算済みであって、自分の辞任が橋本政権の二つの柱のバランス——いわゆるボナパルト政権、ヤジロベエ政権であること——の上に立って、その片一方が辞めると言うんだから、これは政権激震につながると踏んでいたでしょう。

　ところが、ここから保保派の戦略は狂ってきたと思うんだけれども、これがそういうことにならなかった。結論的にいえば、橋本さんが「梶山さん、辞めるんならば、いやあ、ご苦労さまでした」と。結局、そういうことだったわけです。橋本氏が慌てれば、これは騒動になったけれども、「いやあ、それじゃどうもすいませんでした」となっちゃったから、梶山氏の爆弾は爆弾にならなかった。梶山さんは派閥に戻ることになる。

　ムラ（派閥）に戻ればムラの論理にならざるを得ない。いまさらよそのムラの中曽根老人とか、また別のムラの亀井兄さんと結びついたって、ムラのなかで何かプラスになるわけじゃない。したがって、梶山氏は引っ込んじゃった。竹下（登）さんは「梶山もそのうち副総裁かなんかにつけなくちゃいかんわな」と、こういう話が伝わってくれば、梶山さんを加藤紘一氏が訪ねていったときに、「中曽根とはもう組まない」と言った話につながってくるわけですね。そこでこれは僕の計算でいえば第三弾になった保保派の梶山氏の行動の効果が当て外れだった。それで橋本さんが自信をつけたということがある。

　それから第四弾。これは与謝野勉強会ということになるわけです。このへんは、もう（保保派の）形勢利あらず。最初に発起人会に三十七人集まったのが、次にやってみたら三十一人に減ったということで、自民党のなかの空気を敏感に感じる向きは保保派から抜け出た。野中（広務）さんに言わせりゃ、「与謝野さんはたかだか政治部デスクぐらいなのに、下の部員の面倒なんかみるのをほっといて社長とゴルフばっかりやっている」と（笑）。こういうわけで与謝野さんの動きも不発だった。

　亀井さんはなお、このへんでも元気で、竹下さんのところに最後まで電話したり何かしたらしい。亀井さんのセリフはこのへんでは少し変わってきて「自分は加藤紘一を守りたいんだ。加藤紘一をここで続投させて晒せば新進党に突っつかれる。刑事事件にはならなくても、加藤スキャンダルというのはもうもたない。したがって、自分は守るつもりで引っ込ませようというんだけれども、これをあえて幹事長に起用するというのは、竹下さんはここで加藤をつぶして小渕（恵三）にしたいんではないか」ということを言ったと。本当に言ったかどうか知らないけれど、亀井さんの話ではそういうことであります。

　しかし、そのへんはもう既に保保派はおおむね敗色確定というところで、それに最後のエピソードとして保保派の敗北を決定づけたのが「竹下・小沢（一郎）会談」。これはよく分からない話なんだけれども、少なくとも外形的には竹下氏が小沢さんと会っちゃったから、その後、竹下さんが例えば「加藤紘一の三選はまずい」なんて言い出したら、「小沢に頼まれて言ったんじゃないか」と疑わせるタイミングとシチュエーションになったわけですね。それで「これで保保派の敗北は決定的になった」と解説する向きがあるけれども、そういう効果もあったように思います。

　ということで、こんどの改造人事への基本的な勝敗がはっきりしたところで三役留任となった。最後に山（崎）拓さんの泉井事件の話も出てちょっと慌てた場面もあったけれども、基本的に橋本氏が自社さ派を起用する、保保派は放逐する――簡単に言えばそういう選択をしたわけで、改造内閣をこの（九七年九月）十一日につくった。

佐藤孝行氏の入閣　たぶん自社さ派は「あんまり勝ちすぎたらいけない。多少は保保派にもエールを送っておかなくちゃいけない」というのが、佐《さ》藤孝行《とうこうこう》氏の総務庁長官への起用だと思います。べつだん佐藤孝行氏が反加藤で動いたわけではないし、保保派とも若干ニュアンスを違えてはいたけれども、あまり中曽根さんを追い詰めたくない。もしも佐藤孝行氏が入らなかったら、僕は中曽根さんの政治生命は決定的にアウトになったんじゃないかと思う。われわれは文句言うけれども、自民党内的な論理からすれば中曽根氏は一息ついたわけでしょう。そういう意味で、橋本氏は「自分もこうやって傷を負ったんだから、あんまり保保派もごたごた言うなよ」という心理的なバーターがあったんじゃないかと思う。

　そうすると、これからの話になるけれども、橋本さんはここまで慎重に上手にやってきたが、こんどの人事などを見ると、橋本さんの本来持っている、ややすぐつけ上がるというところが出てきちゃったんじゃないかな。そうすると、彼がここで犯したミスは――権力闘争のレベルでもミスだと思うんだが――これからかなり風雲怪しくなってくるんじゃないか。

行政改革という大義名分を、彼が自分のいくらか調子に乗りやすいキャラクターで自分で傷つけたわけだから、これから自社さの連立がどうなるのか、新進党、民主党がどう出るのか。野党も頼りないから結構もつかもしれないし、国民も忘れやすいからこの佐藤孝行問題がどれだけ尾を引くかわからないけれども、しかし、やっぱり僕はこれは長引いていろいろ効いてくるなという感じがします。

▽改造で貧乏くじ引いた橋本首相

井芹　第二次橋本改造内閣の収支決算は自社さ派の大黒字で、保保派にとっては赤字決算でしたね。非常にバランスの悪いものになった。改造前は保保派も自社さ派も橋頭堡を持っていたし、どちらもまだ決定的じゃなかったが、こんどは自社さ派に全部まかせるということになった。橋本さんは深刻に受け止めていないようだけれど、基本的には「完全にはめられた人事だな」と思う。要するに自分で設計した人事じゃなくて、全部他人がぐるぐる回しているうちに終わっちゃった人事ですよ。佐藤孝行（起用）までいわばはめ込まれてしまった。あの行革のときの橋龍（橋本龍太郎）さんのリーダーシップと、こんどはぜんぜん違う。人事は、橋龍さんはそもそも好きじゃないし、得意でない。

成田　行革と人事はものすごく土俵が違うんですね。行革は要するに政府のなかの意思決定。橋本さんというか総理大臣は、政府という土俵では絶対強い。問題は党というレベルになったときに、どういうリーダーシップを発揮できるかという問題ですね。これは現代日本政治システムについての私の見方の中心にある問題なんですけれども、日本の現在の政治システムは憲法の予定してない政治システムの体系になっている。それは「与党」という非常に強い権力機構ができたことです。こんな政治システムは世界でも例がなくて、他の国では、与党の議員は政府に入って活動の場を得るんです。

イギリスでは多くの議員が省庁に入って、さまざまな大臣・副大臣の肩書をもつ。日本でも「副大臣」をつくろうという議論があるんですが、イギリスの大前提は与党機構がないということなんです。だから政治家がリーダーシップを発揮する場は政府しかない。政調とか幹事長という与党の権力機構がなく、政府に入った議員と官僚が綱引きをすることになるからバランスが取れる。ところが、日本はもともと与党という権力機構があって、それが官僚と綱引きをしている。そのうえで政府機構に与党の議員が副大臣で入るとバランスを失すると思う。政治主導が実は利益誘導型になりかねない。日本のいまの仕組みの特徴は非常に強い与党機構とその内部の政治過程があり、そこの権力バランスという問題があるということです。橋本さんは行革会議という政府の機構においてはオールマイティーですが、そこに与党が絡むとたんに無力になる。

　もう一つは、やはり橋本さんが派閥の長じゃないこともあると思う。いま日本の政治全体もそうですし、自民党もそうなんですが、新しい要素と従来からの古い要素をともに引きずっているわけです。新しい要素としては選挙制度も変わり、幹事長が力を持つようになって派閥の力が弱くなったということがある。派閥のリーダーじゃない者が総理大臣になる。連立政権の枠組みを取らざるを得ないということもある。しかし、同時に派閥がまた力を持ってきて、ポスト橋本には、派閥のリーダーがなるとか派閥の論理がまた力を持ってくる可能性がある。そういう非常に危うい、新しい要素と古い要素の力の上にいま橋本さんはいる。いずれにしても、この改造は橋本さんの貧乏くじと言う以外にないんですね。

川戸　そうですね。だって今回の一連の政局は、あの幹事長留任、つまり三役留任でもう全部済んでしまったという感じがします。その後の内閣改造って何だったのか。顔触れを見ても、全部付け足しという感じで、そういう意味で保保派の亀井さんたちが言った幹事長の権力の強さ——そこらへんを改めて検証しなきゃいけないんじゃないかと思いましたけれどね。

成田　まして保保派にバランスを取るために佐藤孝行を入れるという貧乏くじを引かされてね。

川戸　本当、そうですね。

早野　加藤紘一からすれば、佐藤孝行問題は橋本さんが片づけておいてくれた方が後が楽ですからね。

川戸　そう、次の自分たちのときが楽ですからね。

早野　あとポスト橋本に行っちゃうのだから、ここはどうなるか、知ったこっちゃないんですからね、はっきり言えば。

成田　非常に主観的な政治論でいうと、だいたい、ばか勝ちするといいことないんですね。だから橋本無投票当選なんていうファンファーレが鳴るようなことがあれば絶対いいことない。これはもうレームダックの始まりだから、ポスト橋本に向けて派閥の論理が息を吹き返してせめぎ合ってくる。彼はいままで高い支持率を誇ってきたが、あれは頂点ですよ。それはちょうど海部《かいふ》（俊樹《としき》）さんが「政治改革をやる、やる」と言っていたころ、非常に高い支持率を持っていたのと同じ状況なんです。自民党はその後、政治改革を結局、実現できなくて、古い論理が復活してできた宮沢内閣で失敗して政権を失うという状況になった。だから行政改革の後は必ず古い党の論理が復活してくる。そうすると、かつての海部内閣の人気が宮沢内閣では低下して行ったような力学に直面せざるを得ない。

早野　政治改革は政党のなかの永田町の攻防でいいけれども、（行革の攻防は）霞が関との攻防ですからね。前よりも重く深い問題を抱えている。

曽根　政治改革と今回の内閣改造を見ていると、非常に虚しい話と笑っちゃう話とある。それは行革会議であれだけ内閣機能の強化って一生懸命議論した。だけど、内閣機能をいくら強化したって人事を握れない首相というのがあるわけ。人事は党がセットしちゃう。（橋本首相は）各派が出してくる人選にほとんど異議をはさめない。その伝統が続くかぎり、いかに内閣機能を強化しても「アワ・チーム」「マイ・チーム」ができないわけね。

つまり行革会議の一つの欠陥は、行革会議が党の部分に触れられないんですよ。行政府のなかの話だけですからね。だから三権分立の話はできても、議院内閣制の話ができない。議院内閣制の場合は特に政党との関係を整理しないといけない。片方で内閣機能の強化と言っていながら、橋本さんがやる内閣の人事がああだとしたら大笑いなんですよ。これはほとんど新聞が気がついていないんですけれど、全く対照的な問題ですね。もう一つ、行革会議は、ある意味で橋本さんにとって相手が素人ですから、いかようにも議論を持っていける。橋本さんが「こうだ」と言ったら、反対できないわけですよ。そういう意味で、もっと（自民）党にはうるさいのがいっぱいいいる。

それからもう一つ、無投票の意味ですが、無投票当選というのは、党を挙げて全幅の信頼をもって橋本さんにやらせようという圧倒的多数の支持というよりも、「首相をもう一期やらせていいよ。あえて反対しないよ」という、そこそこの支持だったわけですよ。それを全幅の信頼で支持されたと橋本さんが思い込んだとしたら、あるいはそれを前提に佐藤孝行を入れて問題ないと思ったとしたら大判断ミスですね。この読みが必ずしもきちんと整理されていなかったんじゃないですか。

▽空気投げで勝った「自社さ」派

近藤　話を前に戻して恐縮なんだけれど、社さ両党のメッセージは「加藤・山崎でいい」というのが強かったでしょう。いろんな社さの人の話を聞くと「加藤・山崎は基本的には少数意見尊重の雰囲気である。保保の方は多数意見優先の雰囲気だ」と。そうすると、社さはどうしても加藤・山崎の方に行かざるを得ないし、自民党の若手も加藤・山崎側に与する方が多い。だから結果的に加藤・山崎は何もしないで、誰の表現か忘れたが、「空気投げで勝ってしまった」という状況になった。

確かに少数意見尊重の雰囲気を持つ加藤さんのやり方でいいと個人的には思うんですけれど、こんど小選挙区制の制度になったときに、幹事長は旧来の幹事長にプラス余計な力が付け加わった形になっている。ところが、政党のなかの整理が何もできていない。加藤さんが本当に少数意見尊重派だったら、自民党のシステムを——候補者選びから金の動きから全部そうだけれども——大幅に変える時期に来ていると思うんですけれどね。

曽根　付け加えて言えば、自社さというのはかなり曖昧な路線だと思うんです。「少数意見尊重」と同時に「現状肯定・現状維持」なんです。だから仕掛けるのは完全にその外側、保保派とか小沢とかなんです。それは保保派とも明確な路線を求める立場とも読める。（自社さの）ブラックボックスみたいに曖昧な立場、現状を変えなくてもいい、というのがこのまま持続するのは大いに問題ありなんですよ。

近藤　もちろんそうですね。

曽根　そこでは戦略的に動く方が負けてしまう。なぜ動く方が負けるのか。

近藤　基本的に自社さや加藤さんは明確な旗を立てないわけです。だから倒しようがない。片方は旗を立てようとしたけれど、これまた相手の旗がないから、こちらの旗も不明確になる。だからそれを称して「空気投げ」と言ったんだと思うんですね。

曽根　先ほどの成田さんの党の話でいくと、確かに与党が強いということで、アメリカ、イギリスと比べると、日本の自民党というのは、党内に意思決定システムが出来上がっていて、そこを通らないかぎり国会も通らないわけですから、与党の審査が大きなハードルになっていく。これは（世界に例がないという）お言葉ですけれども、世界の党でいうと、社会主義政党というのは党と国家が入り混じっている。もっと強力な与党はあるわけですよ。

成田　それだから瓦解した（笑）。

近藤　ジョークで「日本が最後の社会主義国だ」というのはそういうことですよ。

曽根　ソ連共産党はなくなったけれど、中国共産党はまだあるわけですから、それに近い。それと比べれば日本の自民党はへなちょこ政党ではあるんですがね。

▽日英の内閣改造の違い

成田　話はちょっとずれるかもしれないけれど、必要があって『サッチャー回顧録』を読み直してみたら、サッチャーさんが内閣改造をやる場面があって非常に面白かった。それは党内に——日本のような派閥じゃないけれども——議員グループがあるから、そのバランスを取らなければならない。自分に反対するヘーゼルタインのような者でも起用しなければならない。だからサッチャーさんもいろんな政治判断のもとに改造しなければならないのは当然のことです。

そういう制約の下で、実際にどう改造を進めるかというと、「そろそろ改造をやるべきだ」という声が出てきて、ブレーンとか院内幹事長とか信頼している閣僚とかに意見を聞いていくんですが、非常に面白いのは、彼らからどういう情報をサッチャーさんが収集しているかというと、一番熱心に収集しているのは個人情報なんですね。「あの人はどういう性格の人か」とか、「あの人は何が得意か」という個人情報を収集するんです。

イギリスの内閣は機密性が高いので、内閣の内部のことがわりあい外に漏れない。そこでサッチャーさんが一人ひとり大臣を呼んで話をするんです。「こんど雇用大臣に移ってもらえないか」「結構です」。他の大臣も呼んで打診すると、「自分は改造をやるんだったら、こんどはお役ご免にしてもらいたい」とかね。それからメージャーに「環境大臣じゃなくてもうちょっといいところに就けたい」と言ったら、「いや、自分は仕事をやりかけているから続けさせてもらいたい」と言う。

サッチャーさんが書いているのは「『今度は降りてください』と言うのがいちばんつらい」と。どうしてつらいかというと、サッチャーさんは三つ挙げていて、まず給料が下がる、二つ目には公用車がなくなる、三つ目にはメンツをつぶす。この三つを考え、本人の家族のことも考えると、非常につらい仕事だとサッチャーさんは書いているけれども、やらなきゃならないわけですから、呼んで「こんどは内閣から外れてもらいたい」と言うわけですね。それで、ひとわたりやって方針ができたら、そこで閣議で「改造をやります」と表明するわけです。

川戸　でも、日本にそういった慣習はありませんね。

成田　戦前の総理大臣はある程度やったろうと思う。細川（護煕）さんだって一応、軽井沢に陣取って人事構想を練った。どこまでやったか私の口からは言わないけれども、自民党システムの派閥の論理では、各派閥からリストが上がってきて内閣の顔ぶれが決まる。唯一、橋本さんがやったのは久間《きゅうま》（章生《ふみお》）さんの（防衛庁長官）留任だけ。それも小渕さんを呼んで頼んで、持ち帰られて、やっと「オーケー」と言ってもらった。みっともない限りですよ。

日本の内閣改造がどうしてサッチャーさんの改造の手順と違うのかと考えると、やっぱり自民党システムというものですよ。与党が強くなりすぎた。与党機構が強くなることは、政治の性格を基本的に利益誘導型に、選挙区の支援団体のための利益誘導型にする。これを断ち切るのが本当は政府なんですよ。与党とは別の政府というものが国家的観点からやらなければならない。ところが、完全に与党に抑えられちゃっている。

▽リーダーシップより自民党的システム優位

井芹　日本のシステムで唯一メリットがあるのは、辞める人間が文句を言わないことくらい（笑）。たぶんサッチャーさんは辞めさせるのにものすごくエネルギーが要る。ところが日本では辞める方に関しては、改造すると決まればすんなりと辞表を出す。そこはエネルギーの節約が行われている。逆に次の人事に向けてエネルギーが放出される。ものすごいエネルギーを使う。

早野　これも党のシステムなんですね。自民党システムが政府を凌駕しちゃったんだよね。

成田　ええ、自民党システムですね。結局、自民党システムの根幹にあるものを考えると、政治家は何をやる職業か、何のために政治家になるのかという政治家論に行き着く。いろんな見方があって、政治信念の実現のために政治家になるとか、利益が目的だとかいう見方もあるけれど、私が見ていて政治家にとって最も大きいことは仕事とポストを与えられることだと思うんです。仕事・ポスト、それに伴う権限、名声、地位、人びとの称賛、自分のところに集まる人、寄ってくる新聞記者、こういうものなんですね。

自民党システムというのは、政治家としてのキャリアに応じて仕事とポストを配分するためのキャリアパス（経歴）のシステムなんですよ。下からだんだんに上がっていって、何年生になると何をやるという。自民党システムは仕事とポスト、諸々のものが付随するそのポストに就くことを動機にした政治家たちが集まり、そのポストをどう配分していくかという巨大システムなんです。この自民党システムの前では橋本さんも無力だった。

逆にいえば、その自民党システムの中核部分は崩れていない。選挙制度改革でいかに幹事長の力が強くなっても、自民党システム・派閥は崩れない。連立政権だとかいろんな状況でいったん派閥は譲ったものの、これから息を吹き返してくるだろう。そうすると日本の政治は九三年からやり直さなければならないという話になるかもしれない。

川戸　以前は派閥から上がる名簿には幅があって、少なくとも選択権があったけれども、ここ二回ぐらいは、もうそれもない。ぎりぎりの議員数で（上がってくる）。

井芹　こんどは旧渡辺派だけ幅をもって出した。派閥としての存在意義を失っているからかな（笑）。派閥の力の復活とか言われるけれど、実は派閥システムの復活と言った方がいい。ある派閥の力が強いなら本来四人のところを五人にするとかになる。そうじゃなくて派閥の力といっているのは、実は派閥システムの力ですね。（推薦枠が）四人ならばみんながオーケーするから、四人を推薦してきたら、それを認めざるを得ないという、その力が圧倒的に強くなっている。

川戸　よけい何か組織化されたというか……。

曽根　本来、こんなにはっきりと出世パターンが決まっているなんてあり得ない。僕が昔『リーダーシップ研究』で、ポジション（地位）が上がっていくのをパターン化した研究をやって「（これが日本の）リーダーシップです」と言ったら「冗談ではない。そんなことがリーダーシップであるものか」と外国の研究者に批判されていましてね。そういうことなんですよ。日本ではそれを「リーダーシップ」と呼んでも不思議に思わないんだけれども、外国から見れば、ポジションが（次第に）上がっていくのとぜんぜん違うものが政治家のリーダーシップでしょう。

さっきから出ている話を煎じ詰めれば、いわゆる自民党型システムは、ある種、官僚型の昇進パターンをきっちり制度化したわけですよ。それによってインセンティブを与え、ニンジンをぶら下げていくというやり方で忠誠を誓わせるシステムにしたわけでしょう。だけれども、それは大臣とか首相の役割を著しく削いでしまった。さっきのイギリスとの比較で言えば、日本の大臣はものすごく任期が短い。世界中の大臣の任期を調べたら日本とイタリアだけが例外なんですよ。当時、超安定の自民党政権と超不安定なイタリアは両方、任期が短いわけです。

ヨーロッパの人は「そんなに任期が短くて政治家がリーダーシップを発揮できるはずがない」と考えるのが普通です。じゃ、なんでそんなに短い任期でみんな我慢しているのか。あるいは政治家がリーダーシップを発揮しなくていいのか。自民党型システムだと、それでいいんですよ。だって、次が待っている。なりたい人がこれだけいて、それを当選五回、六回で転がさなきゃいけないんだから、内閣改造を十カ月おきとか一年おきぐらいにやらないと、みんなに回っていかない。これが順送りシステムという形で制度化した。それが結果的には首相と大臣のリーダーシップを発揮できない形にしちゃった。

もっと悪いことには、政治家のインセンティブのかなり強いものが大臣になるということ。つまり、出世のいちばんの理由が総理大臣。総理大臣でなければ例えば大蔵大臣とか外務大臣、あるいは利権ポストである建設大臣とか運輸、郵政大臣になりたいということ。議会で活躍したいというインセンティブはない。アメリカあるいはヨーロッパにはあるんですが、（日本では）議会で活躍するとか、政党のなかで力を発揮するのは低く見られてしまう。そうすると日本の政治家（の動機）は大臣に収斂していく。ここは非常に根強い。この根強さを変えないことには、たぶん、本当の政治改革にはならないんでしょうね。

早野　だから佐藤孝行さんもべつだん大臣に……。

曽根　大臣なんかになる必要ないんですよ（笑）。

早野　それは選挙で毎回当選してきて立派なんだから、国民の代表機能のところで頑張ってもらえばいいのであって、何も大臣にしなくても一向にかまわないと思うが、しかし、自民党内は、加藤紘一氏も含め「とにかくここまで一生懸命努力したんだから、いっさい仕事の場を与えなくていいのか」という。大臣が仕事の場で、それ以外はそうでないみたいな言い方になっちゃう。このへんがおかしいんだなあ。

曽根　だから「大臣」なんていう名前をやめちゃって、企業みたいになんとか「部長」ぐらいにしたら、少しは変わるかもしれない。

▽保保派はなぜ負けたか

早野　そういう自民党システムの強さがこんどの橋龍さんの改造では、はっきりしたわけでしょう。それにチャレンジしてたのは例の保保派なわけです。ところが、保保派は一体何をやっていたのか。

成田　システム自体にはチャレンジはしていない。

早野　いや、小沢一郎氏は（チャレンジを）やっているわけだから。保保派というのは中曽根氏、亀井氏その他、それから小沢氏がいるから成立しているのであって、彼らが要するに何を目指して何を取ろうとしているのかが今回どうも不明確なの。それが結局、勝てなかった理由だと思う。

井芹　それは深読みし過ぎだ思うんだけれど。

早野　いや、それは「どうせ人事抗争だ」って言い方もある。しかし、それは間違いで、それだけのことじゃない。もっと大きな時代の流れのなかで政治行動はあるんだから、意識しようとしまいと、そういうことが人事抗争という形で表れているんであってね。そこが今度ははっきりしないんだよね。

曽根　一つの問題提起で「幹事長は三選いかん」と、そこはあったんですよ。

早野　これはあった。

川戸　そう。やはり幹事長職を取りたいということは、自民党を自分たちの思い描いている方向に進めたいということでしょう。それで（YKKの）三者を切りたい。

近藤　従来の保守という考え方でいうと、村山内閣のときの「戦後五十年首相談話」というのが一つのメルクマールだったんじゃないか。それはあまり動かない。今回の動きの最中に橋本訪中があった。それで保保が橋本さんの発言に何か言うかと思ったんだが、何も言わない。そういう意味では保保という旗印もおかしいし、大義名分がよく分からなかった。

早野　だから一つは、（保保派に）大義名分がないから勝てなかったんだと思うんだよね。

曽根　一つはガイドラインのような日米安保の問題。もう一つは行革もある。

早野　行革を来年の参院選挙の前までに成立させなきゃできないと。これが一つなんですよね。

曽根　だけど、保保派が言う行革って何なのか、よく分からない。

早野　そう、そう。

曽根　橋本行革を全うさせるということなのか、そうじゃない代替案を出すのか。

近藤　「橋本さんを一生懸命（支持して）やる」と言ってたよ。
川戸　そう。橋本行革では橋本さんを支えるんです。ただし、実態はそうでもない。党に帰ってきたら、その人たちが行革会議に真っ先に反対したんですからね。
成田　これは自民党の抵抗の方が強いでしょう。
近藤　中間報告が出された内閣にいたときには賛成していたのに、（自民党に）戻ったら反対するのはおかしいよ。
川戸　やはり昔の自民党のスタイルっていうか、党側で物事を決めたいという人たちじゃないかなと私は思ったんですけれどね。
早野　そのとおりだな。つまり昔の自民党なんだ。亀井さんはたぶんそうなんですよ。あの人はどっちかというと、利益誘導型だし、なおかつ弱者救済なんて言っている。それは昔の自民党が社会党の三年遅れでやっていたみたいなことを想定すれば、そう（弱者救済）とも言い得るわけですよ。それはそれなりにいいんだ。じゃ、中曽根さんは何を目指しているのか、それと梶山さんは何を目指しているのか、その背後にいる小沢さんは何を目指しているのか。
川戸　そう、個々にやらないと……。全員違う。
早野　ここの共通の旗がどうもないから――つまり、僕は保保連合はできた方がいいと常々思っているんだけれど――残念ながらできてくれないいんだなあ。

▽小沢一郎氏にとっての「保保」

成田　まあ「保保とは何か」は、もうちょっと分析しなきゃならないけれども、新進党の側の保保というのは非常に明快であって、これは小沢一郎の生き残り策ですよ。
曽根　だから自民と提携することによって生き残りをはかろうという保保でいいんですか。
川戸　いや、だって、それは小沢一郎さんだけなんだから。
井芹　小沢さんは提携先の自民党を変身させたいんでしょ。
早野　しかし、小沢一郎氏は「政策本位、政策だ」と言っている。
成田　それはタテマエの話、権力闘争の有効な手段としての大義名分であってね。新進党は与党から離れていてはもたない。ぼろぼろこぼれていくし、自民党に復党していくのもいるし、だからなんとか与党の一角に食い込みたいと考えていたわけだけれど、たまたまやってみた特措法でうまくいった。あのあと一時、新進党のなかはもう与党になったような気分でしたからね。やっぱり「与党でなければ」というプレッシャーを小沢さんは無視できない。
曽根　それは小沢さんから言ったら、与党なのか、自民党を割るという戦略なのか。
成田　いや、それは自分の党首としてのポジションの維持、生き残りですよ。

早野　しかし、自民党に戻るということの選択はできないわけでしょ。

成田　それはできない。だから連立ということです。ただ、それは与野党をまたいだ旧経世会の再結集になる。それに対して危機感をもつ加藤紘一は「保保の構図になると自民党のなかで経世会が力を持ち、小沢一郎が『イエス』と言った政策しかできなくなる。だから小沢一郎は自民党に復党しないで自民党の政策を完全にコントロールできる」と心配しているわけです。

早野　なるほど、なるほど、そういうことだなあ。

成田　そういうことに対して、加藤紘一とその周辺は猛烈な危機感を持っているんですよ。だから自社さ派の側が猛烈に巻き返した。

川戸　バックアップをしていました。

成田　そう、そう。

井芹　それを徹底していくと、「自民・新進」連立内閣じゃなくて、その前の方の自民は割れちゃう可能性があるわけですよ。自民を割ってまで小沢を取り込むのかというと、大多数の自民党議員は、加藤さんたちが言うように「いまの自民党を維持するのが先だ。保保派の亀井たちがいろいろやって、最後、小沢を引き込むなら、それは反対だ」と。小沢さんが自民党の風下に立って投票要員として働いてくれるのならいいけれど、そうはならないからね。結局、小が大を呑むことになりかねない。

早野　社さと同じようなマージナル（境界）な力を持っちゃう。

近藤　そうです、そうです。

井芹　それで（小沢氏が）キャスティングボートを握ることに対して、加藤氏の反対論が数の上では自民党に広がった。

川戸　だから若手なんかも今回ずいぶん入ったけれども、その点に関しては見事に反小沢ですからね。

井芹　年寄りの方も、あのとき小沢さんにくっついて行かなかったんだから「そこまでの保保は考えていないよ」「新進党と政策提携してというところでの保保はいい」という形だと思うんです。中曽根さんは自信があるから「小沢だっておれが首根っこをつかまえてやる」ということだが、ほかの人とはちょっと違う。

成田　政策的に中曽根さんと小沢さんは重なるところがあって、特措法で「駐留軍用地は国が責任を持つべきだ」とか、そういう条件をくっつけてきても、それは中曽根さんは呑めるわけです。しかし、全部の政策について小沢さんに鈴を付けられるのでは、自民党のマジョリティーはたまらないし、抵抗がある。

早野　そのマジョリティーの勝利だったと思うんですね。したがって、加藤紘一の空気投げが成功したわけだ。

曽根　一時、民主党も抱き込んでやろうなんていう話をしたでしょう。あれは民主党の事情で自爆したけれど、後はあまり大きな技は打てなかったんです。

井芹　一人ひとり引っこ抜いている。

曽根　数で過半数になった。

川戸　あの実力は大きいですね。

早野　たらし込み戦術（笑）。

近藤　新党さきがけの園田《そのだ》博之《ひろゆき》さんによると、自民党の「保守」のなかには四つの路線があるというんです。従来型保守と新型保守、リベラル保守、それに政権にありつけばよいという、思想的には「どうでもいい」という路線。

曽根　だからその政治家論のところを詰めると、政権であるがゆえに政党が成り立つ。政権で成り立っている自民党でしょう。だから政権党であれば、仮に名前が自民党じゃなくてもいい人がほとんどなんでしょう。

▽元老の三者三様

近藤　自社さ論に入る前に、大勲位論はどうですか。

井芹　戦前には元老がいた。憲法上は内閣が政権の実行主体だけれど、その奥の院に枢密院があり、その上に元老がいるという形だが、元老は何ら肩書はないわけですよ。だけど、戦後は議員の身分だけは維持しないと力がない。それだけ国の危機的状態あるいは節目のときに相談に行こうと思うような識見のある人がいないということだけれどね。本来、大勲位ならば自然と人が集まる人徳がなきゃいけないんだけれど、それがないことを本人も知っているから、議員のタイトルを離さない。本来、首相を一定期間やった人は引退すべきじゃないかな。議員を辞めて、あとは国のアドバイザーという立場でやるべきですね。

川戸　ただ、はっきりした意見を言う人が今いないでしょう。そうすると、メディアがどうしても聞きに行く。そこが増幅されて、というのが片方ではある。ある意味で自民党のなかの大勲位のポジションというか、勢力とはまた別に何かつくられたものがあって、それに振り回されて、結局はこういう結末になったわけですから、必ずしも実力だけっていうことではないんでしょう。

曽根　大勲位は国家戦略だとか国のあり方だとかを言っているかぎりは、そんなに害はないわけです。今回は人事に口を出して、しかも……。

井芹　最悪な部分に口を出した。

曽根　それを刺し違えの形で呑ませたということの問題ですよ。こういう形で出てくるから明確になるんだけれど、むしろ竹下さんなんていうのは、結果は似ているんだけれど、プロセスはぜんぜん違う。この種の長老というか、枯れない老政治家をどう扱うかというシステムは（過去には）伝統もあるんだろうし、何か処理の仕方があったんだろうと思う。難しいのは細川、羽田（孜）、海部という、若い方で元首相というのがいるわけです。この人たちの処遇もシステムとしてできていない。新進党もそれを扱えなかったから、これまたそれ自体が政争の問題になってしまった。

近藤 現代版元老の派閥システムのなかでの位置づけみたいなものですね。そうすると、もう一人忘れているよ、宮沢（喜一）さんという人を。あれはもう元老じゃないのかな。

曽根 宮沢さんが一人分かりにくいポジションにいる。

川戸 そうなんですよ。

井芹 何もしないから無益だけれども無害だね。

近藤 竹下さんの手法というのはじわーっといくやつですか。

井芹 竹下さんは濾過器じゃないの。いろいろな情報があそこを通っていく。実体はないんだけれど、あそこのフィルターを通ったものが永田町の常識になっていく。

川戸 風見鶏ですね。

成田 竹下神話をつくっている最大の功労者は竹下さん本人ですね。すぐ「あれは私がやりました」と言うんですよ。

井芹 竹下アネクドーツ（寓話）とも言える。

成田 ええ、竹下神話ができているんですけれど、中曽根さんは枯れたから大勲位をもらえたんじゃないんですよ。

川戸 そう、選挙の話ですからね。

成田 要するに比例選挙への転出の代償としてセットで出てきた。これまた竹下さんが「自分が世話した」とかすぐ言うものだから……。中曽根さんにしてみれば、「大勲位は枯れなかったからもらえたんであって、大勲位でますます発言のお墨付きをもらったんですよ。ますます張り切って日本国と自民党の運営について今後も精励してやれという激励でもらったものですよ」となる。

近藤 ただ、彼は「倫理性の高い文化国家・日本」と言うんだけれど、有罪議員を大臣に押し込もうとするのは倫理性の高い文化国家を主唱する大勲位の方がしていいことだろうか。

成田 中曽根さんが大勲位をお預けにされていたのはリクルート事件があったからで、リクルートがクリアされて自分が大勲位をもらえたんだから、それは佐藤孝行ぐらいはいいと。

川戸 中曽根さんは佐藤孝行氏が可愛いから。

早野 確かに中曽根さんは「雷おやじになる」って言っているからね。

近藤 だけど、あの力は結局、派閥システムのなかではもうなくなってきているんでしょう。逆にいうと、彼の力が減ってきて火が消えかかっているところを、マスコミがフーッと吹いて火を起こしてやっている感じもする。

成田 でも、新聞のなかには「旧中曽根派」と書いているところもあるね。

川戸 いや、それは中尾さんが自分の肩書に「中曽根派議長・中尾栄一」とお書きになって、みんなに言っているわけですからね。それに呼応した社もあるし、そうじゃない社もありますし……。

早野　しかし、中曽根さんがやっぱりすごいなと思うのは、とにかく「暮れてなお命のかぎり蝉しぐれ」ということ。

近藤　ああ、なるほど。

早野　彼なりの人生のあり方としては徹底しているよ。こんども徹底的にそれを追求しているわけでしょ。だから僕らがいくら「けしからん」と書いたって、彼は褒め言葉ぐらいに思っているからね。

曽根　本人の意識としてはぜんぜん悪いことをこそこそという意識はないと思うんです。国民に踏み絵を踏ませて、橋本（首相）にも踏み絵を踏ませて、「国民がなぜそんなことを理解できないんだ。まだ教育足りないな、もう少し頑張っておれたちも活躍しなきゃ」というのが本人の意識のなかにある。

成田　それはありますよ。国民が理解できないことをやるのが政治家の使命だと。

川戸　小沢さんと通じますね。

早野　「政治というのはこういうものだ」というやや露悪的なところもある。だから大勲位の人が有罪議員を大臣にしようというのは、たぶん天皇制的倫理からするととんでもないことなんだなあ。

近藤　そうです。基本的には大勲位というのは天皇制の尻っぽみたいなものだけれどね。

早野　だから山中貞則がこんど「佐藤孝行を入れるのは陛下の前で恥ずかしくないか」という議論をしたのは、その系列の話なんですね。

高橋　総理に「辞めろ」と言いに行くのは元老の仕事だと思うけれど、あれを大臣にしろというのは元老のやるようなことじゃないなあ。

早野　幹事長辞めろというのは元老の仕事かな（笑）。亀井さんはそう言っているんだよ。「あなたはなぜ加藤やめろというのを橋本のところに言いに行かないんだ」って聞いたら、亀井さんは「いや、それはいくら何でも私は言えない。そういうのを言うのが中曽根さんや竹下さんの役割だ」と。

成田　やっぱり元老はテレビで言うものじゃないですよ。

川戸　直接、自分で言うべきでしょうね。

高橋　それはそうです。テレビで言っちゃったのはまずいよ。

井芹　たけしと同じレベルになっちゃうね。

近藤　ああ、ビートたけしと同じレベルになっちゃうということね。

早野　ビートたけしは、しかし立派だよ（笑）。

近藤　ここの部分はぜひ残しておいてください（笑）。

高橋　さっきの自民党のなかのキャリア・アップ（昇進）

システムもそうだし、在任期間の短さも当たり前のことですが、政治の世界も日本の社会をただ映しているだけのことだと思う。日本社会そのものに第一勧銀の相談役じゃないけれど、隠居するというのがなくなっちゃったんだねえ。

早野　本当だねえ。

高橋　横町のご隠居さんになるというのがなくなっちゃって。

成田　大勲位は終生比例名簿第一位だから、隠居はないんですよ。

井芹　大臣をやりがたるのはいいけれど、その後、いつまでもやらなきゃいかんのか。こんど七九歳でなった人もいたけれど、七九歳の人の思考力がフル・パワーかどうか。政治家がいちばんうれしいことが大臣になることに集約されている。それは仕事をやるため大臣になるんだけれど、そこが逆転して、ただただ大臣というポストに就くのが精一杯で、仕事をやるというのは二の次になってしまっている。その大事な部分はみんな官僚がやってくれるからというんだったら何をか言わんやですね。

曽根　官僚主義との裏表だからね。

▽「橋龍の次は小渕」が読み筋

高橋　曽根先生にお聞きしたいんですけれど、こんど小渕《おぶち》恵三《けいぞう》を大臣にするのも郵政族のボスを入れときゃ、もうあと政府のやることにうるさいことを言わないだろうとか解説をされるでしょう。ああいう解説の仕方ってアメリカにあるんですかね。

曽根　小渕に関しては、橋龍の次は小渕にという布石だという自民党的な読み方がメーンになっている。うるさいやつを閣内に入れるというのは日本の政治ではあるけれども、アメリカは制度が違う。イギリスは閣議の方が重要ですから大臣に入れる意味は違うと思います。

川戸　小泉純一郎さんの例もありますからね、逆効果に……。

成田　小泉純一郎はどうして留任したの？

川戸　やはりこれからの国会を乗り切るのに、行革よりも厚生関係がいちばん大変だとみんな思っている。今回は実務内閣というか、手慣れた人を残した内閣でしょう。だからそういう関係（防衛庁長官など）はみんな留任させたじゃないですか。

近藤　これからＨＩＶ訴訟でも薬害訴訟でも厚生省のひどさがぽろぽろ出てくるわけですからね。

川戸　そう。

高橋　やっぱり医療法改正というのは大問題ですね。

川戸　あれは大きいですよ。お金の問題になって一人ひとりにはね返ってきますからね。参院選を前にしてあそこをうまく乗り切れないと、それこそ自民党は負けますから。

井芹　医療改革は社さとの接点で、ある面ではガイドラインよりも難しいかもしれない。極端にいうと、あそこまでは社さをつなぎ留めておかないと、その次、切れてからやるとなると、全部敵に回すことになる。「これ以上、国民の負担を増やすな」という統一戦線ができちゃうと、それを全部相手するのが自民党になる。社さまで入れておけば、非常に楽だ。ガイドラインは逆に、アメリカがバックにいるから自民党だけで押し切れる。だけど、医療の方はそうはいかない。橋龍さんもよく分かっているし、加藤紘一さんだってそうだ。

成田　通常国会が終わった時点で橋本さんや官邸が心配したのは医療保険制度の抜本改革のことで、これはガイドラインよりも難物だと非常に心配していたことは事実ですよ。だけど、その医療保険改革の与党協議は一応まとまった。

川戸　一応まとまりましたけれど、まだ抜本改革はこれからですね。

成田　その問題が、橋本さんが「やはり自社さで行かなければ……」という一つの判断の分かれ目になったことは確かだと思う。しかし、考えてみれば医療保険改革や年金改革などは何国会かかろうと常に五五年体制でも決着してきた問題なんですよ。

五五年体制で決着できなかった問題は安全保障の問題、もう一つは政治資金とかスキャンダルとか企業献金、こういう問題なんですね。結局、ガイドラインは両論併記になるでしょう。それから臨時国会から与党協議が始まるのは企業献金の問題。こんどの内閣改造の後、土井《どい》（たか子）さんは、佐藤孝行の入閣を批判して政治献金問題でも「これからは独自の立場、自分たちの意見というものを言っていく」と言ったわけですね。

こういう状況のなかで橋本さんが「自社」を選択して本当に大丈夫かなと。橋本さんのためにね。橋本内閣後の「自社さ」はもともと危うかったんですが、今まで表に出てこなかったテーマをこれからはやっていかなければならない。橋本さんが過剰に心配した政策はもともと心配しなくていい問題だったということで、これからが非常に厳しいという印象を持っていますね。

この時点で自社さに乗って、衆議院の過半数を確保したということは自信の裏付けになるんだろうけれども、この実質的意味は要するに内閣不信任が通らないということだけであって、予算、条約は通りますが、法律自体は参議院がありますからね、それからなおかつ来年の参院選挙で単独過半数を取るのは難しいでしょう。

川戸　それはできませんね。

成田　そうすると、これから自社さがどうなっていくのか、橋本内閣がどうなっていくのかということは非常に難しい問題がある。

近藤　一つひとつやっていけばいいんですよ。まず安全保障について、社民党はもうそんなに反対しないだろう。村山内閣のとき、一回、転換した。二つ目はガイドラインそのものを国会承認事項でない形に持っていって、合意できない点は積み残せばいい。もう一つ、社民党のなかには、民主党が支持率を下げていることによって、それほど野党色を強めなくてもいいんじゃないかという気持ちになっている。その三点から安全保障の問題がそんなに大きな争点にならないという分析をする人が多いけれども、この点はどうですか。

成田　それはしかし、社民党にとっては党の存立の原点ですから、それは「ごまかしの力学」が働いている限りごまかしていくことはできるかもしれないけれども、社民党の存在意義、政策、その原点ということが非常に問われる状況の下では、その問題は危険なものを抱えているんじゃないかなと思う。

井芹　有事法制出すときも、社さがオーケーする程度の有事法制ということに……。

近藤　いや、「有事法制」という言葉を使わないということもある。

井芹　それも含めてです。だけど客観的には有事法制ですからね。いまの延長線でいけば、加藤・山崎路線はその範囲を可能なかぎり大きくするけれど、社さが「絶対だめよ」という部分は先送りしていく。たぶん戦術的目標として参院選までを視野に入れて、参院選から先はまた考えようということなんで、次の（九八年）通常国会に出す部分は決定的対立をはらむような有事法制にしなければいいという考えだろう。

ただ、それがまさに保保側から言えば、「そういう有事法制をやってどこまで意味があるんだ。日米安保の空洞化につながる」という保守イデオロギーの本来の主張につながる。保保派が幹事長を取ることに大義名分があるとすれば、ぴしっとした有事法制をやるという理由づけくらいかな。だけど自社さ路線で、ともかくこの参院選までならなんとかやれるんじゃないかな。

早野　ガイドラインだけ取り出せばそういうこと。

近藤　そう、ガイドラインだけだったらね。

川戸　たぶん「参院選まで」というのは非常に大きいんですよ。橋龍さんも今回は参院選を勝つためにいまの執行部を残すというのがまず第一でしたから。

成田　何をもって参院選を勝つというの？

川戸　少しでも数を増やすということ。あわよくば公明を引き入れるのかどうか知りませんけれども、何か別のウルトラCを使ってどうにかするとか……。

井芹　保保派の執行部にするのはギャンブルになる。彼らでは次の参院選がいいという見通しを立てられない。だから、やっぱり都議選なり総選挙をやってきた加藤幹事長にやらせるということでしょう。

川戸　そう、そう、加藤さんというか、野中さんね。

▽自民党にとっての「自社さ」の効用

井芹　与党政策協議会をこんどは与党側から見ると、自民党執行部は党の部会や族議員に対して「それでは社さがまとまりません」という形で、社さを盾にしながら彼らの主張を抑え込んでいく絶好の装置になっている。自社さの協議の場は、社会党とさきがけの素人というか半ベテランを説得すれば終わりだから、そうすると、自民党のなかの説得は非常にたやすい。そこで自民党内だけなら激しい議論があっていいときも、議論が出ないままだ。

早野　なるほど。自民党だけじゃなくて、例えば医師会のような外の利益団体に対してもそれは有効だな。

近藤　そうか、そうか。

井芹　普段だったら医師会が反対してくるはずが、それがもう「社さでまとまったものを壊すのか」という形になって抑える。いまの連立与党の機能というのは社さを自民党執行部の補弼機関として非常にうまく使っている。

曽根　自民党の勢力回復に生き血を吸われただけじゃなくて、社民、さきがけはさらに自民党幹事長、政調の補完機関に……。

井芹　だから自民党は絶対、これを手放す手はないですよ。

曽根　それが自社さ連立の実体。加藤・山崎の権力の源泉ですよ。

川戸　保保派の若手からも本当に「六者協議は何だ」という不満が出ています。

井芹　自分たちの意見を言うよりも、部会にはちょっと説明をして「じゃ、これは六者協議に預けさせてもらいます」とか言えばいい。

川戸　だから「大総務会論」が出ているんですね。総務会をもっと機能強化しようという。

成田　自社が合意したら自民党の部会も要らないけれど、国会自体が要らなくなるんですね。

近藤　そうですね。

曽根　それは加藤紘一が明らかにしているところで、大変な問題なんですよ。「五五年体制というのは国会のなかで自民と社会が協議するために一生懸命やった。それをいま与党協議のなかに持ち込んだ。国会は要らない」と彼、言っているんですよ。

早野　きょうも言っていたね。

曽根　これは大変な話なんです。しかも六者協議はアド・ホックな会議なんですよ。だから自社さの合意事項で書かれている組織図のなかにも載っていない。メモ書きで「但し、必要に応じて六者会議を開く」と書いてある。ですから組織図に載っていないのが意思決定しているんですよ。

成田　まさに「憲法体制はどうなったのか」という問題ですよ。

井芹　そのときに関係者を納得させる心理的メカニズムは、要するに小沢が相手なら何やってもいいと（笑）。

高橋　そう言っているんだよ、本当に。

井芹　それはいかにも小沢を抜きにして考えたときにはおかしなシステムなんですよ。小沢さんを「巨悪」に仕立てて個々の議員が心理的に納得し、またそれを自民執行部はうまく利用しているわけです。そうなると「早く小沢さんは引退すべきだ」という江藤淳さんの論に賛成するんだな。僕自身は、細川政権当時から「小沢さんは要らない」と言ってるんだけれど……。

曽根　確かに小沢問題もあるけれども、連立というのはこういうものなんですね。連立政権だから与党間の協議は必要だというのはいちおうの大義名分になる。与党問題というよりも連立問題なんです。この「連立とは何か」を整理しておかないと、たとえ二人とか三人の政党でも連立協議に加わって、それだけの力を持ち得るのかという話ですね。

井芹　普通、連立というのは政府をつくって、その閣僚に入ってもらって連立になり、そこで終わる。その後の各政党の意思決定は各党ごとの自治的な問題であって、各党の協議が必要なら政府のなかで、閣議で言えばいい。

早野　ここは細川政権の代表者会議からパターンをつくっているわけだね。

近藤　その通りですね（笑）。

成田　だからヨーロッパでは、連立は政府のなかでのことで、あとは議会と政府の関係だから、要するに法案が議会に出てからは議会のなかで連立与党も野党も加わって協議する。ところがいまは議会のなかで与党だけで決めちゃうこともあるけれどね。自民党の単独政権時代は、自民党が与党協議がすべてになっている。自民党の単独政権時代は、自民党が与党協議で決定して国会に法案を提出する、その後は自民党一党対多くの野党という関係だったわけですね。成立を強行すると単独採決、強行採決になる。いまはそうじゃなくて、複数の連立政党が賛成しているわけだから、新進党の単独審議拒否にしかならない。

井芹　国会機能も不全になっている。

成田　国会は完全に機能不全になっていますね。

井芹　五五年体制では、自社が裏交渉して処理していたんだけれど、これはシステム化してやるものじゃない。

▽土井党首の鼎の軽重を問う佐藤孝行問題

成田　次の政治倫理はどうなりますか。

曽根　医療保険、ガイドライン、倫理、行革と火種はいくつかあるけれども、おっしゃるように、医療とガイドラインは乗り切っていくような気がしているんです。なぜかというと、医療保険は、事柄が大きいんだけれども、決定的な意見対立じゃないんです。つまり調整がついちゃう。そうすると倫理と行革ですけれどね。いまこの場で「ノー」と言えば、これは決定的です。倫理問題。佐藤孝行問題がいま出てきたときに「ノー」と言えば決定的だけれども、タイミングを失しちゃうと、ずるずると曖昧なままに終わってしまう。

近藤　じゃ、佐藤孝行入閣があったときに社民党が「ノー」と言って与党から即座に離脱すべきだったの。

早野　いや、（離脱する）べきだって。それは（九月）十六日から始める作業ですよ。

曽根　ここで打ち出せるかどうか。

近藤　十六日にできるかどうか。

曽根　これができないと、要するに初動捜査に失敗したのと同じで、あとは取り繕うしかないわけですよ。

井芹　それではまた蟻地獄だ。（社民党の）全国会議では地方党員の意見として（離脱論が）かなり出ているけれど、執行部はものすごく躊躇している。社さも与党病だから、与党から野党にジャンプするのが恐い。佐藤孝行問題があっても、まだへばりつくのかどうか。だけど、この問題ぐらいはきちっとしないと、本当に社民党の存在意義がなくなってきちゃうんじゃないかな。

曽根　だから社民にとって与党にいることのメリットは何なのか。大臣ポストをもっているわけではない、それで何がいいのか。やっぱり政策協議に加わっているということなんですね。

川戸　そう、仕事ができるという先ほどの話ですね。

曽根　要するに六者協議は、比率からいったら自民と対等で数が入っている。それからプロジェクトチーム、与党調整会議とかに、みんな社民も入れる。当選一回の連中も入っている。片方は自民のベテラン連中が来ている。これは「権力のなかにいて、仕事をやっているな」という実感を持てる自己満足なんですね。

早野　忙しいから自己満足はしてますわな。

井芹　それからいい料亭でいい料理を食べられるとか、そういう低次元のことが結構効くんだな（笑）。

早野　さて、そこで問題は土井たか子さんですよ。この局面でどう動くか。つまり、彼女は佐藤孝行問題に関していえば、それはもう政権離脱です。これはもう結論ははっきりしている。しかし、そういう連立システム全体を壊すということを十分認識を持ってこの問題にチャレンジできるのか。これは党内でさっきの伊藤茂、及川（一夫）氏がいるわけだからね。これがまた小なりといえども社民党のなかで連立にすっかり馴染んだ、そういうものを覆すというのがどれだけできるかどうか。（九月）十六日から連立離脱に向けて動き出すと僕は思うが、どこまで行けるかね。これは難しいところだなあ。下手すりゃ社民の分裂になるわけですよ。しかし、これで残っていたらサマにならないわね。

井芹　そうねえ。

早野　はっきり言って、ガイドラインまではまだいいです。

ごまかしが利く。だけど、これはごまかし利かないもの。だからまず佐藤孝行氏に辞任要求かなんかするのかな。差し替え要求とか……。

成田　いやあ、それは要求をしちゃえば与党離脱まで一本道ですよ。

川戸　そうすればね。

早野　そこだ、問題は。しかし、これは土井さんという政治家のもう最後の鼎の軽重を問われる場面ではあるんだな。

近藤　そうね、片方は中曽根さんだとしたら、もう一方は土井さんですよ。

早野　そういう中間的な話では、土井たか子さんは全部敗れてきたし、連立に乗っかったわけだから、最後は清潔とかなんとかそういうファクターでしょう。

川戸　だからそういう話なんですよ。

早野　ここで敗れたら、もう本当に彼女の政治家のキャリアは意味がない。社民党もすっかりもう社民党ではないということになるよね。

井芹　自民党第六派閥ですよ。

早野　河本派よりちょっと小さいのかな。河本派より大きいか。

近藤　十五人。

井芹　あ、同じだな。

近藤　マザー・テレサの葬式に出て、どういう心境になったかだ。

早野　そう、そう、そう。

井芹　清廉潔白でやっぱりやらなきゃいかん。

川戸　前に話に行ったときに、「人権という面から考えると、土井さん、この問題、どう考えますか」と言われて、何か返事に窮したという話がありますけれどもね。

早野　だれの人権？

川戸　佐藤孝行さんの人権、そういう論点からたぶん詰められるでしょうね。

井芹　それは橋龍が用意した（佐藤起用の）唯一の論理になっている。

早野　ただ、人権というのはもう通用しないと思うけれどね。

成田　うん、人権と政治倫理は……。

川戸　ちょっと別なんですけれどもね。こっちは分かるんですけれどね（笑）。官僚とこの前、話したんですけれども、「橋龍論理は正しい」って言うんですよ。

高橋　一昨日の『読売』の漫画が刑務所の人でね。

川戸　そう、そう。出所してきた人が佐藤孝行さんの表札に祈っている。「私もこういうふうになりますように」って。

高橋　刑務所出た人がもう更生しようと思っているのかどうかしらないけれど、その人が佐藤孝行の家の前で、「私も更生します」という意味かどうかは知りませんよ。

川戸　そう、そういう意味かどうかは知りませんけれども、でも、普通の人と話すと結構そういう人、多いんですよ。
高橋　それは笑い話に聞こえるかもしれないけれど、その論理は出てくると思う。
早野　むろん通用しない話なんだが、俗耳には入りやすい。
近藤　政治に金がかかるのは事実だけれど、いちばんいけないのは政治で金儲けしたことだろう。それはやはり良くない。
井芹　収賄は一般刑法の犯罪、いちおう破廉恥罪なんだな。選挙違反とか駐車違反までは社会的ルール違反だけれど……。
川戸　しかも「選挙でみそぎ」って言ったけれど、今回、小選挙区では落ちているんですからね。国民の審判は「ノー」と言った。
早野　あれはそういう議論できる？　つまり、うちの『天声人語』が「小選挙区で落ちて比例区で復活したにすぎない」という書き方しているから、僕は「それはちょっと違う。選挙制度全体のせいなんであって、そういう言い方はまた別のことで言えばいい」と思ったんだけれども、今回のケースにそういう言い方は可能かな。
川戸　可能だと思いますよ、やっぱり。
早野　（比例）名簿で救われたんだな。
成田　その選挙制度が批判を受けている。彼は選挙民には支持されていないわけだから。比例名簿に載っけた自民党が救っているわけだ。
早野　なるほど、そういう言い方で正しいの？
曽根　利用して出てきたということはそのとおり。それ自体には文句を言えないんだけれども……。
川戸　それは文句言えないですけれど。
早野　「なんでおまえ、当選してきたんだ」とは言えない（笑）。
曽根　ただ、その責任は誰にあるのかといったら、それは自民党にありますよ。名簿の上位に入れた。社会生活を阻害するなら、それは人権問題だけれども、公民権を与えて、国会議員までやっているわけですから、それにプラスして何かをさせるということの人権って何なのか。
成田　そうすると、大臣になることは基本的人権だという話だね。
早野　そう、最初の成田さんの話に戻ってくる（笑）。そういうシステムになっちゃっている。でも、「そんなことはない」と言ってやらなきゃいかんのかな。「国会議員として活躍しているだけで立派です」と言ってあげないとね（笑）。
井芹　内閣改造はぱっと終わっちゃった。もう何日も前からほとんど決まっていて、あとは総務庁長官を代えるか代えないかだけになっちゃった。無投票再選も含めて平穏に行き、政局は凪ぎ状態だった。だから橋本首相は「これは大変な内閣にさせられた。しまった」と思っているのか、「いや、無事に来たから良かった」と思っているのかな。何かあの記者会見を聞いてると、ちょっと後者のような……。

早野　いやあ、しかし、やっぱり「しまった」と思っている印象もあるけれどなあ。

▽新進・小沢党首にチャンスは来るか

近藤　新進党の話を……。

成田　小沢さんはある意味で運の強い人だと思う。これだけ保保が完敗したことがかえって小沢さんには幸いした。これだけコケにされたんなら、「じゃ、反自民だ」と言える。これだけ政策が一致するものには協力すると言っているのに、これだけ足蹴にされて佐藤孝行を入れたりしたのだから「これじゃもう自民に協力はできない」という絶好の口実を小沢さんに与えたわけです。小沢戦略・保保戦略が何なのかが問われる状況じゃなくて、反転攻勢できる余裕ができた。これから新進党がどう動くか。民主党も新進党とも協力すると言っていて、もしかすると改革の風が動く状況になるかもしれない。保保が失敗すれば小沢さんも一緒にコケると思われていたのが、一転そうじゃない状況になった。これはちょっと予測できなかった事態ですね。

早野　すごく状況が良くなったわけではないけれども、なんとか息をついた。

井芹　新進党が、例えば民主党が出している行政監視委員会案について、小沢さんが「本来あるべき姿と違う」とか言って反対せずに、あれに乗ったらいい。

成田　もう一つの追い風は景気ですよ。

近藤　ああ、景気悪いもんなあ。

成田　個人消費が落ちてきて、「やっぱり消費税を上げたのはまずかったんじゃないか」と。

早野　そういう話になるもんね。

成田　きょうのテレビでも、「政策減税二兆円だけ戻したら」と言われて、加藤幹事長は反対していた。それは自分たちの政策の失敗になりますからね。しかし、新進党としては「消費税を上げたらこうなると言っていたじゃないか」ということになる。だから、その二つの要素が、小沢さんがこれからやっていける下地になるかもしれない。

早野　まさか社民が離脱したら、すぐ連立組んだりしないだろうな。もうちょっと小沢さんも辛抱しないとね。もう少し自民党をがたがたやらせないと、本来の小沢じゃなくなるもんなあ。

成田　それは執行部体制が変わらないと、ちょっとやれないでしょう。

井芹　その点ではこの前も出たけれど、「野党」というのが大事。どうも小沢さんも「与党、与党」という。それは党内の内圧が加わっているんだけれど、一定期間は野党ということで、「与党になるのは選挙で勝ってからだ」というふうに思い切らないと……。

近藤　そうだよね。

井芹　その意味ではもう少し政策上、柔軟になって野党としての追及をすることが必要だね。自民党という大きな勢力がある以上は、野党は分断されているんだから、それを少し政策上調整して、自分のところも引っ込められるのは引っ込めればいい。ところが何かへんに凝り固まって、自分で（野党共闘の）橋を切っている。もう少し橋を渡して野党論をやれば、いま民主党もすぐは自民党には行かないでしょう。

早野　それにしてもヘーゲル先生はえらいですね（笑）。「いちばん調子のいい時に矛盾を胚胎して壊れていく」と言った。

曽根　新進、民主が矛盾を巧みに突けるかどうかかね。社民の場合もそうだけれども、矛盾を突いていくことができるか。ちょっと民主にしても新進にしても倫理問題がそうだが、タイミングがずれている。そのへんの戦略としてはどうもガイドラインあたりだけで、それ以外のところに二の矢、三の矢をうまくつなげていないんじゃないか。

早野　確かに十六日のタイミングだな。これを失するとぽしゃるな。(注１)

（注１）佐藤孝行辞任　社民、さきがけ両党は一九九七年九月十六日、罷免要求に踏み切り、同二十二日、佐藤孝行氏は辞表を提出して受理された。

第三章　九月改造以後の政治力学

報告者・井芹浩文（一九九七年九月十五日）

昨日、過去の総括を早野さんにしてもらったのを踏まえて、主として橋本内閣がどうなるか、今後の政局がどうなるか、来年の参院選までに考えられる大きな政治日程とそれぞれの政治主体――政府・自民党、社民・さきがけ、民主・太陽グループ、新進党――がどういうふうに動くか、それらの動と反動を私なりにまとめてみました。

ヤマ場迎える行革　橋本改造内閣が成立し、月末に新ガイドラインの策定がある。そのために久間（章生）防衛庁長官が留任した。日米間の安保条約に基づく防衛協力のガイドラインが決まる。新進党はそれを「国会承認事項にしろ」と言っているけれども、政府・与党としてはやる気はないので、法案的なものは通常国会でいわゆる有事立法ということになる。「有事立法」という言い方もやめたいらしいが、年末までにそういう法案をつくる。国会での議論そのものは当然大きな問題となる。特に梶山（静六）発言で出た「周辺」の定義が問題。これは社民党もこだわっているし、当然、新進党も議論をふっかけてくるが、新進党は逆に進める方で、「はっきりしろ」ということ。ただ議論にはなるけれど、秋の臨時国会では法案という形ではない。

それから医療保険の抜本改革案が出た。いまの抜本改革の法案、介護法案が出てくれば、それもけりをつけなきゃいけない。その間に、これは国会マター（事項）じゃないけれども、改革会議の場で省庁再編の最終案を決めなきゃいけない。もう既に自民党から相当な反対意見が出ているが、自民党内調整として行革もヤマ場を迎える。

それから十二月の「気候変動枠組み条約」の京都会議がまた結構、難題だ。環境庁長官に英語のできる大木《おおき》（浩《ひろし》）さんを就けて調整に当たらせようというんだ。特に環境問題にこだわる橋龍さんとしては相当コミットして鮮やかにやりたいようだが、なかなかいい案がない。下手をすると、日本が非難されかねない。その間に日欧首脳会談、それから日露・日中が十一月の政治日程に組み込まれている。日欧のあたりでは新しい対露方針ということで前向きに取り組んで、橋龍としては何かイニシアチブを発揮したいような感じを受ける。

社民・さきがけは十六日以降、このタイミング（佐藤孝行入閣問題）を逃して橋本改造内閣を認めてしまえば、そのまま行かざるを得ないだろう。臨時国会が始まってからどうこう言ってもしようがないから、いまの時期が一つのヤマ場でしょう。それを通り越してガイドラインとか医療保険、行革では、自民党と社さの間の溝がだんだん深まる要素が多い。

新進党の行方は　新進党は、保保派との連携という道を残しているけれども、対政府・自民党でいえば、野党に徹するという対決姿勢を取らざるを得なくなった。こんどの改造での自社さ派の完全勝利ということでいけば、新進党は戦いやすい。めりはりがはっきりした。ただ、ここで十二月に党首選があって、党内的にはこれをどうクリアするか。小沢を代えるのかでまた軋みが出てくるだろう、これが一つのヤマ場になるだろう。

太陽党は昨日ぜんぜん話が出なかったけれど、いま何かをやるという状況ではない。それから民主党も野党と与党の中間の「ゆ党」のままですが、この内閣改造の結果は野党的に出ざるを得ないんじゃないか。そうすると二人党首制から一人党首制に移行して菅（直人）さんが代表で残って鳩山（由紀夫）幹事長となっても、与党化していくわけじゃなくて、野党的に動かざるを得ない。

中期的には参院選が焦点なんだが、表裏の関係でいうと、実は裏の一九九五年が自民党が負けている選挙で、その分は取り返せない。その前の九二年はそこそこ勝っているから、自民党がある程度勝ってもまだちょっと単独過半数になるか微妙なところだと思う。ただ、自民党に一つ好材料があるとすれば、新進党がこの前の選挙とは違って地崩れを起こしているという状況がある。新進党が議席を取れるのが、特に一人区ではまずない、二人区も厳しくなっている。三、四人区は公明系だから必ず一人取れる。したがって、自民党は二人区でも複数擁立で押してきている。それから比例の方がまた新進党の票が積み上がらないで、自民、新進の票数がこんどは逆転するだろう。こういうところです。

▽橋本政権の分水嶺となった九月改造

内田　政治の流れとしては、橋本の第一期二年と、第二期のこれからの二年というもの、ちょうど分水嶺というのがこの九月人事全体に対する私の感想なわけね。それでは非自民の方はどうかというと、私はたまたま（八月）二十五日からヨーロッパへ行って、留守中に起きたのがまさに二十五日の改革会議。それは私が思ったより頭数を無理して集めたなという感じと、それから全く同じ週に自民党の保保派が壊滅したことによって非自民内の力関係、つまり小沢が野党第一党党首であるかぎりはどうにも動かないという状況がややはっきりした。

これはまた小沢神話になってしまうけれど、小沢が十二月どういうところにいるかということによると思うけれども、野党陣営も九月上旬を境に少し求心力が働く方に動き出しているのかなという感じでいるんですがね。

成田 野党の問題は、一つは小沢さんの問題、もう一つは旧社民の問題ですね。特に民主党のなかに入っている旧社民。それに対して太陽とかさきがけはアレルギーがあるわけです。民主党のなかにも不協和音があるということですから、これがどう整理がつくのかがこれからの野党の動向を占う大きなポイントだろうと思う。

早野 小沢問題の関連で創価学会が「反小沢」になっちゃったという話になっているでしょう。

内田 うーん、そこまで行っていないんだなあ。

成田 ただ、すきま風が広がっている。

早野 いや、野崎《のざき》（勲《いさお》）さんは創価学会のなかでもいちばん親小沢だったんだが、とにかく「これは小沢ではやっていけない」と。結局、「小沢はだめだ」とはなったが、じゃ、どうすればいいかというところが分からない。小沢問題のもう一つのファクターは創価学会であって、それがどういうふうに動くのか、また分からないんですね。野党結集という点でいえば、新進党も自民党とくっついちゃうのかもしれないでしょ。

曽根 それで鹿野《かの》（道彦《みちひこ》）グループとは言うものの、鹿野グループでかなり精力的なのは旧公明の人ですね。公明系だけれども、ガイドラインに対して積極的な東祥三みたいなのがいるし、旧公明党のなかが二つに大きく分かれている。ですから全体構造を見るとはっきりすると思うんですが、新進党のなかに新保守的なグループがいて、中道もしくは中道左派がいる。結局のところ、保保派というのが新進党の新保守と自民党の新保守がくっつくという意味だとすれば、そこは日本の政治のなかで百人か百五十人ぐらいいる。だけど、それ以外はかなり曖昧な部分です。リベラルとか中道、あるいは中道左派というものの区別をどうするかという戦略がたぶんないんですよ。つまり、政権を取っていれば曖昧路線でも生き残りが可能なんですね。これは加藤紘一の方針ですよ。

だけど、改革会議とか民主党とか太陽党は一体何を目指すのか。例えば、鹿野さんにしても羽田《はた》（孜《つとむ》）さんにしても、中道もしくは中道左派というラインなのか新保守なのか、そこが見えない。そういう意味でいうと、野党側がどういうふうに集まったらいいのか。自然にしておくとそれは二つか三つに分かれちゃう。それを分かれさせないための工夫があるのかというと、例えば「改革」が旗印だったけれど、橋本が取っちゃったから、もう「改革」では対抗できない。

早野 羽田さんがいちばんわけが分からない。新保守的なことも言うし、リベラルみたいなことも言う。彼がいちばん象徴的ですね。

曽根　その点に関しては鳩山（由紀夫）もそうだと思う。

蒲島　でも、参院選挙がすぐ控えているとすると、新たな争点を発掘できない。あるのは一つだけですよ。傲慢な自民党を牽制する勢力としてのイメージを植えつける。非自民というよりも牽制政党、牽制勢力かな。でも、それだけじゃ有権者に根を張れない。上部構造としてはイメージとしての牽制勢力、下部構造としては連合と創価学会が根を張ってそれを支える。そういう構造が出てこないといけない。参院選の前にそういう体制ができるかどうか。足腰がないと牽制勢力というイメージだけでは戦えないところがある。

曽根　そう、数だけで当選するケースというのは今回考えられないからね。

蒲島　いわゆる伝統的な牽制勢力イメージだ。それは自民党が傲慢であればあるほどいい。

成田　要するに小沢さん、あるいは保保派が強かったのは、小沢さんの言う「政党は政策が命だ」「政策を実現することが大切だ」というロジックに対して、羽田さんたちや鳩山さんたちが明確な対抗のロジックを構築できなかったということですよ。ところが、もちろん政策は大切なんだけれども、与党・野党の役割でお互いが切磋琢磨してやっていくのが民主主義の基本的なルールだし、もし小沢さんが「政策が大切だ」というなら、「じゃ、自民党に合流すればいいじゃないか」という話になるだけです。政策を超えて野党第一党には野党第一党としての、政権に対する批判の受け皿としての責任がある。その枠組みが大切なんだ。羽田さんはある程度そう考えたろうと思うけれども、うまくメッセージを発せられなかった（笑）。

幸いなことに、こんどの改造では政策以前の問題が出てきた。政策以前の問題を追及する野党の役割ということが強く出てくると、単に「政策が一致すれば」という主張の持つ説得力が相対的に薄まってくる。そこに、野党の役割、野党はどうあるべきかの問題が出てくると、一定の野党の結集の力、力学にはなるんだろう。

じゃ、仮に野党が非自民でまとまって政権交代したとすると、何をやるのかということになる。そこでまた各党のぶつかり合いというシーンに戻るわけで、そういう長期スパンで考えると、野党も基本的な政策をなんとか整理して、もうちょっと基本的なまとまりをつけていかざるを得ないということになるんだろうと思う。

早野　いまのむちゃくちゃ状態（の野党）にとりあえず力を注ぎ込むには、非自民の政策以前の集まりというのも意味がある。

成田　そう、そう。

▽社さの与党離脱の可能性と影響度

早野　それで社民の政権離脱はそういう全体の構造を変え

るきっかけになりますかね。

曽根　必ずなりますよ。だって、「自社さ」対「野党」だけじゃなくて、「自民」対「非自民」の構図になるからね。

早野　土井さんが（与党を）やめても「ああ、それはそれだけのことか」というだけなのか、それとも一つの石を抜くわけだから、政権構造・政局構造がガタガターッと来るのか。

成田　テレビのニュースでいまやっているのは連立与党の協議会の場面でしょう。今後あれがなくなって自民党の部会の画面になるわけだから、非常に構造が違うわけですよ。

曽根　自社さ連立政権で、まあ、数の上では小さいけれども、社さが抜ければ、自だけになるわけですよ。それは単独少数内閣。少数じゃないけれども、単独内閣という性格が非常に強まる。ですから政権構造自体が変わるわけですね。

井芹　それなのに、なかなか離脱しないというのは何なんだろう。しかも自分の党のレゾン・デートル（存在意義）をどんどん失ってまでね。政治倫理というと、社民党は痩せても枯れてもそれだけは貞節を守ってきたのに……。

早野　だから全体構造を変えるということと、もう一つ、社民はそれ（与党離脱）で生き残れるかの問題がある。全体構造はガラガラーッと来て、社民は社民で潰れていくということもあるわけだ。その覚悟をしていればいいけれども、それが見通しがつかないものだから、これまで政権にくっついていた。こんどは（佐藤孝行入閣問題で）珍しく社民は社民らしく生きられる多少の可能性のある問題だ。ここで政権離脱しなけりゃ永久に政権離脱できないのかもしれない。

曽根　他のテーマで、医療保険だとかガイドラインだとか行革で政権離脱できないと思うんです。

成田　政策では難しいです。

早野　政策では結局、難しいですね。

曽根　それでもう一つ、共産党というのがあるわけですね。着々と野党らしさで一貫した主張をしている。ですから一気に自民対共産のところへ行っちゃうわけですね。ですからとりあえず共産に行っている部分も社民が離脱すればそこは吸収できる。

早野　損得は、まあ、とんとんぐらいには行くかもしれないね。政権は政権なりのメリットがあったと思うのよ。自己満足もあった。そこがマイナスになる。テレビにも映らなくなる。政治討論会でも及川《おいかわ》（一夫《かずお》）さんが端っこの粟屋《あわや》（敏信《としのぶ》）さんのちょっと一つ上に……（笑）。これ、太陽党並みでしょう。十五人ではぜんぜん意味がなくなっちゃう。しかしなおプラス面があれば行動するチャンスではあるんだろうが。

井芹　結構そのハードルは乗り越えられない可能性が高いんじゃないかと思う。やっぱり「与党」メリット論が出るんじゃないかな。

内田　冗談っぽく言うと、これは学者、評論家、記者、ジャーナリストの研究会だけれども、その枠を解いてそれぞれの多少の影響力を行使して「社民党蘇生の道」というのを（笑）一つ短い提言でもまとめてそれぞれが行動してみたら、少し日本は変わるかもしれないよ（笑）。

早野　小さいきっかけでいいですね。

▽創価学会はどうなるか

内田　あと、創価学会については、私は矢野絢也と時折会っているんだけれど、彼はご存じの通り創価学会ウオッチャー。要するに彼の結論は「学会は池田大作次第」ということなんですね。だからいろんな説が出て親自民になったとか、新進を離れたとか離れないとかあるけれど、群盲象をなでて、結局、池田先生なんですよ。その池田先生については矢野も「もう一つ分からん」ということなんです。

早野　池田大作さんの小沢観が変わったか変わらないか、ここがちょっと分からないんですよ。詰め切れないけれども、何らかのニュアンスが出て創価学会の人々が変わっているのか、いや、そうじゃなくて、なんとなくわいわいやっているのかですね。

内田　それからアットランダムに言うと、ここで細川（護煕）という人物の問題があるんですよ。それは鳩山と羽田と軽井沢会談の後に細川氏がメモをつくっている。あれは明らかに「私はいますぐはやれません。しかし、いずれは……」という含みが残っているのと、「保守中道」と言っている。つまり社民党排除なんです。ところが、社民系の横路《よこみち》（孝弘《たかひろ》）が何なのか、赤松《あかまつ》（広隆《ひろたか》）が何なのか、それといまの民主党に入った社民系と土井社民とがどうつながるのかというのが改革会議の鍵だと思います。そうすると、細川の「保守中道」で羽田・鹿野グループがまとまっていくのかどうか。いまも出た政策と政策以前というところがちょっと分からない。

もう一つは「政」対「官」。これはさきがけの田中秀征《たなかしゅうせい》はその（反官僚の）典型。菅がやはり自社さの加藤につながっていたが、こんど代表になって、彼はこの一、二カ月ではっきり非自民勢力でやろうというところに来ていると思う。そのときの旗印はやはり「政対官」のところで、「自民党は所詮だめだ。橋本改革はやはり官を征伐できない」という、そこにウェートがあるように思うんですが、どうでしょうか。

早野　誰がそういう……。

曽根　カンとカン、菅直人と官僚の関係（笑）。

内田　「政対官」という図式を田中秀征的に強めていくといまの自民と（提携）、というわけにはいかない。長い将来での自民党内リベラルとの提携は、まだまだ先の段階だからね。

成田　菅さん自身は非自民の色彩を出して、「自民では官征伐はできない」という考えになっている。問題は民主党のなかの構造ですよ。私なりに無責任な構図を描けば、社民が与党を離脱して、横路さんが社民に復帰して整理のつくのがいちばん分かりやすい。そういう整理がつかないと、菅さんが「官征伐」と言っても、じゃ、本当に民主党として菅さんの言っているようなイメージで行革ができるか、官征伐ができるかというと、これまた難しい。労組も前のリベラル推進労組会議を解消するんですか。連合はむしろ社民も含んで中道にウイングを広げる戦略を描いている。だからあそこ（社民・民主間）をきれいに割るのとは、逆の動きをしている。

内田　そう、そう。

成田　もう一つは、野党の枢要なリーダーたちが「おれが」「おれが」という意識が強すぎる。そこの順番の調整ができない。調整する人もいない。竹下さんみたいな人がいないことが非常に状況を難しくしている。誰がコーディネーターになれるかですね。

早野　しかし、民主党から横路一派が抜けちゃうと、あと、何が残りますかね。

成田　旧さきがけ系と民主党自前の新人ですよ。

早野　いま人数としたら五十二人のうち何人ぐらいだっけ。

成田　いま中間派というのがマジョリティーだから、それがどっちにつくかにもよりますけれどね。社民系はマックス二十人ぐらいじゃないですか。

早野　社民系がいちばん多いでしょう。

内田　多い、多い。

早野　しかし民主党なんかも菅直人の系統の若い人が社民の年寄りをすごくいじめて蔑むらしいですな。海江田万里《かいえだばんり》もそれに対しては反発していて、しかも菅直人のごり押しがあるらしくて反発が出ている。いまのところ、マスコミが書いているのとイメージ落差がある。鳩山由紀夫氏も相変わらずとっぽい感じだし、本当にもうどうなっちゃうのかな（笑）。すごく心配だな。「民主党頑張れ」とは思いたいんだけれど……。

▽小沢氏はどこへ行くのか

内田　話が変わってしまうけれど、本当に政治家のリーダーのレベル、スケールがだめだね。本当、情けない状態になったな。

成田　小沢さんが抜ければ大きな状況の変化だけれど、これも簡単にいかない。

内田　小沢の人物論になるけれど、彼は猛烈に気が強い。「とにかくついて来い」とやるんだけれど、ときどき弱気になるんだよね。だから私は、どうも十二月はどういう展開になってくるか、「ひょっとしたら……」というのがある。

成田　いやあ、それはないですよ。

内田　ない？　ゼロとは言えないんじゃないかな。

蒲島　細川さんが裏切られたのはそこなんでしょう。小沢さんが辞めるんじゃないかと思った。

成田　いや、細川さんは「辞めるべきだ」と言っただけであって、「辞める」と思ったわけではない。

早野　そのチャンスを与えてあげたというわけでしょう、二回ほど。

成田　ええ。

内田　いま新進党のなかで頭数を数えれば、もう小沢は少数派ですよ。だけど、あの小沢親衛隊は最後は十人でも二十人でも城山の西郷さんみたいについて行くという方が強い。本人の弱気を引っぱたいてもね。しかし、いまや日和見が多くなっているわな。

成田　ええ、日和見が多くなっていますね。じゃあ、鹿野さんが党首選挙で勝てるかというと、これも問題ですね。

内田　衆議院が百三十人でしょう。旧公明が四十人ちょっと、同盟・旧民社が二十人ちょっと、細川系が十人ぐらい。そうすると八十人になるんですよ。残りが旧自民五十人ということになる。だからもう少数派なんだけれど、公明と同盟がいまだに日和見を続けていることによって、あの格好になっている。

成田　だから自民党内の保保派が人事的に挫折し、そのあおりで新進党内では「小沢路線の保保追求が失敗したじゃないか」となって小沢さんが力を失うか、それともこの逆境を逆手に取って、小沢さんが「これだけ協力しても自民が応えなければもう自民打倒だ」と手のひらを返して動くか、ここが一つの分水嶺ですね。

蒲島　でも、そうなると、反小沢的なグループ、社民とさきがけがまとまれない。「作戦を変えたから一緒にやりましょう」というわけにいかなくなる。

成田　それは野党共闘ぐらいはできると思うんですね。

内田　話が戻って、さっき曽根さんが言ったように、政策と政策以前という問題がある。「政策や理念をきっちりしないと新党が寄り合い所帯になってだめだ」と言うけれども、それはなかなかできないでしょう。

井芹　ニワトリとタマゴみたいな関係で、政策をまとめるためには信頼関係が必要なんだけれど、どうも小沢さんは「政策がきちっとしていれば、信頼関係とか好きだ嫌いだは関係ない」と言うんです。実際は好きだ嫌いがまずあって、その上に「じゃ、話し合おうか」となる。リベラル派か中道保守かといったことも、われわれはそう整理して見るんだけれど、実際に野党同士で「ここは一致しているな」とか「ここから先は相当違うな」とか、お互い話し合っているわけじゃないでしょう。

その点は、自社さはもう絶えず顔を合わせていて、かなり細かいところだって調整しちゃう。毎日やっていけば、だんだん出来上がっていく。そうすると、社さが最初は反対していたような政策でも、まあ、違う方を呑んでくれたから、こっち側は呑まざるを得ないとなる。それだけ自社さは努力しているのに、野党側はほとんどやっていない。政策以前の信頼関係ができないから次に進めない。

▽野党の「改革会議」の課題は何か

成田　まあ、野党連絡協議会でもつくるんです。「改革会議」の分析はもう一つやったらいいと思うんですけれど……。

井芹　改革会議もあんまり急速に「新党だ」というのでなく、ゆっくりと育てていけばいい。細川さんが微妙な立場で面白いのは、改革会議を否定はしてないんだが、「いま数合わせでやってもしようがない」と言って、「もう少し政策なり理念なりをぐるぐる回したらいいんじゃないか」という立場だ。まさにそのとおりで、改革会議のなかで回しているうちに合意点が出てくればそれでいい。

成田　細川さんは非自民八党派連立政権ということで出発して苦労した経験があるから、改革会議の見通しに対して非常に懐疑的にならざるを得ないんですよ。

蒲島　改革会議というのはネーミングが良くないな。野党共闘会議とか、国民がすっと会議の雰囲気が分かるというのでないと……。野党共闘会議で野党も出ざるを得ないような雰囲気にしておいて、そして将来的に新党をやってもいいと思うんですね。

内田　「鳩山がとっぽい」という話が出たけれども、この改革会議も鳩山が先走って「新党だ」「新党だ」と言ったのがぶち壊しになったんです。勉強会でおとなしくやっているあいだは良かったんだが、あれで人数が半分になった。鳩山は、――去年の新党のときの最初の（排除の）論理もそうだが、――不用意なことを言ってできるものも壊してしまう。

曽根　野党側の反省で、いちばん大きいのは新進党。新進から離脱したのが四十人ぐらいですか。これは、大きな反省点だと思うんですよ。政党の組織論としても増やすのは非常に難しいのに、こうぼろぼろ出ていくのは日本の政治史上非常に少ない例だと思う。

この一つの理由が、自民党・権力にすり寄るというのがあるけれども、それ以前に新進党のなかで居心地が悪い。党を辞めてまで出ていきたいという居心地の悪さは特筆すべきことだ。

もう一つの野党側の反省点は、やはり党のなかの組織論として党と党を結びつける組織論というか運動論ですね。連合論が野党側に欠けている。自社さは権力側で日常的な政策決定に加わっている点で、かすがいがあるけれど、こっちはそれがない。ないときにどういう緩やかな連合体を組んでいけるのかという、運動論と組織論が欠けている。ですから勉強会なのか、新党なのか、野党連絡協議会なのか、あるいは来年なのか、五年後なのか、そこの戦略が弱いですよ。

▽小沢氏の民主主義観に疑問あり

成田　居心地が悪いという問題は党内民主主義の問題だけ

れども、突き詰めていくと、結局、小沢論になるんですよ。

曽根　なりますよね。

成田　党内で意見を出すと、すぐ「不満分子だ」という言い方をする。「不満分子」と言われると、いつまでもいられませんよ。それは執行部のリーダーシップの問題であり、党内民主主義の問題です。それは党内の問題だけれども、それが野党全体の再編成の問題に非常に関わっている。

井芹　加藤紘一さんが「小沢さんは民主主義の基礎教養を欠いている」と批判するんだが、それはそれなりに根拠があるわけだ。議員は国民から選ばれてきているのに、それを党員みたいに指令したら動くというのが小沢の組織論だからね。

法案を通すとか、党がばらばらに崩れたら困るという局面で、執行部として強くバンドを締めておきたいというのはあるんだろうけれど、しかし、一方で政策論議の最初からすぐ反対すると「不満分子だ」とくる。この前の選挙公約でもいきなり出しておいて、「反対するやつは出ていけ」みたいなことになると、それはあまりにも性急すぎる。そうすると民主主義の基本をどう考えているのかとなりかねない。それが居心地の悪さになる。説得する努力が足りないね。

蒲島　小沢さんの基本的な民主主義観が違っているんだ。あの人は「多数決を得たら、それで力を持つ」と。そういう数の民主主義なんですね。しかし民主主義のもう一つの側面は「寛容」なんですね。他者の意見に対する寛容。その部分が抜けた民主主義だから、それは居心地悪くなるというのは当然じゃないですかね。

成田　でも、蒲島さんがいま言われたようなことを言うと、すぐ「民主主義が分かっていない」というのが小沢さんの口癖ですよ（笑）。

井芹　それは確かに、往々にして日本の民主主義の欠陥は、決断しなきゃいけないときに、ずるずると決断しないで先延ばしするということがある。それは緊急事態とかではそうなんだけれど、それ以上にその前のプロセスというのも大事なんです。ところが（小沢氏は）そこを切り捨てちゃっているところがある。

曽根　自民党は当選五回とか六回で大臣にして、非常に長いスパンで個人評価というか、先が読めるシステムをつくった。これは官僚主義の極みだけれど、逆にいうと、小沢さんの考える戦略は、ワンショット・ゲームなんです。一回かぎりの勝負をずうっとやっている。このワンショット・ゲームってものすごく危ないんですよ。

日本では繰り返しゲームなんですよ。繰り返しゲームのときには裏切ったり、他人を出し抜いたりすると、その次に（自分に）跳ね返るわけですよ。ところが小沢さんは多数を取ろうというワンショット・ゲームですね。それが成功したのはたった一回、細川さんのときだけです。それ以外は多数を取れなかった。一回かぎりの勝負を仕掛けているんです。

そこが基本的に問題ありじゃないかな。

そうすると、野党側の十年の長期プランは無理だが、二、三年のプランと一年ぐらいに何をやったらいいのかを作らないかぎり四分五裂がずうっと続く。あとはリーダーがそれぞれ「おれがリーダーだ」と言って相互に足を引っ張ってね。だから基本的には五五年体制のときよりもさらに悪い。あの頃はまだ総評、同盟、創価学会ってはっきりしていたわけですけれど、今回はそれがはっきりしなくて、応援団も戦略の立てようがない形でみんなそれぞれ先細りということでね。だから本来、小沢さんはそこを組み立てられたんだと思うんですが、いまはそこの視点がないんだと思うんですよ。

早野 確かに小沢さんの民主主義というのは「一致団結、箱弁当」という派閥の、経世会的なセンスだな。しかも派閥といったって、あの時代の田中派の派閥のフィーリングがあるわけでしょう。

井芹 親分が「黒」と言ったら、白いものも黒いと言わなきゃならない。

▽展望なき保保連合

早野 どうでしょう、保保連合というのはもうだめですかね。これができるとすごく整理されるんだけれども。

井芹 保保連合はこの過程でだいぶ変質してきているんじゃないですか。

成田 いろいろな保保があるからね。

早野 しかし、とにかく小沢氏の言うように、自民党がある程度整理されて割れて、小沢さんの一派と組む。新保守ですな。

井芹 僕はその小沢理論がまず非現実的だと思う。「自民が割れて」というが、現実は「割れない自民」じゃないか。政権を取ったのに、なぜ割らなきゃいけないか。割ろうとして、例えば最大多数三分の二が保保になったとしても、小沢と一緒になって政権が確実に来るかというときの数合わせがまずできるかどうか。そのリスクは非常に大きい。

それから「自民＋小沢新党」というのは党が変質しちゃう。小沢が主導権を牛耳るかもしれない。そういうものに移行しようという人はがくっと減るだろう。結局、十人か二十人にしかならない。そうなると、実は小沢的保保連合はできない。だけど、小沢さんはそうは読まないんだな。

早野 自分が敗軍の将であることに気づかずに保保連合を言っている（笑）。

井芹 小沢さんは絶対的に矛盾していると思うな。

成田 小沢さんは自民党が割れることを現実的に想定しているわけじゃないでしょう。だから社さが抜けて、代わりに「自・新進」ができて、小沢さんが発言権を確保すると。

早野 実際問題としてはそうでしょうね。

成田 自民党の執行部を変えてね。ただ、もし仮に社民党が抜ければ、参議院で過半数を割っているわけだから、どっかに協力を求めざるを得ない。そうすると、従来の保保とは違うけれど、自民党が社さ以外に協力を仰ぐという意味での保保は出てくる。

井芹　それがこの前の党首会談を一回やって合意してすぐ法案賛成して終わりというアド・ホックならいいけれど、自民・新進の与党協議会になってきたら、小沢がキャスティング・ボート、法案の生殺与奪権を握るんだから、それを認めるかってなったときに、それは加藤論の通り「そんなのに小沢さんを介入させるべきじゃない」となる。

早野　それが昨日議論した部分だよ。

井芹　しかも経世会とまた通じるわけだ。この経世会勢力が一大勢力になってまた復活しちゃうと、これも恐い。いま幸い仲違いしているから、それも現実的じゃないかもしれないけれど。

成田　野党論で社さが離れるということをいま議論しているわけだけれど、とにかく加藤執行部としては懸命に離れないように離れないようにやるわけでしょう。

早野　それはもちろんね。

成田　泉井問題だって何だって離れないような対応をこれからどんどんやっていかざるを得ない。どういう手があるのか分からないけれどね。

井芹　スキャンダルについてはただ弁解するだけでしょう。

早野　佐藤孝行のところは少なくとも油断ですよね、明らかに加藤紘一の。

井芹　政策のところは社民党の言っているのを足して2で割るか何かで、少しずつ取り込んで社民党の飲める薬にしちゃうんだけれど、こっちの方は毒のままだから薬にはならないね。

早野　しかし、とにかく参議院で過半数取れなくなっちゃったら、社民はかなりの数があるわけでしょう。そしたら新進のところ、小沢に助けを求めるという以外ないかも知れない。それは幾ら小沢をいやだとか、かんだとか言ったって数が足りないからしようがないわけだよね。

井芹　それは亀井理論だな。

早野　これは現実の問題としてあり得るわけだからね。

▽小渕氏とはどんな人物か

内田　ところで、小渕恵三というのはどういう人物評価ですか。

成田　人物論はしてもあまり意味がない（笑）。

早野　いや、人柄の立派な人ですよ。

内田　人柄だけか（笑）。

井芹　彼は絶対反逆しないから、竹下としてはいちばん安心なんですな。それから自分で考えて何かをやることはないから、竹下が何か言ったらそのとおりにやる。だって、（竹下氏が）総理のとき、「あいつはポンだから」と言ったとか言わないとか（笑）。

川戸　小渕さんの時代が来るのか。今回は世代交代がかなり言われた。ベテラン議員と下の若い世代との対立があったのが、保保派が一枚岩にならなかった一つの原因だし、与謝野勉強会で与謝野（馨）、麻生《あそう》（太郎《たろう》）、平沼《ひらぬま》（赳夫《たけお》）という人たちが集まった。塚原《つかはら》（俊平《しゅんぺい》）さんも「次の総裁候補に私たちは平沼を立てる」と言っているほど、そのくらいYKKに対してその三人の評価が出ているところもあるんです。そこまで来ると自民党も変わってくるのかなあという気がしますけれど。

蒲島　それともう一つ、よく分からないのは派閥がなくなると言われていて、派閥がまた再浮上してきた、そういう構造というのはどうなんですか。

成田　自民党というのはやっぱり所詮、人事システムであり、一年生で当選してからステップを踏んで上がっていく。その人事システムのなかでは派閥という機能は非常にベーシックな機能だから、それは残るというのが昨日の議論です。

井芹　特にそれも派閥システムなんですよね。派閥の長の力。だから昔だと、それこそ派閥の長の力が派閥の力。だから数を増やす、そのために金を配る。集金力とかあったんだけど、いまのは枠を決めて、もうだいたい決まって、そのなかの推薦枠であって、それを超えて四人の枠を五人にしてやるだけの力は派閥の長には何もない。自分の枠内で調整をする。その推薦権を持っている。推薦権もあるかどうか。それはこんどは派閥のなかで協議して大まかに合意を得ないことには派閥の長が強行するというわけにはいかない。逆にいうと、渡辺派みたいにそういう統治能力がなくなって十人も出してきているということにもなりかねない。

早野　小渕さんというのが象徴的なのは、そういう派閥システムのある意味では穏やかな代表であるし、もう一つはいま小沢氏に代表されるいわば政界ボスの領袖クラスの人間の人格欠陥を、昔のボスはなかなか奥行きがあって尊敬されていた。そこまでは無理だけれども、小渕さんは好感をもてないことはない。人柄はいい。これは結構意味があるかもしれませんね。

川戸　そうですね。

早野　そういう意味で有力候補に浮上しているんじゃないでしょうか（笑）。

成田　あの人は人柄は本当にいい人だと思うけれども、次の総選挙で自民党の顔として戦えるわけ？

早野　その顔の問題はあるなあ（笑）。

井芹　その点で橋龍と対極だ。個人能力とかね。

早野　みんな顔に劣等感を持っているんですよ。小渕さんなんかも「これで外交はやれない」とかさ（笑）、そういうことをつい言っちゃうでしょう。亀井もそうなんだよね。「おれの顔ではなかなか」と（笑）。でも、そういうのもまた良くなってくるかも知れないよ、案外。
井芹　その点は橋龍がいいわけね。
早野　でも、橋龍が良さそうな顔をしているけれども、ちっとも良くないということになれば、逆に「小渕さんはいい」と。
内田　あーあ。
早野　しかし、顔を気にするというのは全く良くないな。テレビ時代になって……。
川戸　でも、顔が表す部分もありますよ、それは。
早野　小渕さんの顔というのは悪くないんですよ（笑）。
内田　何も悪くないよ、いい顔だよ。
早野　なかなかいい顔なんだけれども、劣等感を持っちゃうわけ、本人が。
井芹　橋龍との比較で。
蒲島　いままで人を裏切ったことがないような顔ですね。裏切られたこともない。
川戸　ないですね。
井芹　目端が利かないわけよね、逆に言うと（笑）。先読みして巧く立ち回るとかはしない。
内田　いやあ、中曽根、福田と同じ選挙区でやって来たんだから、それは修業はできてますよ。
川戸　そうでしょうね。
成田　非常に几帳面な人ですけれどね。毎日、新聞にボールペンで赤線引いて読んでね。非常に几帳面な人ですよ。丁寧な人だし。
井芹　下手な新聞記者や学者よりずうっとよく勉強している。スクラップブックだって几帳面につくっている。
早野　学生時代も英文科でしょう。何か下宿でこっそり英会話の練習してたっていうんだね。だから外務大臣、立派にやれるぐらいの……（笑）。

▽加藤氏も自信をつけたが

内田　加藤紘一というのはどうですか。
成田　「共和事件[注1]」を抱えて総理大臣になれるかというそこだけですね。政治家としてはなかなか才能はあると思います。
井芹　顔が悪役になってくれれば大丈夫じゃないですか、総理大臣は（笑）。
早野　加藤紘一の共和と宮沢さんのリクルートとどんな感じでしょうかね。似たようなもんでしょう。
成田　いや、それは性質が違うけれども、ただ、密室に三人がいて、その三人が利害関係がばらばらだ。そのうち二人が「加藤紘一はもらった」と言っていて、加藤紘一だけが「もらっていない」と言っている。
早野　ちょっとあれは爆弾だな。
内田　加藤さんは、——誰かも言っていたけれど、——目がきょろきょろし過ぎるというんだけれど、この頃直ったかね。

川戸　最近ずいぶん直りました。やっぱりあの共和事件のあとですね。

内田　目が絶えず、こう、右左にくるくる動くんだよね。

早野　（それでも最近は）ちょっと自信つけてきた。

成田　うん、自信はつけている。それは幹事長を三期やったんですからね。

早野　ここからは結構自信をもってやるでしょう。

蒲島　ただ、やっぱりインテリだから、戦前の中曽根さんみたいな教育受けた人のように強力な国家とか権力とかを無邪気に追求するのはできなくて、ちょっとシャイなところがある。戦後教育は国家権力に対してある種の控え目なところがあるから、その弱さが出てくるかもしれない。でも、ずいぶん権力に向かって行っているようだけれど。

曽根　そういう点でいくと、加藤紘一も橋本さんも国家観、歴史観、大局観、世界観というのは弱い人ですよ。いままではっきりとそれを出してこなかったし、中選挙区論者で、中選挙区の制度が変わってから、「おれは小選挙区は反対だった」と言うわけね。結果もそれ見たことかということを言う、そのへんの性格があんまり良くないですね。言うべきときに宮沢派としてちゃんと案を出しておけば良かった。宮沢派はみんな中選挙区だったんだから。

成田　もし加藤紘一がなるとすれば、非常に大きな問題は中国派が総理大臣になるということですね。

川戸　そうですね。今回も「日米中で三角関係が成り立っている」と言って、これは日米基軸とずいぶん違うじゃないかと、大問題になりかねなかった。

成田　あれだけ明確な中国派というのはいないでしょう。

川戸　いないです。

内田　あれは中国に行って余計なことを言ったんだよね。それで（梶山静六）官房長官が反発したんだけれど、あの反発したのがかえってマイナスになった。(注2)あれでだめだったんだね。

蒲島　ただ、そうなるでしょうね。日米中の三極構造にならざるを得ないんだから、それを先取りして言ったことは間違いない。

内田　もともと加藤は大平正芳・伊東正義ラインだからね。河野洋平は宮沢の秘蔵っ子だったわけでね。だから宮沢もドライはドライだな(笑)。それは河野自身がだめなんだけれど。

井芹　河野さんはいま「なぜおれをしないんだ」という気持ち。いまの自社さのやり方は、ある面では河野が発明者というか、唱導者だったわけですよ。

成田　ポスト橋本で河野さんという可能性はもうないの？ポスト橋本で万が一、いったん緩急あったときに……。

川戸　ないですね。確実に小渕さんって言っていましたからね。

成田　ただ、一説によると、加藤紘一さんは行革で橋本さんがこけたら、閣内にいる小渕さんも一緒にこけてくれると言っているという説もあるけれど（笑）。

内田　ただ、（小渕首相が）こけても河野というのはもうないね。それは河野自身がだめになったんです。

▽いま共産党が気になる

早野　そうなると、「共産党の言っていることも正しいな」という気がしてくる。共産党はこれからどうなるのかしら。蒲島先生はどう思います。

蒲島　共産党はちょっと図を描くと下図のようになる。右サイドに自民党があって、自民党を真ん中に寄らせようとするのが加藤路線ですね。保保連合は逆に右方向に寄せようとする。理論的には自民党が右に寄ると失敗。真ん中に寄らないと選挙に負ける。加藤さんの議論が勝つのは当然ですね。

真ん中寄りに新進党があって、せっかくいいポジションにあるけれど、保保連合は右の方に行こうという感じです。その問題で小沢さんが少数派になるのは、それもまた理論的には当然のこと。例えば細川さんなんかはここが保守中道というので真ん中に止まろうとする。

井芹　細川さんはそこにとどまっているんですよね。

蒲島　同じように羽田さんもそうだ。自民党よりもさらに

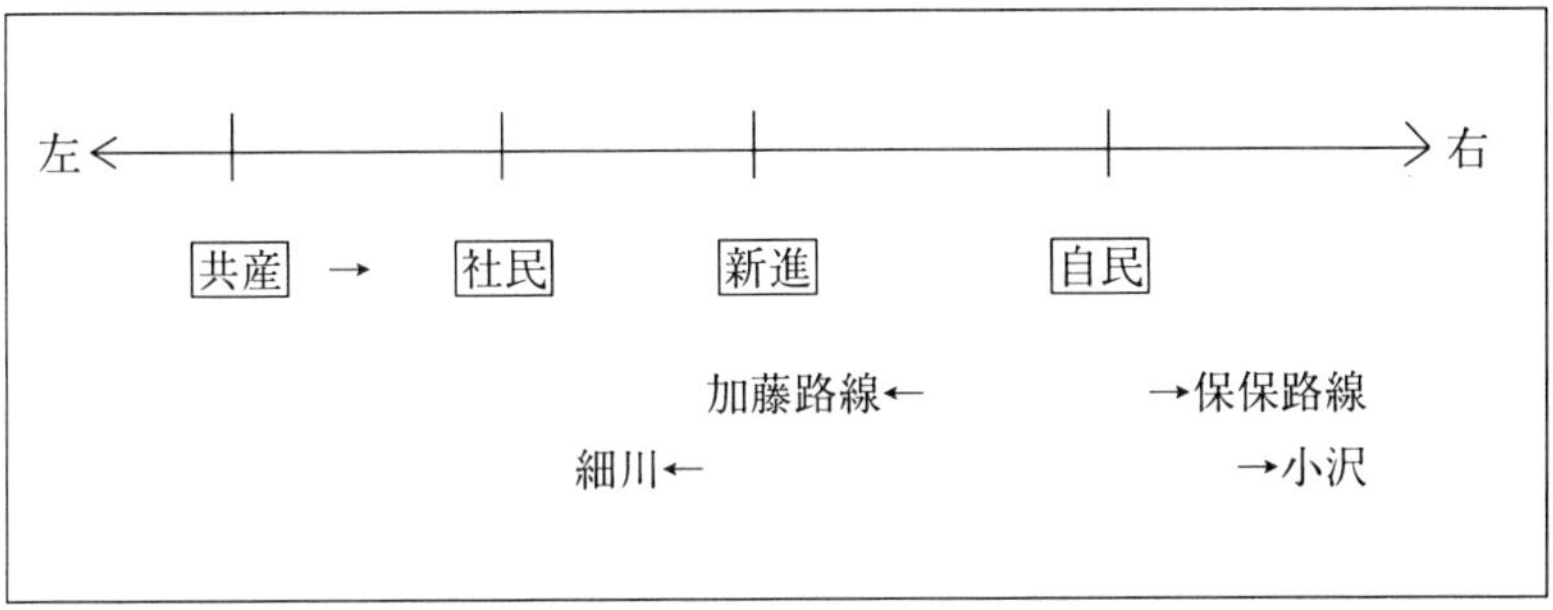

右端に行こうとするのが小沢さんだが、それは自殺（笑）。左サイドに共産党があるんだけれど、共産党はもっと左端にいた。いままで自民党政権は、戦略的に自民と共産の間に社会党とか民社党を温存していた。それを不用意に自社連立で崩壊させてしまったものだから、共産党はどんどん社会党のいた真ん中寄りへ行けるわけですよ。この前の党大会で「保守無党派層を味方に入れる」と言ったのは、まさにそのことです。ここまで来ると以前の社会党の場所に近いわけです。

ここからは共産党はジレンマで、右に寄ると純潔さを失うわけです。真ん中に行けば政権には近づくけれど、純潔さを失う。だから純潔さを大事にするか、政権を狙うか

というのが共産党のチョイスだ。基本的に自民党と共産党の間の政党がどうなるかは、共産党の動向に影響を与える。社会党みたいに融解してしまえばもう共産党が伸びる。有権者のチョイスとして（自民党以外に）共産党しか残らなくなると、自民党と共産党だから、政策はものすごく揺れることになる。

井芹　一九七六年の総選挙のとき、自共対決で共産が伸び、真ん中（の社会、公明、民社各党）が落ちこぼれた。そのとき田中角栄《たなかかくえい》は標的を共産党にして「共産党が脅威」という想定をしていた。

内田　いまの話の角栄選挙で、公明とか民社の中道が後退しちゃったとき、川島《かわしま》（正次郎《しょうじろう》）副総裁が「自共の時代だ」という話をしたんだよ。そうしたら、次の選挙でまた戻っちゃったから、ちょっと先走りしすぎたと思ったけれど、あの構図はそのとおりになったんだね。

蒲島　いまは自民党と共産党の間の勢力がどう形成されるかという状況だ。全くロジカルに考えると、ここ（真ん中）には自民党に対決する一つの勢力ができるのがいちばん自然だけれど、これが失敗すると共産党がずうっと真ん中にくる。

内田　原理政党というか、共産党に対するアレルギーというのが国民のなかにありますね。それを解消する方法を三つぐらい挙げれば何ですか。

蒲島　世代交代でしょう。志位《しい》（和夫《かずお》）さんの顔がテレビに出てくるということ。志位さんは「いま保守系無党派層は自分たちの味方だ」と言っているわけだから、相当変わっている。そういう変わり方が、中選挙区制の地方選挙ではものすごく共産党の躍進になっている。

曽根　僕が挙げるとすれば、共産党の弱点の一つ目は宮本顕治《みやもとけんじ》。それが全くなくなると、これは池田《いけだ》（大作《だいさく》）と同じで、世代交代によって、イメージがすごく変わる。二つ目が、議員十五人にアンケートを取ると、全員同じ答が返ってくる。体質的に一枚岩の党なんですよ。個別議員の発想というのはまだできてないわけですね。三つ目の特徴は、ここ何年か共産党は、われわれが「B級争点」と言っている、——東京都ではシルバーパスのような——問題を丹念に拾い上げている。老人介護だとか、託児所だとか。大争点として行革だとか財政構造改革じゃなくて、生活に密着した争点として、もうゴミみたいな問題をきれいに集めているわけですね。自民党のドブ板とはちょっと違うんですよ。

井芹　逆ドブ板ですね。

曽根　ええ。B級争点で着実に地元を攻めるのは都議会選挙で築いた方法。地方はわりとそのへんが強い。ですから逆に言うと、結局、自民を除いて中間（政党）が地方ではものすごく弱い。ここの構造はあなどれないジャンルなんですね。

蒲島　（共産党が）地方の首長選挙で勝ったときにどういう政治をするか。それを見て国民が反応するようになった。だからアレルギーがだんだんなくなった。

成田　イギリスで労働党が政権に戻るのに十八年かかったんですけれども、その間の労働党の戦略はローカル・レイバリズム（地方での労働党の勢力拡張）ですね。地方から国政に駆け上がるということで、地方選挙に力を入れて勢力を伸長し、それでブレアが出て政権交代というところに行ったんです。共産党のいまの戦略はまさに英労働党のローカル・レイバリズムと重なる戦略で、オーソドックスな戦略だと思いますよ。

内田　それから（共産党）アレルギーということからして、天皇制というのをいまどう位置づけているんですか。イギリスの王制というのは問題だというんだけれど、それは日本の天皇制にどの程度響いてくるのか。

蒲島　世論調査をすると、天皇制に関しては、ほとんど合意争点。「いまのままが良い」というのが国民の一般的な考え方です。それから社会党が政権取っても天皇制に揺るぎがなかったので、制度的にはもう安泰だ。

早野　それは共産党も反対していないでしょう。

内田　共産党はその理由をどういう……。

蒲島　天皇制には直接触れてないんですね。

内田　公的な文書で、いまの象徴天皇制を認めているわけ？

川戸　「憲法を認めているから」ということで……。「将来的には分からない」とも言っていますけれど。

井芹　そういう意味では天皇制まで認めるというのは、まさに右に寄るときの最大かつ最後の切り札かもしれない。

（注1）共和事件　宮沢政権時代に発覚した鉄骨加工会社「共和」が政界工作のため資金をばらまき、一九九二年一月、受託収賄容疑で阿部文男元北海道・沖縄開発庁長官が逮捕された。

（注2）梶山静六官房長官の中国発言　梶山静六官房長官が一九九七年八月十七日のテレビ朝日の番組で、「日米防衛協力のための指針」（ガイドライン）見直しの焦点の一つになっている日本が対米防衛協力を行う「周辺事態（周辺有事）」の範囲に、台湾海峡が含まれるかどうかについて、「当然入る」と明言。これに中国側が猛反発した。

第四章　政党と有権者の関係はどう変わったか

報告者・蒲島郁夫（一九九七年十月十四日）

今日の報告では、「政党―社会」関係の変容を見ることによって、いまの日本の政治をマクロ的に把握してみたいと思います。

問題意識　自民党体制が崩壊した後でさまざまな政界再編が起こりました。とくに、非自民連立政権の成立と崩壊、新進党の結成、自社さ連立政権の成立など、近年の政界再編の動きは著しいものがあります。当然、これらの政治変動は政党と有権者の関係に影響を与えることが予想されます。ここでの問題意識は「政党と社会を結ぶ絆はどういうものか」というのが一つ、もう一つは「政党支持の安定性とそれはどう関わっているのか」というのが二番目で、三番目は「政権交代とか中央政界における政界再編が政党と有権者の関係にどのような影響を与えているか」ということです。

私どもは一九九三年の総選挙から九六年の総選挙まで、七回にわたって同じ人に繰り返し質問するパネル調査を行ってきました。『朝日新聞』が行ったパネル調査は静岡という一つの地域で行ったものですけれども、われわれの調査は全国的な調査でかなりの研究費を使いました。家が何軒も建つぐらい使ったんです（笑）。今日はそのデータを用いた分析を紹介したいと思います。

政党と社会の絆　政党と社会の絆には、社会的特性、集団的特性、心理的特性の三つがあります。その中でいちばん強いのはヨーロッパのように階級や宗教が政党とつながっている場合です。これが「社会的特性」です。その他に、利益集団、職能集団、労働組合とかいう「集団」が政党とつながっている場合もあります。その他に、政治的価値や政治的なイデオロギーといった「心理的特性」とつながっている場合も考えられます。では、日本の政党は社会とどのようにつながっているかを表1で見てみましょう。

表1の複雑な説明はここでは省略して、まず社会集団と自民党がどの程度つながっているかというのを見たのが、表のいちばん下にある「r^2」の値です。この値をみると、自民党に対する支持（自民党に対する好感度）の六％が性別、年齢、所得、教育、居住年数、都市規模、職業などの社会集団との関

係で説明できます。自民党に好感を持っている社会集団は、年齢が高い層、教育水準が低い層、小都市や町村部の居住者で農業従事者などです。いわば、自民党は衰退社会集団とつながっていると言えます。これはとても大事です。あまりにも（社会的に）恵まれた集団とつながっている政党は意外と弱いものがあります。それが自民党の特色です。

表1　自民党と社会の関係（1993年）

	社会集団	＋ 組織集団	＋ 政治心理的要因
性別	0.09	− 0.64**	− 1.59*
年齢	0.21**	0.16**	0.06*
家族収入	0.65**	0.31	0.50*
教育	− 2.01**	− 1.81**	− 0.90*
居住年数	0.46	0.26	− 0.37
都市規模	− 1.18**	− 0.93**	− 0.90**
農業ダミー	4.76**	2.20	1.40
自営業ダミー	1.83	0.67	− 0.37
労働組合		− 6.77**	− 4.29**
商工団体		0.79	− 1.15
農業団体		4.27**	3.50**
住民運動		− 4.60	− 1.32
生活協同組合		− 5.11**	− 3.03**
宗教団体		− 12.98**	− 7.53**
後援会		3.44**	2.34*
政治不満度			− 4.03**
保革イデオロギー			3.49**
（政策意見）			
農産物自由化			0.38
社会福祉			− 0.41
国際貢献			− 1.08**
政治改革			0.19
政権交代			− 3.28**
r^2（調整済）	0.06　→	0.09　→	0.34

*p < 0.10；**p < 0.05

表の2番目のコラム（列）を見ると、組織集団と自民党との関係が示されています。自民党は、労働組合、住民運動、生活協同組合、宗教団体のメンバーからは好感を持たれていないが、農業団体や後援会のメンバーからは好感をもたれています。そういう意味で、どの集団が敵で、どの集団が味方かよく分かります。一番下の「r^2」の値を見ると、組織集団を加えると社会集団だけの時よりも説明力が三%増えて九%になっている。つまり、上記の組織集団の説明力は、三%程度であることが分かります。

3番目のコラムから分かるように、自民党と社会とのつながりでいちばん大事なのは心理的なものです。政治的に満足している人が自民党を支持しているし、保守的なイデオロギーを持つ人が自民党を支持しています。一方、「政権交代をすべきだ」という人たちは自民党に好感を持っていない。この心理的な要因を加えると、自民党に対する好感度の三四%を説明できます。実に二五%のアップで、自民党と有権者は社会集団や組織集団とのつながりではなくて、政治心理的につながっているのが大部分であるといえます。この政治心理的な（対立）状況が政局に表れたときに自民党は埋没してしまうわけです。例えば政権交代が必要だとか、自民党に不利な争点が選挙で浮上してきたとき、あるいは政治不満度が一挙に増えたときに、自民党は湖の底に立てられた杭のように埋没してしまうのです。

　次に日本新党と社会の絆をみてみましょう（表2）。日本新党への好感度は社会集団によって二%しか説明できません。一九九三年の時点で、日本新党に好感を持っていた社会集団は、所得や教育の高い層です。そういう人たちが日本新党を支持していたわけですから、あまり頼りにはならない。衰退社会集団を支持基盤にしている自民党の方が基盤がしっかりしている。組織集団である労働組合、住民運動、生活協同組合、宗教団体などとの結びつきも弱く、それらを加えても日本新党に対する好感度は一%しか上がらない。また、政治心理的な要因を入れても説明力は四%にすぎない。先ほど自民党と社会のつながりが三四%あったのに比べると極めて低いといえます。政治心理的な要因で何がいちばん日本新党に対する好感度を高めたかというと、「政権交代をすべきだ」と考えた人が日本新党を支持したからです。このことは、実際に政権交代が行われると、もうこの政治心理的な対立もなくなっていくわけですから、日本新党は根なし草になってしまうわけです。日本新党があれほど早く消えたのは、社会とのつながりをつくることができなかったというのがこの表2は示しています。

表2　日本新党と社会の関係（1993年）

	社会集団	＋ 組織集団	＋ 政治心理的要因
性別	− 0.10	− 0.11	0.18
年齢	− 0.04	− 0.06	− 0.06
家族収入	0.72 **	0.65 **	0.62 **
教育	1.13 **	1.11 **	1.10 **
居住年数	− 1.04 **	− 1.10 **	− 1.13 **
都市規模	0.25	0.36	0.31
農業ダミー	− 2.70	− 4.15 **	− 2.86
自営業ダミー	1.57	0.33	0.70
労働組合		− 2.94 **	− 3.68 **
商工団体		3.68 **	3.67 **
農業団体		2.80	3.03
住民運動		1.34	1.20
生活協同組合		0.42	0.55
宗教団体		− 4.83 **	− 5.18 **
後援会		0.23	0.26
政治不満度			− 0.12
保革イデオロギー			− 0.08
（政策意見）			
農産物自由化			0.52
社会福祉			− 0.71 *
国際貢献			0.24
政治改革			0.19
政権交代			1.80 **
r^2（調整済）	0.02 →	0.03 →	0.04

* $p < 0.10$; ** $p < 0.05$

　すべての政党と社会の関係を表2と同じように「r^2」の値でみたのが表3にあります。これは一九九三年と一九九六年の調査、つまり選挙制度改革がある前とあった後、それから政権交代がある前とあった後、という二つのレベルを比較し

表3　政党と社会の関係

政党	社会集団 →		＋組織集団 →		＋政治心理的要因		
	1993	1996	1993	1996	1993	1996	
自民党	0.06	0.07	0.09	0.10	0.34	0.31	①
社会党	0.02	0.02	0.03	0.03	0.06	0.05	
共産党	0.02	0.03	0.04	0.05	0.12	0.11	③
さきがけ	0.02	—	0.03	—	0.04	—	
民主党	—	0.01	—	0.01	—	0.02	
新進党	—	0.01	—	0.04	—	0.06	
日本新党	0.02	—	0.03	—	0.04	—	
新生党	0.01	—	0.01	—	0.03	—	
公明党	0.01	—	0.11	—	0.13	—	②
民社党	0.01	—	0.01	—	0.01	—	

数字はr^2（調整済）の大きさで測った社会集団，組織集団，政治心理的要因の累積効果を示している。

ている。自民党は政権交代があっても、あるいは選挙制度改革があっても政党と社会の関係はほとんど変わっていません。いちばん上のラインを見ると、自民党と社会集団とのつながりは、九三年が六%、九六年が七%、組織集団を加えると九%（九三年）、一〇%（九六年）、さらに政治心理を加えると三四%（九三年）、三一%（九六年）になります。

自民党についで政党と社会の関係が強いのは公明党です。公明党と社会集団のつながりは一%にすぎないけれども、組織集団とのつながり、つまり創価学会とのつながりが非常に高いために、これが一一%に跳ね上がります。政治心理的な対立を入れても二%しか増えませんが、全体的には一三%と、かなり社会とのつながりが高いといえます。

三番目は共産党です。共産党と社会集団とのつながりはそれほどはありません。組織集団とのつながりもそれほどないけれども、政治不満とか革新的なイデオロギーとか、そういう政治心理的な要因とは非常に強いつながりがあります。そういう意味で、公明党と共産党、どちらが社会とのつながりが強いかというと、公明党でしょう。

新進党の場合は社会集団とのつながりは一%にすぎません。組織集団のつながりを含めると四%まで上がる。おそらくこれは旧公明、つまり創価学会の影響でしょう。政治心理的な状況までが六%ですから二%しか上がっていません。これは何を意味しているかというと、もし新進党から公明党が離れ

図１　自民党支持の安定性（N＝589）

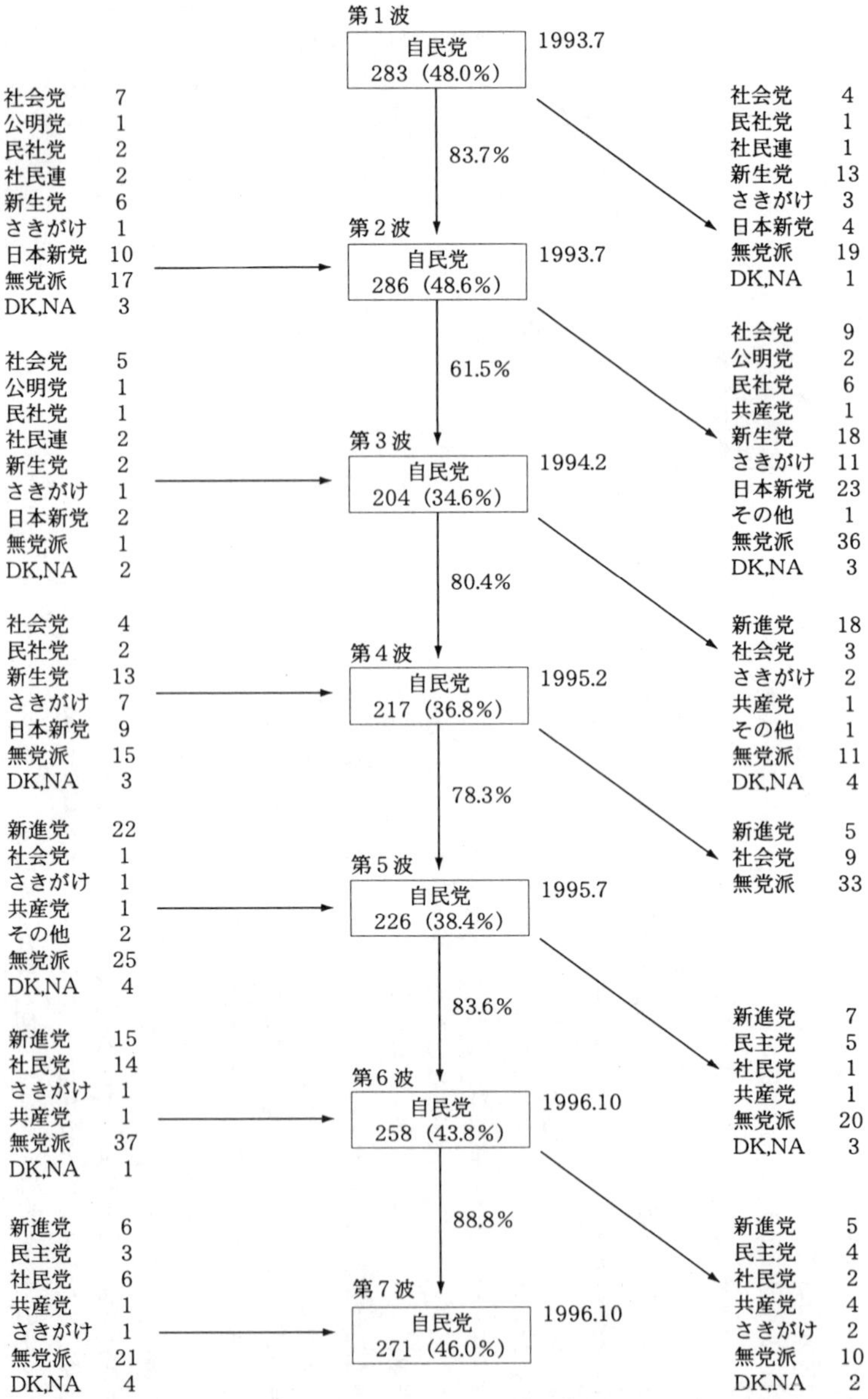

第１波
自民党
283（48.0％）
1993.7
社会党 4
民社党 1
社民連 1
新生党 13
さきがけ 3
日本新党 4
無党派 19
DK,NA 1
83.7％
社会党 7
公明党 1
民社党 2
社民連 2
新生党 6
さきがけ 1
日本新党 10
無党派 17
DK,NA 3
第２波
自民党
286（48.6％）
1993.7
社会党 9
公明党 2
民社党 6
共産党 1
新生党 18
さきがけ 11
日本新党 23
その他 1
無党派 36
DK,NA 3
61.5％
社会党 5
公明党 1
民社党 1
社民連 2
新生党 2
さきがけ 1
日本新党 2
無党派 1
DK,NA 2
第３波
自民党
204（34.6％）
1994.2
新進党 18
社会党 3
さきがけ 2
共産党 1
その他 1
無党派 11
DK,NA 4
80.4％
社会党 4
民社党 2
新生党 13
さきがけ 7
日本新党 9
無党派 15
DK,NA 3
第４波
自民党
217（36.8％）
1995.2
新進党 5
社会党 9
無党派 33
78.3％
新進党 22
社会党 1
さきがけ 1
共産党 1
その他 2
無党派 25
DK,NA 4
第５波
自民党
226（38.4％）
1995.7
新進党 7
民主党 5
社民党 1
共産党 1
無党派 20
DK,NA 3
83.6％
新進党 15
社民党 14
さきがけ 1
共産党 1
無党派 37
DK,NA 1
第６波
自民党
258（43.8％）
1996.10
新進党 5
民主党 4
社民党 2
共産党 4
さきがけ 2
無党派 10
DK,NA 2
88.8％
新進党 6
民主党 3
社民党 6
共産党 1
さきがけ 1
無党派 21
DK,NA 4
第７波
自民党
271（46.0％）
1996.10

たら完全に骨なしになってしまうということを示しています。

民主党も同じように非常に根なし草です。社会集団とのつながりも一%、政治心理的なつながりまで入れても二%しかない。そういう意味で、社会集団との絆が特に弱いのが民主党です。

図1は実際に自民党支持の安定性がどのように変わっていったかを七回のパネル調査で見たものです。七回の調査に答えてくれた人が五八九名いますが、その四八%が第一回調査で自民党を支持しています。しかし、第二回調査のときに自民党に残ったのはその八三・七%で一六・三%が外に逃げています。どこに逃げているかというと、新生党とか無党派に逃げている。第三回調査の頃がいちばん自民党が衰退した頃です。一九九四年の二月ですから細川政権の後期です。日本新党に自民党から二三人も逃げている。新生党に一八人逃げている、無党派に三六人も流出している。自民党に残ったのが六一・五%で、その他は逃げた方が入ってくるよりも多くなっている。全体の支持率は三四・六%まで減っている。このときがいちばん自民党が減ったんですが、だんだん自民党が回復してくる。最後には二七一人、四六%まで回復しており、復権したというのをこの図がきれいに示しています。これから分かるように、日本で最も安定している自民党への支持といっても、かなり流動性が高いことがわかります。

それを全体的に見たのが表4の「各政党支持者の安定性」です。自民党は先ほども言ったように、一度だけでも自民党を支持したというのはこの七回の調査で六五・四%います。しかし、ずうっと自民党というのは一八・五%です。六五・四%を一八・五%で割ると三・五になって、これが不安定得点になるわけです。自民党は三・五の不安定得点になります。

社会党は少なくとも一度は社会党を支持したというのが二七・八%で、ずうっと社会党というのは二・七%しかいません。不安定得点が一〇・三と高い値を示しています。共産党は先ほどかなり固いと言ったけども、少なくとも一度は共産党を支持したのは八・一%もいるけれども、常に共産党を支持したのは〇・八%でそれほど強くはありません。新党さきがけについてはさきがけを一度でも支持したのは結構高くて一〇・九%ですが、ずうっとさきがけというのは一人もいません。新進党も一度だけ新進党を支持したというのは四一・六%で、常に新進党というのは三・七%。

興味深いのはいちばん最後の無党派です。われわれはよく「無党派層」という言葉を使うけれども、少なくとも一回でも、無党派層になったのは五〇%。半分が無党派層になっているわけです。しかし、ずうっと無党派というのは二・四%にすぎないわけですから、無党派層をどのように捉えるかというのはとても難しいですね。無党派層というのは溜池みたいなもので、ちょっと不満になると無党派層になるけど、また政党支持に出かけていくという「溜池としての無党派層」とい

表4　政党支持の安定性（N＝589）（％）

	自民	社会	共産	さきがけ	新進	無党派
少なくとも一度支持	65.4	27.8	8.1	10.9	41.6	50.1
常に同一政党支持	18.5	2.7	0.8	0.0	3.7	2.4
安定性スコア	3.5	10.3	10.1	0.0	11.2	20.9

注）新進党支持者には，日本新党・新生党・公明党・民社党支持者が含まれている。これらの政党から新進党への変更は，同一政党の支持を続けたこととしている。

表5　政党支持変動パターン

パターン	％	ケース数
同一政党支持者	25.8	152
支持政党変更者	24.1	142
一時無党派	47.7	281
完全無党派	2.4	14
計	100	589

う捉え方が日本の政治のなかではいちばん合っているんじゃないかと思います。

それをまとめたのが表5の「政党支持変動のパターン」です。これを見ると、五八九人のサンプルのなかでずうっと同一政党支持者というのは二五・八％で約四分の一。それから政党支持をどんどん変えた人、無党派層にはならなかったけれど、政党支持を変えたことがある人はやはり四分の一で、無党派層になったり政党支持になったりするのがいちばん多くて四七・七％。完全無党派層というのは二・四％にすぎません。

マスコミと政党支持形成の関係　次のテーマとしては、そういう政党支持が不安定とすれば、何が政党支持の形成に重要になってくるかということです。政党支持が社会的なもの、集団的なもの、そういうもので決まらないとすれば、マスメディアがとても重要になってきます。マスメディアが政党支持にどのような影響を与えるかを見たのが「政党支持の不安定性とマスメディア」という問題です。

図2はちょっと説明しないと分からないけれども、永田町における政党や政治家の離合集散が有権者の政党支持に対してどのような影響をもたらしたかを「因子分析」という手法を用いて解明したものです。その一部だけを紹介するわけですけれども、横軸（x軸）は「自社さ政権評価因子」と呼ばれるものです。x軸の右の方に行けば行くほど自社さ政権を

図2　新党の再編成の構図

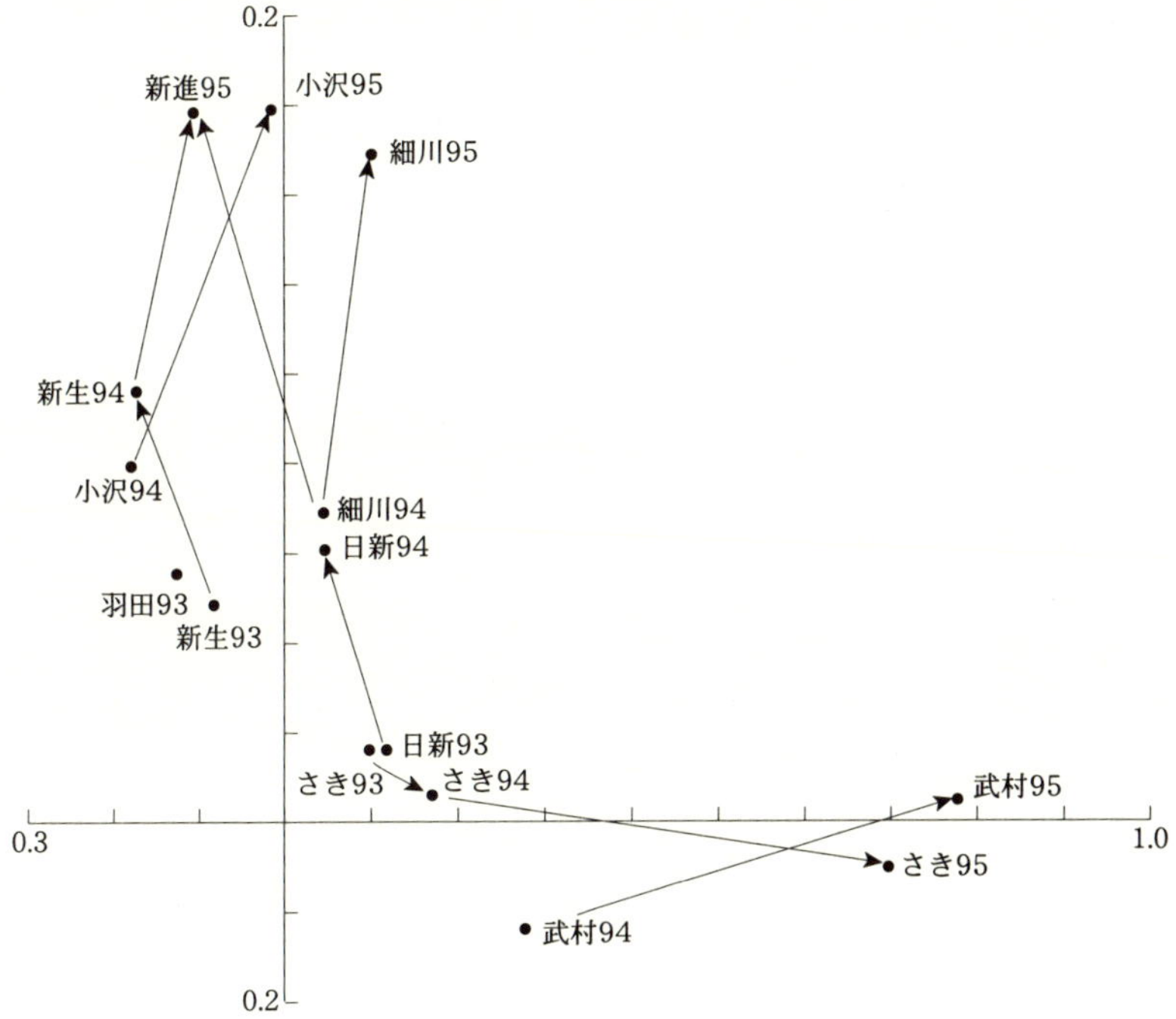

図3　自社さ連立政権成立の構図

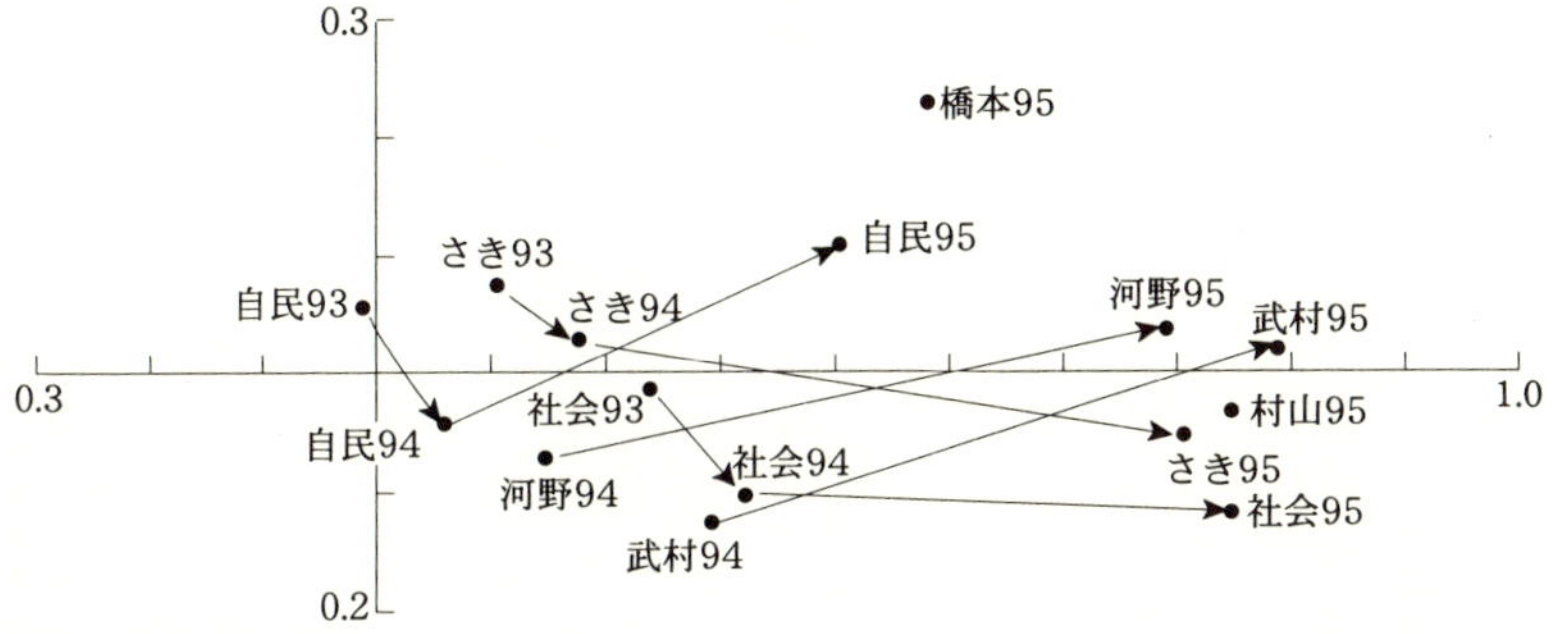

評価する軸です。縦軸（y軸）が「新進党評価因子」になります。

面白いのはこの変化を見たものです。まず一九九三年における日本新党とさきがけを見て下さい。確かにこの頃「ハネムーン」と呼ばれた位、両者はくっついている。つまり日本新党を好きだった人はさきがけも好きでした。この後、ぜんぜん選挙が行われていないから、その後の変化は選挙による変化じゃないわけです。ただ、マスコミで報道されることによって、これがいかに変わっていくかというのも見物です。

九三年には日本新党とさきがけはマスコミでハネムーンだとされ、また確かに仲良かったけれども、それが新聞などで両者の対立が報道されるに従って次第に離れていきます。さきがけ九四年と日本新党九四年を見ると、かなり離れています。いちばん離れているのはさきがけ九五年と新進党九五年で、これを見ると、もう完全に離婚しています。武村さんも九四年ではまだ日本新党に近いけれども、さきがけ九五年と同じように離れています。だから武村九五年と細川九五年を見ると、完全にもう離婚しています。

つまり細川さんを好きだった人が九三年にはさきがけも好きだったんだけど、九五年には細川さんを好きな人が武村さん嫌いになっているわけです。有権者レベルで政界再編が起きているということを示しています。有権者レベルで政界再編が起きているということは、エリートのレベルの変化がダイレクトに有権者に変化を与えてしまう。それを媒介するのはおそらくマスメディアでしょう。九五年のこの時期に「一・一ライン」と呼ばれる小沢ラインが形成され、それからさきがけが離れていく構図を示したものです。細川首相が小沢新進党方向へ大きく移動し、武村さきがけは自社さ連立ラインに移行します。

図3は自民党とさきがけと社会党を取り上げたものですが、非常に面白い。自民党の九三年の頃は（社さから）かなり分離し、さきがけと社会党が一つの軸を形成しています。しかし、重要なことは九三年から九五年にかけて、「武村・村山」「さきがけ・社会党グループ」が形成されて、そのなかに河野さんが入っていきます。河野（洋平）さんがここに入るというのがとても重要なことだったわけです。この河野さんを取り込むことが、あるいは自民党からいえば河野さんを前線に出すことによって武村さきがけ、あるいは村山社会党グループを自陣に取り込むことができました。この当時はこのグループから見ると橋本（龍太郎）さんとか自民党は遠いんですね。

自民党が次第に自社さ連立政権の軸に入っていくというのは何を示しているかというと、自民党を好きだった人は本当は社会党を嫌いだったんですけれど、次第に社会党をも好きになってくるということ。もっとダイレクトに言うと、武村さんを好きな人は河野さんが好きだ、社会党も好きだ、村山さんも好きだというふうに固まってきたのがこの図です。ただ、橋本さんはちょっと嫌いだ、自民党もちょっと嫌いだというのがあって、そのグループから少し離れているわけです。

しかし、九三年と九五年を比べると、かなり「自社さ」ラインに近づいてきます。例えば九三年の自民党のレベルだと、自社連立政権は可能性がないわけです。しかし、九五年までにはそれが形成されたとも言える。つまり自社さ連立政権が九四年のときはまだできていなかったんですが、そのときでも武村、河野、社会党はかなり近い。もう既に九四年にはそういう形成過程が有権者レベルであったということをこの図は示しています。

大事なことは河野さんの位置です。九四年の細川政権末期に与党である社会党とさきがけが自民党とほぼ同じ領域にいるということは非常に奇妙です。しかし、y軸が小沢・新進党を評価する軸であり、反小沢という意味では同じ位置にいることは理解できます。これは、九四年初頭の段階で既に反小沢連合としての自社さ連立政権の可能性があったと言えるということを示しています。

九五年七月には自社さ連立政権は成熟していく。村山社会党、武村さきがけに対する有権者の評価がさらに近似する。興味深いのは自民党とその関連アクターの位置です。河野さんの評価が自民党評価よりも社会、さきがけに近く、それ以上に村山、武村に近い位置にあることがこの図から分ります。つまり村山さんを好きな人は河野さんを好き、武村さんを好きな人は河野さんを好きということになる。河野さんはちょうど自民党と社会・さきがけ両党との中間に立って両者を仲介していることが分かる。この図で、河野に対する評価の質が自民党評価よりも社会・さきがけの評価に近くなっていることが興味深いものです。

結論として何が言えるかというと、選挙がないのに有権者レベルで政界再編が行われるのは、これはマスメディアの影響が非常に大きいということです。つまりナショナル・レベルにおいて各アクターとか政党が政界再編をするわけですけれども、それがマスメディアを通して報道される。そうすると、自民党が好きな人はもともと社会党は嫌いだったのが、そういう自社連立政権で次第に好きになっていく、そういう構図を示しているわけです。

これまでは政治を個人が主体だと考えてきたけれども、エリート主体によるこの政治をどう考えるのか。これは成田さんが以前にサプライサイド・ポリティックス（供給者側の政治）と言ったけれども、まさにそのサプライサイド・ポリティックスの構図を示している。日本においては社会集団とか社会的な属性が政党支持をあまり強く規定してないとすると、マスメディアによって非常に動かされていることがいま理解できてきたと思います。

争点と政党の動き　もう一つ大事なことは争点ですね。いまや争点が政党の動き、あるいは有権者の動きと非常に関連しているんじゃないかと考えられる。そうだとすると、争点を考えながら政党システムのあり方を考えるべきではなかろうかというのが図4です。

政治学者の方はどなたもご存じだけれども、有名なアンソニー・ダウンズの理論（一四六頁参照）は「小選挙区制のもとで有権者のイデオロギーが正規分布している場合はA党とB党は最大の層を獲得するために真ん中に寄ってくる」というものです。日本人の保革イデオロギーがどうなっているかが実証的に重要なんですけれども、実際の形がこの図です。このなかで有権者がそれぞれの政党をどう認知しているかということが重要なんです。

新進党が真ん中に位置しています。有権者の多くが新進党を真ん中と認識しているからです。そうすると、新進党は位置としてはとてもいいんですね。それから自民党はやや「右」の方に認識されている。自民党が合理的な政党であれば真ん中に寄ろうとする動きが出てくる。それが加藤紘一、野中《のなか》（広務《ひろむ》）、そういう人たちの動きです。真ん中になるべく寄ろうという動き。それから自民党のもう一つの保保連合派はもう少し「右」の方に動こうというグループ。例えば梶山（静六）、中曽根（康弘）さんのグループがそういう感じです。結果的には加藤紘一グループの自社さ連立派が勝って真ん中の方に動き始めたというのが実際なんです。

でも、自民党には大きなジレンマがある。図5の「政党支持別に見た有権者のイデオロギー」を見ると、自民党支持者のイデオロギーは真ん中と「右」の方に分かれているんです。だから真ん中に動こうとすると、「右」のグループが不満を持つ。「右」に動こうとすると、真ん中のグループが離れるし、無党派層が取れないから政権を取れない。そういう意味で自民党のジレンマは「左」に動こうとするものと「右」に動こうとするものと二つのエネルギーがあります。

それでは、小沢（一郎）さんは何をしようとしているのかというと、小沢さんは「新進党という政党が非常に社会に根を張っている」と考えている。だから「自分たちが動くことによってそれほど支持者は変化しないだろう」と思っているところが小沢さんの大きな間違いじゃないでしょうか。小沢さんはこの新進党を自民党の「右」の方に持ってこようとしているわけです。これはダウンズ流の合理的なモデルからいうと、完全に悲劇の道でもあるわけです。これだとぜんぜん行き場所がないわけですから自民党の「右」しか取れない。

ただ小沢さんは支持者も自分たちの動きについてくると思っています。結局、彼は岩手県の水沢あたりの固い支持層を考えて、自分の支持者はさっき言った社会集団とか社会帰属性に強く支えられているという考えが生来あるのではないでしょうか。だから自民党より「右」に動いても大丈夫だと思っているけど、それは自殺行為です。

図4　有権者のイデオロギーと政党認知

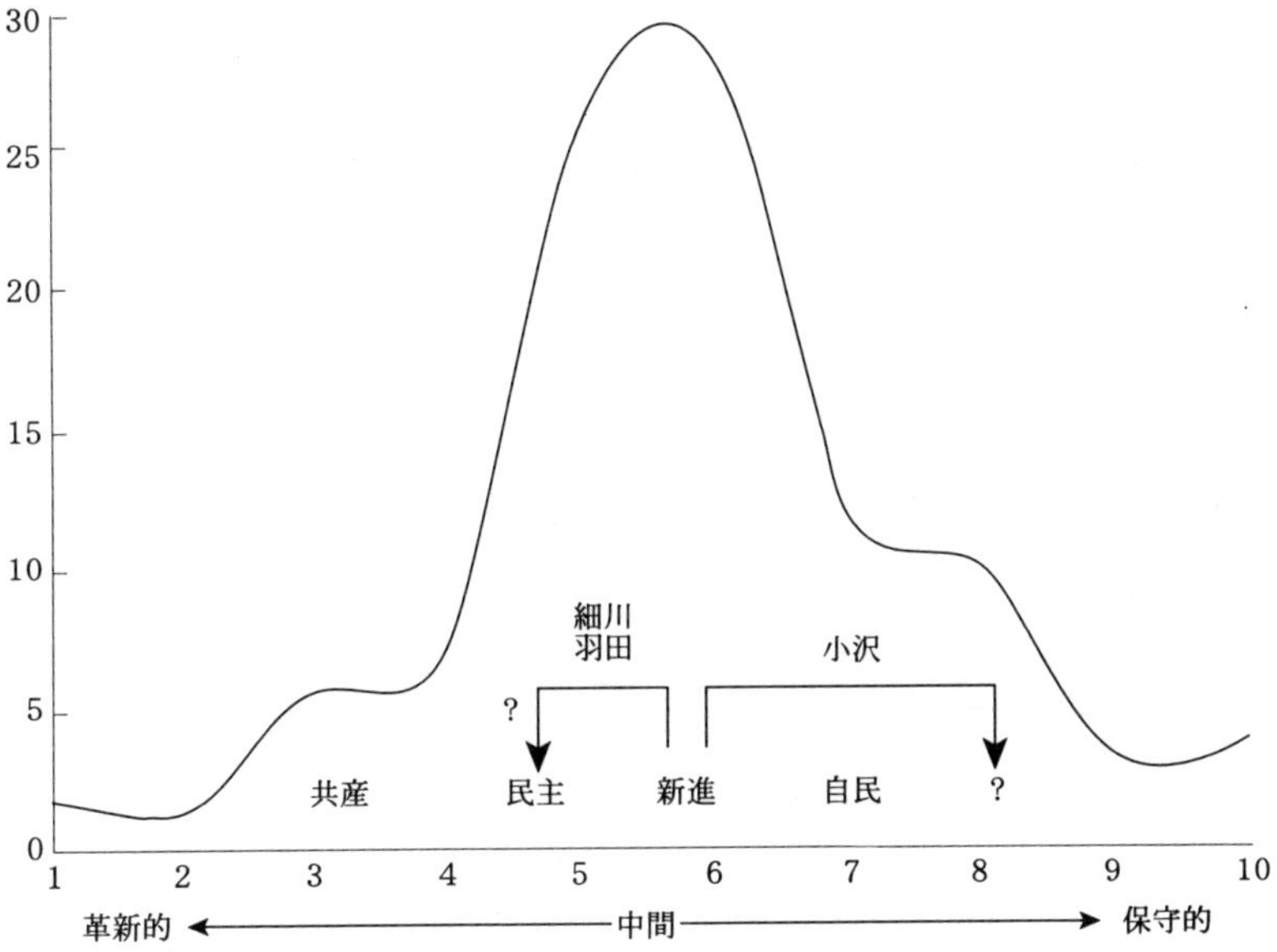

図5　政党支持別にみた有権者のイデオロギー

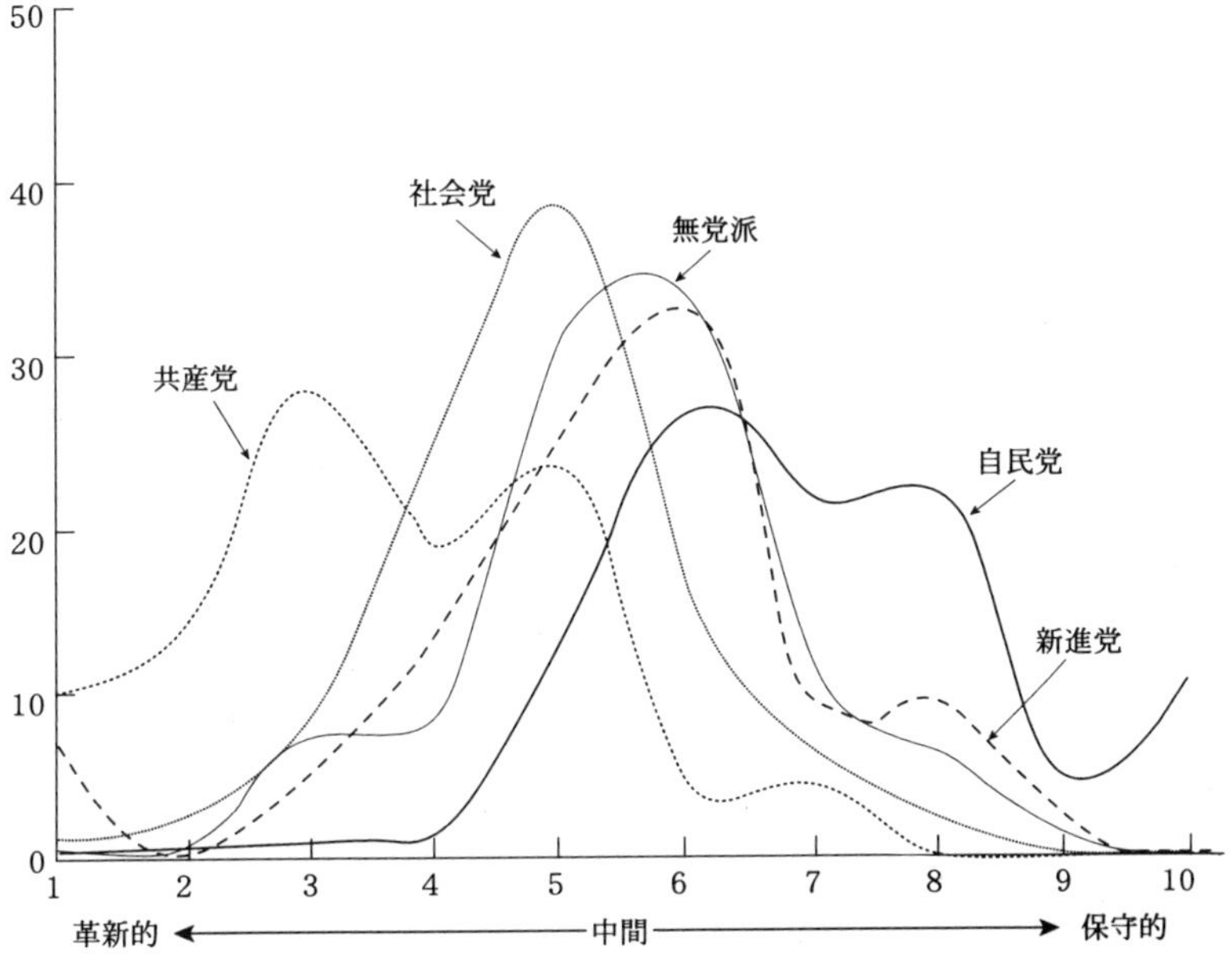

新進党のなかでそれに反対する動きが細川（護煕）、羽田（孜）さんであり、「そっち行っちゃだめだ、真ん中にいるということが重要だ」というのが細川、羽田さんだったわけです。ただ、小沢さんに党内闘争で負けて、（細川氏が）辞めてしまったのでちょっとおかしくなったのです。

将来的にどういうことが考えられるかというと、新進党が割れることでしょう。流れ解散じゃないけれど、割れて小沢さんが「おれについてこい」と言ってこっちの方の保守新党をつくる可能性があります。そうすると、自民党はとてもきついんですね。小沢新党が自民党の「右」に来たら、自民党は大変苦しい。というのは、自民党は二つに割れているので、保守新党によって自民党の「右」のグループが捉えられる可能性がとても強い。その部分は保守的な信念の強い部分なんですね。だから小沢さんは、将来的な方向としては非常にイデオロギー的に純粋に、自分の原理原則に殉じるためには新進党の三分の一ぐらいを持っていって自民党の「右」に来るのではないでしょうか。

あとの三分の二は民主党に一緒に行く方向になるんだろうと思う。民主党の方向が大変重要ですけど、問題は、民主党も社会に根が張っていないので、いつなくなるか分からない。少なくとも創価学会が一緒に行かないと地面に杭を打てない。だから公明党は新進党グループから抜けて一大勢力として民主党に参加するというのが今後の予想として考えられるんじゃないか。そうすると、ここで新進党がなくなって、ここ（真ん中）に民主党が自民党と対立します。ここ（左端）に共産党があり、（右端）に小沢新党ができる可能性があって、ここ（真ん中）に民主党が自民党と対立します。

共産党はとてもいい位置にあって、この真ん中の政党が失敗すればするほど「右」の方に行ける。共産党の「左」はないから、いくらでも「右」に行くことによって勝てるわけです。五五年体制では、自民党はとても共産党を恐れていた。だからこの共産党の間の社会党を一生懸命存続させようとした。ただ、最近の自民党の若い指導者たちはそれを忘れてしまって社会党を潰してしまったわけです。民主党も潰れてしまったら共産党と自民党の直接的な対立になるでしょう。

民主党がもし潰れてしまうとすれば、東京都知事選でも見たように、あるいは大阪府の知事選挙で見たように、自民党に対してものすごい批判あるいはスキャンダルが出てきたときには有権者は共産党にジャンプするかもしれない。共産党のこの前の党大会の宣言なんかを見ると、中央方向へ行こうとしているわけです。

これはアカデミックと言ったらおかしいですけれども、机上の理論です。実際にこれが当たっているかどうか分からないけれども、こういうことがこれまでのわれわれの政党論とかデータの分析から言えるんじゃないでしょうか。この議論がどのくらい実態に近いかどうかについてはこれから皆さんとディスカッションしたらいいんではないでしょうか。話題提供という形です。

▽小沢新進党の錯覚

井芹　非常に興味深い報告でした。だいたい思っていたような感じで、特に小沢さんの錯覚という点は興味深い。最近の予算委員会での質問でも、日米ガイドラインや安保問題が典型なんだけれども、まさに小沢さんは位置取りということからいくと、錯覚したままだと思うんですが、どうですか。

蒲島　おそらく田中派、それから二世（議員）ということで地盤がしっかりしている。人間って自分の経験からしか教訓を得ないから、有権者は自分についてくるという自信がとても強い。でも、それはちょっと違うんじゃないかな。いまは公明党がついているからそうでしょうけれど、公明党が離れたら新進党はほとんど浮き草に近いわけです。浮き草なのに固定的な政党のような作戦をとるとおかしくなる。

そういう意味では民主党の方が「自分たちは浮き草だ」ということをよく知っていて、それに合った作戦をしているのはそれなりに評価できる。でも、早い時期に杭を打たなきゃいけない。そうすれば、早い時期に公明党を自陣へ引き入れることができる。

井芹　それをやると、民主党の自殺行為にもなりかねない。浮き草は徹底的に浮き草の方が良さそうな感じがするんですけれどね。

曽根　きょうの発表の核心部分のところについての質問なんですが、有権者に対しては直接、質問項目のなかで聞いてるんですか。

蒲島　感情温度計です。

曽根　感情温度計って、つまり、あるシンボルに対する反応を聞くわけですね。

蒲島　だから「細川九四年」というのは、九四年の調査で「細川さんに対する好感度は〇度から一〇〇度までで言うと何度か」と聞いた。同じように九五年にも聞く。武村さんについても同じように聞いているから、両者の相関が計算できます。細川さんを好きな人が武村さんを好きというのが九三年の状況なんですけれど、それが九五年に離れていく。細川さんを好きな人が武村さんを嫌いになっていくわけです。

曽根　そのときの尺度の作り方ですけれど、まずある時点で因子分析をかけるわけですね。因子分析かけた軸を固定した上で再プロットするわけですか。それとも三回調査の結果全体をひっくるめて因子分析かけたのか。それで出てきた軸が二つ。それを事後的に自社さ軸と新進党軸というふうにしたわけですね。

蒲島　そうです。

曽根　だから逆にいうと、この図では事実が先か、意識が先かという話になる。要するに現実が動いてきたんで、逆に有権者の方がそれを事後的に認知し、評価した。そう読むのが正しいわけですね。

蒲島　そう、その方が正しいですね。ただ、九四年のレベルを見ると、それが事実として起きる前にそういう動きがあるということも見えるわけです。例えば九四年の段階では細川政権の末期なんだけれど、この頃に何か報道があったのは事実なんでしょうけれど、社会党を好きな人がさきがけを好きなのは分かるけれど、社会党を好きな人でさきがけが好きな人も自民党の方に近くなる。九四年というと、反小沢が形成された頃ですかね。

成田　何月頃ですか。

蒲島　細川政権の末期に「一・一ライン」が形成されて、それがマスコミに報道されたから、事後ですね。

井芹　九四年二月は国民福祉税のとき。そうすると、国民福祉税を推進する細川さんがかなり明確に小沢に乗り換えたと言われたときだ。内閣改造をめぐっても小沢・細川対武村が出てきている。

蒲島　そういう報道を受けて有権者が乖離していくわけです。ナショナル・レベルにおけるアクターたちの動きがダイレクトに有権者に影響を与える。これまでの政党再編論は「有権者側の社会的な変動が起きたときに、それに伴ってアクターが動く」というのが普通だったんだけれど、逆に日本ではあまりにも社会と政党のつながりが薄いものだから、マスコミが介在して両者を動かす。政治学的には大変面白い現象なんです。この前、成田さんが言ったサプライサイド・ポリティックスはまさにこういうことですね。

曽根　感情温度計のこの図から投票行動に結びつくかどうか（は疑問だ）。つまり、好きだというところまでは動いても政党支持というのはまたその次の段階ですよ。さらにその党に投票しに行くのはその先の話です。さらに投票所に行って一票入れてくるかというところまでは結びつかない。

蒲島　これは別の調査になるけれど、感情温度計でみた候補者と政党に対する好感度が投票行動に有意な影響をもたらしている。それは百パーセントは影響しなくても、統計的に有意な影響はもたらしているわけです。われわれが考えるほど「はい、こことここが連立」とかいう見方じゃなくて、緩やかに有権者がナショナル・レベルに引きずられているという状況を想定している。1か0じゃない。そうすると、イギリスでは社会と政党、あるいは階級と政党、そういう線で結びついているんだけれど、日本の政党システムのあり方は、むしろそれよりもっと軟らかいところにある。

曽根　イギリスも、イギリスの学者に言わせれば「イギリスは階級ではない」「社会的な属性からは階級は見えない」ということですが、われわれから見れば明らかに階級がある社会なんですよ。

▽後援会選挙の実態

曽根　サプライサイドで一つ問題になるのは、確かに小沢さんの自分の基盤はしっかりしているというのが勘違いであるというのはその通りだけれど、新進党の元自民党系の代議士はほとんどが後援会に依存している。その後援会の形態自体は自民党時代とそんなに変わらない。そうすると、自民党の政治家も新進党の政治家も選挙区情報は後援会情報だろうと思う。そこを見るかぎりは、自分はしっかり根を降ろしているという錯覚というか、意識が出てくるのは何も新進党の小沢さんだけじゃなくて、自民党の政治家も同じ病気を持っているんじゃないか。選挙区情報に関しては非常に自信持っているわけです。毎週確認しているんだから「おれがいちばん現場のことを知っている」という意識があると思う。

蒲島　有権者の後援会とのつながりを見ても分かるけれども、そういうつながりは非常にミクロなところであって、全体的に見ると相対的に小さい。だから国レベルの大きな争点で、すぐ埋没しちゃうわけです。小選挙区制は埋没しやすい制度でもあるわけです。カナダの例を見ても分かる。結びついているると思ってもそれは非常にミクロなところであって、何か大きなことが起こると埋没してしまう。その構図が錯覚といえば錯覚でしょうね。

曽根　むしろわれわれは後援会情報・選挙区情報に振り回されている政治家に対して「違うんだよ」と。ナショナル・レベルもそうだけれども、選挙区のなかでさえもっと違う情報があるんだということを示してあげないと、政治選択を誤ると思うんです。つまり、どうしたって特定郵便局長の方に動くし、農協の方に動くし、それが正しいと思い込んでいる人が多い。そこの違いをはっきり出すというのは非常に重要だと思うんですよ。

蒲島　誰かのためにやるわけじゃないけれども（笑）。

井芹　結果が出てから「およっ」となるんじゃないんですかね。実際は特定郵便局長がどんどん陳情に来れば、そこが非常に大きく見える。正面に来て顔見せしたやつがいちばんでっかく見える。土建屋選挙ってのもそうかな。実際には有権者はもっと大きな集団だから、後援会の方は一〇分の一ぐらいのウエイトしかないと見なきゃいけないんだけれど、見ないままで選挙戦に突入するんだな。

曽根　逆にいうと、われわれの弱点は「じゃあ、おまえの言うとおりにやったら選挙に勝てるのか、票になるのか」という反論が絶えずあるわけね。

蒲島　それが非常に面白い。理論というのは何年か先に起こるだろうことは予測できます。でも、こういうことを知りながらミクロのレベルで活動する政治家は違うと思うんですね。「きょう、こうした」だけで動く政治家とは違う。

▽自民党支持層に二つの山

井芹　ところで、新進党は新進党という単一の政党じゃない。元新生党の田中派・竹下派から来ている人たちは後援会に根を下ろしているから、何があろうとあまり揺らがない。だけど日本新党から来た人は全く基盤はない。ほとんど民主党と同じという人たちがあり、公明があり、そして旧民社党がおりということで、実は新進党はほとんどが自民党的である人もいるし、ほとんど民主党的である人もあるというので、実態としては一つじゃない。

蒲島　政党というのはそういう多元的な部分があって、例えばアメリカでも二大政党というのはそういうことになる。南部の民主党員と共和党員の差がどこにあるかというと、むしろ南部の民主党員の方が保守的です。それをいかにシンボライズして統合していくか。そのリーダーが出てくるか出てこないかです。

井芹　それはマイナスでない場合もあるし、むしろ統合の象徴が出てくれれば統合されていく場合もあるんだけれど、選挙実態ということでいくと、後援会組織でやっている人は自民党的な動きをするという違いはあるのかな。

蒲島　S・ハンティントンによると、制度の強さにはいくつかの側面があります。一つはどのぐらい長くもったかというのが制度の強さ、もう一つはどのぐらい多元性があるか。だから多元性があることは必ずしも悪いことでもない。多元的な意見をまとめ上げた分、とても強い。

井芹　ルーズベルト連合みたいに多元的なものを全部組み合わせた結果、米民主党はいまだに多数派だ。共和党としては、大統領選ではうまく争点をつくって人物に焦点当てて作り上げるけれど、政党支持基盤というところまで戻すと、地域は民主党がだいたい多数派を抑えている。

近藤　加藤紘一がこの頃よく言っているのは、「社民党は一五人だけれど、一五人だから大事にしているんじゃなくて、あの人たちの言うことを考慮すると、日本全体の有権者の大部分の考えに近くなるんだ」と。

蒲島　大事なことですね。「左」の方、中央に寄るのが加藤紘一のまさにその意見です。

井芹　その場合、自民党には二つ山があるわけですね。必ず保守バネがあって靖国神社に参拝しろとか、従軍慰安婦問題はけしからんとかいう部分がいる。これを党内力学だけでは「左」に行くことがなかなか難しいんだけれど、それを社さをテコにして、これをやらないと国会では多数を握れないという名目でぐっと「左」に寄せれる。そうすると「右」を切れる。あるいはネグレクトできる。

蒲島　「右」側は悲惨なんです。というのは、「右」側に何も政党がないから、いくら自民党が真ん中に寄っても自民党以外に行き先がないんですよ。小沢さんが二〇人ぐらい連れて（右端の）８か９ぐらいのところにいて、それをつかんで……。

井芹　中曽根大勲位と二人でやる（笑）。

蒲島　真ん中に民主党と自民党が拮抗し合うというのがいちばん面白い。

近藤　政治を面白くする。

▽左右のイデオロギーか生活の視点か

成田　でも、この図は保守と革新という対立になっていますが、蒲島さんは「右」と「左」と言われましたね。

蒲島　僕は、国際的にしゃべるときは「右」と「左」と言ってます。

成田　保守と革新、「右」と「左」の異同も難しい問題かもしれないけれど、小沢さんが自民党より「右」だというのはどういう意味なんですか。小沢さんは靖国神社には関心ないし、日の丸にも関心ない。

蒲島　新保守主義ですよ。

成田　新保守主義は「右」という定義なの？　つまり「小さな政府」とかは……。

蒲島　新保守主義は「右」です。だいたい大きな政府か小さな政府か。

成田　しかし、それは伝統的な自民党支持層の「右」なんだろうか。

蒲島　われわれのアカデミックな議論とかジャーナリストの議論でどこまで保守でどこまでが革新かと厳密にしていくと、いま言えない。イメージとしての一つの保守、革新です。

井芹　学問的は別にして、小沢と結び付いたいちばん象徴的な言葉は「集団自衛権」でしょう。「何か戦争やりそうだ」とか、湾岸戦争に「協力する」とか。それがそもそも保守的なのか、あるいは「右」なのかという議論は別個にあるんだけれど、一般のイメージとして作られたものはそちらにつながる。タカ派という。

成田　まあ、国家主義とかタカ派とかね。

井芹　（小沢氏の）国際貢献論も、「国連の旗の下でしかやらない」というから、定義し直せば、（国家主義でなくて）むちゃくちゃに国際主義者かもしれないですよ。

成田　そうなんですよ。「集団的自衛権」ということは言っていないからね。

井芹　むしろ土井たか子の方が国粋主義であって、一国独立の平和主義ですから、世界全体が戦争しようが何しようが一国絶対に戦争しないんだから、いちばん極「右」かもしれない。だけど、そうは世間一般では定義されていない。

蒲島　そのイデオロギーの議論をすると、ものすごく複雑だから……。

成田　いや、複雑なんだけれども、非常にベーシックな問題です。

蒲島　それは私の『現代日本人のイデオロギー』を読んでください。日本人のイデオロギー感覚が、何を「右」としているのか、「左」としているのかとか、争点がどのぐらいイデオロギーと結びついているのか書いてあります。

成田　イデオロギーというのは分かったようでなかなか難しい問題なんだけれども、どれだけ日本人のイデオロギー、特に「右」、「左」の座標軸のイデオロギーが政党支持に反映しているのかという根本的な問題があるわけですね。

蒲島　とても反映している。

成田　イデオロギーの問題と、生活をどの政党が保証してくれるかという二つの問題があって、前半の方で指摘された自民党の安定度が非常に高いというのは、要するに老舗政党であり、五五年体制政党であり、社会構造にビルトインされている政党だということです。それは新党と非常に違うところなわけだけれども、そこで果たしている自民党の役割はイデオロギー的なものじゃなくて、要するに公共事業を持ってくるとか、食うことを保証してくれているわけですよ。

確かに自民党の支持層の一部には食うことじゃなくて、靖国神社だとか、天皇陛下だとか、教科書問題とか、なんでアジアにぺこぺこばかりするんだという層がいるわけです。そういう層を吸収するために「右」側のイデオロギーを持った議員も必要なんです。そういう議員たちは非常に「右」側の発言をすることによって、そういう層を吸収している。

しかし、本体としては要するに国民に食い扶持を与えているということが重要なのであって、単純に「右」だとか「左」だとか「中道」だとか、イデオロギーが一次元の平面に分布している構造とちょっと違うような気がする。「右」・「左」のイデオロギー分布よりも、人を動かしているのは別の次元の生活なんですよ。

曽根　この山が二つあるというのは、これは累積数でやっているわけですね。だからアメリカの民主党も共和党も実は山がやはり二つあったと思う。共和党の場合には強力な支持者はうんと「右」なんです。アベレージは真ん中にある。そうすると、強力な選挙の支持者に引っ張られてかなり「右」に出てきちゃう。民主党も実は山が二つあって、全国大会やるときにうんと「左」のが出てくる。そのために真ん中の人が候補者になれないという悲劇をずうっと続けてきたわけです。クリントンでやっと真ん中になったわけです。だからある意味でこの山二つというのは面白いかもしれない。

蒲島　共和党と民主党の山二つというのはいまのと違っていて、大統領選挙については、予備選挙では「右」・「左」の人が投票する。全体（の投票）になると真ん中が多い。だから（予備選挙から本選挙の間に）候補者は変身しなきゃいけない。クリントンは変身が上手だった。変身できなかったのがバリー・ゴールドウォーター。これは徹底的に負けたでしょう。「左」の方ではマクガバンでしょう。絶対動かないというんだから、あの人たちは予備選では強いんですね。

▽小沢氏の「右」イメージ

成田　ボランティアで一生懸命、活動するのは「右」と「左」の極端な人間たちなんですよ。それはともかく、その二つの山論に入りますけれども、僕が言ったような自民党の二つの山の「右」側の人間、つまり靖国神社だとか教科書だとか戦後問題だとかいう層を自民党が「右」側の議員で満たして満足させているわけだけれども、そういう層を小沢さんは満たせないですよ。タカ派イメージはあるけれども、じゃ、戦後問題でとか教科書問題では……。

川戸　そう、そう、発言はぜんぜんしてない。

成田　していないし、そういうことで不満をもって憤っている年配の保守的な人間が小沢さんで満たされるかというと、ぜんぜん満たされない。

川戸　ただ、考え方として「国」というところから考えるか。菅さんの「市民」というところから考えるというスタンスとは違う。

成田　国から考えたって国の意味がぜんぜん違うと思う。

井芹　小沢さんはぜんぜん違うところから立論している。ただ、それは本質論であって、いまの問題は国民はどう思っているかだから、結局、同じようなところにイメージされる。

成田　つまり教科書問題などで不満をいって「けしからん、いまの日本は間違っとる」と言っている人間が小沢さんで満たされるかどうかということなんです。

井芹　細川さんの謝罪発言が最初にあった。あのときに小沢さんは「これでいい」という考えでしょう。すると、そういう人たちと中曽根とか「右」の人たちとはぜんぜん違うんだけれども、ガイドラインとかについて「もっとやれ」とか言うと、国民は似たようなイメージで捉えている。

成田　いや、僕は「右」側のそういう年寄りは「小沢なんて小僧っ子だ」と思っていると思うなあ。

曽根　成田さんの言わんとするところは分かるんですが。確かに書いたものを読んだり、発言を詳細に調べていきゃそうかもしれないけれども、国民のイメージとしては、小沢が自分のセールスポイントとして、自民党より「右」のようなイメージで売っちゃったと思うんですよ。あるいは加藤紘一がずるかったのかもしれないけれど、自民党より「右」だということを徹底的にイメージ化されたんじゃないか。本人はもっと真ん中かもしれないけれども、真ん中とか真ん中より「左」ということを積極的に売ったことはないと思う。

井芹　また、それをあんまり気にしてないというのが小沢さんだ。そういうふうに一般国民が捉えようと捉えまいと関係ないと。自分は自分の主張という考えだろう。

曽根　保保を一度も言ったことはないと言いながら、世間では保保と思われるわけでしょう。

成田　それは事実だもの（笑）。
曽根　そうなんですよ。
蒲島　そういう水掛け論はだめ。だから実証分析で（笑）そこまで聞いているわけですよ。自民党のイメージはどうかというと、図のようなイメージでしょう。「河野はどういうポジションにいるか」というのを聞くとこうなんですよ。河野はずいぶん「左」なんです。小沢はどうかというと、逆でこんなに「右」の感じですよ。政治というのはイメージで動くんだから、これが実際に調べた結果だ。だから「どう思う」じゃなくて、こうです。
井芹　政治家はイメージで動くということを小沢さんは認めていないわけです。
川戸　そうなんですよ。
井芹　そこが全く民主政治家でないといったら言い過ぎだけれど（笑）、そこはある面でアマチュアリズムだと思うんですよ。
成田　あれだけマスコミを大切にしない政治家が、そんなイメージで動いているわけはないんですよ。
井芹　ぜんぜん考慮していない。そこにいまの小沢さんの弱さがある。すなわち狡猾ではないわけですね。
蒲島　でも、これを見て驚いたんですけれど、それぞれの政治家の政治的な立場について答えてくれと何人か出して調べた。そうすると、武村、細川、村山（富市）はとても近いんですよ。小沢ってこう違う。だからこの段階で細川さんが小沢についたのが……。
井芹　ミスマッチ。
蒲島　いま考えると、ミスマッチだったのかなあと。
井芹　私もそう思う。小沢を切るべきだったと。
蒲島　小沢を切るべきだったかもしれないな。
近藤　成田さん、甘かった（笑）。
成田　逆ですよ。違う立場だから、互いに必要だったんですよ（笑）。
蒲島　それは有権者の持つイメージは、三人一体と思っていたんです。だから最初のここを見ると、さきがけ・日本新党一体でしょう。ここに村山さんが入ってきている。ここが核にならなきゃ本当はいけなかった。
井芹　その三人に対するイメージは一体だからそのイメージを大事にしていけば、ふわふわと浮いていくだけで、政策決定はできない。村山政権と同じになっちゃう。
近藤　そうだね。
井芹　そこで細川さんは踏み切っちゃったんじゃないかな。政治を動かしていくにはそれではだめだとね。
蒲島　でも、そういう感じで細川さんが小沢さんを切っても、小沢さんは思い切って細川さんを切れないでしょう。
近藤　ああ、逆にね。あのときはね。
蒲島　あのときは（細川氏が）武村さんについたからって、

社会党のグループと一緒になったからって小沢さんの方が離れていけないもの。そこはやはり力学の問題。有権者のイメージを考えてみるとね。

曽根　それでいけばいまの加藤紘一が取っているポジションは……。

蒲島　立派ですよ。

曽根　ねっ、社民を切らないというのは蒲島理論に非常に適合している（笑）。それを寛容と呼ぶか、それとも決断のなさと呼ぶかの違いだと思うんですよ。

▽政党支持の安定性と不安定性

井芹　ちょっと違うところですが、政党支持の安定性ということからいくと、自民党はいちばん落ちたときが三四・六％、最高が四八・六％ですから三割政党、三分の一政党から四割政党というところを維持しているというんだけれども、出入りは非常に激しい。それに、これだけ動いている状況のなかで、どこでこの選挙の断面が来るか、三四・六％のあたりで切られたときに、三四・六％では小選挙区制では勝てない。こんどの選挙制度はそういう制度的な準備はされているから大政党にとっては非常に危険だ。中選挙区なら失うといっても、五議席あるうちの三議席が二議席にはなるけれども、一議席にはならない。だけど、小選挙区制だとゼロになって全部オセロの黒が白になっちゃう。

蒲島　この場合、いろんなところが面白いのは、あのときに羽田さんがすぱっと総選挙したらどうだったか。あれはいつですか。

井芹　九四年の六月ですね。まだ自民党は回復していない状況なんです。細川さんが政治改革をテーマにして解散するか、羽田さんが解散するかしていたら、中選挙区制でも自民党はかなりきつい状況だったでしょうね。

蒲島　まあ、いろんなことが言えるけれども、細川さんが政治改革法案をあそこで妥協せずに「解散」と言ったら面白かったでしょうね。

井芹　そうですね。

蒲島　それか、羽田さんだって解散したら勝ったかもしれない。これで見るかぎり。そういう決断も考えられますね。

井芹　（実際は）自民党にとっていちばん有利なところまで持ってきて解散できた。

蒲島　（一九九六年）十月なんていちばんいい。

井芹　解散・総選挙後にはさらに（自民党）支持が増えている。いまもっと雪だるま式に増えているんじゃないかな。

成田　いや、また減っている。

井芹　いまの状況は党首のイメージによって、がくーんと一〇ポイントぐらい落ちる。それでも自民党支持は安定しているけれども、小選挙区で選挙するとなると、次期総理は誰だということでやるから、小沢さんがいないとして橋本か菅直人かという選挙になる。野党が二、三政党あっても、野党統一候補は菅直人になったら、選挙としてはどっちが勝つか分からない。自民党は厳しい。

蒲島　いま自民党は漁夫の利を得ているだけですよ。特に野党が分断されているから。細川さんがやるべきことは小沢さんをなるべく自民党の議員にくっつけること。

井芹　それが分党構想（笑）。だから（小沢氏が）「右」に行くのは本意じゃないとしたら、帰りなんいざ、田園まさに荒れなんとす。

蒲島　いや、「右」に行きますよ。だってそれしかないもの。それじゃ負けちゃうわけですね。

▽保革・左右の対立軸はどう変わるか

内田　私はその「右」と「左」というのは分かるけれど、いま保守とか革新というのはどういう定義になっているんだろうか。

蒲島　保守と革新はヨーロッパ的に「右」・「左」にだいたい代替されていますよね。

内田　そうなんだけれども、いま具体的に日本で何が保守であり、何が革新なのか。

曽根　結局、ものすごく簡単にいうと、政治的な軸と経済的な軸と社会争点、アメリカなんかだとこの三つでだいたい決まる。だから経済的な軸はそれこそ新保守主義的なポジションを取るのか、もう少し社会保障的なポジションを取るのかで「左」「右」が分かれる。それから社会的な争点軸というのもある。例えば宗教問題とか堕胎問題だとかホモの問題だとかこれで分かれる。

蒲島　実際に一九六〇年ぐらいから見てみると、保革の対立が一九六〇年代まではまさに戦前期をめぐる安全保障の軸だ。それで戦前体制に戻るのか、それに反対する革新の軸か。一九七〇年にこんどは参加とか平等とか環境問題が出てきて二軸になるんです。それが一九八〇年代ぐらいから新保守主義とか出てきて、三軸になってくる。

一九九〇年になると、それが溶解してくるわけです。その三つがよく分からなくなってくる。ただ、ぼやーっと残っていて、憲法問題が出てくると安全保障のところにくっつくわけです。原子力発電所もそこにくっつく。行革は合意争点になる。それからアジアへの謝罪、これは不思議なことに参加か平等かのところに入ってくる。だからあれは新しい保守・革新の軸なんです。

曽根　それは有権者側の話だ。有権者はぜんぜん収斂してない。だからまさしく問題はサプライサイド（の政党側）ですね。サプライサイドがしっかりしていればはっきりするのだが……。

井芹　サプライサイドが全然分かっていないから（笑）。

曽根　うん、逆にディマンドサイド（の有権者）がはっきりすれば、それに従った政党ができるのか。これはもう両者いたちごっこだけれども、サプライサイドがない限り選択のしようがないというところはある。

蒲島　サプライサイドも分からないんじゃないのかな。

曽根　そういう意味ではサプライサイドも分かっていないんですよ。

内田　話が変わるけれど、成田さん、この前の夏休みに鳩山（由紀夫）と羽田が細川を呼んで三者会談やったね。そのときに細川から「私はこういう発言しました」というファクスが来た。あのなかで「私は当分お二人と一緒にはやりません。しかし、興味や関心は持っているからいずれまた」という挨拶があるんだが、そのなかに「私はもともと保守中道です。私にはリベラルというのが分からない」という文句があるんですが、それは一体どういう意味なんですか。

成田　「保守中道」といった意味は社民を切ってくれということですよ。

内田　どうもそうなんですね。

成田　そういうことですよ。

内田　そうすると、社民はリベラルという認識なの？

成田　いや、リベラルって書いてましたか？「市民というのは分からん」と書いてあったんじゃないですか。

内田　「リベラル」だったと思うがなあ、よく見てみます。

井芹　鳩山がよく言っている。菅直人も。

曽根　いずれにしても、市民にしてもリベラルにしても、鳩山とか菅を含めている話ですよ。社民だけじゃないでしょう。

内田　それは暗に民主党のなかの旧社民派は許さないということなんだな。

成田　はっきりいえばそういうことです。

内田　だけど、それはどこでどう違うんですか、リベラルと中道は。

成田　横路（孝弘）さんとか旧社民党がいろいろやっているじゃないですか。客観的な定義はありませんよね。

井芹　具体的人物がだめだというんなら別だけれど、それは加藤紘一さんの感覚の方が優れていると思うな。要するに社会党の議員をいやだというのと、社会党支持者が母体となっている、それこそリベラルな層というのか、もっと社会福祉を充実しろという層を相手にしないというのは別だ。保守と中道を区切ろうと区切るまいと、実際の支持層としては中道まで捉えないと、そこ（中道）から先は共産党支持でいいのか、社会党支持でいいのかということになって、それは加藤さんの方がずうっとウイングが広い。

蒲島　細川さんが自分の立場を保守中道だというのは、自分がそれを知っておけばいいことで、政治家としては共産党の「右」から自分のところまでは全部自分の支持者だと考えなきゃいけない。だって政治家だけが相手じゃなく、有権者を相手にするわけだからね。そう明確にしてはいけない。

曽根　だけど、新進党のなかに自己認識として新保守だというグループはかなりいるわけですよ。船田《ふなだ》（元《はじめ》）はなんど繰り返しても「新保守だ」と言っている。だから彼が自民党に行くのはある意味で当然かも知れないけれど、旧公明系の連中なんていうのは中道左派だと思っている人もいるわけですよ。その人たちは新保守ってぜんぜん言わない。それは混在しているんですよ。で、その混在のなかで、細川さんは自己認識はともかくとして、中道もしくは中道左派のポジションが世間のイメージじゃないですかね。

成田　政権イメージはそうかもしれないですね。

蒲島　中道保守というと、「右」に行っちゃう。自民党に近すぎるからね。

成田　しかし、中身は非常に新保守的なんだけれども、あの侵略戦争発言とか、憲法問題、そういうものは伝統的な保守の側にはない。

近藤　有権者の政党離れというよりも、政党人または政党の有権者離れという現象がある。

蒲島　（両者が）乖離している。だから脱政党化現象が起きて、宮城県の選挙なんかも、政党をとにかく敵にした方が勝つなんていうことになる。

曽根　政治家も有権者不信だからね（笑）。

成田　だけど、先ほどの蒲島さんの指摘された細川さんの戦略でいうと、横路さんとか旧社民党の議員とそのポジショニングにいる有権者とは違うわけですよ。細川さんはそこにいる有権者を相手にしていないわけじゃない。

蒲島　有権者を相手にするならば、「自分はリベラルじゃない」と言っちゃいけない。

成田　もちろんそうです。

蒲島　とにかく共産党よりも「右」が全部でなきゃ存在基盤がないんだから。

近藤　きょうの結論が出たよ（笑）。

▽十二月に新進党は割れるか

内田　全く違う話ですが、九月に自民党がある転機に来たね。こんど新進党の十二月というのは非自民なる勢力全体にすぐ響く大問題なわけなんだが、いま誰かジャーナリストでも政治学者でもいいんだけれども、新進党の一三〇人というのを分析してほしいんだな。つまり自民から出た連中、それも小沢、羽田と一緒に出た人と違う人がいる。海部（俊樹）とかいる。それから旧公明党。

曽根　旧公明も三つのグループに分かれるんじゃないかな。

内田　旧民社、それから旧日本新党。そういうのがルーツなんだが、もう去年の総選挙をやっているから、それが渾然となっている。しかし、これはこの年末にははっきりするんですよね。

成田　それだけじゃ律せられないんですね。選挙区状況とかの要因に左右されるし、それから一種の政治力学があって、新進党のなかで党首として小沢さんを推すという行為と、小沢さんが党を出たら一緒についていくという行為は全く違うことなんです。だから党首選挙で小沢さんを推すのが半分いても、じゃ、割れたら小沢さんに半分ついていくかというと、ついていくのはほんの一握りでしょう。そういう力学の違いもある。

内田　それはある。それはあるが、私は十二月までにはもうちょっとそれがはっきり分かれてくると思うんですよ。それは「公友会」(注1)かな。

成田　公友会は割れないですよ。

内田　だから公友会はもう小沢についていかないよ。

成田　いかないです。

内田　そうすると、「民友会」(注2)もこれは連合という問題があってついていかない。そうすると、蒲島さんの言われるとおり、小沢は二〇人ぐらいを「右」に連れていくという可能性があるかね。

成田　いや、二〇人もいかないかもしれない。

内田　ねっ。これはそういう問題だと思う。

成田　チルドレンもどこまで行くか分からないですよ。

曽根　そのとき小沢は自民党の「右」にポジショニングするんですか。

成田　いや、それはもう蒲島先生の観察によるとそうだけれども。

蒲島　新進党を連れていこうとしているんだけれど、いけないときに割れるかどうかです。

成田　だけど、問題は参議院議員をどれだけ連れていけるかということなんですよ。衆議院議員は一五人連れていけばいい。問題は参議院ですよ。次の参議院選挙の結果と合わせて参議院で不足分をどれだけ持っていけばいいかということですよ。

蒲島　だから江藤淳さんでしたっけ、「小沢さん、故郷に帰れ」と。あれはなかなか名言だ。

井芹　あれはなかなかですよ。

内田　あれは愛情をもって言っているんだからねえ。

(注1) 公友会　新進党内で神崎武法氏ら旧公明党系の議員が作ったグループ。

(注2) 民友会　新進党内で中野寛成氏ら旧民社党系の議員が作ったグループ

第五章　橋本行革は成功するか

報告者・曽根泰教（一九九七年十二月二日）

行政改革前史　行政改革については、いくつかポイントを思い起こしていただければいいんですが、行革会議が始まったところから行革が始まったのではなくて、それ以前の前史がある。それは橋本総理が選出され、選挙がある。そこで何を橋本内閣の目玉にするかというので、自民党のなかでは水野《みずの》（清《きよし》）、柳沢《やなぎさわ》（伯夫《はくお》）たちが行革の準備をずうっとしてた。それで総選挙のときに「省庁半減」とか「エージェンシー化」を提出できた。

私もこの動きをある程度聞いていたから、昨年（一九九六）八月初めの『東洋経済』に「行革を総選挙の争点にすべきだ」と書いた。「すべきだ」と書いたわけですから、そのときにはまだ総選挙の争点にはなっていないというか、誰も行革と言っていなかったんですが、たぶん行革が争点になるだろうという予測をしたわけです。

総選挙のときには、実は税金（消費税）の方が主たる争点だったんですが、「総選挙が終われば行革は一気に走る」と何度かいろんなところで言った。それは政治改革のときの経験から見て、選挙であれだけ言ってしまうと、もう税金が争点ではなくなり、必ず行革が中心になると見た。

そうすると、その行革をどうするかということが問題で、「行革会議をつくって一年かけて成案を得る」というのが橋本さんの主張だったんですが、これはもう何度も批判したように、選挙で戦うときにプログラムを国民に提示して、勝ったらそれを実行するという「選挙の信任」（electoral mandate）が普通の政治です。ところが選挙で勝ったけれども、行革会議で議論して一年経って成案をもって、さらにその先に法律を出すという。「そんなに時間があるの?」ということで、危機の認識において相当開きがあったと私は思っている。

中間報告から最終報告まで　政治的なプロセスとして重要なポイントは八月に行った中間報告で、それまでもやもやしていたところがいちおう固まった。橋本さんの意向がかなりのところ中心となっており、首相のリーダーシップがあるといえばあった。

ただし、その次に佐藤（孝行）総務庁長官を指名したところから以降の話は、われわれが議論した通りのシナリオで動いている。あのときがまさしくターニングポイントで、われわれが九月十四日、河口湖でやった会議（の頃）が日本の政治の分かれ目だった。橋本さんの支持率が下がり始め、総務庁長官から自民党に戻った武藤《むとう》（嘉文《かぶん》）さんも行革に関して反旗を翻し、自民党、特に族議員が橋本さんのリーダーシップのなさに関して、さらに拍車をかける形で攻撃する。

そして最終報告は十一月十七日からの週です。これは三日でやる予定が党内調整との関係でずれ込んだわけですが、結局、中間報告の線でまとめられなかったというか、中間報告の理念的な部分も消えてしまったということで全く竜頭蛇尾。まあ「竜頭蛇尾」という言葉は橋本行革が始まったときからみんな「いつ使おうか」と思っていたわけですけれども、どこで使っても同じで、結局、竜頭蛇尾でした。

もう一つ不幸なことは、この行革よりも、いまのほとんどの人の関心は金融破綻《はたん》にある。日本の経済システムが崩壊したことに対する議論の方が大きく、また北海道拓殖銀行と三洋証券よりも山一証券ということが大きいと思う。業界第四位の証券会社の崩壊の方が大きい。

行革会議の性格　ざっと考えてみると、一年間かかって何をやったのかが反省材料としてあるわけですけれども、行革会議を捉えるうえで、まず第一に「これは審議会なのか」ということです。野党の方は「国会にかけてないから、これは審議会じゃない」と言ってるが、いまの国家行政組織法第八条ですと、政令で審議会を設置できる。この前の「土光臨調」の頃の改正でそうなっているはずでして、これは審議会のはずです。ですから「首相の私的諮問機関じゃないか」という議論がありますが、それは違う。ただし、法律で定めた審議会ではない。

もう一つの特徴として、「首相が会長というのは例外じゃないか」「いや、それこそ橋本のやる気を表している」とか「そんな審議会、他にない」ということですけれども、総理大臣を長とするものは他にもあります。科学技術会議や中央防災会議も総理大臣を長としている。ですから通常は総理大臣を長としてないが、総理大臣を長とするものもある。

だけれども、行革会議に関しては特に橋本総理が自らリーダーシップを発揮したいということで、特に「土光臨調のときの土光《どこう》（敏夫《としお》）さんに相当する人がいないじゃないか」と記者に言われて、「おれがいる」と言ったのが橋本さんですので、「意気込みがある」と言えばそう言える。「仕組みとしておかしい。首相が会長をやっちゃまずい」と、首相経験者とか大臣経験者からそういう批判がいまになって出ているけれども、これは仕組みとして最初につくってしまったので、しようがないことです。

行革会議はあくまでも政府の機関で、これと与党との調整はきわめて遅くなった。特に与党（自民党の行政改革本部）

は特殊法人を扱っていたわけで、それを扱ったのが佐藤孝行氏のリーダーシップということです。与党との役割分担で行革はここですよという仕切りをしたのはいいが、現実にはもっと早い段階から調整しなければ、族議員は抑えられなかったはずなんです。なぜあそこまで遅くしたのかというのはよく分からない点の一つです。

土光臨調との比較　もう一つ、本当は「土光臨調」との比較をすべきだ。これは何人もの人が指摘しているように、土光臨調はかなり特殊な審議会です。当時、土光さんはシンボルだったわけですが、瀬島《せじま》（龍三《りゅうぞう》）さんだとか加《か》藤寛《とうひろし》だとか何人もこの種の審議会の運営のプロがいて、表の臨調に対して「裏臨調」というのをつくった。裏臨調で相当詰めた議論をしたうえで「表臨調」に臨んで、そこで決めていった。

特に裏臨調に国鉄の改革派たちを集めて、プランがかなり具体化されていった。その人たちが、いまJR各社の社長クラスですね。住田《すみた》（正二《しょうじ》）さんとか松田《まつだ》（昌士《まさたけ》）さんとか葛《か》西《さい》（敬之《たかゆき》）さんとかが国鉄のなかの改革派だったわけで、それは今回なかった点です。

それから課題設定がどうだったのかということですが、行革会議のことの起こりのときから私は批判をしていた。大きく言うと、「八〇年行革じゃない。九〇年行革だ」という問題があって、それをやるのが今回の行革なんです。つまり八〇年と九〇年で前提条件が違う。何が違うかといったら、冷戦が終わったし、成長も終わったし、五五年体制も終わった。問題なのはまさしく四〇年体制の行政機関だし、それからバブル後遺症をどうするかということが九〇年行革の特徴なんですが、それを八〇年行革の手法でやったんではとっても答は出ない。ですから構造的な前提条件の違いが大きくあるという問題がある。

行革会議の位置づけを、僕なりに考えると、それは行政改革委員会だとか、地方分権委員会だとか、規制緩和委員会だとか、各種委員会が提言あるいは答申したものは、それぞれ部分的には整合性があるんだけれども、統一的な、総合的な戦略にはなっていないから、行革会議をつくって自民党案を含めて緊急医師団を形成して、手術すべきは早くする、あるいは集中治療室に入れるべきところは入れるということをやる。そういう会議だったら意味がある。そうでなくて白紙で改めて「二十一世紀の国家機能とは何か」って議論したって、十一月までには間に合わない。

それからこの十三名プラス二名は本当に素人なんですね。素人と言ったら失礼な方が多いけれども、行政に関しては橋本首相と比べたらほとんど素人といっていい。素人が議論して、それはそれでいいんですが、診断ができるのか、手術ができるのか。そのへんが非常に不満だったわけです。

それから将来問題として、財政と結びつかない行革なんてあり得ない。ところが、財政と切り離した。なんで財政と切り離すのか分かりません。それから過去、中期、将来といういちおう「この国のかたち」という明治以来の議論をしているけれど、私自身がいちばん強調している点は、この十年が悪い。この十年の悪さの責任を取らなければ次の十年に行けないということなんです。それが課題の一つの特徴です。

それから「最初、間口を広げすぎた」と後藤田《ごとうだ》（正晴《まさはる》）さんが言ったけれども、六大改革って風呂敷を広げちゃった。ところがこの六大改革のなかに行政改革って、どう位置づけられるのかという整合性はたぶんない。優先順位がない。行革がいちばん重要だとは言っているけれども、六つの改革というのは相互関連があって、どこから切り込むかによってストーリーがいかようにもつくれる。そのつくり方というのが橋本さんのなかにはたぶん整理されていなかったと思う。

ですから本当は金融問題を初めとしてお尻に火がついているんですが、ほとんどの人がお尻に火がついていると思っていない。この期に及んで郵政省だとか建設省だとかは自分の省の利益を優先し、それで済むと思っている。郵政省は特定郵便局をはじめ、なんとか自分の権益を守れば日本の国は良くなると思っている。とんでもない話です。それから山一が潰れるまで、国民の方は危機感がなかった。それから土光臨調のときと比べてマスコミ世論の支持が非常に弱かった。これも特徴です。

羊羹の輪切り的行革

それで話を少しはしょって内容的なことに入りますと、よく理科系の人が「不良問題設定」と言うんですね。問題の設定が悪いと、いかにいい実験材料を使おうが、いかにいい計測機器を使おうが答えが出ないんです。いまにして思うと、この行革は「不良問題設定だ」と言えるわけです。私は繰り返し「筋が悪い」と言った。なぜかというと、（省庁の）数から入ることはぜんぜん意味がない。数から入って何かやったつもりになるのは、何もやらないこととほとんど同じなんです。この問題設定の「数でいく」というのは選挙で約束したことに縛られている。

ただし、二十一世紀の国家機能とは何か、それから内閣機能の強化、中央省庁の再編ということが橋本さんが諮問したことなんです。「二十一世紀の国家機能とは何か」については四つの機能を国家の存続、国富の拡大、国民生活の保障、教育・国民文化の醸成・伝承としている。それから内閣機能の強化はたぶん村山内閣の反省と、もう一つは安全保障上の問題で出てきたことです。

結論的にいうと、橋本行革を「羊羹の輪切り論」と七月頃から僕は言っていたんだけれども、要するに羊羹の総量を変えずに切る幅を変えた。羊羹の総量は変わらないわけです。ですから一切れが大きくなったわけですね。

それでもう一つ手品をしようとした。それは羊羹を縦に線を入れて、左半分を企画・立案部門、右半分を実施部門。その右半分はエージェンシーにする。そうすれば見かけ上、国家公務員の数は半分になる。

エージェンシー化　ところが、エージェンシーというのは、これも不良問題設定なんで、かなり生煮えで出てきた。そのためにエージェンシー論はあまり支持されなかった。私も文藝春秋の『日本の論点』でエージェンシーに関して書いたけれども、つまり、意味がちょっと違うんです。また芦田《あしだ》（甚《じん》之助《のすけ》）さんたちが言うように、連合傘下の国家公務員の立場からいくと、エージェンシーというのはかなわんぞとなる。

つまり、われわれが言った「エージェンシーにはこういう矛盾がある」というのをぶつければ潰れるんですね。だけど、私の場合には「エージェンシーを特殊法人と外庁の間に位置づけるというのは間違いだ」という立場なんです。特殊法人と民営化の間に位置づけるんだったら意味がある。ところが、行革会議は、ずうっと特殊法人と外庁の真ん中に位置づけしたんです。そうしたら特殊法人よりさらに悪いものができるわけですから、こんなものを支持できるはずがない。だから水野さんたちにも「それはこっち側でしょう」と言っていたわけです。

エージェンシーというものを生かすんだったら、もうちょっと工夫した方が良かった。とは言うものの最大の現業部門である郵便局は頑として動かない。ですからエージェンシー論には乗れない。そうしたら聞いたこともないような検査機関とか研究機関がエージェンシー化するだけになっちゃう。ですから手品ができなかった。羊羹の輪切りだけ残った。エージェンシーで見かけ上、半分にするという手品が使えなかった。

内閣機能の強化は評価できると多くの人が言っている。紙の上ではそのとおりです。だけど、それは違う。内閣機能の強化というのは立派な議論だけれど、議院内閣制という問題を無視している。議院内閣制というのは何かというと、政党党首と首相との関係なんですね。議会と内閣との関係は憲法的に位置づけられているから整理されているけれども、政党との関係を解決することができるなら、それは内閣機能が強化され、首相のリーダーシップが発揮できるわけです。

ところが、佐藤孝行を押しつけられて断りもできなかった首相って何なのか。片方で内閣機能の強化といって首相のリーダーシップを言っていながら、対抗馬も出ない総裁が、党の方から大臣を一人押しつけられて断りもできない、自分のチームも組めない首相って漫画じゃないか、ということを行革のことに引っかけて言った。結局、結果はそのとおりになった。

行革会議に入っている京都大学の憲法の先生の佐藤幸治さんにも「こう考えるべきでは」と言っても、「それはわれわれの憲法学の範囲じゃない」という感じなんですね。そういう点で実は議院内閣制のなかで、党との関係が最大重要な問題なんです。

この行革も党をコントロールしないことには解決しなかったはずなんです。ところが、行政学、憲法学の範囲で議論しちゃうから、きれいな図をつくることはできても、党の方のことは頭にない。頭にあっても手を突っ込めない。本来、総裁なんですから手を突っ込まなきゃいけないわけです。そこを解決していなかった問題があります。

この（橋本行革の）なかでやったことは何なのかというと、中央省庁の再編、羊羹の輪切りだけだということです。そのなかの大きな問題の一つが郵政だったわけです。私は「（郵政）三事業一体か国営かどっちかにしてくれ」と言ったわけです。「三事業一体でやりたいんだったら民営化だし、国営維持だったら三事業一体じゃない。どっちかにしてくれ」と。ところが、結果的には三事業一体・国営維持と、〝国体護持〟の路線を主張したわけですね。最後まで国体護持の主張が勝っちゃった。

途中、（八月の）中間報告では三事業一体のところを三事業分離と、つまり三枚におろされたわけですね。「簡保は民営化、郵貯は将来の民営化、郵便局は国営」となった。三枚におろした経緯に関して責任取る人がいまいない。つまり、水野さんと武藤（嘉文）さんあたりで大体議論をした。そして中間報告の集中討議のときに「弾みで決まった」と言われているけれども、あんまり記憶がみんなはっきりしていない。最近になって『朝日新聞』の連載と『文藝春秋』の（一九九七年）十二月号でその間の経緯をわりとしっかり書いている。後でそのへんのプロセスをフォローしていただけば分かるんですが、橋本さんはこの三事業に関して行革会議では明言してないんです。

じゃ、なんで郵便局の連中は民営化がいやなのかというと、民営化＝ペナルティー論なんです。「おれたちは悪いことしてないのに、なぜ民営化か」。これは最初からそうなんです。民営化がご褒美だと思わないわけですね。（民営化）したくても国に縛りつけられているところがたくさんある。大学なんかそうだと思うんです。

ところが（郵便局にとって）民営化は罰則だという意識が強い。それで郵便局は「われわれは弱者だ」といつも言う。「弱くて小さい」と。とんでもない話です。あのまま民営化したら強くて大きすぎるわけです。郵貯なんて特に強くて大きすぎるわけですね。強くて大きすぎるから、出てくる話は「地域分割せよ」という話なんです。地域分割して東京ポストバンクをつくったら東京三菱（銀行）より大きいわけです。

そういう意味で一つは改革派を抱き込んで、それこそ「おまえは将来、東京ポストバンクの頭取よ」というぐらいのことを言ってもいいわけですね。それをなぜやらなかったのかということ。それから地方の郵便局が成り立たないんだったら、分割・民営化、東京、大阪、名古屋は民営化、あと国営という方法だってあったはずです。それもやらなかった。

つまり戦略があまりにも稚拙のような気がします。最終的には公務員でいたい。公務員でいることの良さって何だかよく分かりません。NTTがいまだに国営だったらどうなったんでしょう。JR東海だって国鉄時代より行きたい学生が多いんじゃないですか。私のゼミの学生がJR東海にいますが、ロンドンに事務所がある。やっているのは何かといったら、キッコーマンとJR東海でロンドンに大きなレストランをやっている。彼は商才があるのでそこのマネジメントをまかされている。つまり国鉄だったらロンドンにレストランを出せるはずはないんです。そういういろんなことが可能なのが民営なんです。ですから将来にわたっても民営化しないという決め方は本当にいいのかと思う。

改革の四条件 結論から言うと、改革というのは、いままで何回かの改革を見ていて幾つか条件があって、私は四つにまとめているんです。「明確な理念とかビジョン」があるか。橋本行革には「何のための行革か」の明確なビジョンと理念がない。第二に「目玉とかシンボル」。土光さんは（臨調の）シンボル・目玉だったわけです。あるいは増税なき財政再建も一つの目玉だった。これが今回あるかというと、ない。

それから「有効な手法」というのは、例えば新自由主義派が言う民営化とか分権とか規制緩和とか、今回で言えばかろうじてエージェンシーというのが手法の一つだったわけですが、このエージェンシーもうまくいかなかった。分権も民営化も規制緩和もやらなかったわけです。だから有効な手法でなかった。羊羹を輪切りにしただけだ。羊羹の輪切りだったら誰でもできる。

それから最後に「テコの重要性」です。単に行革を唱えただけでは半分の人が反対するわけですから動きません。そのときに必要なのはテコで、過去の例でいくと、外圧です。外圧の成功したのが明治維新だし、敗戦です。もう一つは市場です。だから金融のビッグバンというのは市場がテコになっているから、あれはひとりでに動く。止めようと思ってもだめです。そういう意味でテコがなきゃいけなかったが、テコがきかない領域というのは日本にはある。それは国際市場で一ドル＝四〇円でやれる企業から四五〇円とか六〇〇円とか八〇〇円とかまである。この四〇〇円から八〇〇円のところがえらく政治的に強い。その人たちがテコでも動かない。ですから竜頭蛇尾と言ったのは、分かっていたこととはいいながら、やはり一年間むだにしたなということですね。

それでも好意的に解釈する人がいて、「まあ、省というのは変えようと思えば変えることができるんだと。それが分かっただけでもいいんじゃないの」と。私はそうは思わない。いやあ、行革委員なんかになって虚しい思いするよりは評論している方がいいですよ（笑）。

▽郵政が公務員にこだわる理由

内田　私はこの行革をずうっと通して疑問だったのは「なんで公務員にしがみつくのか」ということだな。それは何ですか。

曽根　分かりません。

井芹　連合会長の芦田さんはどうなんですか。

曽根　連合のなかはものすごく割れている。もう一つは「郵政とか官公労に関しては口をはさまない。他人《ひと》の組合のことは触れないでおこう」と。中間報告のあとになって初めて連合のなかで「郵政、どうしたらいいの」という議論がなされている。それが遅れた原因です。ですから僕は、橋本行革をつぶしたということで、連合の罪は非常に重いと思います。A級戦犯が誰か分からないけれど、最低、（連合は）B級戦犯には並ぶ。それと連合として、行革会議で潰されるかもしれないけれど、言うことだけは言っておこうといった問題を最初から動かせないものとして行革会議が呑んでしまった。

内田　それは分かるが、そのときの公務員は官尊民卑という考えなんですか。

成田　全特（全国特定郵便局長会）の立場と連合の立場はぜんぜん違う。連合には公務員と民間がいる。この場合の公務員というのは、身分保障があるということです。

内田　だからその身分の問題（にこだわること）がなぜなのか。

成田　連合と違って、全特は官尊民卑です。明治以来の特定郵便局の歴史を見たら分かる。

曽根　そうですけれど、これはぜひ新聞社の人たちに書いていただきたいのは、特定郵便局長というのは公務員だったら、政治活動できないはずです。だけど、公務員なのにどうしてあれだけ政治活動できるんですか。それで自民党員になっているわけですよ。いいときだけ公務員を名乗り、都合悪くなると「自分たちは民間だ」って言うわけです。やることは百パーセント自社さのための政治活動でしょう。ところが、労働法をやっている人に聞いたら、「いやっ、まあ、それは完全に違反とは言い切れない」と（笑）。選挙活動に関して自治省も明確ではない。

井芹　昔の国労と似てる。国労の幹部は国鉄職員を退職せずに議員になっていた。それは自民党が目をつけて締め上げて、結局、やらなくなった。

曽根　だから本来だったら、新進党に力があったら追及してるよ。

川戸　新進党のなかにもいますから。

成田　新進党も恐くてやれないね（笑）。

曽根　新進党は全郵政寄りなんです。全逓も全郵政も同じ。ただ、全郵政はずうっと「小沢」って言ってた。であるにもかかわらず、国体護持に関しては一致団結なんですよ。民営化を言って「おまえは敵だ」って僕なんかはっきり言われましたからね。そういう点では民営化をちょっとでも唱えると「非国民」になる（笑）。

井芹　こういう閉ざされた組織はぱたっと倒れるんですよ、山一的にね。

成田　そう、そう。

曽根　これは概念矛盾でして、例えば預託制度を廃止することで「良かった、良かった」と言う人がいるけれども、そんなんじゃない。つまり財投債として出たものを郵貯が買うか国債に向うかですから同じなんです。資金運用部から郵政事業庁に移っただけなんです。

井芹　要は大蔵省がそんな高い金利の預託を拒否すればいいんですよ。

曽根　運用なんてできるはずがないんです。それで倒れたときに誰が責任を取るのかといったら、それはまた税金なんです。これ、ちっとも郵政に関して改革じゃないんです。

井芹　僕が大蔵の立場なら「預託制度廃止したんだし、いま金利が低いんだから二％ぐらいで貸してくれ。それでだめなら他から借りる。外国からでも借りる」と言うね。

成田　ただ、先の議論を先取りしちゃうと、五年後に新型公社に移行ということですね。これは絶対市場に負ける。だから新型公社に移行してそれで打ち止めということになっているけれど、民営化の流れは止められないですね、市場に絶対負けると思いますよ。

井芹　それが小泉（純一郎）さんの「いまの改革案だって郵政改革の第一歩は踏み出した」という考えね。

曽根　結局は、そのとおりだと思う。つまり郵便事業に関して新規参入認めたら民間の方が勝つと思う。ですからここの（郵政国営化継続の）根拠は国鉄のときと同じで、ユニバーサル・サービスって言うんです。ユニバーサル・サービスの意味がぜんぜん違うけれど、全国一律料金ができると。それで地方（の郵便局）は介護もやるとか、福祉事業に手を出せるとか、いろんなことを言って「だから国営だ」って言う。「そこまで言うんだったら、だから民営なんじゃないの」と僕は言うんですよ。それで国家公務員であることの良さは、たぶん競争の少なさ、あるいは身分保障でしょうね。だけど、それでいいことっていうのは何なのか、よく分からない。

内田　いや、身分っていうのは、その実利なのかな。つまり「お役人ですよ」という非常に単純な……。

曽根　いま、公務員として威張っているのは国家公務員試験第Ⅰ種の、いわゆる（キャリア）官僚だけなんじゃないですか。

成田　いやあ、そんなことないですね。私大の学生の動向を見ていると、公務員志望も地方公務員志望もそれはもうすごい。官尊民卑の官になれるという魅力ですよ。

内田　それとこの「郵政内改革派」の問題は大きいね。

曽根　それがやれなかったというのは戦略ミスですよ。国鉄のときの教訓からいったら、内部の人たちから改革派を見つけなきゃいけなかった。

内田　国鉄は火の車だから改革派が大きな顔をできたんだけれども、郵政は「今うまくいっている」という話でね。

川戸　郵政三事業のお金でこれから通信産業の方に乗り出そうとしていますから、そこで一体というのは非常に大きな問題なんですよ。

曽根　郵政省の体質だって、この前、水野さんは「変えたいという人はほとんどいない。有能な官僚はほとんど調整とか政治的な手腕のところに力があって、将来構想を描くなんていう人はほとんどいない。そういう省なんだ」という言い方をしていましたね。

内田　あれは誰が言ったかなあ、要するに「ちゃんと役所のランクがある」と（笑）。ランクづけしているやつがいた。あれは役人自身だったと思うけれど（笑）。

川戸　ある意味では、郵政は非常に特殊ですよね。三事業を抱えているということで独立省庁みたいな感じがします。郵政省自身がそう思っているし、わりあいに他省の見る目も「郵政は特別だ」と思っている。

内田　「特別だ」というのは特別悪いってこと？（笑）

川戸　役所の概念からすると、役所っぽくないというか、いわゆる官僚っぽくない。要するに「あそこは郵政一家なんだ」という感じですね。

曽根　やっぱり現業ですね。

川戸　ええ、現業なんですね。

内田　ばか話になるけれど、こんど辞める守住《もりずみ》（有信《ありのぶ》）参院議員。彼が郵政事務次官になったときに「ゲタ履いて省内を歩いている郵政官僚は退治する」なんて言った。「政策官庁になれ」とか。（当時は）それだけ劣悪だったということでしょう（笑）。

曽根　省内をスリッパで歩くのは多いですね（笑）。サンダル履きというのは多いんですよ。まあ、本当になぜ公務員なのかって先生に突き詰められて、ちゃんと答えられる人はいない。「現状がそうだから」というだけだと思います。「こんなにいいことがあって公務員なんだ」という理由を全部並べられる人はいないんじゃないですかね。

内田　なるほど、分かりました。

▽シナリオは大蔵省・通産省主導？

曽根　それで政治的な問題でいえば、与党の行政改革協議会、いわゆる十者協議会がスタートしたのは九月の末頃ですからずいぶん遅い。そこでもう一からの議論で、これはもうほとんど意味がないというか、いちゃもんつけるだけ。それから自民党の方の行革推進本部、これは本部長が佐藤孝行《さとうこうこう》から武藤嘉文に代わった。

内田　武藤の裏切りという問題があるな。

曽根　武藤さんは要するに（総務庁長官として）郵政問題なんかにかんでいたわけです。それを裏切ったわけです。

内田　あれはすごいね。

曽根　ですからこれは橋本人事の失敗といえば失敗。本当は武藤さんを残して、佐藤孝行にもうひと働きさせなきゃいけなかった。それをしなかったという内閣改造が問題だったんです。

内田　武藤という人は大臣から党に行った途端に全く逆になった。あんなことは普通はできないわな（笑）。

曽根　それから族議員からの抵抗は当然、予想されたことなんですから、これはいまに始まったことじゃなくて、土光臨調のときも族議員の抵抗はあったわけです。官僚出身たちはみんな族議員の抵抗を党が抑え込めるかどうかで決まってくると思っている。中央大学に行った増島俊之さんなんてそう言っていますね。「潰したかったら族議員の言うことをそのままにしておけ。もし実行したいんだったら党で抑え込め。それを総務会なり部会なりで抑え込めなければそのまま崩壊する」と。昔の官僚のぼやきの一つだと思いますけれども。それから野党がこの行革会議に関してほとんど発言してない。いちばん発言してないのは新進党なんです。新進は全く無視です。戦略的に何を考えているのか、よく分からない。

井芹　民主党も？

曽根　民主もそうです。民主が言っている行政改革のプランというのはぜんぜん違う。つまり行政監察とかなんとか、「部分」を言っているんです。この行革会議は「全体」をやっているわけだから、看板が行革だったら（行政全体について）言わなきゃいけないんですが、民主はどうしてああいう「部分」のことしか言えないのかと思う。それから新進党は行革会議そのものについて「あんなのはフォーマルな機関じゃないから歯牙にもかけない」というか、「議論しない」という感じ。

内田　いや、これは新進もまた族議員であるという面が結構あるんだろうか。

曽根　まあ、それもありますけれど、失敗するのを待っているだけとしか思えない。それから省庁の力の格差が歴然としていて、例えば旧内務省に相当する総務庁ですね、あっという間に自治省と総務庁の結託で「総務省」という焼け太りができちゃった。みんな大蔵省に目が行っているけれども、実体は総務省というグロテスクな旧内務省の復活が現実にはあったわけです。

もう一つは建設と運輸がくっついた。いまだに公共事業省庁が残っちゃうという問題もある。ただ、全体に橋本さんが言ったことは一時代古い。つまり産業省をつくりたいとか。これは産業政策をいまだにやるとか、国土保全と国土開発をやりたいとか、どう考えても十年どころか二十年古い話をしている。とても二十一世紀型じゃないんです。橋本さんのアイディアがそうならそれでしようがないかな。他にアイディア出せる人はいないというか、この行革会議のメンバーだと、まあ、そんなものかと思う。

ただ、一つ言えるのは、なんで経済人と経済学者がもっと歯切れのいいことを言わなかったのか。これは片方で経済の論理、つまり効率の議論、それから新自由主義的な議論を徹底して議論でぶつけておいて、片方で守りの方は芦田さんが雇用確保とか現状維持とかを出して、それで議論して中間的なところでまとまるというのがたぶん最初のシナリオだったと思うんです。ところが、片方の経済人と経済学者の議論の迫力がほとんどなかった。それで渡辺恒雄（読売新聞社長）みたいに「郵貯民営化」って言ってみたり、「公社化」って言ってみたり、中間報告のときには「それでいい」って言って、あとからまた前言を翻す人がいるものですから、こうなった。

内田　（渡辺氏は）声が大きいからな。

曽根　ええ、声だけは大きいんです。

近藤　経済学者がいないじゃない。塩野《しおの》谷《や》祐一《ゆういち》さん。

井芹　もう有沢広巳《ありさわひろみ》クラスの大物経済学者はいないんだなあ。

内田　それから大蔵、通産の談合というか、馴れ合いというか、分業というか、あれが大成功したわけだけれど、あれはどういうことですか。

曽根　大蔵、通産でだいたいこのシナリオを書いちゃったところで、大蔵省としては金融・財政一体で行きたいと。ただ、本来なら通産は通信事業を全部産業として取り込んで、電波割り当てだけ委員会にしようとした。そうすると、いままでの郵政と通産の争いはそれでもう決着する。大蔵省は生き残りをかけていましたが、まだ大蔵省の名前だけは「財務省」となるかもしれません。これは未定部分です。（注1）

内田　金融はどうするの？

曽根　金融・財政一体論というのは、これも「そもそも論」と「実態論」がある。金融・財政というのは理論でいったらマクロ経済政策上、同一主体がやるのは当然だと言えば言える。ところが、日本の大蔵省はマクロ経済政策（金融政策）をやっただけではなくて、業界行政をやって、さらに個別企業に手を突っ込んで、さらに（大蔵官僚が）天下りして銀行管理を大蔵省管理でやった。それはミクロもミクロ、個別市場に参入して、しかも価格調整、店舗調整、需給調整をやったわけですから社会主義なんですよ。このミクロ金融政策を断ち切らなきゃいけない。

▽なぜ橋本首相は行革を言い出したか

内田　しかし、曽根さん、あなたはだいぶ陰で知恵絞ったけれども、あなたの言ったことが通ったと思えるのは幾つぐらいある?

曽根　ありません。

内田　ありませんか（笑）。

曽根　つまり、逆に使われたように思う。エージェンシーを潰すために僕のエージェンシー批判を使うとか。いや、「この行革はこういうことなら呑める」ということは言ったんです。水野さんは「業界行政やめますよ」「行政主導型の行政をやめてルール型、秩序維持型に変える。そういう行革なんですよ」と言うんですよ。「だったら、そういう内容にしてください。それだったら公務員の数が一緒でもいいですよ」と言った。

つまり山一（証券）が悪いことをしたらペナルティーかけて、「退場!」とレフェリーに徹するような公務員を養成する。公務員の多くをレフェリーにする。そうなると公務員の数が変わらなくても、レフェリーの数は増える。だったら国民も許すでしょう。日本の社会もルール型に変わるんだ、ゲームの内容には手を突っ込まない。だけどルール違反にはペナルティーを課すんだったら、それは人が要る。SEC（証券取引委員会）みたいなものだったら本当に人が要るわけです。「そういうふうにしてくれ」ということはずいぶん言ったけれども、「前文」にちょっと書いてあるだけです。ぜんぜんそうなっていない。国家公務員が意識改革で変わってくれるなら、数が一緒でも、それは許せる。行政の内容が変わるという意味の行政改革ですから許せる。それは行政改革ということになる。行政の内容が変わるという意味の行政改革ですから許せる。

成田　曽根さんの考えにはだいたい賛成ですが、私自身は、こんどの橋本行革は三〇点ぐらいだと思っている。要するに〇点じゃなくて三〇点はあるという評価なんですね。三〇点をどう見るかということで、もちろん評価は違ってくるんですが……。

いまの分析で、土光臨調のときの「裏臨調」というミクロの手法の紹介がありましたが、土光臨調といちばん違うところは、土光臨調というのは「増税なき財政再建路線」という大蔵省の振り付けがあった。大蔵省がシナリオをつくってという枠組みの上で行われた改革なわけです。こんどの橋本行革は、大蔵省も財政と金融の分離問題でまな板に乗せられちゃって、どこもそういうシナリオを書いて舞台回しをする官僚機構がないという状況で進んできたというところが非常に違う。

どうして官僚機構のインセンティブもないものが出てきたかというと、これまた政治のロジックなんですね。それは突き詰めれば、選挙制度を小選挙区比例代表並立制にして「政党本位、政策本位の政治」というタテマエとともに、ある程度の実質もできた。それで総選挙のときに新進党が「行政改革」を言い、民主党が「霞が関解体」を言い、さきがけがた「行革政権」を言い、という「行革、行革」の掛け声がまずあったわけです。「他人《ひと》が言った論点は取る」「対立軸は潰す」というのは伝統的な自民の手法だから自民も行革を打ち出し、その後に「六つの改革」の形が整えられた。だから何かを実現するというインセンティブがまるきりない。しかし、政治のロジックのなかで行革を言わざるを得ないというところから出発した。

それであのとき新進党が「中央省庁を三分の二にする」と言ったので、自民党は「二分の一」にすると言った。そういうロジックが、例えば最近の参議院の選挙制度改革でも働いている。新進党が参議院の定数は二〇〇と言ったら、自民党は一九八。こういうロジックと全く同じで二分の一と自民党が言っちゃった（笑）。ここから始まった。

私は、総選挙では新進党はアジェンダ（課題）の設定の仕方がへただったと思う。新進党は公務員の数を三分の二にするということをもっと前面に出すべきだったと思うんです。自民党は公務員を減らすと言っていないわけですね。

曽根　確かに自民党は言っていないです。新進は二五％カット。

成田　「二五％減らして七五％にする」と。そのぐらい言っていたと思います。自民党はいまもやっている公務員の定数削減を進めると言っているだけで、じゃ、新進党の二五％減にいったいどう対抗したらいいか、というところで出てきたアイディアがエージェンシーという考えだったわけです。

新進党とか民主党のプランに対して自民党、特に橋本さんがそのテーマに乗り遅れまいということで持ち出してきたという以上に何のベースもないところから始まったわけです。それで橋本さんが自ら議長をやって行革会議を引っぱらざるを得なかったし、どこの舞台回しもないものだから、こういう筋道をたどったということで、そのプロセスは曽根さんの分析されたとおりなんです。

ただ、私が三〇点をつけているのは、自民党の動機は全く疑わしいし、「中央省庁を一府十二省にしていったいどういう意味があるか」という問題はあるけれど、とにかく変えるということに意義があるわけです。もう一つ各論的には、内閣機能の強化がある程度できたということです。

郵貯については全く噴飯ものだし、曽根さんも言われたように自主運用しながら国家公務員だという矛盾はあるんだけれども、新型公社という枠組みをつくれば、いずれそれは市場に負けて民営化せざるを得なくなる。そこに行くワンステップにはなるだろう。郵貯の民営化という求められるべき改革のテンポから言えば、五年後の新型公社というテンポはものすごく遅いけれども、一種のたくまざる道筋はできたんじゃないかと考えると、まあ、〇点じゃなくてプラス三〇点というのが総括的な私の印象です。

内田　成田さんの話に付け加えて言えば、一つはその一府十二省は、中身はぜんぜんおかしいけれども、とにかくまあ半分にした。「中身はぜんぜん変わらない」とあんまり言われるから、「いや、局の数も減らす」「課の数も減らす」「やがては人の問題まで行くよ」という弁明があるんですね。それは物事がそういうふうに動くという意味でいえば、まさに二〇点か三〇点ということかな。

成田　まさにそうなんです。

内田　それから郵政も「民営はだめだが、五年後は新型公社だ」と。しかし、それでも自民党は安心できないから「国営はだめなんだ」と付けているけれども、五年のうちには状況が変化してしまうから、「五年前にちゃんと紐付けてあるよ」といったところで、それは経済の実体で変わっていく。そういう意味では確かに三〇点かも知れない。

▽調整に動かなかった自民党執行部

成田　ただ、曽根さんが最初に橋本行革をめぐる政治過程ということで「言い古されているが」と言われたんですが、そうじゃなくて、ここの政治過程の議論がいちばん足りなかったと思うんです。つまり、何省をつくるとか、どこはどうするとか、行政改革の中身についての経済学者主導の議論はいっぱい出てきたが、行政改革が始まるときに私は「行政改革の政治学がなさすぎる。行政改革を実現するためには行政改革の政治学というものが必要だ」と言ったんですけれど、行政改革の政治学がきちっとしていないということが高い点数に至らない結果を生んでいると思いますね。

川戸　もう一つ、中間報告が出る前に、党のなかが「保保派」と「自社さ派」の間のすごい政局でしたよね。あそこで橋本さんの行政改革会議に対するアプローチについて（自民党側と）相談ができないとかがすごく絡んでいたんじゃないかと思うんです。

成田　ええ。だけど、党の方がごたごたしていたから、中間報告はうんと進めることができたわけでしょ。

川戸　そう、そう、だから逆に進んじゃったからいけない（笑）。さっきもおっしゃったように、裏根回しの部分をもっとうまくやっていれば、もっと違った形の中間報告が出てきたかもしれない。

成田　ただ、プロセスの問題はなかなか難しい。橋本さんが自ら会長にならないで、第三者機関の審議会をつくって答申させて、党でもんで、最後に総理が裁断しても、結局、こういう結論になるでしょう。

川戸　そうじゃなくて橋本さん自身と党との関係という意味で、相談相手が党の人ではなくて、それこそ江田《えだ》（憲司《けんじ》）秘書官であり、裏の誰かでありというところで、全部周りを官僚に囲まれていたわけですよ。そのペースでやられてしまったわけで、しかも大蔵省が自分たちの生き残りを賭けたグランドデザインを今回、描いたわけですよ。

だからそこが党の執行部ともっとうまく調整がつき、橋本さんが（党側と）相談できてれば、あの中間報告がぽっと出るということはなかった。あの郵政三事業の問題にしたって、結構、野中（広務）さんがキーパーソンだったわけですけれども……。

成田　それは分かるけれど、じゃ、党ときちっとやったらどういう絵が描けたかというのは分からない。

川戸　そこらへんは分からないですけれど、なんとなくもっと違っていたんじゃないかと思います。

成田　僕は結果的に橋本さんが独走しちゃったことで、自民党にしてはそれなりのところに落ち着いたのかなという印象を持っているんです。

内田　そこで尻尾は十一月二十日の予定のはずだったのが、二十一日の夜にずれ込みますね。そして未明に政府与党が決めて、その間、行革会議はつんぼ桟敷で、「ばかばかしい、何のためにやってきたんだ」とわめいた。夜が明けたら『日経新聞』（の「山一証券自主廃業」報道）なんですね。これは非常によくできている日取りであったと思うんですが、その後の改革か景気対策かと何らかの関係あるんでしょうかね。

曽根　いやあ、山一との関係はどうでしょうかねえ。そこはちょっと分からないですね。

内田　ある意味じゃ局面転換になっていますよね。

井芹　鷲尾問題でもめたのは二十日。二十一日はこんどは防衛省問題でもめた。防衛省でちょっと政局がきな臭くなった。本当は（保保派が）郵政省の方で粘ると思っていたのが、防衛省の方を粘ってきた。ちょっと予想外だったので執行部がまとめ切れなかった。

内田　それで夜がふけた。

曽根　それで未明になりました。それで行革会議の連中を待たしておいた。

内田　橋本以下は行革会議の舞台を一二〇％利用しておきながら、最後はつんぼ桟敷の待ちぼうけ（を食らわせた）ということが非常に面白い。

井芹　本来、自民党は加藤幹事長あたりがキーパーソンになるはずです。彼らが橋本の意向を受けて落としどころを探るなどすべきなのに、実際は意を体して動いていない。

曽根　逆に山崎拓、加藤は推進しているのか、足を引っ張っているのか、よく分からないポジションだった。

成田　盛り返したのは小泉純一郎ですよ。例の発言です。

曽根　まとめるところは野中さんだったと思いますよ。

井芹　その意味で野中さんにも、この中間報告（の郵政三事業の部分）は予想外で、「あんなにボーンと言われたんでは自民党の出る幕がない。せめて両論併記にして、こうもあるし、国営もあるが、あと党におまかせします、ぐらいで持ってきてもらわなきゃ困る」と言っていた。結局、実態はそれと同じ程度になった。でも、それは中間報告であれだけどぎつく出したのと小泉発言のおかげで、あれだけの歩留まりがあったということですか。

曽根　いや、郵貯外庁化というのは最初からあったんですよ。それをずうっと芦田さんが言っていたんですよ。だけど、その考えでは今回の行革の目玉にはならないですよ。

川戸　いちばん初め聞いたところによると、まず郵政三事業の一体国営化、これは譲れない。ただし、通信行政・放送行政は運輸通信省という形で……。

成田　交通通信省ですね。

川戸　あとからまた持ち上がってきたけれども、そういう形でやるのがベストだと、初めから腹をくくっていた。

成田　それはどこの話?

川戸　族議員。ところが郵政省がそれにがんとして反対して圧力をかけたか、特定郵便局長を動かしたか何かでやっている最中に、通産省・大蔵省連合にやられたという話もあります。その間、野中さんが政局がらみで自分が動けなかった。

成田　最終報告はまだ正式に決まっていないけれども、五年後に新型公社ね。それでもう一つ通信の方は総務省ね。この収支決算についてはは郵政省は何て言っているんですか。

川戸　郵政省は一つの省で三事業と一体ということで万々歳じゃないですか。

成田　万々歳?

川戸　ええ、だって郵政省が残るかどうかを危ぶんでいたわけですから……。

成田　しかし、総務省に入っちゃって大丈夫なの。やっていけるの。

川戸　それは下の方は非常に困っている。ただ、いちおう（三事業）一体だから自分たちの身分は保証され、特定郵便局長の地位も守れるということで、いちばんいいと思っている。

成田　特定郵便局長の地位を守るなんて考えているのかなあ。

川戸　いや、自分たちの地位を。少なくとも局長以上はそう思っているわけで、そこから下の人たちは分かりません。

▽なぜ野党に出番がなかったか

成田　僕はプラス三〇点をつけましたけれども、橋本さんは、公約はいろいろ出して「こんどは何やる」とか「五年後にはこう解決する」というのを出すけれど、まだ完成した料理は何一つ食べさせてもらっていない。普天間（基地移転問題）も含めてね。でも、市場の方は動いちゃっている。だから行政改革も本当に法案が通って実際に移行ができるのか分からない。何か次に新しい問題が出てくると、またそれに対応するということの繰り返しです。

つまり曽根さんが最初に言われたように、日本の選挙というのはプログラムを政党が出し合って、勝ったらそれを実行するというタイプじゃない。日本の保守は何も実現したい政策はないわけだから（笑）。とにかく権力のポストを得て、何か起きれば対応する、また次に何か起きればまた対応するということでやっていく。常に何か独自の理想を実現するというインセンティブはない。それで野党が何か言えばそれを取っちゃう。取って与党の力で実現する。

だから野党が無関心と言ったけれども、そうじゃなくて野党は発言の場がないんですよ。あれは全部与党の土俵でやられた。連合だとか利益団体は官邸に行くことができるけれども、野党は官邸に行けない、与党の会合に顔を出すわけにはいかない。与党がとにかく政策を取っちゃうんです。

曽根　言えば取っちゃうからね。

成田　言えば取っちゃうわけです。自分たち与党だけの場でやる仕組みの方が大切なんです。橋本さんにしても、どういう行政改革をやって、どういう日本をつくるかというところが、本当は何もない。

曽根　そこが最大の問題なんだ。

成田　こういう政策のやり方でやっている限り、日本の政治はいつまでも進歩しない。新進党は去年の選挙とその後の臨時国会で「消費税を引き上げるとデフレになり、危うい日本経済がさらにだめになる」と言い、それに対して政府与党は「そんなことはない。日本経済はしっかりしている」という議論をやった。それで消費税を引き上げて、政策減税をやめて、医療費を上げて九兆円のデフレ圧力をつくった。その結果、いま日本経済はおかしくなっているわけです。

これはやはり「あのときのあなたたち政府与党の主張が間違っていたじゃないか」という議論を新進党はやらなければだめなんです。過去にあった議論と、その後進行したことで、選択した政策が正しかったのか間違っていたのか、間違っていたらその責任問題はどうなのか、という議論を常に積み重ねて次に政策を検討していくというステップを取っていかなければ、いつまでも日本の政治の質を変えさせることはできないんですよ。

内田　いや、それはその通りなんで、それは野党も分かっていないわけではないんだよ。だけれども、野田毅《のだたけし》がいつも嘆くように、「とにかく野党が何をわめこうと『ホラ吹いとる』となり、後になって『ほら、だめだった』となって、そのときはもう自民党がそれを先取りしちゃうから自民党やっとるということになるんだ」と言っていつも泣いてるけれど、（新進党側にも）九六年総選挙の公約のずさんなところはありますよね。

成田　それはあります。

内田　ありますが、しかし、結果としてはそうなっているということなんで、ちょっとプリミティブなことかもしれないけれど、確認しておきたいんです。野党は要するに「今の不況は実質国民負担九兆円というあの決定によるものである。

これはまさに政策不況なんだ」ということを、それこそ不信任をかけてやらにゃいかんのだよ。ところがぐずぐず言っているんだけれども、何かめりはりがきいていないという印象がある。

成田　そうなんです。

川戸　選挙のときみたいにポスターでも貼ればいいんですよね。

曽根　きょう、新進がどっかの新聞に「政策不況」という一面広告を出している。

川戸　でも、遅いですね。

（注1）財務省　その後、省名は「財務省」で決着した。

第六章　日本における野党は何が問題か

報告者・成田憲彦（一九九八年一月九日）

日本の民主主義のあり方を考える場合の重要なポイントのひとつは野党の問題です。その野党の新進党で（一九九七年十二月に）党首選が行われて、現職の小沢（一郎）さんに鹿野《かの》（道彦《みちひこ》）さんが挑戦したわけですが、どっちの結果に転んでもそれなりの動きが出てくるだろう、政党助成金をめぐる年末政局ということも絡んでかなりの動きはあるだろうと思っていたわけです。けれども、ある意味で予想を超える大きな動きがあった。まず党首選挙後に十二月中・下旬から年明けに起きた、いわゆる野党ビッグバン・新進党の解体について述べます。

新進党解党の理由　最大の疑問は「どうして小沢さんは新進党を解党したのか」です。小沢さんにとっていちばん利口なやり方は、せっかく党首選に勝ったわけですから、新進党をそのまま維持して鹿野さんや反対派をいびり出すということで純化をしていけば、政党助成金もまるまる懐に残る。そればかりじゃなくて、どっちつかずの中間派も残るわけで、どうせいまの自由党だっていっぱい様子見が入っているのですから、それがいちばん利口な方法だったろう。なぜ小沢さんはそれをやらなかったのかというのが最大の疑問なんです。

ただ、これはファクト（事実）の問題ですから、「いや、実はこうだったんだよ」という証言が出てくれば、それが正しいという性格の問題です。ですから、これから申し上げるのは、必ずしも小沢さんサイドの動きについて十分な情報を持っているわけではない、特に小沢さんサイドの動きについて十分な情報を持っているわけではない私の現在の仮説です。それは断片的な情報を合わせると、こう考えることで整理がつく、あるいはこう考えなければ整理がつかない、という若干理詰めの仮説です。

この問題について、小沢さんがそういうビヘイビア（行動）を取った背景には大きく二つのものがある。一つは、現実の政治力学の問題、もう一つは小沢さんの政治思想というかパーソナリティー。そういう二つのものが背景になっていたという気がするわけです。

旧公明党との関係　最初の政治力学の面でいくと、（創価学会ないし旧公明党との関係がいちばん基本をなしている。

新進党に合流することになっていた公明の藤井富雄《ふじいとみお》代表が「参院の比例は独自にやる」と言い出したときに、小沢さんは非常にびっくりするわけです。それで学会の小沢さんの窓口ともいわれた関西長の西口《にしぐち》（良三《りょうぞう》）さんに会って意図を確認したりする。比例区を独自でやることは、公明の新進党への合流方針の見直しになるわけで、小沢さんにとっても非常に衝撃的なことですし、それが小沢さんの行動を大きく規定したということが一つあるだろう。

しかし、非常に分かりにくいのは、藤井さんが正式に「比例は独自にやる」と言ったときに、小沢さんが「それなら選挙区の公明も独自にやるという方が正しい」と言い、これを当初藤井さんは拒否していることです。ところが党首選後、もう一度小沢さんが藤井さんに「選挙区の参院議員も新進党から独立すべきだ」と提案して、なおかつ「それが整理がつかないと役員人事に入れない」と言うと、こんどは藤井さんは一転してすんなりとそれを受け入れるわけです。この動きは何だったかが事態を理解する鍵だと思うんです。

小沢さんの説明、あるいはテレビでの中西啓介《なかにしけいすけ》さんなんかの説明は、「公明の方が『独立をする』と言うから、独立をするなら法的にはそれは分党になる。したがって解党になるんだ」というものですが、これは全くの形式論に過ぎない。それは新進党の議員総会でも話があったように、ペーパー上の手続きだけで済むことで、どうして本当にそんなことで解党してしまったのかということは誰もが首をひねる問題なんですね。

ところが、よく考えてみるとそこに事の本質があって、小沢さんは、公明あるいは学会が新進党と一緒にやるという場合の新進党と、学会が独立して——小沢さんにはそれまで学会のために自分は思うような党運営ができなかったという不満があるわけですから——そういう学会と手を切ったもう一つの別のタイプの新進党、この二つのイメージをもともと頭のなかに持っていた。そこで公明あるいは学会が独立するとなると、これまでもう一つ自分の頭に持っていた別のタイプの新進党でやるというふうに切り替えたんじゃないかと思うんです。

小沢さんと学会の関係をもうちょっとさかのぼると、一昨年（九六年）十月の総選挙のときに、一部で「学会は手抜きをしたんじゃないか」という説がありました。ここのところはよく分からないんですが、小沢さん自身も「絶対勝つはずだと思っていた選挙が勝たなかったのは学会が手抜きをしたんじゃないか」という、一種の学会に対する不信感を持ったんじゃないかと思われるんです。

それまでの小沢さんは、とにかく学会と組んで学会の選挙マシーンを使って選挙で勝つという戦略で来たわけで、それは前回の参院選挙でものすごく成功したけれども、そのかわり、その後、自民党の学会バッシング、宗教法人法の問題で学会がぎゅうぎゅういじめられるという状況になるわけです。

それで、「裏で自民と学会が手打ちした」とかいろいろ言われたわけで、したがって、総選挙のときには、小沢さんの想定では学会がフルに動けば勝てたはずの選挙が、勝てなかったのは学会が手抜きをしたんじゃないかということで、学会の選挙マシーンを使って選挙で勝つという構想に対して疑問を持つようになったんじゃないか。これは全くの私の仮説です。そこで、小沢さんが考えだしたことは、学会の選挙マシーンに依存しない政党のあり方、新進党の生き残り策、それが結局、保保という路線になったんだろうと思います。

ところが、こんど保保を追求するとなると、その抵抗体になったのは学会ですね。特に学会の選挙の実践部隊である婦人部とか青年部では非常に抵抗が強かった。藤井さんはどちらかというと様子見でしたけれども、去年九月の自民党内の人事で保保派が敗北したと言われた後は、神崎さんが「保保路線の追求は九月をもって終わりとしたい」という明確な対応を出すわけです。

そこでふんぎりがつかないでいたときに、学会の方が「比例は独自にやる」という動きに出たということです。小沢さんは決断ができていたわけではなく、受け身的にそういう状況を押しつけられたわけですけれども、じゃあ、前からもう一つ思っていた学会抜きの保保でとなった。自分にあれこれいちゃもんをつけたり、文句を言ったりする議員あるいは外野の支援団体のない政党、もっと言うと学会員の票は欲しいけれど組織としての学会の介入を排除した党をゼロから作り直そうというふうに突き進んでいったのではないかというのが第一点です。

小沢氏の政治哲学　第二点は、小沢さんの政治哲学というか、政治についての考え方の問題です。小沢さんはこんどの自由党の結党大会で「五五年体制的あいまいさというものを脱却する」ということを盛んに言うわけですね。これは実は小沢さんが自民党でやりたかった「五五年的あいまいさからの脱却」という理想の政党像を自由党で実現したということなんだろう。

どうしてそういうものを理想と小沢さんは考えたのかというと、小沢さんの思想のなかで中心を占めている言葉は「責任」ということです。正月休みに小沢さんの『日本改造計画』と『語る』をちょっと読み直したんですが、一読して印象に残ることは、最も多用されている言葉が「責任」だということです。二大政党制とかそういう政治システムの具体的なあり方についての言及はきわめて少ない。しかし、あらゆる場面で小沢さんが繰り返しているのが「責任」という言葉です。もう一つそれとリンクした形で、言葉としての言及はそれほど多くはないけれども、「リーダーシップ」ということを言うわけです。

ところが、小沢さんの「責任」というのはちょっと独特なんです。党首になってから新進党がじり貧になって離党者が相次いで、都議会選挙では敗北する。宮城の知事選挙でもあれだけ力を入れながら敗北するわけですが、小沢さんは責任をとらない。そこで「小沢さんは責任を云々するけれども、責任を取らない党首だ」という批判が一方にあった。それが鹿野さんの出馬の背景になる。

一見すると矛盾するようだけれども、本に書かれている小沢さんの「責任」という言葉をよく読んでみると、実は矛盾しないんですね。小沢さんが言っている「責任」というのは、「ぬるま湯的なもたれ合いの構造を脱して、自分の意見を明確にする」ということなんです。例えば「橋本龍太郎が日本の政治に対して責任をもった態度を取るということは橋本龍太郎の意見を明確にするということだ」というのが小沢さんの「責任」なんですね。

それは、後で言う理念・政策中心の政治ということにつながるわけですが、小沢さんは結果的にその明確にした意見に基づく政治が失敗した場合に、通常の言葉の意味での責任を取る、あるいは辞めるということを否定しているわけじゃない。けれども、小沢さんの具体的な行動に即していえば、小沢さんの言い分は「自分は意見を明確にした。ところがそれがマスコミの無理解もあるし、国民がまだ目覚めていないということもあって理解されなかった。自分の言ったことが理解されれば自分は選挙に勝ったはずだし、自分の目指したことは成功したはずだ。自分が悪いわけではなく、これからもこれまでと同じことを、理解されるようにやる」ということだけになる。小沢さんの「責任」は、少なくとも小沢さんのビヘイビアに即していえば結果的には「結果責任は常に取らない」というロジックになっちゃうんですが、いずれにしても「意見を明確にすることが何より大切だ」というのが彼の最大の哲学なんですね。

小沢氏のリーダーシップ論

それからもう一つは、彼のリーダーシップ論があって、それは「まずリーダーが自分の意見を明確にする」ということです。で、彼がリーダーなんだから他の者はそれに従う。「党首が意見を明確にする。他の者はそれに従う。これがリーダーシップのある政治の姿だ」、こういうことになるわけですね。

それで小沢さんがこれまでいろいろな場面で独断的にやってきたケースがあるのは事実だけれども、彼が新生党の代表幹事として羽田（孜）さんに仕えたとき、あるいは連立与党の幹事長的な役割で細川内閣に仕えたときの彼のビヘイビアを見ていると、彼は基本的にこういうスタンスで行動してきたことは事実なんですね。

「党首の羽田さんがそう言うんだったらしようがない、それに従う」とか、「細川（護熙）さんが決断したんだからしようがない」と。百パーセントその言葉どおりに彼がやったかどうかは異論があるかもしれないけれども、確かに彼はそういうことを規範として代表幹事や幹事長の時代にそのときどきの党首なりリーダーに仕えてきたことは事実なんです。で、それを引っ繰り返すと、こんどは彼が党首の座についたときに、「党首としての自分が意見を明確にし、他の者がそれに従う」というのが彼の非常に純粋培養された政治哲学です。

小沢さんは本当は自民党でそれを実現したかった。自民党をそういう政党にしたかった。しかし、経緯があっていまの新進党に来て新進党の党首選挙でこのポジションを得た。それで選挙に勝利するために、ある意味で心ならずも学会というものとやってきたけれども、それが吹っ切れた状況で彼は年来の自分の政治哲学に進んでいった、というのが、どうして彼が反対派をいびり出すことで純化路線を実現するということをしないで新進党解体に至ったのかについての私の解釈です。

いずれにしても、小沢さんは党解体の決断をした。小沢さんは解体しても自分のところには多数派が集まると思ったはずです。少なくとも野党第一党を維持する数は集まる、と思ったはずです。それは一般に言われていたように八〇人以上一〇〇人という数だったでしょう。しかし、実際には五四人になっちゃう。「四分五裂」という言葉がありますが、実は「六分七裂」の状況になった。これは明らかに小沢さんの失敗です。

勝負師としての小沢氏　ではどうして、小沢さんはここで失敗したのか。それは小沢一郎という政治家は、いろんな場面で勝負をしてきたわけだけれども、勝負に強い場面と逆に弱い場面というのがある。小沢さんは「逃げ場のない閉ざされた世界」で勝負をさせると非常に強い。それは直接的にはよく言われるような恫喝というものではないけれども、広い意味での恫喝とか集団の分断とかいろんなテクニックを使って彼は勝負に出て勝つ。しかし、それは必ず相手の退路を断った世界での勝負のときの話なんですね。

彼が負けるのはポスト羽田内閣の後の村山政権をつくった社会党の対応なんかが典型ですが、相手がぱっと身を引く、離れていく、別に小沢と一緒にやっている必要はないといって離れていくことができるという場面になったときには彼は負けるんです。彼は常に閉ざされた世界での勝負師。だからその枠が外れたときには、彼は非常に弱いことになる。

新進党の党首選はまさに逃げ場のない閉ざされた世界でした。みんな新進党解体に恐怖感をもっている。学会も本心では非常に冷めていて内心では党首を変えたいと思いつつ、しかし小沢一郎にも保険をかけなければならない。そういう状況で学会は積極的に新進党を離脱する、あるいは新進党を壊すという選択肢がない。他の議員たちも新進党から離れて一人になっては選挙の展望も何もない。そういう状況のなかでの党首選では彼は勝ったわけです。

公友会　ところが、そういう勝負という有限の時間の範囲内や戦術的なテクニックの世界を超えたトレンドがあることを彼は見失っていた。そのトレンドというのは、小沢党首のもとで新進党の支持率が低迷していたということや、学会が小沢さんと距離を置きだしていたということです。旧公明党の公友会が独立できなかったのは「学会が新進党を壊した、公友会が壊したとなったらまずい」ということもあるし、独立しても中選挙区制の時代ならともかく小選挙区制の時代には旧公明党は単独では選挙が勝てない。そういうことがあって、とどまっていたけれども、トレンドとしては距離を置きだしていた。旧民社あるいは労組もそうだった。そういうトレンドを小沢さんは見失っていたか軽く見ていた。逆にそういうトレンドがあったために、一気に新進党の枠が外されたときに六分七裂に行くわけですね。

もう一つは、小沢さんの自由党が最終的に五四人になった直接の原因は旧公友会が自由党に合流しなかったことです。公友会は解散させられたけれども、そのグループはほぼ結束して独立した。報道されているところでは、神崎《かんざき》（武法《たけのり》）さんは非常に揺れて、学会からは「とにかくできるだけ分裂をしないで、まとまって行動してくれ」と言われ、一方で権藤《ごんどう》（恒夫《つねお》）さんとか二見《ふたみ》（伸明《のぶあき》）さんが小沢さんサイドにいて強引に引っ張る。分裂を回避するために神崎さんを含めて丸ごと小沢新党に行くべきではないかという判断に一時は傾きかけた。よく分からない部分が多いんですが、神崎さんがかなりそういうことを考えたことは事実だったんでしょう。

しかし、小沢さんサイドが「神崎さん本人には来てもらいたくない」と言ったことが引き金になって、神崎新党、旧公友会新党で独立したわけです。囲碁でいう敗着の一手はこの神崎さんたちが独立してしまったということだと思うんですね。その前に党首選で勝利した後、公明の藤井さんとの話で公明については参院の選挙区でも独立させることにしたあと、小沢さんは新進党以前の旧党の枠組みを壊すということで公友会と民友会の解散を強引にやる。それをやらないと役員人事ができないと。で、しぶしぶ解散に応じたら、こんどは解党しちゃったというのが流れなわけです。

どうして小沢さんは公友会の解散を迫ったのか。つまり党を解散するんだったら、別に公友会の解散なんかさせなくてもいいわけです。ところが公友会を解散させた。それは一見、旧政党の枠組みを取り払って挙党体制で役員人事をやる手順のように見えて、しかし、そうではなかった。何のためにやったのか、一つは学会による組織的介入の手掛かりをなくすこと、そしてもう一つは小沢新党への数の確保だったろう。神崎さんは去年の九月に執行部でありながら反保保を明確にして小沢さんと距離を置きだしていました。その神崎体制が残っていると、その神崎さんのもとにまとまって、自由党に来る者が少なくなる。だからその神崎体制を打破するということですね。

『政局日誌』の十二月十五日に「小沢・市川雄一《いちかわゆういち》会談」が

ある。ここで何が話されたかはものすごく関心があるんです。当事者じゃないと分からないことですが、この会談の後、市川雄一は、党首選挙では小沢さんで動いているんですね。小沢さんに入れる。市川さんの子分の赤松《あかまつ》（広雄《ひろお》）も入れている。会ったのはどうも米沢《よねざわ》（隆《たかし》）さんが仲介したらしいけれども、「会って何を話したのか。なぜ市川さんは小沢に入れたのか」を考えると、やはり神崎体制ですね。市川さんの反神崎心情に媚びることを小沢さんは言ったのでしょう。

それも含めて小沢さんにしてみれば保保を敵視する神崎体制を打破する。それを打破すれば公友会のメンバーをより多く取り込めると。これが失敗、作戦ミスだった。結局、公友会を解散させて、なおかつ神崎さんには新党加入申請書を配らないということをやって、できると思ったのが最大のミスです。

どうして学会あるいは公明が参院の選挙区をめぐって態度を変えたかがもう一つのポイントでしょう。一口で言えば分裂の責任を回避したということ。党首選前に藤井さんの方から「比例は独自にやる」と切り出した。そうすると、小沢さんが「結構ですが、それだったら選挙区も新進党とは別にやってください」と言ってそれを受け入れちゃうと、学会は新進党を見限ったということで党内に動揺が広がり、小沢さんが党首選で負けて新進党の解体につながると、学会に責任が及ぶ。学会が結局、壊したということになっちゃう。だからそれはだめだというのが党首選前です。

ところが、党首選後になると、もう小沢さんは勝っちゃっている。かつ、公明の方から比例の独立を言い出したこととは切れた別の話として小沢さんが要請をしてきたということです。その結果、何が起きても公明の責任ではないから、もうこれは受け入れてもいいということになる。もともと藤井さんは表向きはともかく、小沢さんとは心理的に距離を置いてきていたから、むしろこの時点では渡りに舟でそれに乗ったということですね。

それで、学会はその流れのなかでできるだけまとまって行動することが一つの原理であったわけですが、方向としては小沢さんから独立をする。もう自分たちが新進党を解体したという責任を押しつけられることがないかぎり、小沢さんから距離を置く。

残る問題は、それじゃ衆議院の選挙区はやれないということです。旧公明党の衆議院議員の三分の二ぐらいが衆議院の小選挙区でやらなければならない。比例だけで当選できるのは現有勢力のだいたい三分の一以下になるから、小選挙区でも候補を立てざるを得ず、かつ小選挙区では単独ではやれないという問題が残る。その問題を別にすれば、もう独立できるという状況になった。

旧公明党以外の議員たちは、党首選挙の時点では、彼らは全く「囚人のジレンマ」です。小沢さんには入れたくないが、鹿野さんに入れると新進党は解体してなくなっちゃうかもしれない。また小沢さんが勝つと報復をされる、というようなジレンマですね。

結果は四八票差。これは予想外に差がついたと思うけれども、私は決め手は当日の朝の『朝日新聞』の「小沢有利」という記事だろうと思う。あれで「やっぱり小沢は勝つ。報復を受ける」ということで、秘密投票だと言ったって、そんなのは右上に小さく書くとか、「一郎」をカタカナで書くとか、誰はどう書けと指示されていて分かっちゃうわけですから、それで小沢さんに流れた。そういう「囚人のジレンマ」のなかで小沢さんに入れていた議員たちが、新進党解体で一切の枠が外されて自立したということですね。

それから新進党の解党が決まった後は、労組の方針決定が、いろいろ状況判断をして迷っていた学会以上に早かったですね。特にゼンキンが早かった。ゼンキンの服部（光朗）さんです。ゼンセンは最後まで揺れてた。さっき言った「マクロの力学」の流れのなかで、閉ざされた勝負の世界の枠が取り払われて、オープンになっちゃったなかで出てくる力学というのを必ずしも小沢さんは十分見ていなかった。

自由党結成の評価　以上の結果で六分七裂になり小沢さんは自由党をつくったわけです。これについてはいろいろ評価があり、理念のはっきりした政党ができたと絶賛する人もいるし、小沢さんは新しいポジショニングをつかんだという評価もあるでしょう。しかし、数からいえば一〇〇人と思っていたのが半分なわけで、数の点からいっても非常に目算外れだったことは事実です。その後の新しくできた状況の枠組みで小沢さんは何ができるかと考えると、小沢さんにとっては非常に厳しい状況になっている。

まず保保の方は提携相手としては梶山（静六）さんとか亀井（静香）さんとかが想定されているわけですが、それは期待するというだけ。いろんなしがらみがあることは事実ですが、基本的に自民党内に「呼応の力学」、それに呼応してやるという力学はないですね。

それから主要な問題は、これは後の野党論にもつながるんですが、「純化された政党の弱さ」ということです。リーダーが意見を明確にし、それに賛成する者たちが集まって純化されたのは事実でしょう。これは「政党として立派だ。日本で初めてこういう政党が出た」という礼賛論があるが、こういう純化された政党はものすごく弱いんです。こういう政党ではまず内田先生の言われる「振り子の論理」が効かない。行き詰まると振り子で反対のものが出てくるということがない。党首が病気にでもなったら他の人たちはどうするんですか。生物の世界でも純血種は非常に弱いんで、政治の世界も、片一方がだめになったときに別の要素が出てきて、それが事態に対応するということで強くなることができる。

異分子が入っているということが政党の強さ、状況が変わ

内の異分子との間でのディスカッション、火花を散らした議論の過程でも自分たちの論理が鍛えられていく。ところが、党首の提唱に「賛成」「賛成」と言うと、結局、宗教政党になっちゃって、それは行動部隊としてはいいが、別に国会で突撃隊をやっても意味がないわけですから、弁論の府ですから、弁論の府としての力が非常に弱くなる。

で、自由党の実態はどうか。私も情報を持っていないからよく分からないんですが、伝え聞くところでは、今のところ開店休業状態らしいですね。何しろ党首主導型の政党ということをタテマエにしている政党で、役員の配置はしたが、党首から指示が下りてこないと何もできない。ところが新進党が発足してから小沢さんからぜんぜん指示が下りてこないらしい。小沢さんはこまめに指示を下ろす人じゃない。そうすると、政審にしても何も議論できない。だから「いま開店休業状態だ」という話をちょっと聞いてるんですが、これは政党としてものすごく脆い。

それから小沢一郎という人間論にもなるんですが、小沢さんがしゃべっていることをみて特徴的だと思うのは、小沢さんは自分を語らせると非常に明快に語るんです。ところが相手のことを語らせるとだめなんです。特に自分に敵対している人間の分析というのはもうぜんぜんできていない。

典型は、竹下（登）さんとの関係について『語る』なんかで彼が言っていることは、とにかく「竹下さんは僕のことが気に入らないんでしょう」とか「僕は何でもずけずけ言う方だから僕のことが面白くないんでしょう」とか、そういう言い方しかしないんですね。

これは竹下さんに対してだけじゃなくて、自分の政敵に対して分析的な話をしたことがないんです。「武村はおれが気に食わないんだ」とか、「武村はおれの悪口を言う」とか、「あいつはどうもおれのことが面白くないんだ」とか、自分を去っていく人間について、細川さんも言われているんだろうけれども、常にそういう言い方しかしない。小沢さんがいろいろ失敗してきたのは、相手の分析が十分ではないからで、それは自由党の将来を考える場合にも気になるところです。

自民党なんかの見方は、「自由党は放っておけばいい。あれは一年生ばかりで支援団体もないんだから次の選挙では自動的にいなくなる。連立から社民、さきがけが抜けてかえって選択肢はいろいろできたんだから自由党にお願いする必要もないし、全く放っておけばいい、自然に消滅する」という見方で、それはある程度当たっています。

それで「結局、小沢は死んだか」という問題について言うと、理屈で考えると「小沢はこれで終わりだ。失敗した。小沢は死んだ」という結論になる。ただ、小沢一郎を見てきた私の個人的な感想では、彼はこれまでも私の予想を超えて生き延びてきたし、生き延びる力がある。理屈ではどう考えても小沢一郎はこれで終わりなんだけれども、実感的あるいは情感的な小沢論では「小沢はそう簡単には死なない」という気持ちが半分はある。私にとっての最後の小沢神話は「小沢一郎は簡単には死なない」ということです。

ただ、彼はこれ以上、拡大再生産はできないだろうなという感じはします。縮小再生産しかできないだろう。だって、こんな純化された自由党では、なかでは不満ブーブーですよ。「どうしてこんなに数が減った」とか、具体的に言わないけれども、幹部レベルでも「大統一会派」（民友連）といろいろ連絡取って二股かけてるのも結構いるらしい。

小沢さんは自民党自体をああいう政党にしたかった。私の総括的な結論を言うと、小沢一郎は彼が敗北する最後の段階において彼の政治の夢を実現した。それが小沢一郎の自由党だというのが結論になります。

細川氏の動き 次に「大統一会派」の方の話です。早野さんもいますが、私が『朝日新聞』――『朝日』だけじゃないが――に不満なのは、細川さんの動きがぜんぜんフォローできていなかった。特に『朝日』はひどいというか、悪意で書いているのか、情報不足で書いているのか、年末にフロムファイブを立ち上げたときにも、「まさか事態がこうなる（新進党の解体）とはとうてい思いも至らないで、ただ助成金ほしさに立ち上げた」とか。なぜわざわざ「とうてい思いも至らない」と書かなければならないのかと思うぐらい、そういう書き方ばっかりしているんです。

やはり細川さんは半分見えていたと思うんです。新進党党首選の前に細川さんは「党首選挙は小沢さんが勝った方がいい」と言っていました。新聞で報じられているところでは、民主党の菅（直人）さんは「鹿野さんが負けてがっかりした。鹿野さんが勝てば野党結集路線で一緒に結集できた」と、鹿野さんにどうしても勝ってもらいたいという気持ちがあったわけです。

細川さんは「鹿野さんが勝てば新進党を解体できない。新進党の維持を訴えて党首になった鹿野さんは新進党を解体できない。民主党とその他で選挙協力はできるだろうけれども、あるいは野党共闘はできるだろうけれども、新進党の解体はできない」と考えていた。多分小沢さんが勝って純化路線を取って、（細川氏も）さすがに小沢さんが新進党を解体するとは思っていなかったから、純化路線を取ってぼろぼろこぼれてくる人たちの受け皿づくりをしようと考えていたわけです。

初めは年内に細川グループ、民主党、民改連、太陽党、全部合わせた新党を立ち上げたかったんですけれども、民主党は独自路線を行く。それで太陽党、細川グループ、民改連のせめて統一会派でもというところまで持っていったが、それは要するに党首選での小沢さんの勝利後の落ちこぼれの受け皿づくりです。その受け皿をどれだけきちんとつくっておくかで落ちこぼれの数が決まるということで、党首選前からそこを急いでいたということです。

さらに振り返れば、去年（一九九七年）の六月に通常国会が終わった後、細川さんは一人で離党しましたが、離党前に公明、学会とも話しているし、旧民社とも労組とも話している。今すぐこうこうしようとはお互い言えないけれども、相当な話をして、旧民社、公明のマクロの方向性を踏まえた上で党を出てきている。いまの大統一会派の根回しも、細川さんは取りまとめ役で動いてきたことは事実なんです。

ところが、各紙は細川さんをマークしていなかったし、その動きを十分フォローできていなかった。したがって、全体の流れをマスコミはフォローできていなかった。ミクロではおかしな動きがいろいろあったけれど、マクロでは政治改革で想定した二、三回選挙をするうちに、十年以内にという筋書きどおりに進んでいると私は思っています。そういう観点から全体の動きを捉える必要があるんですが、マスコミはどう評価していいかも分からないから、社説で「こんなに政党がばらばらになって、ますます国民の政治不信を募らせるだけだ」という論陣を張ったものもあったわけです。

この大統一会派は、これはまたこれで力学があって、最初は二段階方式を考えたわけです。つまり国民の声、太陽党、それからフロムファイブの保守系グループと、もう一つは民主党に民改連、新党友愛という市民・労組グループ、それぞれがまずまとまって次に大統一会派を作るという議論があったが、実際には一気に大統一会派になりました。

これは、二段階方式にすると、市民・労組グループに組込まれる民主党のなかの旧さきがけ系がたまらんということで抵抗したわけです。それから実はうまくいっていないのが民主党と新党友愛です。民主リベラル労組会議系と友愛系、これは近親憎悪、昔の総評・同盟のときからの確執があって、いちばん近いようでいて、実はいちばん遠い。だからここがまとまらないということで一気に大統一会派になったわけです。

さっき細川さんはずうっと事態をフォローしてきたと言ったけれども、細川さんの悲哀は数がないということです。細川さんがいろいろやっていたときには、独自路線で冷たかった民主党が機を見て大統一会派に踏み出すと、マスコミはみんな「民主党が提唱した大統一会派」となる。『朝日』では「民主、大統一会派を提唱」なんていう大見出しになるわけです。

ずうっと経緯をフォローしてきた僕なんかに言わせると、細川さんがあれだけ民主党の菅さんや鳩山さんも含めて野党の結集を説いて回ったときに、我を張って同調しなかった民主党が、機を見てぱっと手のひらを返すと一面トップになるのはやはり数のアドバンテージです。逆に数がないことは政治の世界では悲哀だな（笑）ということを実感した気がします。これはしようがない。ただ、細川さんの動きをフォローしていれば、少しは成り行きの構図が描けただろうという気はするわけです。

それで大統一会派ができる。新聞が書いているのは「また新進党の失敗を繰り返すのか」ということです。新進党の失敗というのは「理念・政策の一致のない数合わせで集まること」をもって第二の新進党と言っているらしいんですが、この「大統一会派は第二の新進党か」という議論はちょっとおかしい。新進党は理念・政策の不一致で瓦解したんですか。それで瓦解したのなら第二の新進党とか、新進党の失敗を繰り返すなというのは分かるんですが、新進党は別に理念・政策の不一致で、例えば安保政策をめぐって分裂したわけではないんです。要するに野党結集か保保かという路線、それから小沢か反小沢かという好き嫌いの感情、これで瓦解したんです。

理念・政策の不一致ということでいえば、自民党の方がはるかに理念・政策は不一致です。それでも自民党は瓦解しないわけです。だから理念・政策は正反対じゃいけないけれど、それが一致していないから瓦解する可能性は乏しい。ただ、保守中道と市民・労組系という大きな塊が残ることは事実で、これをどうブリッジしていくか、最終的にどう融和させるのかという非常に大きな課題が残っていることは事実です。

もう一つ重要なのは、選挙制度が変わった、ポスト政治改革の時期だということです。というのは、旧公明・旧民社が独立できない。中選挙区制時代なら、かりに分裂すれば旧公明・旧民社は独立した。それで十分やっていけるわけです。ところが、いまの小選挙区中心のもとでは独立できない。そうすると、旧公明・旧民社はどこかに付かざるを得ない。旧民社は態度を明らかにした。公明は自民党とやっているという面も確かにありますが、ただ、旧公明党は選挙区では自民党と両立できない。結局、大統一会派に依存せざるを得ないんです。そうすると、デュベルジェの法則で「小選挙区制は二大政党をつくる」という力学の方向にいかざるを得ない。いろんな問題はありますが、マクロには大統一会派に括られていく方向にあるだろうと思います。

問題は「小異の力学・大同の力学」です。いま言ったのは「大同の力学」が働いているということです。最大の問題は何かというと、実は「小異の力学」なんですね。統一会派を結成することになった後、羽田さんがテレビのインタビューを受けて「小異を捨てて大同につかなきゃいけない」と言っていたけれども、最大の問題は小異なんです。

大統一会派をつくって名前が「民主友愛国民太陽連合」、略称・民友連になったけれども、党首会談では当初は会派名は「共生」というのがいちばん有力候補だったらしい。ところが、菅さんがどうしても「民主が最初につく名前でないとだめだ」と一時間粘って、それでとうとうああなった。至るところで小異の主張だらけですよ。そういうのは国民の目からみれば小異なんだから本当は大同についてくれなきゃ困るんだけれども、政治はそういう小異の突っ張り合いが最大のエネルギー源で、ここをどう乗り切れるかというのが問題ですが、私は結局、大同の力学が働くだろうと思っています。

あるべき野党論　最後に野党のあり方というか、野党の本質論の話をします。本当はこのへんをきょうは本格的に議論したかったんですが、時間も限られているので基本的なことだけ話します。いま小沢さんが「理念・政策で一致する政治勢力」と言って、マスコミがその議論に影響されて「そうだ、そうだ」ということで、何でも理念・政策が一致しなければだめだという議論になっています。これは民主主義理論からいうと非常におかしい話で、理念・政策が先にあって、それに賛成する人たちが集まって政党をつくるというのは非常に古典的な政党の考え方なんですね。

シュムペーターなどのいわゆる現代民主主義論といわれる立場では、政治の本質はやはり勢力争いあるいは権力争いです。そういう争いのなかから現在の政府与党に対する批判を基にアンチテーゼの政策が生まれるんです。野党の政策はアンチテーゼとして生まれるのであって、与野党の枠を超えてアプリオリに政策があるわけではない。テーゼがあってアンチテーゼが生まれ、さらにアンチテーゼがあってということで政策が進んでいくという構造をもっている。先にあるのは、権力争い、勢力争いの場のなかでの与党と野党です。そして、権力争いのエネルギーを糧として、かつ権力を握った側と握りそこねた側にそれぞれの役割を与え、互いを競わせることで絶対の審判者としての国民の利益にかなう政治を実現させるのが、現代民主主義の仕組みなんです。

曽根さんも強調されているけれども、やはり与党・野党というのは民主主義のシステム論のなかではそれぞれの役割を、与党になったら与党の役割を一生懸命やってくれなきゃ困るし、野党になったら野党の役割を果たしてくれないと困る。野党だからただ野党で我慢するしかないというんじゃなくて、野党には野党の役割があって、与党には与党の役割がある。両方の役割が用意されているのが民主主義のシステムで、国民がその時々にどっちの政党にそのキャスティングを割り当てるかということです。野党というのは一つのキャスティングですから、割り当てられたら一生懸命野党の役割をやってくれなきゃ困るということですね。それは批判をすることであり、次の政権党としての準備をすることです。そういう与党、野党が民主主義にとって重要だし、特に「野党が重要だ」とよく言われるのは、そのとおりなわけですが、日本の戦後政治の現実のなかではそういう積極的な野党が育ってこなかったのもまた事実なんです。

政党資源　新党がつくられては分裂したり、また結集したり、もう新党疲れして自民党に対する信頼が相対的に高まっているという状況で、一強何弱にもなっていますが、自民党の強さは、私の言葉でいうと「政党資源」をもっているということです。政党資源というのは、本部の物理的建物、不動産、それから三百何十人の職員、組織、地方組織。例えば経済政策について幹事長が発言すると、税調会長が「税調に無断でそういうことを発言するのはとんでもない、困る」というい ちゃもんがつく。そういう仕組みが既にできている。それからもちろん政治資金の収集ルートがある。

そういう一個の政党を運営していくにあたって必要な資源、「政党資源」というものがある。それは昔からの老舗だから持っているので、逆にいえばいまなおその老舗のアドバンテージを持っているのは自民党と共産党だけです。新党になると、そういう政党資源がないのが非常にディスアドバンテージ（不利）になるわけです。そこのところでみんな新党は苦労している、そういうハンディを負っているのは事実です。

かつ自民党の場合は小沢さんの言葉でいう「五五年体制的あいまいさ」、キルヒハイマーの言葉でいうと「包括政党」になるわけです。キルヒハイマーの言う包括政党化というのは、ある意味で野党を不要にするという機能があるわけですね。そういう枠組みのなかで、戦後政治における与野党論というのを議論すれば、また独立のテーマになるぐらいいろんな論点がありますが、時間もないから端折ります。

いずれにしても、野党というのは二つの機能がある。一つは現在の与党に対する批判機能、二つ目には次の与党を目指す「準備期間」。準備期間のなかには新しい政策を準備することもあるし、さっき言った政党資源を育てることもある。イギリスでブレアが十八年ぶりに政権を奪取した。ブレアは党首になってそれほど長いわけではないが、やはりこういう政党資源づくり、特に国有化路線からの転換、地方組織の整備、新党員の獲得をやったわけです。そういう準備期間としての野党をきちんとやる、井芹さんがよく言う「やせ我慢」、歯をくいしばってやるということが王道です。大統一会派が新党に発展するのかどうか分からないけれども、それに求められるものは結局そういうことだろうという気がするわけです。

▽小沢氏にとって「分党」とは何だったか

井芹　これは結果論だけれど、一九九六年の総選挙後に細川さんから分党構想というのが出た。小沢さんも最初、「これはいい案だ」と賛成して、途中からは「自分に対する奪権闘争」とみなして逆に反対に出たということがあった。結局、その後の一年三カ月ぐらいの動きは、そのときの分党構想という大きなシナリオに乗ってやっているという気はします。

成田　いま分党というと政党助成法による「政党分割」のことを言うんですけれども、総選挙の後、細川さんが小沢さんに言った「分党」は全くそうじゃなくて、要するに「分社化」なんです。実質的に新進党としてのまとまりを保って行くが、形式上は別の政党として分社化する。それを分党と言ったんです。あのとき細川さんが小沢さんに分党を言ったのは責任棚上げ論なんですよ。小沢さんが責任を取らないで済ます方法は、分党して「あんたがこっちの分党の分社長になれば責任を問われないで済む」と。細川さんの大前提は、そうでなければ党首・小沢一郎の責任は問われざるを得ないということだったんです。

井芹　総選挙に敗北してるからね。

成田　ところが、小沢さんはまた「理解されなかっただけだ」ということで、責任感は曖昧だった。推薦候補を入れれば数は減っていないということもあったけれど「自分のことが理解されれば絶対自分は勝ったんだ」ということで過ぎちゃったんです。

曽根　こんどのは「自主廃業」なのか「会社更生法」なのかという話だ。前のときはGMの旗のもとにキャデラックとシボレーとか幾つかの部門を持つ。違うブランドで出していくんだけれど、GMはそのままあるという話だった。

井芹　ある意味で順序が逆になった。会社を先に作ったあとで、大統一会派として営業方針を後から一致させようという逆方向になっているかなと思う。

曽根　そこが要するに（新党の）組織論が非常に弱いところだ。既にある党の組織は、自民党時代に派閥を中心とした教育機関でもあり、資金源でもあり、いろいろシステムができていたんだけれども、合併して新たにつくるときの組織論は企業合併のモデルは当てはまらない。さらにいえば、新進党というのは生体移植をしたわけですよ。移植したときは免疫反応が起きる。免疫抑制剤を使わなきゃいけない。

ところが小沢一郎は「免疫反応を起こせ、起こせ」と言っている。「アイデンティティーを求めろ、求めろ」と言っているわけです。だから組織論としては全く逆をやっている。つまり企業のようにリストラが必要な、つまり明確な市場の競争原理があるところでは、わりと求心力がある。だけど、政党の場合には独自性を持ちたい人ばっかりなんだから、その場合の免疫抑制剤というのが新進党の場合にはなかった。そこが僕は最大の問題だったと思いますけれどね。

井芹　その点で小沢さんが少し我慢すれば免疫反応は出ないで済んだ。何かの節目ごとに小沢さんが注射する。そうすると免疫反応がみんなに起こっちゃう。

曽根　起きる。あえて起こしているんですね。

井芹　あえて起こすんですね。そこは「政党かくあるべし」「政策・理念の一致」という書生的政治論、小沢哲学の問題に戻ってくる。だけど政策・理念の一致と言ったって、十五兆円減税（という額）までいま一致しなきゃいかんのか。それは政権取ってから決めるべきことであって、政権も取っていないときには「大幅な減税」ぐらいでいい。それに反対があるんならもう少し表現を弱めるでもいいはずだ。

曽根　あのときに、かりに十五兆円じゃなくて九兆円と言っていたら、選挙は戦えたんですよ。九兆円って何かといったら、簡単にいえば消費税と特別減税と医療費と。

井芹　九兆円でも大きすぎる。

曽根　今年の分ですよ。つまり消費税と特別減税を足した分だけは現状維持でいくと言うだけで九兆円になるわけですよ。「根拠は何ですか」と言われたら、「いまのを変えない」で済むわけです。ところが十五兆円と言っておいて、「根拠は」って聞かれたら、ないわけね。だからこの場合の政策とか理念とかは、あたかもあるがごとく考えているから間違える。つまり「小沢さんの理念とか政策というのは何なんですか」というのは前から問いたいわけです。

小沢神話には幾つかあるけれども、私が一貫して批判しているのは、パーソナリティーの問題じゃなくて、「小沢さんには理念とか政策そのものに欠陥がありますよ。打ってきた戦略・戦術にミスが多かったですよ」と。ここの方が実は大きい。今回も同じ過ちをおかしたわけ。だから過去三年半と同じことをやった。今回に始まったことじゃない。

今回に関してはたぶん公明党の問題があったと思う。だけど、一貫してつながってくるのは、小沢側近といわれる平野《ひらの》（貞夫《さだお》）とか中西（啓介）とか二階《にかい》（俊博《としひろ》）とかという人の意見で動いている部分があって、小沢さんなるものがよく分からないです。もうちょっと整理しておきたいのは、公明党の立場から考えると、合流拒否というのは唐突に言い出したことじゃなくて、過去一年間シグナルをずうっと送り続けている。

成田　ええ、送り続けている。

曽根　「それなのになんで反応してくれないんですか。もう堪忍袋の緒が切れたんですよ」という言い方だと思う。それはロジックで分かる話じゃないかと思うんですけれどね。

成田　ただ、そのシグナルが「小沢引っ込め」というシグナルだから、小沢さんとしてはそれは受けいれられない。それは大平正芳《おおひらまさよし》の言葉じゃないけれども「おれに死ねということか」ということになっちゃう。

曽根　ただ情報源として、小沢さんの立場としては権藤とか二見とか東《あずま》（祥三《しょうぞう》）とかを通じての公明系の話になる。

成田　もちろんそう。情報源は限られている。学会の窓口は西口さんだし。これは党首選挙のプロセスでも、その後のプロセスでもそうです。

曽根　だから党首選挙のときに学会というか、公明系の票の出方がかなり決めたと思うんです。鹿野さんは一〇対五〇幾つで公明は鹿野の方だと思っていたわけだよね。

井芹　それもまた甘い。

曽根　うん、現実は五対四ぐらいでしょう。

成田　あれは市川（雄一）さんが戻したのと、西口さんが関西・近畿の方の旧公明党系をずいぶん戻して、戻しすぎたというのでこんどは石田幸四郎《いしだこうしろう》さんが逆戻しをした。それで「天の声」はなかったんだけれども、結果的に天がご満足の程度のバランスで両方に保険がかかったという結果になったみたいです。

曽根　ただ、小沢さんに入れれば党が割れずに済むという……。

成田　だからいちばんバカをみたのは党を割らないと思って小沢さんに入れた人たちです。鹿野さんが勝てば割れる、それは事実だったんだろう。ところが、小沢さんは「自分が勝てば割れない」とは確かに言っていないんだな（笑）。「鹿野が勝てば割れる」とは言ったけれど（笑）。

井芹　「党名・綱領・組織を見直して改める」と言っているんだから。

曽根　それが何を意味するかが……。

井芹　ぜんぜん分からなかった。

曽根　分からないというのが多かったと思う。いまのことが鹿野さんもよく分かっていなかった。だから割れたときのことをはっきりと言っておかなきゃいけないのに、言ってない。だから対応が相当遅れている。

井芹　そう、そう、最初は「とどまる」というような言い方もしていた。

成田　いや、鹿野さんは最初から戦略は何もないから（笑）。

▽原理主義政党・前衛政党求める小沢氏

井芹　いちばん最初にあった、最大の疑問はなぜ解党・分党だったのかだ。さっきの政党助成法での政党分割に応じた点ではフェアだと思った。分党協議に応じなければ自由党を持っているんだから……。

成田　それは要するに反対派をいびり出せばいい。

井芹　票割の助成金は完全に残るわけだ。

成田　そう。

井芹　それは何でだったのかな。

川戸　それは時間的にも足りないでしょう。保保というのは目前にあるわけだし、参院選挙はあるわけだし、いつまでも悠長にいびり出すというような……。

成田　いやいや、それはぜんぜん気にしないで「自分はこの路線でこうやっていく」というのを掲げればいい。いやなのは出ていってもらえばいい。

川戸　やっていけないでしょう。

井芹　執行部人事も勝手にどんどんやっちゃえば……。

成田　ただ、小沢さんにとってはそれはしんどかった。心理的にしんどかったとは思います。

井芹　ということは、要するに保保の政権が間もなくできると、参院選までとか、指呼の間にあると考えた？

早野　もちろんそうです。

井芹　そこは、自民党にはそれに呼応する動きは全くなかったと思う。

早野　そんなことは（小沢氏も）知っているけれど……。

川戸　いや、小沢さんがそう思っているというだけですよ。

井芹　それでフェアにやったのかな。

川戸　いや、フェアかどうか。別にフェアじゃないでしょう。

井芹　そうなると現実的にそうせざるを得なかった？

早野　だいたいにおいて面倒くさいよ。

曽根　最大の疑問はそこで逆の方法を取った。つまり自分の好きな人間に呼びかけていった。だから理屈では正しい。「この指とまれ」で、「この政策・理念に一致する者は来いよ。おれの気に入った人間だけ集める」という呼び掛け方なんです。政治的には全く愚の愚ですよ。へたなやり方です。ただ小沢さんが考えている政党というのはどうも民主集中制的な原理主義政党みたいなものかなという気がする。

川戸　それでは共産党と公明しか政党はないということになる。

曽根　そういうものをもって政党と名づけるとすると、古典的な保守主義とはぜんぜん違う。

井芹　前衛政党ですか？

曽根　前衛政党ですよ。つまりヨーロッパの保守とぜんぜん違う。

成田　それはやっぱり小沢さんの哲学、小沢哲学なんですよ。

蒲島　さっき成田さんが「容易に死なない小沢」と言ったけれども、「自由党」のネーミングの良さはなかなかのものですよ（笑）。その逆の方の何か長ーい（笑）名前。あれは誰がつくったか知らないけれど。とにかく「自由党」というネーミングはよくやったと思う。それで容易に死なないと思うのは、あの雰囲気が日本に一〇％ぐらいあるんですよ。例えば『産経新聞』の読者。

成田　『産経』的路線で生き延びるかもしれない。

蒲島　そう、そう。おそらく小選挙区では、一〇議席ぐらいしか残らないかもしれないけれど、比例区でやると……。

成田　いやあ、総選挙では生き残れないでしょう。

早野　蒲島理論がものすごくぴったりしているんじゃない？

川戸　本当にそうですね。

蒲島　この前、『日経新聞』（一九九七年十二月八日付）に書いた通りになりました。

早野　ジャーナリズムはかなり、そういう部分に浸蝕されている。産経『正論』グループみたいなところ、あるいは新自由史観とかというようなところだ。ジャーナリズムのなかの比重は国民のなかの比重よりも大きいんです。

成田　でも、衆院選では生き残れない。

曽根　選挙では無理でしょう。でも教科書問題を出してくるとか、安全保障問題、『正論』『THIS IS 読売』とか『Voice』とか、そのあたりは『諸君』を含めてかなりいるわけですよ。

蒲島　共産党と同じぐらいの支持を集めるとすると、共産党が強いのは老舗だから組織をぴしっと持っていて、新党の方はハンデがあるわけです。

曽根　だけど、結果として「容易に死なない小沢」で、ネーミングでは自由党という古典的なオーソドックスなものなんだけれども、生き残る方法としてはゲリラの闘士。つまり自民党にちょっかいを出すわ、こっちの野党連合にちょっかいを出すわ、かなり八方破れ的なゲリラ戦法なんじゃないですか。

蒲島　それは「自民党が常に強い」というアサンプション(仮定)でやっている。

成田　いやあ、私はそれほど自民党は安泰じゃないと思う。

蒲島　安泰じゃなければ小沢さんにとってはいいわけですよ。

成田　いや、小沢さんは問題じゃない。大統一会派の方が発達してくるでしょう。特に選挙を介していけば……。

曽根　だから選挙として、方法としては大統一会派の方向、──ネーミングの問題はあるけれども──、ここが膨らまないことには始まらないが、膨らむ要素はいっぱいある。その戦略を誤らなければ、オーソドックスに行けばかなりの票になるんですよ。

蒲島　自民党が失敗すれば確実にそっちに行くからね。

成田　そうですよ。

蒲島　失敗する可能性もある。でも、これだけ集まると、いろんないい人が揃っている。それぞれのヘッド(党首)だけ集めても人材は……(笑)。

成田　いやあ、人材がいないんですよ。

井芹　それは自民党に残っている。

曽根　いや、自民党にもいない。この四、五年で使い捨てちゃったんです。例えば船田(元)とか石破《いしば》(茂《しげる》)みたいな者まで挫折させて使い捨てたわけです。そこで元気のいいのは数えるほどしかいない。

井芹　あんまり早くに非難してつぶさないようにしましょう(笑)。少し褒めてあげて……。

蒲島　野党が本当に大事だと思うんだったら、マスコミももう少し育てるぐらいの……。

成田　マスコミには全くそれがない。それにしてもマスコミはぜんぜん準備ができていない。分裂してからまた一緒になるのは目に見えているわけで、分裂だけを批判しているのは、先が見えていないということです。

井芹　準備ができていないのは、それはそれで仕方ないけれど、ただ、「理念・政策の一致が見られない」という議論は、細川政権ができた時だって八会派もいて一致なんかしてなかった。政権があれば、それに応じて政権を運営する上での一致は必要だが、政権もないのに慌てて一致する必然性も必要もない。特に野党の側は別に慌てる必要はない。自民党政策の論理整合性がない部分、景気判断の間違いをただしていくところはやらなきゃいけないが……。

早野 そこは理念・政策はちゃんとしていなくちゃだめじゃない。（そうしないと批判）できないじゃない。それは逆だと思うな。

井芹 批判のところでは必要ですよ。

成田 批判は相手の失敗を言っていればいいんだから。

井芹 相手（党）の土俵の上で相手の経済認識はどうかだ。だけど、いま言っているのは、綱領で「沖縄政策」とか「駐留なき安保」とかで政策の一致が見られないと書いている。現実選択でない部分に関して強く批判している。

早野 まあ、そういうことを言っているわけでもないんだよ。一応はそういう言葉を使っているけれども、「もっともっと内在的な矛盾があるよ」と言っている。

曽根 そう、そう。鹿野さんが言っていた「小沢に対抗する」と言っていることは二つぐらいしかなくて、要するに「保保はやらない」というのと「純化路線を取らない」。単純な話なんですよ。

井芹 あとは賛成している。

曽根 要するに野党としての役割をちゃんと果たしてもらわなきゃ困るというところは結構ある。ところが、過去一年半ぐらい、民主党は与党にくっつくのか野党にくっつくのか分からないポジションだったし、小沢は保保をやるのか野党で行くのか分からない。自民党を利することにおいては社民、さきがけ以上の役割をみんな果たしているわけ。だから社民、さきがけは、『朝日新聞』の若宮（啓文）さんが言ったように「生き血を吸い取られた」けれど、民主も新進も自民党を助けたと思う。唯一、可能性があるのはこの大統一会派が対抗勢力たり得たら、そこは選挙で膨らむ可能性があるんだけれども、へたをすればまた抜け駆けをやる。抜け駆けする限りは自民のオプションが多様に増えるわけです。

蒲島 いま思うと羽田さんのあの愚直さはなかなか立派なものだ。

井芹 いまから大事なのは愚かになることじゃないかなあ。賢明になることじゃなくて。

▽保保連合派は危機待望論者か

内田 あのね、私、一言感想を加えれば、蒲島理論はいまやだんだん広がっているね。

蒲島 そうですか。新聞記者の皆さんがあれを読んだからかしら。

内田　いや、新聞記者じゃないんだな。いわゆる各界の人のなかで、私が「こういう学者がいるよ」といって言うと、「いや、そうなんだ、そうなってきたんだ」って言うんだが、要するに右に小沢原理主義党があって、左に共産党があって、真ん中に二つの勢力というふうにだいぶ整理されたことで、この十日間（新進党が崩壊して新民主党が生まれたため）は進歩だと思う。そういう意味で、私がこの頃、またもう一つ逆説を言っているのは「小沢の功績は大きい」と（笑）。小沢純化政党をつくったというのは、成田さんの説明では失敗の連続かもしらんが、結果的には日本のこの十年あるいは五年の混沌を一歩整理し始めたというふうに見ている。

それから小沢氏の考えは、やっぱり保保連合ですよ。そのチャンスをまず自分がつくったわけで、梶山とつながっているのかよく分からんけれども、そこで問題は危機待望論なんですよ。常に小沢グループは危機待望論。平野君と会うと必ず「近く朝鮮半島が爆発する」とか、「大スキャンダルがある」とか、その前は台湾海峡、去年は沖縄、いまやそれが経済になっているわけです。

だから私が大新党を急がないといけないと思うのは、二、三月には相当なクライシスが来ると思うんですね。ある意味ではクライシスが来て、これは絵空事だが、橋本ではどうにもならなくなったときに小沢危機待望のチャンスが来るわけです。保保連合的なものがどういう形でかできれば、こんどの大新党がもっと本当の二大勢力になり得るチャンスが増えてくるというのが図式ではないか。

この前、連合の新年祝賀会に加藤さんがいたでしょう。加藤幹事長はもちろん十三番目に呼ばれるぐらいだから憮然としておったけれどね（笑）。しかし、近づいていって「新党賑やかだけれども、加藤さん、あんたが動くときがだんだん近づいたんじゃないの」って言ったら、実に妙な顔をしていたね。それはつまり、このわけの分からん新党と自民党の（二大政党対立）という問題は、そう読めば読めないことないなという意味で、世の中一歩進んだというのがこんどの評価なんですけれどね。

井芹　でも、（自民党は政権を）なかなか手放さないでしょう。

内田　それはまあ、そうだけれど。

井芹　そこを前提にすると、小沢理論がどうなんだとなる。

内田　そう、そう。だけど、その危機が来ればね。

井芹　自民党の党内権力闘争には（小沢自由党を）使うでしょう。保保連合が進むときに、加藤が逆にギャンブルして「新党派と大々新党をつくる」という腹がまえのある政治家じゃない。

内田　自民党は政権党だから割れないというんじゃなくて、いわゆる自社さ路線組の政治家がこれまた人間的に非常に弱いということですね（笑）。

井芹　それで一つ抜けたのは、「社さ、谷間の政党はいかが」という議論。「谷間の百合」はどうですか。
成田　社さは「大統一会派に行きたい」なんて、あれも虫のいい話（笑）。普段は与党で、選挙近くなると野党でやりたい。こんな虫のいい話は……。
井芹　伊藤茂だけが（土井党首を）一生懸命支えている。
内田　それは違う。
川戸　そう。違います。だって、この前の土井さんが天岩戸にお隠れになったのは、あれはアンチ伊藤なんですから。いまその土井さんは与党に残るという選択をしたわけで、伊藤さんが弾き飛ばされている。
井芹　あ、逆になっているの？
川戸　だから伊藤さんが統一会派に戻りたいと言い出している。
内田　伊藤は戻りたい。ところがこんどの大新党の一つの要素である連合は「丸ごと社民なんて許さない」という線を引いているわけね。
川戸　逆に社民党に落ちこぼれが出てくるんだったら、落穂拾いするけれども、もう丸ごとは要りませんという。
井芹　それもまた偏狭だな。
内田　いや、それは違う。そうでもない。それから残る保守中道の市民・労組派というやつね、ここをクリアできるかどうかが問題ですね。
川戸　市民と労組とまた違う。

▽「オリーブの木」の実体はあるのか

曽根　ブレア的なことの言及があったけれど、一つ抜けていたのは「オリーブの木」の発想というのがあるでしょう。オリーブの木という言葉はあるけれども、日本では実体がほとんどない。だけど、オリーブの木的なものを求めている人もかなりいるんじゃないですか。
井芹　総選挙のときの構図がどうなるかなんだけれど、自由党と共産党は別個にあるとすると、自民党と大統一会派の対立になる。そこは大統一会派が政党になるかはまだ分からないけれど、その首相候補は菅直人とか鳩山由紀夫とかいうような……。
早野　ところでデュベルジェの法則って何ですか。
成田　「単純小選挙区制は二大政党になる」ということ。
曽根　ただ、もっと精密にいうとちょっと違う。
蒲島　そう。それはそういう直線的にならないわけです。いまは政党の行動がそれに沿ったときに初めて成り立つ。いまはそうじゃない。
早野　デュベルジェの法則がそういうことならば、公明、民社も含めてオリーブの木ができるわけだよね。
曽根　それはオリーブの木じゃないです。小選挙区とははっきり言っていないけれども、「小選挙区でプルラリティー・

ルール（相対多数派方式）の場合には二大政党制を好む」という表現をしている。だから非常に単純に言ってしまえば「小選挙区でプルラリティー・ルールすなわち相対多数派方式の場合には二党制になりやすい」という法則があって、それに関してそれ以降の学者たちもずいぶん検討した。再検討して「まあ、長期ではたぶん合っているだろう」と。制度と現実行動の場合には、いろんな歴史があるから、いろんなことが起きるんだけれど。

早野　まあ、それはそうですね。

曽根　長期でみると、そうなるでしょうと。これの拡大したルールというのが、N＋1方式なんです。小選挙区の場合にはNが1だからN＋1が2になり、二党になる。だからNが2（定数二）の場合には三党となる。

井芹　日本の中選挙区の三―五人区は四党か六党というので、だいたい合っているわけですね。

曽根　うん、三人区だったら四党、五人区だったらプラス1で六党になるでしょうと。

蒲島　地域政党が出てきたら、これはできないんです。

成田　その意味でデュベルジェの法則は完全じゃない。

早野　そういう議論があるわけだな。

成田　デュベルジェの法則というのは一九五一年に刊行されたデュベルジェの『政党』という有名な本のなかで出たけれども、若干多義的です。最近のデュベルジェ自身の本では三つあるという。一つは単純小選挙区は二大政党制と関連が深い。二つ目には、フランス式の小選挙区二回投票制は小政党による二大ブロック、政権交代によって入れ替わる二大ブロックの多党制になると。三番目は、比例代表制は政権交代の際にも明確な勢力の入れ替えの伴わない多党制になると。

▽野党に「理念・政策」は要らないのか

早野　野党論として疑問というか、どう理解していいか分からないのは、基本的に理念や政策で体制政党に対して異議を申し立てる機能というのは野党の機能のうちのかなり重要な部分とは思うけれども、理念がなくて野党ということになるのかなという疑問が一方であるんです。

成田　いや、私の意見は、極論するなら理念なんかなくたって批判していればいいと。「与党は失敗したじゃないか」と言っていればよい。

早野　そういう批判だけという政党は野党なのかな。

成田　野党でしょう。

早野　それはどういうふうに理解したらいいのかな。

成田　批判の創造的機能ですよ。野党の最大の機能は批判することです。批判のない権力というのは恐ろしいですからね。

井芹　いや、そこのところは理念も必要だと思う。というのは「小さな政府」とか、政府の肥大化に対して「税金は安くする」とか。

早野　批判するには批判する根拠が必要なわけでしょ。

成田　ただ、最近の選挙は理念・政策の選択のための選挙じゃなくて、アングリー・ボーティング（怒りの投票）ですから、要するに「現政権にやらせてみたら失敗した。だから今度は反対党にやらせる」と。だからアングリー・ボーティングを受け止める程度の力量をもっていれば、あまり理念・政策は明確でなくていい。

蒲島　いちばん分かりやすい野党論、特に小選挙区制での野党論というのは選択肢の違いとか理念の違いじゃない。補欠なんです。補欠が一生懸命に練習して正選手が怪我したときに出る。正選手も補欠のピッチャーも同じところに投げているわけだ。同じことをしているわけですから、やっぱり補欠だと思う。だって、日本人の考え方はそんなに多様ではないですから。

成田　アングロサクソンの政党イメージとヨーロッパ大陸の政党イメージは違うんですね。ヨーロッパ大陸は理念型なんです。アングロサクソンのは理念型じゃなくて、単に「AとB、二つある。AがだめならBだ」というイメージなんです。最近は少なくとも学者レベルでは、アングロサクソン・イメージがわりあいにヨーロッパにも普及している。それがアングリー・ボーティング、パニッシュメント・ボート（懲罰投票）の理論とか、エコノミック・ボーティング（経済投票）の理論になっている。

早野　この野党論はつまり政党論にも通じるんだけれど、そこで政党論として、小沢氏の政党論とそうでない部分というのが明確に分かれたわけでしょ。

曽根　結局、小沢の最大の問題は、野党は何をすべきかというところで、野党であってもなくてもいいような発言がずいぶんあった。要するに「政権党の人が言っているんだったら分かるけれども、野党の発言じゃないだろう」ということがずいぶんたくさんある。

成田　それは『語る』なんか読んでも、みんな政権を取った場合の話であって、野党として何をすべきかはほとんどない。

曽根　それから野党から政権を取るための道筋というのが実はない。

早野　そこのところが、菅直人にしてもそうなんだけれど、「政権を取ったときにおれたちは何をするか」という観点から物事を常に考えていこうと。これは民主党のなかでもそう言い続けているわけです。つまりそういう政党論だったわけですよ。小沢も菅もそうだった。実は小沢と菅はこれは共通しているんだ。

曽根　いままで、過去の社会党の場合にあまりにもそれがなさすぎたんで、そのリアクションなんですよ。

井芹　しかし、社会党は批判政党としては立派だったと思う。いまの野党は見習うべきだ。いまそれを完全になくしちゃっている。

早野　ちょっと混乱しているんだけれど、政権政党はそれこそ現実対応でいいわけだから、理念も政策もへったくれもないという感じがするんだが……。

曽根　社会党は、政権を取ったときにどうするという準備をせずに、批判勢力としての役割だけ果たしてきたわけです。今度は、政権を取ったときにどうするかの準備がなかったという批判の裏返しになっちゃったわけです。

早野　それできょうの成田理論だと、また要するに批判すればいいということになる。

成田　まあ、極端にいえばですけれどね。アングリー・ボーティングを受け止める程度の……。

早野　微細な部分はよく分かってはいる。分かった上で言っているんだが、簡単に言うとそういうことになると、そもそも政党って何だったっけっていう感じを……。

曽根　非常に単純にいうとガバメントvsオポジション（政府対反対党）なんですよ。ガバメントに対してオポジションがどうするかであって、オポジションというのはだからイデオロギーじゃないというのが僕の立場。

早野　もうそういうふうになっちゃっているの？　そうすると小沢氏なんて無意味じゃないの（笑）。

成田　それはアングロサクソン的にはそういうことなんです。

早野　それは成田さんもそうだし、曽根さんもそうだし、蒲島さんもそうなの？

蒲島　うん。

早野　ああ、そうかあ。

井芹　新聞記者（の見方）はぜんぜん違っている。

▽政党の位置取りはどうあるべきか

蒲島　次頁図1でみると最も有権者の多い中央部に向かって政党が動くわけです。小沢さんの自由党なんて多数派をぜんぜん目指していないわけでしょう。

早野　そう、そう、そう。

蒲島　この中央部でA党とB党が同じになったときに初めて安心して政権をまかせられる、というのがこの発想ですね。

曽根　その前提になる政党論なんだけれど、政党とは何かというと、情報産業なんです。

早野　政党が？

曽根　ええ、政党は情報産業なんですよ。新聞と同じ。つまり、国民がダイレクトに情報を全部集めて判断をすることはできない。だから代理機能として、まず政党を通じたり、新聞を通じたりして情報をスクリーニングしてもらっているわけです。そのスクリーニング機能を政党が持っているからここに（中央部に寄って）来るわけです。

図1　小選挙区制の含意
（２大政党制を生む世論分布）

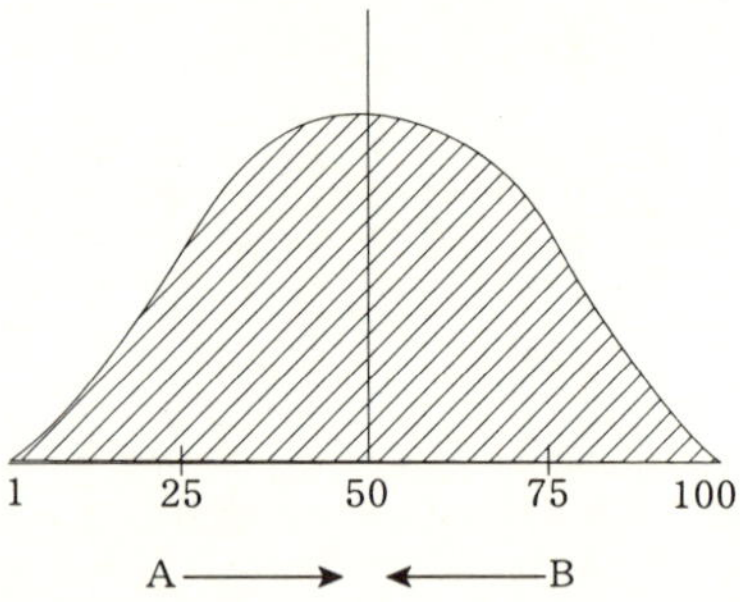

早野　ところが自由党の平野貞夫さんなんかの政党論はぜんぜん違うんだ。

曽根　自由民権運動ですよ。

成田　土佐派だから（笑）。

早野　とにかく「政党は拠点」論なんだから。

成田　これはダウンズの議論なんですが、その前提になっているのがホテリングの産業配置論です。ホテリングというのは一九三〇年代、アメリカですね。道があって、番号一番から一〇〇番まで家が建っている。ここに店が二軒あって、この店をどこに配置をしたらいいかという問題。で、全体の利益を考えると、二五番目と二六番目の間に一軒あって、それから七五番目と七六番目の間に一軒あるとみんなに便利なわけです。しかしホテリングの理論によると、こうはならない。二軒とも五〇番目と五一番目の間に配置される。なぜかというと、二五番目と二六番目の間に一軒あるとすると、残りの一軒はできるだけそちらに寄って行けばより多くのお客を取れるわけですよ。

早野　うーん、なるほど。

成田　ということは、最初の店もできるだけ相手側に寄って行った方が有利だから、結局、真ん中に隣り合って二軒が配置されたところで均衡するというのがホテリングの産業立地論。社会の全体利益でなく、自己の利益の最大化を目指すプレイヤーの戦略の均衡点で立地が決まる。

曽根　ものすごい単純なかつてのオペレーションズ・リサーチです。

蒲島　アメリカの小さな町のメーンストリートに行けば雑貨屋が二軒隣り同士にあるんですよ。

早野　うちの近くもコンビニが並んで二軒、建っている。

井芹　あれもそうかな。アメリカの大都市は州境に二つ、ツインシティがある。禁酒法のとき、他の州に買いに行くのに便利だという説もある。

早野　それがつまりガバメント対オポジションになるという意味？

成田　政策・理念にこだわらなければ、政党も結局、左右の真ん中に隣接してできちゃうということ。そうすると政党なんて所詮似たようなもので、どちらにガバメントをやらしてもいいということにもなる。

曽根　その前提条件は、一次元的なところに国民の選好は分布するということ。

早野　それは蒲島理論でもそういうわけなの？

蒲島　大ざっぱにはそうなんです。人間なんて単純だから何次元もは考えられないんですよ。

成田　ただ政党論にはいろいろあって、これは典型的なアングロサクソン理論、アメリカ理論ですよ。もう一つの主流はクリービッジ理論（社会的亀裂理論）で、社会には宗教とか言語とか階級で亀裂があって、その亀裂に沿って政党ができるというものです。

蒲島　ヨーロッパ型ですね。

成田　これはヨーロッパなんです。そうすると、ヨーロッパ型はこういう一次元分布じゃない。宗教的・非宗教的だけなら一次元の分布になるけれど、階級もありということで、クリービッジの数だけの次元数の政党分布ができる。

早野　なるほど、そうだな。

曽根　階級闘争の理論はこっちなんですよ。だから階級闘争を社会主義に置き換えるだけなんです。だからヨーロッパではすごくよく分かる。

成田　政治システムがヨーロッパ・モデルとアングロサクソン・モデルで違うのは、基本的に政党モデルが違う。

蒲島　ヨーロッパ型よりもアングロサクソン型です。小選挙区制は……。

早野　小選挙区はね。日本はいまその過渡期にあるわけ？そうすると、政党論として整理されないんですが……。

成田　日本は両方輸入しちゃって、そもそも日本の実態、日本のオリジナルな社会構造がどうなっているかがよく分からない。

早野　新進党は、ほとんど実態としてはそういうアングロサクソン型オポジションだったのを、実は小沢さんは何か錯覚して、とにかく理念・政策論の方に行っちゃったわけでしょ。

成田　いや、それは逆でしょう。つまり、冷戦構造が日本を覆っていた時代には、アングロサクソン型では済まない要素があった。ところがいまはそれがなくなってるから、みんな中道に寄っちゃう。社民も寄っちゃう。だからダウンズ理論がある程度妥当するようになってきた。

蒲島　二大政党制だとそうだけれど、四つ政党がある場合、ちょっと違ってきます。共産党がここ（左）にいて、自由党がここ（右）に来るとどうなるかというと、いちばん合理的な政党のあり方として、自民党の横に自由党がくっつくんですよ。同じように共産党も民主党の横にくっつきます。民主党が真ん中にあんまり寄りすぎると、共産党がどんどん（真ん中に）来るわけですよ、左がいつも空いているから。

早野　なるほど。

蒲島　だから共産党が来ないようにするためには、ある程度左に位置しなきゃいけない。

井芹　その力学はまだ働いていないいんじゃないかな。いま共産脅威論というのはまだない気がする。

早野　（自由党が）こっちに来ると、保保になっちゃうわけだ。

蒲島　自由党ができたことによって、加藤紘一さんあたりの中間派はすごく苦しむと思うんですよ。こっち（真ん中）に寄ろうとする（自民党の）動きを自由党が右に引っ張っている。

井芹　そう、その力学は少し働きつつある。

蒲島　共産党だって変わりやすいし、「保守中道、無党派層を取る」とか言っているわけだから、中央部へ来たいわけですね。つまり民主党もあんまり真ん中に寄れなくなったわけ。本当は自民党も真ん中に寄りたいんだけれど、この自由党のために寄れない。

曽根　小沢党が右に来たので、加藤紘一は「かえっていい」と思っているよ。

蒲島　いや、それはちょっと甘いかもしれない。

早野　だけど、確かに加藤紘一の部分の方が数は多いことは多いんだよね。しかし、政党としてはこっち（右）へ行っちゃう可能性があるということですね。なるほど。

蒲島　共産党が動くと仮定すると、四つというのはすごく理論としては面白い。だから自民党も右に行く要因がすごく少なくなるし、あんまり細川さんみたいに保守中道だと言ってしまうと、こんどは共産党が右に動くから、（大統一会派の位置は）いまちょうどいいんですね。保守中道プラス市民・労働組合あたりなんです。

早野　細川さんはまだ保守中道と言っていたっけ。

成田　いま盛んに言っているわけじゃないです。

早野　いまは言っていないね。

成田　保守中道と言っていた最大の意味は、要するに社民排除。しかし社民でも全部だめだと言ったわけじゃない。

早野　しかし、すごく端的な話、九月か十月頃に細川さんは「土井さんまで入れろ」とか言ってたけれどね。「小沢抜きで、こっち側は土井まで入れろ」と。

蒲島　それは正しい。中央から共産党の位置までぐるっと取ってしまうわけです。だから逆にいえば、大統一会派としては共産党が動かなきゃ自民党よりもすごく有利なんですよ。ただ、それは理論上だから、あと政党の資源とかも重要です。

井芹　二、三回の選挙を待たなきゃいかんというのは、ある程度戦えるだけの政党資源の成長がないといけない。

成田　新党、新党ばっかりやっていると、それが育たない。

蒲島　いまは全く店の立地だけ言っているけれど、さらに商品が必要だし、サービスが必要だし、店員が必要だ。

成田　駐車場スペースが必要だし、他にも現実にはいろいろな要素がある。

▽「大統一会派」はどこへ行くか

早野　ところで、急に政局的な話で恐縮だが、大統一会派は大変ね。要するに成田さんの言う小異という部分が……。

成田　大変ですよ。

早野　とにかく小沢さんは陣地戦を放棄してゲリラ戦に変わったわけだ。陣地戦は菅さんの方に行ったわけだ。今回は細川さんが縦横《じゅうおう》家よろしく積み上げてきたものを菅がぱくっといただいた形だな。だから、その中には石井一《いしいはじめ》だとか、久保亘《くぼわたる》まで集まっている。

曽根　久保さんと石井さんの間は大きいよね。

早野　何かそういうのが大きな意味では確かに一つのまとまりにならなくちゃいけないし、なるだろうと思うんだけれど、ものすごく大変なプロセスだ。

曽根　小沢とは違うタイプの……。

早野　理念・政策の一致じゃないんだけれども、それ自身でぶっ壊れそうな感じがするんだな。

曽根　シナリオを書く一人の戦略家がいるかいないかなんです。

早野　それがこんどの場合は細川さんなんですよ。

曽根　いや、だから言葉にして発表しないまでも……。

成田　菅さんは、羽田さんに「日本版『オリーブの木』の首相候補は非議員を持ってきたらいい」と言ったんだけれども、本心でそう思っているんですかね。

早野　それは違うでしょう。

蒲島　民間にいるの。

成田　いや、分からないけれども、浅野史郎《あさのしろう》か橋本大二郎《はしもとだいじろう》か。僕は橋本大二郎がいいんじゃないかと言っているんだけれども。橋本龍太郎との関係で……。

曽根　橋本同士が兄弟対立するわけね、選挙で。

井芹　中坊公平《なかぼうこうへい》さんとかは……。

成田　うん、中坊さんでもいいよ。

川戸　中坊さんというのはいいですね。

成田　菅さんがそこまで譲れたらということね。羽田さんが小異にこだわるのは分かる、ラストチャンスだから。だけど、菅さんはラストチャンスじゃないんだから、大きな家ができてからもらえばいいじゃないかと僕は思うんだけれどね。

井芹　いや、僕はとりあえずは菅を立てるべきだ。というのは菅は一年半はもたない。総選挙までもたないと思う。

早野　だから菅は少しゆっくりやりたいと思っていたんだけれども、こうなっちゃったから……。

川戸　それはもう一瀉千里で……。

早野　うん、行かざるを得ないということ。

川戸　羽田さんにはそういう思いはないですよ。

成田　太陽、国民の声、フロムファイブの三党の新・新党で羽田さんは？

川戸　そのときに自分がどう動くかという話に関していえば、自分はもういま総理という感じはさらさらないし、次の若い人にやってもらいたい。ただ、そのときに菅さんかどうかはまた別問題だと。

早野　ただ、鹿野と羽田、細川の調整のところでは、自分がトップになりたいと……。

川戸　鹿野さんというわけにはいかないということであって、それから細川さんは……。

成田　いまいちばんもめているのは、鹿野さんも降りないんだけれど、羽田さんが頑張っていること。それで国民の声の石井一だとか若手が「羽田さんじゃだめだ」って言って、そこがいちばんいまこじれている。

早野　そうやって考えていくと、こっちもやっぱりなかなか人がいないな。

曽根　人がいないんだよ。

川戸　そう、だから若い人に一度どっかで変わってしまえば、そこから次の若い人が出てくる。

▽小沢氏は水沢に帰るべきか

曽根　ところで小沢論だけれど、愛知《あいち》（和男《かずお》）、石破（茂）なんだとか、かつて自分が育てようとした人間がみんな敵になり、いま悪く言うわけですよ。そういう意味で潰していっちゃった。もともと野中（広務）にしろ、中村喜四郎《なかむらきしろう》にしろ、梶山にしろ、旧サポーターはいっぱいいたわけ。それがいまみんな敵でしょ。あれがちょっと不思議なんだな。さっきパーソナリティー論はしないと言ったんだけれど、あれほど敵をつくった人って珍しいよね。

早野　みんな相手の駒になっちゃうんだからなあ、こっちの駒が。

川戸　オセロの（白黒が）反対になっていくという……。

成田　小沢さんには高邁な理想があることは事実なんだけれども、小沢さんの心理状態は常に「自分は理解されていない」という被害者意識が非常に強いんです。

井芹　被包囲意識だな。包囲網に囲まれているという。

成田　だから自分に逆らう人に対しては、さっきの竹下（登）さんについてじゃないけれども、非常にアナリティカル（分析的）にものを見ることができないですね。

井芹　そうなんだな。直感でものを把握して、そこから動かないんだね。

成田　側近と言われた人が遠ざかるときには、まず連絡が取れなくなる。

曽根　どうしてあんなに電話に出ないの？　小沢の家に会いに行っても出てこない。

井芹　傲慢と人見知りが同居しているんじゃないかと思う

んだけれど。

早野　しかし、やや異常だよね。

井芹　最初の行動の動機はいじけて「もうおれ、やりたくない」と。登校拒否と同じ。だけど力が強いものだから結果は傲慢と取られちゃってる。

蒲島　やっぱりリーダーはクリントンみたいに人と会うことがもう嬉しくてしようがない。そういうのでないと困る。

成田　駄々っ子的なところが、確かにあるでしょう。

曽根　ちょっと一つ聞いておきたいのは、小沢は死んだのかどうなのかというとき、一つは江藤淳の「水沢に帰れ」という……。

井芹　「帰りなん、いざ」ですね。

曽根　「帰りなん、いざ」ってあったわけでしょう。あれをやってたら、いまのこの経済危機のときに小沢待望論が澎湃として湧いてきたかどうかというその仮定の話だけれどね。

蒲島　それは可能性としてはあるでしょう。

成田　いやあ、永田町というのは、去る人はすぐ忘れられる世界ですよ。

川戸　と思いますね。

成田　それは常に舟を漕いでいないとすぐ忘れられる世界だから。さっきの分党のときだって、細川さんが小沢さんに発したメッセージは「あんた、少し休みなさい」だったんです。だけど絶対休まなかったね。それは非常に被害者意識、疑心暗鬼で固まっていますからね。

井芹　だから一議員になるでもよかった。議員であれば、いつでも帰って来られる。ただ、本当に議員を辞めると、いまの永田町の論理ではちょっと復活は難しいだろうと思う。

早野　むしろ役職さえ降りないんだもの。永久にそこにいなくちゃと思ってる。役職というよりも権力的地位。宮沢（喜一）さん的な役職（という考え）じゃないんだ。

川戸　とにかく自分が幹事長に就いていたら党首の言うことは絶対聞くという、そのポストが彼にとっては非常に大事なんですね。

井芹　そう、あの人は結構、機関中心主義ですよ。だから逆に党首にこだわる。

川戸　そう、こだわる。だから絶対に辞めない。

蒲島　役職を辞めて水沢に帰って、ときどき新聞に自分のアイディアを寄稿する。ちょうど後藤田（正晴）さんみたいにね。そうしたら人は忘れない。

成田　いやあ、永田町というのはそういう世界じゃない。

早野　永田町はみんな「せいせいした」って（笑）。

井芹　それでよかった。もう小沢の役は終わったと思うんだけれど。

曽根　江藤淳は矛盾していることを言っているんだ。片方で「休め」と言っている。僕と江藤淳と全く対極的なのは、僕は「足し算でいくしかない、連立なんて足し算しかあり得ない、政治の世界は数なんだ」と言っているんだけれど、江藤淳は「引き算で行け」と言うわけね。引き算だから小沢はいいんだと。

早野　究極の引き算だな。

曽根　引き算で小沢はいいんだということと、水沢に帰れということを言っているんだけれども、そこがよく分からない。引き算というのは、政治の戦略としては革命政党以外あり得ないんじゃないかと思うんだよね。

井芹　そう、そう。

早野　それとももう一つ、小沢の党、例えば自由党。ああいうのは民主集中制の政党なのか、それとも田中派の生まれ変わりなのか、これはどう思います？

成田　田中派はやっぱり七奉行がいて、総合病院でと、そういう仕組みですよ。それぞれが得意分野をもっていた。

早野　ただ、「一致団結・箱弁当」みたいなところは確かにあったけれど。

成田　それはあったけれども、しかし、総合病院みたいにみんな役割を持っていた。

早野　そういう機能はあった。いちおう割り振ってちゃんとやっていたな。

成田　ええ。ところがいま自由党は完全に小沢主導ですよ。

早野　確かにそうだな。

成田　だから党首の指示がないと、役職者は何を相談していいのか、ぜんぜん仕事ができない。

井芹　その点じゃ、小沢さんは最後に自分の夢を果たした。自分が自民党幹事長のとき、あれが原点だと思うんです。

成田　あれが原点なんです。

井芹　そのときにやってみたら幹事長というポストに見合う権限・権力が与えられたはずなのに、ぜんぜん党が動かない。そこから自民党という党組織への誤解が始まっている。みんな一家言ある連中がたくさんいて、幹事長が「建設国債と赤字国債を一つにする」と言ったら、「それは税調に諮ってもらわなきゃ困る」とか言うような人、山中貞則みたいな人がいる。これがある面で足枷でもあるけれども、それによって暴走を防ぐというメリットもあるし、どんどん知恵を出して落としどころを探すというのが自民党の運営だった。

ところが、どうも小沢さんはそれに違和感を持っていて「かくあってはいけない」というのから始まって、そのためにまずやろうとしたのがあの「田中派二百人計画」。だけど、これはできなかった。そこで今度は選挙制度改革をやって（党を）完全に制圧しようというのにつながっていて、そういう意味ではずうっと一貫して夢を追い続けている。

曽根　それがもっとはっきりしたのは湾岸戦争のとき。

成田　そうです。結局、湾岸戦争のときに日本の政治システムがうまく動かなかったという思いが小沢さんの原点なんです。

第七章　野党は再編成して立ち直れるか

報告者・川戸恵子（一九九八年三月三十一日）

縮小再生産　民主党をつくる過程は、全体の形を見ると非常に新進党の縮小再生産みたいな感じがします。つまり前回は「自民党の分裂でできた」のが、今回は「新進党の分裂でできた」という、できたきっかけだとか、「八党合意」が「四党十一＋一」になるとか、代表としては「細川（護熙）さんという人がまずいた」と「菅（直人）さんがまずいた」とか、それから「小沢（一郎）・山岸《やまぎし》（章《あきら》）連合の非常な働きかけ」と「細川・鷲尾《わしお》（悦也《えつや》）さんの働きかけ」というような感じで、前回は社民党、今回の場合は民主党をなんとか引っ張り込んだ。それで「縮小」という意味は、新進党をつくったときは、時間もかかったけれども、大きくまとまったのが、逆に今回は小沢抜き・公明抜きという結果になった。それから前回はトランクにぎちぎちにやったのが、今回は細川さんいわく「風呂敷のようにふわーっと包む」ということですね。

それから「非自民」という旗印、政権交代可能な政治勢力の片方というのが細川さんの言い方だけれど、何かふわーっとしていてキーワードにはなりにくいかもしれないけれども、

同じ旗印で今回は民主党ができ上がったんじゃないかと思います。

そういう意味で縮小再生産になったことが悪い意味では数のマイナス、政権交代可能な片方の政党をつくるという意味でちょっとマイナスなんですけれども、逆の意味でいえば、いわゆる路線の違いでの「小沢さんがいない」という部分は、大変分かりやすい塊が新たにできたのかなという気がします。

それで、どうできたかと言うと、逆説的な言い方になるが、やはりいちばんの功労者は小沢さんではないでしょうか。あんなふうに村山（富市）さんを放し、細川さんをオレンジ共済組合事件のときに放し、さらに羽田（孜）さんをその前の統一地方選のときに放し、最後は保保に突っ走ったお陰で（創価）学会も離れたという感じで、小沢さんが動いたお陰で今回の民主党ができた。

小選挙区制は二大政党をつくる制度ですから、やはり「大きなまとまりが必要だ」ということで、新進党はなかなか分裂しそうで分裂しなかった。「やはり新進党で」という人も

多くて、そのままの形で行くかと思ったら小沢さんが逆に手放す、どんどん追いやっていくという形で分裂への道を進んだ。小沢さん自身も、一応、創価学会の票は期待できるだろうということで、純化路線でまず小さな政党を作り、それから自民党の中の保守派と連携できないかと考えていたようです。

そのなかで細川さんと羽田さん、鳩山（由紀夫）さんが軽井沢で、「なんとか改革会議ができないか」と話し合う。ただ、そのとき細川さんは「単なる数合わせではいけない」ということで、改革会議には不参加の意向を示しました。

このときは鳩山さんの方がむしろ新党論者であって、逆に菅さんはこのときはまだ自民党となんとか政策連合ができないかと模索していた。けれども、それでは民主党がもたないということで、八月の終わりになって菅さんも改めて「完全野党宣言」をして、ここで民主党が野党だか与党だか分からない状況から、かなり野党再編の一つの核になり得ることになったわけです。一方、細川さんも自分独自の道を歩く。「私は真ん中を行きます」と宣言したとおり、「私の『再挑戦』宣言」も著し、「新たな保守中道結集を」「一人ひとりが個人の意思でまた再結集を」と呼びかけた。

新進党の解体過程　新進党のままでは当然もたないということが分かっていたから、それぞれが野党再編に向けて並行的に動いていたんですが、やはり小沢さんの新進党という一つの塊があるから、ここを分裂させるのは非常に難しくて、それぞれがそれぞれに動いていくという形だった。ところが、そうこうしているうちにどんどん離党者が増えて行って、九月になったら北村《きたむら》（直人《なおと》）さんが自民党に入党して、衆議院で自民党は過半数を取ってしまった。

そのまま膠着状態かと思ったら、橋本（龍太郎）さんがあの佐藤孝行問題でいっぺんに支持率が下がり、自民党そのものも非常に揺れる。一方、このときに小沢さんの相手だった梶山（静六）さんも表舞台から去り、勢力的に非常に弱くなったものですから、小沢さんの描いていたシナリオはなかなか実現が難しいということで、手詰まりになる。それで勢いづいた新進党の若手、それから周りの太陽党にしろ何にしろ、いろんな勢力が一斉に動き出して、なんとかもう一度ここらへんで野党再編が具体的にできないかという動きが出てきました。

もう参院選が目の前に迫っているから、新進党だけではなく民主党も加えた参院選の協力という形ができないかということで、そこまではいくけれども、相変わらず「小沢怨念」が強くて、全部の新党にはなかなかいかなかったわけです。

そうこうしているうちに、やはり小沢さんの保保路線に反発して、神崎（武法）さんが小沢批判を始めた。小沢側近の平野（貞夫）さんたちは「これは竹下（登）が手を入れたに違いない」と言って、ますます小沢さんの純化路線に進んでいく一つのきっかけになり、新進党分裂の一つのきっかけになった。逆にいえば新進党を支えている学会が小沢離れを始めたことによって、新進党がこれから先もそのままでいられるかということに対する非常な不安が新進党員に現実問題として出てきたわけです。そこからいろんな動きが始まります。

そこで細川さんが、それまでは自分一人でやると言っていたのが、チャンス到来と野党再結集に動き始めた。さしあたりは参院選で協力できないかということです。このときは武村（正義）さんもこのなかに加わっていた。それ以前に伊藤（茂）社民党幹事長が「日本にも（イタリアの）『オリーブの木』を実現できないか」と提唱していて、これに菅さんが乗った。一般的な国民世論の人気は橋本さんを抑えて菅さんの方にむしろあったので、菅さんにとっては自分がオリーブの木の代表になり得るのではないかという期待感があった。しかも、そのオリーブの木の党首であるプロディさんが来日したり、その後ブレアさんが来たりということで、どっちかというと「センター・レフトの政権ができないか。その代表に自分がなれないのか」という菅さんの思いが非常に膨らみ、野党連合に傾いていく。

一方、小沢さんは保保路線を進めていたけれども、先ほどの佐藤孝行問題のとき（の内閣改造時）に梶山さんが退場したことで相手がいなくなったのに加えて、宮城県の知事選挙で小沢・三塚《みつづか》（博《ひろし》）さんの保保連合で市川《いちかわ》（一朗《いちろう》）候補を推したけれども、保保が非常にマイナス・イメージになり大敗してしまった。それで「選挙に強い」という小沢さんの権威は地に墜ちてしまったわけですね。公明の藤井（富雄）代表も公然と「小沢さんは指導力不足」と批判を始める。ここで外目からも学会と小沢さんの仲がたいへん悪くなっていったことがよく分かる。

創価学会の小沢離れ　これまで参議院の公明に対して「参院選になったら合流してほしい」というのが新進党、小沢さんからの願いだったけれども、それを学会側では「どうもこの調子で新進と一緒にやっていては自分たちの当選もおぼつかなくなる」ということで非常に逡巡し始めた。そういうなかで行われた小沢・学会首脳会談が「分党か完全合流か」と決めつけるような調子だったので、非常に仲のよかった関西長の西口《にしぐち》（良三《りょうぞう》）副会長までも反発して、ますます小沢・学会間の亀裂が深くなってきた。

一方、さきがけも金融・財政の分離問題で与党から離れるかという非常な緊迫した場面があって、ここで武村、細川さんたちが野党連合というのを考えているのかなという感触が一時流れたけれども、これは結局、武村さんが与党から離れないということになり、武村さんは野党再編のなかにはもう一緒に入れないような感じになった。

前回、新進党は小沢と連合山岸会長というコンビがつくったという話をしましたけれども、今回もそういう意味で陰で動いていたのは、ちょうど連合の会長になったばかりの鷲尾さんですね。鷲尾会長・笹森《ささもり》（清《きよし》）事務局長コンビです。これだけ新進党がごたごたし、自分たちも股裂きですから、今回がラストチャンス。それから鷲尾さんのリーダーシップを世間にも認めさせたいということで、懸命に新しい野党づくりを働きかけた。特に参院選を目前にして、連合として候補者をどう当選させるかが至上命題なわけですから、鷲尾・笹森のコンビは、少なくともこの段階では新党ということではなくて、参院選（比例代表）の名簿をどうするか、一緒に候補を立てるかという形でなんとか野党連合ができないかというところで話し合っていた。

ところが、その間に今のままでは参院選を戦えないということで、年末を控えた新進党の党首選に鹿野（道彦）さんが立候補を表明する。これもやはり「いまのままの小沢ではだめ」ということで、非常なバックアップがあったようです。それを見て、やはりこの際「新進党は顔を変えた新たな新進党にしたい。それから野党連合をつくろう」ということで、細川さん、鳩山さん、羽田さんたちで「非自民・野党結集の会」というのができた。これはもう完全に小沢さんとは対立の構図ですね。細川内閣の同窓会などがあって細川さんもバックアップするという感じで、どんどんアンチ小沢の結集が力強くなっていく。

一方、公明は新進党の分裂の引き金を自分たちが引きたくないということで、「せめて選挙区だけは新進と合流させて、比例区は公明で」という妥協案を出したけれども、公明は、やはり「いまのままの新進党では参院選は勝てない」ということで非常に異論が強く、結局は比例区も公明独自でやりたいとなる。そして新進党の党首選では、公友会も自主投票を決定する。その間に小沢さんは公明に対して「選挙は比例区だけ公明、選挙区だけが新進という形では、選挙は絶対にできない。どちらかに統一しろ」と迫ったけれども、公明は拒否した。

どんでん返し　その機運を見て、細川さんがいち早くフロムファイブをつくって「小沢抜きの野党結集」を打ち上げる。それを見て公明も、やはり「参院比例区は公明で」と正式決定、いよいよ分裂が決定的になる。さらに細川新党（フロムファイブ）は太陽党との大統一会派参加には慎重だったんだけれども、とにかく鳩山さんとか菅さんはもうアンチ小沢で「早く鹿野さん出てこいよ」と、「そしたら新しいきちんとした野党ができるではないか」ということでいろいろ呼びかける。呼びかけるけれども、鹿野さんは意外に慎重だった。小沢さんが（党首選に勝った後に）新進党の分党宣言をした後でも、鹿野さんが新党を立ち上げるのにいちばん遅れたぐらいで、鹿野さんの頭には「自分が党首になって新進党の新たな再生をする」ということが常にあったようです。その間、小沢さんの頭には「純化路線」が強くあったようで、（十二月）二十五日になって公明に対して、「分党して選挙区も公明で戦ってくれ。新進党では引き受けられない」と藤井さんに提案する。

　そういうわけで、最後にどんでん返しというか、初めから純化して自分たちの理念を表わす党をつくりたいという小沢さんの意思が通って、公明の提案を逆手に取って、二十六日にとうとう新進党を分裂させてしまう。平野さんは「竹下が手を突っ込んだ」と言うんですけれども、（旧民社党系のグループの）民友会がいち早く新党を立ち上げた。川端《かわばた》（達夫《たつお》）さんをはじめとする旧民社系の人たちはかなり前から「小沢はもたない。小沢と一緒にはできない」ということで、新党をつくる方向で走っていたようです。

　それから（旧公明党系の）新党平和は逆に、最後の最後まで小沢さんが残った新進党に、なんとか公明系が団結して一つになってそこへ行きたいという意思表示もしたけれども、分裂の最初のきっかけが神崎発言だったし、また「どうも神崎発言は竹下さんからそそのかされているんじゃないか」といった小沢さん側の疑心暗鬼もあって、神崎さんの残留が拒否される。それならばということで学会系の人たちもここで分裂してしまう。

六つの党派

　それで六つの党派ができることになった。そのなかでも、いち早く民主党の菅さん、細川さん、羽田さんは新たな党に向けて動き出す。その頃は、民主党と新党友愛はすぐに統一会派を結成することで合意したけれども、国民の声と太陽党をどうするかというのもあった。結局は菅、羽田、細川で「まず先に新党をつくってしまおうじゃないか」ということで、それは非常に理念的にも近いところですから、そこで新党をつくろうということがばたばたと決まり、暮れには「来年になったら新党をつくろう」ということになった。

　また他方では、労働組合組織を持っている民主党、新党友愛、民改連では「やはり大きな塊がいいから統一会派をつくろう」ということで、ここにもいくつか小さな塊がまたできてくる。ところが、それを見て民主党のなかでも「僕たちは組合系じゃないから」という若手が結構あって、それで「乗り遅れていいのか」という突き上げがたくさんあり、一挙に大統一会派構想に進み、できるだけ早くということで、もう「新年明けまして大統一会派」ということになった。これはやはり連合の鷲尾・笹森コンビの働きかけが非常に大きかったと思います。

　ところが、大統一会派まで行ったのはいいんですけれども、いちばん象徴的な問題が「どういう名前にするか」という話で、それぞれがみんな自分の党のことを主張した。特にいちばん主張したのが民主党で、やはり「『民主』という名前を絶対に入れてくれなくては困る」ということになった。他の党も「それならうちも」ということで、「民主友愛太陽国民連合」（略称・民友連）なんぞという長ったらしい名前が付き、ここで国民がそっぽを向いた部分があるんじゃないでしょうか。

これ以後、新・民主党になるまでの全部の過程が民主党をいかに新しい党に入れるかのせめぎ合いだったと思う。特に菅さんは初めは、「衆目の一致するところ菅代表は間違いない」ということで非常に意欲を持っていたんですけれども、鳩山さんにとって民主党はある意味で自分がオーナーみたいな党ですから、その民主党をどうするかということに思いがあり、鳩山由紀夫さん、鳩山邦夫《はとやまくにお》さんともに腰が引けている。政党連合ぐらいだったらまだしも、新党なんてとんでもないというスタンスがずうっと続いていた。

さらにその左の旧社会党組織を持つ横路（孝弘）さん、また逆に完全に風で当選してきたというと語弊があるけれども、海江田（万里）さんとか枝野（幸男）さんとか、民主党の純粋さがプラスに働く「市民派」といわれる人たちにとっても、やはり一挙に、いわゆる保守といわれる民政党の人たちと一緒になるのはいかがなものかということで、単独で戦うか、政党連合で戦うか、それとも新党まで行くか、これをめぐって議論がそれから延々続くわけです。

細川氏の役割　そのとき議論をとりまとめたのが細川さんです。新聞には「羽田、政権構想委員会設置を提案」と書いてあったんですけれども、どうもこれは羽田さんじゃなくて成田さんじゃないかと思うんです（笑）。成田さんのアドバイスを受けて細川さんが座長ということで、民友連の「政権戦略会議」が発足する。これが本当に民主党をつくるときのコアになったわけで、細川さんは民主党ができるまで、本当に大活躍をする。それこそ早野さんが保守大合同のときの三木武吉《みきぶきち》になぞらえて書いていらしたけれども、精力的に会議を毎日毎日開き、いろんな人から意見を聞き、裏でも表でもいろんな手管を使って新・民主党設立まで持って行った。その間、連合も後ろから組織論で民主党を攻め、それからまた最後まで反対した（鳩山）邦夫さんに対しても、菅さんがいま代表でもすぐに政権が取れるわけではないからと言っておさめた。

さらに鹿野さんが講演で「必ずしも羽田さんが代表を望んでいるわけではなくて、こういう場合、譲り合いだから菅さんを（代表に）」みたいな言い方をして、一時は「新党でなくて政権連合でもいい」と言った菅さんの心を引き戻した。それで三月六日に「全党解党した上での新党結成」という議長試案を出した。そして反発も大きかったが、民主党にとっては「『民主党』という名前を残すことがいちばん大事。それから菅さんが代表になることがいちばん大事」ということで、逆にそれさえできれば民主党が新・民主党に移行するのも可能だという話になり、急転直下、新しい党をつくり、新党の名前は「民主党」、代表は菅さん、という合意ができて、細川試案通り基本的合意ができ民主党誕生に至ったわけです。

その中で単独でいいか、オリーブの木がいいか、参院新党がいいか、いろいろ議論があった。いちばん単独で行きたいと言っていたのは民主党。それは民主党にとってはやはり一度、衆議院選挙を戦ったわけだし、組織もいちおうは昔の旧社民党の組織もあるわけですから、そこをなかなか乗り越えられない。それから「新党アレルギーが強い」と非常に言っていた。確かにこれだけ新党ができると、今回の衆院東京四区補選でも分かるように、新党に対する期待感は逆にマイナスになっているということですから、そのなかで新党を立ち上げていくのはいかがなものかという意見が非常に強かった。

ただ、その一方で、目前の参院選というのが要因になった。それに小選挙区制というのは二つの大きな塊でないと話にならない。いまの自民党のこういった姿勢を受け止めるために、少しでも大きな党をという声が強くなり、結局は新党にということになったわけです。

途中、「オリーブの木がいい」とかというのもあったわけです。ただ、オリーブの木というのはネーミングからして日本人にも分かりにくいし、イタリアのオリーブの木は、逆に党組織を持っている者同士が「首班を一つにして、これこれの選挙にします」という形でやったわけですが、日本の場合は全く逆方向なわけです。それが果たしてできるのかどうか疑問に思う声もたくさん出るし、それで結局、新党へということになったわけですね。

さて、そこで民主党の課題です。東京四区補選の結果を見ると、やはり新党アレルギーは非常に強いので、これをどう克服するかがこれからの問題。逆に、新党というのは踊り場政党とよく言われるけれども、「新進党の失敗は非常に大きくて、次にまた分裂するんじゃないか。そういう政党に自分たちの政権は託せない」というのが強いので、そこらへんをこれから逆につくった後で、理念・政策を分かりやすくきちんと提示し、今回の新・民主党が最終政党であるということが分かれば、克服できるのではないか。

それから保守中道かセンター・レフトかという問題があるけれども、いまの四党を見ても、むしろセンター・レフトというのが、クリントンにしてもブレア、プロディ、みんなそうですから、やはり細川さんのいわく「市場機能を活用しつつ共生の精神や公正さ」とか「機会の平等などを確保する政府をつくる」という意味でのセンター・レフトを目指せば、理念という意味ではいいのかもしれない。

ただ、それは逆にいえば、この前、自民党の加藤（紘一）幹事長が代表質問で同じようなことを言っている。ですからいまの現政権をもっている自民党の自社さ派との違いをどう具体的に示せるかということが大きな問題です。

あとは細かいことで、人事とか地方組織問題などはごたごたした。それがいつまでも決まらないということが東京四区補選の敗戦の原因の一つとなったように、きょう（三月三十一日）も人事を至急決めたようですけれども、そういう意味ではこれから一つひとつ詰めていくのかなと思う。

野党連合の可能性　さて最後に新党平和、公明、共産との関係。政党連合はここで一つの政党になったわけですが、今回の東京四区補選でも、野党がばらばらだったことが敗因の一つなわけです。やはり政権のもう一つの受け皿となるためには、いまの新・民主党だけではとてもできない。まず新党平和、公明と手を結び、それからできれば共産とも手を結びということで、改めて野党連合ができるかどうかが大きな課題です。

その可能性はというと、いまのところはなかなか難しい。今回の東京四区補選のときに、学会が完全に自主投票というより、むしろ自民党に近いのかなという態度を取ったように、本当にいまは是々非々主義で、キャスティング・ボートを握ろうと必死になっている。ですからその公明、新党平和を野党の方に振り向かせるのが非常に大変なことだと思う。ただし、次の衆院選では、自民党が各小選挙区に全部候補を立てているわけですから、そのときに新党平和の小選挙区候補がそのなかで立って戦えるのかどうか。そこらへんが一つのきっかけになるのかなあという気はする。

それから共産党は今回もあったように、自共対決という姿勢。共産党こそは唯一の野党ということで、常に自分たちの党の存在を誇示しているから、政党連合は以前からのように非常に難しいという感じはする。これも逆にいえば、新・民主党がしっかり大きくなれば、相対的に共産党への期待票は小さくなる。これは新・民主党がいかに大きく、これから信頼される政党になるかということが大きな鍵なんです。

そこで政党連合ができるのかどうかですが、これはできたとしても、そんなに大きくはならないだろう。この制度ができたときに言われたように、やはり二回、三回の衆院選を経てからでないと、二大政治勢力が本当の意味で出来上がるのは非常に難しいのではないかと思っております。以上です。

▽コーディネーター役果たした細川氏

井芹　民主党はおおむね新進党の縮小再生産になったという指摘でした。正直なところ、小沢さんみたいな豪腕の人、接着剤で固める人がいない。それが細川さんでは、着地しないんじゃないかなという気が一月頃にはしてたんだけれど、どどーっと新党に行った。最後の丸呑み路線というところから、あれよあれよという間に新党まで行った気がしたんですけれど、細川さんとしては読みの範囲だったのかどうか。

成田　その前にちょっと大きな見取り図を言うと、川戸さんの整理でだいたい良いと思うんですけれども、部分的にはちょっと見方を異にするところもあるんです。大きな流れを言うと、三つの要因があって、一つは、全体的な政治の流れ、一種の政治力学があり、もう一つは、細川さんというコーディネーターがいたことです。一人で離党し、『文藝春秋』に「私の『再挑戦』宣言」を書いたときには何も注目されなかったが、そこで書いた「政権交代可能な政治をつくるということで私はやるんだ」という方針に沿って細川さんは一貫してやってきたわけです。それでとりあえず新・民主党というところまでたどり着いた。コーディネーターとしての細川さんというのが非常に大きかったと思います。

三つ目で全体を通じていちばん重要なことは、やはり制度ですよ。これは政治改革の成果ですけれども、選挙制度が小選挙区比例代表並立制になったことです。新進党ビッグバンが起きたときに、従来の中選挙区制であれば、新党友愛は独立して「五人区で一議席取ればいいや」となっちゃうわけですね。そうならなかったのには、選挙制度が変わったという大きな状況変化がある。

制度の問題に関連して、民友連で最後までもめたのは参院選の戦い方の問題なんですよ。もっと限定すると、参院比例区の戦い方の問題なんですね。結局、政党連合が最後まで成り立たなかった理由は、政党連合だと統一比例名簿にならない。もし確認団体という形で統一名簿をつくるにしても政党助成金がついてこない。それによる損失額が二億円から三億円ということで、それでも確認団体でやるという選択肢は、一応、議論の過程でセオレティカル（理論的）には出ていた。それは一時、民主党も真面目に考えた形跡があったのは事実です。

しかし、現実には二億円も三億円も捨てられないということで、結局、政党助成とセットの形で参院比例代表選を統一的に戦うためには新党という形式を取らざるを得ないということで、制度の枠組みが機能したということがあったと思う。当初は制度の枠組みをかいくぐるために、いろんな案が二月から三月にかけて飛び交うが、結局、うまくいかなかったわけです。それで最後の最後に出てきたのは「新党になるか」、それとも振り出しに戻って「ばらばらでやるか」。その前の段階の折衷的な案は、比例名簿は各党めいめいとし、選挙区での選挙協力だけをやるというものです。しかし、そうすると統一首班も立てられない。

だから新党になるか、振り出しに戻るかというのが三月六日です。そのぎりぎりの局面で、細川さんが第一次提案をします。民主党内には異論があったけれども、細川さんは独断でそういう提案をしたんじゃなくて、「政権戦略会議」のヒアリングとか各党の話し合いとか、いろんな手続きを踏まえて瀬踏みをしながらやったんです。民主党のなかの慎重派であった鳩山邦夫さんとか横路（孝弘）さんなんかとも話しながら、「一応ここが最大公約数じゃないか」ということで細川さんが出したのが三月六日提案の、要するに限りなく政党連合に近い新党です。

あのとき実際には出さなかったけれども、想定していた新党の名称は「民主連合」あるいは「新民主」あるいは単独の「民主」です。「単独の民主はたぶん自治省が受け付けてくれない」とか、「民主連合も受け付けてもらえるか」とかいろいろ議論はありました。最有力の「民主連合」についても、民主党から異論がありました。民政党のなかからも異論が出て、最後のぎりぎりの時点では、結局、新党か振り出しかという二者択一の選択でしたね。

三月六日が金曜日です。次の七日、八日は長崎の補選だからみんな東京にいないという状況があって、ちょっと中休みに入るんです。しかし、土・日にはもう「新党しかない」となっていた。そういう意味では三月六日の夜から七日午前中にかけてが、新党か振り出しかというぎりぎりの判断をいろんな人が迫られたという局面ですね。しかし、ある意味で制度の理論が勝ったというか、「制度の枠内でやるからには新党しかない」というところに行き着いたというのが大きな流れだったろうと思います。それで、川戸さんが「最後に民主党が『民主党』という名前と『菅代表』という二つの条件を考えた」と言ってたけれども、民主党が唱えた条件は民主党という名前を残すことだけでしたよ。

川戸 ああ、そうですか。

成田 ええ。「菅代表」は今回出さなくても、いずれ菅さんになるだろうという見通しがあった。

川戸 つまり「代表は民主党で」という条件はなかったんですか。

成田 その条件は正面切ってはなかったんです。それは、ほっといても菅さんは自分がなるだろうという見通しが一つと、もう一つは民主党の若手が「菅はどうでもいいんだ。自分の選挙の方が大切だ。選挙には民主党という名前だ」ということに非常にこだわった。

それでいま、川戸さんの説明で思い出したんですけれど、民友連をつくるときも、各党首が集まって名前についてもうほとんど合意したのを、最後に菅さんが「民主党という名前をどうしても残さなければ」というので振り出しに戻して、それで結局、「民主友愛太陽国民連合」というだんご状態の名前にするわけですね。

あの時も菅さんは「民主党」という名前にこだわった。菅さん個人がこだわったんじゃなくて、菅さんは恐らく自分が首班候補になる方に関心があるんだろうけれども、菅さんに対して民主党の側から課した枠なんですね。この枠が非常に強くて、菅さんと鳩山由紀夫さんもほとんど身動きできない状況だった。

どうして民主党の名前にこだわるのか。こだわったのは鳩山邦夫さんと横路さんですが、民主党の人の解説によると「いや、彼ら二人じゃないんだ。彼らの背後にある民主党の議員たち、若手みんなの総意なんだ」ということなんです。

どうしてこれだけ「民主党」という名前にこだわったのかというと、一年半かけてようやく四十六都道府県に支部を立ち上げたとか、それで一度選挙を戦ってきたとかいうことがあるわけです。これは民主党に限らないんですけれど、他の政党もみんな「こんどは何党だ」というのを選挙区で大変な苦労していちいち説明しなければならない。そういう苦労は確かにあるという感じはする。

最終的に民主党側の条件を細川さんが呑むんです。私は会談に同席していないから直接は知りませんが、新聞報道なんかだと、六日の夜、細川・菅・鳩山由紀夫が会ったときに、細川さんは「私は個人的には『民主党』でいい」と言ったということです。細川さんは菅・鳩山さんとの会談の前に、多少、他党に「党名は『民主党』でいいか」と打診している。最後まで民政党、それから新党友愛とも会って打診している。最後まで抵抗したのは新党友愛です。羽田さんは六日のうちには返事をしていない。

川戸　あ、そうですか。

▽オリーブの木構想における誤解

成田　六日の夜に細川さんが菅さん、鳩山由紀夫さんと話したときには、羽田さんの反応はまだ入ってきていなかった。でも、会談後「翌日までにこれを丸呑みすべきだ」と言ったのは旧自民党の民政党の幹部級の議員たちですよ。そのあたりがいちばん強く言った。細川さんも最終的には新党しかないだろうと思っていたから、民主党の条件を呑んで九日の提案になったんです。

それで川戸さんが言われたなかで、最初に「民主党と新党友愛が統一会派を作る」という点ですが、これがうまくいかなかった。実際に四党が集まると、いちばん遠いのは民主党と新党友愛なんですよ。総評・同盟の昔からの対立ですね。結局、民政党が真ん中なんですよ。それで、統一準備会議の議長も鹿野さんがなり、民政党がバランスを取る役になった。

新党名を「民主党」にするということに新党友愛は最後まで反対したけれども、民主党が言い出して、民政党と民主改革連合が呑んで、三党がOKと言っちゃったから、新党友愛は最後まで一人では頑張れないということと、もう一つは連合が新党友愛を説得したわけです。これは連合が果たした役割のいちばん大きな部分だったろうと思う。

それでちょっと一つ、川戸さんの見方に異論なんです。東京四区補選で新党アレルギーがあったということですが、私の解釈は逆で、まだ新党になっていなかったから勝てなかったと。つまり、無所属だからビラが配れない、政党ポスターが貼れない、テレビの政見放送ができない。それで投票所に行くと、政党のポスターはみんな貼ってあるんだけれども、松原《まつばら》（仁《じん》）さんのポスターだけ貼ってない。投票所の前でポスターを見て決めている人もいるわけだから、そういう意味でものすごくハンデだし、どうしてこのハンデがあったかというと、まだ新党になっていなかったからです。だから新党アレルギーの問題よりも逆に新党のアドバンテージが発揮できなかった選挙だと思います。確かに新・民主党が立ち上がっていて、新・民主党公認で出て勝てたかどうかはかなり疑問が残る。それは森田健作《もりたけんさく》の名前が通っているとか、知名度だとか、共産党がかなり取ったとかということはあるが、根本的な問題は投票率が低かったことです。

川戸　そうですね。

成田　投票へ行かなかった人の調査というのは出ていないけれども、読売新聞によると無党派のなかでは、やはり松原が一番いいという。

川戸　新しい民友連の方がいいと書いていましたよね。

成田　それをどう投票に足を運ばせるかということが……。

川戸　でもＴＢＳの調査では「新党に期待しない」というのが非常に多かったんですよ。

成田　それは、新聞社の調査でも「新党に期待しない」というのが五〇何％いて、新党に期待するのが二〇何％。それでいいんですよ。それで立ち上げて政党支持率一二〜一三％出れば大丈夫ですよ。支持率が一二〜一三％出れば、参院比例区はだいたい二五％ぐらい取るんです。そうすると一二人ぐらいでしょう。現職一〇人だから、大成功の部類ですよ。そうすると勢いがついてくるから、五〇％新党に期待しないというのが出ても、新党に期待するというのが二〇％から二五％出れば、これは成功するんですよ。

近藤　東京四区の補選の件ですが、松原候補は無所属でイメージがはっきりしなかった、と現職の議員たちが言っていた。やはり、これから必ず政党に属さないとだめだということを強く思った。

川戸　だから宮城六区で、菊池福治郎《きくちふくじろう》さんのあとの補選のとき、大石正光《おおいしまさみつ》さんがまさにそれで負けたわけですね。だからなぜその教訓を生かさなかったのかと思うんですが、他方では「国会、国政をないがしろにした」と言われたように、民主党が新・民主党という党づくりにあまりにも行ってしまったというのがあったのと、もう一つは長崎一区補選は民主党でやって負けたとの思いはあったんでしょうか。

成田　いや、四党協力の証として無所属にしたんでしょう。それは制度に対する無知ですよ。

早野　テレビの方は、やったんですかね。

成田　やった。政見放送じゃなくて、政党放送ですよ。

川戸　そう、政党放送をラジオもやったし、テレビもやったんですけれども、（松原候補は）出られないんですよ。

早野　ちょっとおかしいねえ。

川戸　本当にそうなんですよ。

内田　それは新制度のイロハみたいなことなのに、誰も気づかなかったというのは……。

早野　考えられないですねえ。

川戸　本当に。

早野　特に比例区と政党助成金の関係はどういうんでしたっけ。

成田　比例区は従来から確認団体のかたちで統一名簿は出せる。出せるけれども、それは政党じゃないから政党助成金がこないんです。

早野　確認団体では政党助成金が出ないということですな。

成田　そうです。政党が候補を出して得票すると、その得票数分の助成金が来るけれども、確認団体は政党じゃないから得票主体にならないんです。

早野　政党連合をして確認団体をつくってもだめだと。

成田　だめ。政党助成金は来ない。

早野　結局、ばらばらに各党でやるか、新党か。

成田　そう、そう。だから参議院新党だけやるとかいうこともあったんです。あるいは名簿新党論とか、選挙区は別々でも比例名簿だけは新党にするとかね。

早野　それで現職議員が何人とか、既成政党になっていればいいわけですね。

川戸　オリーブの木というのは、比例はばらばらで、選挙区だけ協力なんでしょう。

成田　いや、オリーブの木というのは、日本では非常に誤解されているけれども、あれはプロディを首相にする運動なんです。まず勝手連があり、プロディを首相にしようという運動があるんです。プロディも実はなかなか野心家で、誰かのときに短期間、大臣をやって、その後、復興公社の総裁になって、一時期、ベルルスコーニが退陣した後の非政党内閣の首班候補に名前があがったが、なりそこねる。それで彼自身は「首相になりたい」という気があって、彼が無所属のまま立候補に名乗りをあげる。そこで組織論的には勝手連が組織され、全国で二〇〇〇ぐらいそういうプロディを首相にする運動の組織ができるんです。

中道左派のいちばん大きいところは左翼民主党ですが、これは旧共産党ですから自ら首相候補を掲げると、バッシングを受ける。そこで左翼民主党がプロディの運動に乗っかった。だからあれは政党連合じゃなくて、プロディを首相にする勝手連の運動に各政党が乗っかったという運動なんですね。だから日本でこれが政党主体の政党連合と言われたのは、かなり理解の仕方が違う。

川戸　ええ、違っていますね。

成田　伊藤茂さんは、そのへんがよく分かっていない。菅さんはよく分かっていて、新党をつくらなくても自分が首相になる方法というのは……。

川戸　そう、そう、絶対そう思う。これを見ていると、一から十までそうです。まずは自分の代表ありきで、だから揺れるんですよ。どういう状態になれば、自分がなれるかということがまず第一だから、オリーブの木の方がいいとか、政党連合の方がいいとか、対応がころころ変わるわけです。

成田　菅さんはそっちに乗りたかったのに、「民主党の名前が絶対だ」という枠をはめられたというのが全体の構図ですよ。

曽根　ひと言。オリーブの木か、新党か、政党連合かという選択をしたんだけれども、オリーブの木を言った人はいる。特に名古屋大の後《うしろ》（房雄《ふさお》）さん。彼が盛んに言ったんだけれども、決定的に違うところは共産党問題なんですよ。共産党抜きのオリーブの木というのはあり得ない。だって、東京四区を見たら分かる。オリーブの木だったら松原仁と共産党の票を合計すれば勝てる。

川戸　そうですね。

曽根　それをやるのがオリーブの木なんですよ。だから実際上は左派と言うけれども、イタリアのオリーブの木はうんと悪く見れば旧共産党を組み込む発想なんですよ。そこをみんな無視して、共産党は棚上げしておいて、その狭いところでオリーブの木と言うから絶対票が足りない。どだい最初から成り立たない話なんですよ。

　だけど、成り立つように思い込むのは、確かに共産党が一〇％以下で小さければ、これは無視していい。そうすると自民党と民主党でやれる。あるいはオリーブの木で行けるということになる。テクニカルには全く成田さんの言うとおり、政治のスペクトラムからいったら共産党問題をどう乗り越えるか。

早野　その場合に、共産党が社民党に代わらなきゃいかんでしょう。

近藤　可能性は？

早野　でも、ごく少数の共産党の原理主義が……。

成田　共産党問題は日本に置き換えると革新問題だから、社会党のかなり左の方とかが……。

早野　共産党も何か変身してきているからねえ。

川戸　そう、そう、この問題は共産党まで含めないと。

成田　いや、共産党との政党連合は難しいと思う。

曽根　そう、難しいと思う。共産党は自分たちの独自路線で行っている。自共対立という名目でずうっとやるのが独自戦略としては正しい。それであわよくば、批判的な無党派を取り込み、それで着実に議席を確保する。オリーブの木みたいに「菅でいいよ」と言って乗っかるところまで来ないですよ。

蒲島　これほど民主党が伸びたのは共産党にとって意外だったでしょうね。あのへんがもっと崩壊してしまえば、共産党の陣地になる可能性があった。

川戸　だから共産党がいちばん対民主党ということで意識をしてた。

蒲島　こんど（東京四区補選で）共産党の場合は民主党と

同じぐらい得票したけれど、あの候補は強い候補らしいですね。

川戸　ええ、強いです。選挙対策をずうっとやっていた候補なんですよ。だから落下傘といってもやはり違っていた。

蒲島　だから共産党のネーム・プラスアルファがある人。

川戸　そうですね。

早野　でも、ぜんぜん有権者には知られていないでしょ。

成田　あそこの旧二区は、もともと共産党が議席を持っていた。

川戸　ローラー作戦がすごかったんです。

蒲島　結局、組織を動員できるところは強い。

成田　特にああいう低投票率だとね。

川戸　そう、投票率が低いとね、やっぱり共産党躍進に見えるんです。もちろんたくさん取ったんですけれどもね。

▽のんびり構えていた鳩山兄弟

曽根　オリーブの木が一個目で、二個目の問題は、小沢さんのときと同じなんですけれど、時間の問題がそれぞれみんな違ったんですよね。鳩山兄弟は時間的にはかなりのんびりしていいという立場だった。ところが鹿野さんたちは「こんどの参院選で政党ができなかったら、もうないよ。のんびり構えていられない。とにかくここで一気に新党まで」という立場だった。ですから時間というのは、鳩山兄弟が一番ゆっくりしている方で、羽田、鹿野はわりと焦っていた。しかも、次の衆院選よりも目先の参院選という。そういう意味でいうと、新・民主党のもとで次の衆院選までどうもたせるかという作戦は、実はまだ弱い。

それと関係して三個目の問題が、実は経済状況と支持率の問題なんです。経済状況がこれほど悪くて、それで東京四区では、タレントということもあるけれども、かなり自民党に自信を持たせる結果になった。そういう意味でいうと、民主党の支持率がこの前、日経新聞で一九％と出た。あれは意味のある数字なんだけれども、それとこの東京四区が結び付かないんですよ。成田さんはさっき「一一～一二％あればいい」と言い、確かにその通りなんです。つまり絶対的な支持率じゃなくて伸び率の問題ですから、着実に伸びていくと受け止められる支持率をどう確保するかなんですね。

川戸　あの一九％は、聞き方がそもそも支持率を聞いた後に「もしこういう新しい党ができたら、どのくらい支持しますか」という話だから、まだできていないんですよ。だからあれは期待値であって、それは本当に（選挙結果に）結び付かないということは非常に分かる。

早野　あのとき「自民党支持で新・民主党を支持する」なんていう変なのがあったな。

川戸　そう、それがあるわけです。それは本当に聞き方の違いでありましてね。

▽有権者はなぜ怒らないか

蒲島　過去の選挙結果からみると、「不況のとき自民党が負ける」というのはない。いままでの日本では、結局、野党がだらしないこともあるけれど、だいたい経済状況がとても悪いときにはむしろ自民党の方へ行く。こんどの大田区（東京四区）もそれが……。

成田　それは変わってくると思うけれど。

曽根　というか、次の選挙と関係するけれども、住専のときに六八五〇億円という、いまから考えれば額にしてわずかですよ。でも、あれでも国民は怒った。消費税のときもそうだった。ところが今ぜんぜん怒っていないんですよ。事態は住専のときや消費税導入のときよりもはるかにひどい。ほとんど原因は政策のミスですよ。であるにもかかわらず、国民は怒っていないんですよ。

蒲島　ショックが少しずつしか入ってきていない。

成田　いや、大型公共事業を打ったら支持率が上がるかというと、全くマイナス・イメージになっているというところが昔と決定的に状況が違う。

蒲島　野党もこの経済不況を争点化できないでしょう。不況がじわーっと来ているから。そういう意味で住専なんかのときは不公正のイメージが大きかった。

曽根　いや、それはマスコミにしろ野党にしろ、もうちょっと知恵を出せばいくらでもできる話だ。事実はこれだけあるんだから。

近藤　だけど、鳩山邦夫さんだって、この前、「こうなったら参院選まで負け続けていい」って言っている。あの言い方は何なんですか。

早野　いや、そういう意味ではこんどのはいい薬だったでしょう。とにかくふわふわとは行かないんだということは明らかになって、それはもう日本新党の経験、新進党の経験もさんざん有権者の側がしているわけだから……。

近藤　有権者は裏切られ続けているわけです。

早野　そこのところが明らかにあるということは、新・民主党をつくる側だって、もういっぺん腹にどーんと納めたというい薬ですよ（笑）。もう一つは、自民党もちっとも変わっていなくて、たぶんようやくすり抜けた感じでしょ。だから「不況だと自民党」という構図がそのまま行かないような気がする。明らかに投票に行かない人のところにじわーと怒りが蓄積されちゃっている。

近藤　「ずっと自民支持できたけれど、投票に行かない」という人が増加している。

早野　これがどういうふうにほどけるかということなんだろうなとは思う。

▽分かりやすくなった対立軸

成田　ちょっとコメントを付け加えると、川戸さんが「新進党の縮小再生産」と言われたが、それは私はかなり違うと思うんですね。

川戸　あ、そうですか。

成田　決定的に違うのは、新・民主党ではまず小沢一郎という大変強い個性とカリスマ性を持った政治家がいない。小沢さんと細川さんはかなり違う。それで新進党の末期は完全に小沢さんの生き残り戦略に振り回されたという面がある。そういう小沢さんがいないということがまず一つね。

川戸　いや、末期じゃなくて、つくり方なわけですよ。

成田　つくり方も含めての話です。新進党のときは「小沢幹事長」が最初から決まっていた。小沢さんに相当する人物がいないこと、それから創価学会・公明党に相当するものがないことが違う。民主党は何回か選挙を繰り返していくと、旧党派のどこからでもない、要するに新・民主党の候補者が出てきて代替わりをしていって、いずれ民主党だけの人間になっちゃうんです。

川戸　ええ、分かります。

成田　ところが学会・公明党は、代替わりしても消えない組織なんです。

川戸　マイナスされた部分が質的には新進党の大きな部分を占めていたので、形の上では似ていても性格は大きく変わりましたね。

成田　それと新・民主党の公式的説明のもう一つは蒲島理論なんですよ。新進党は自民党をまたいで自民党より右と左の両方が入っていた。ところが、こんどの新・民主党はみんな自民党と社民党の間だ。幅はあるけれども、一応クロスはない。

近藤　それがセンター・レフトでしょ？

成田　いや、センター・レフト論はまた違うんです。

川戸　だから逆にいえば、今回プラスの点は、非常に分かりやすくなったということがすごいメリットだという話なんです。

成田　そう、そう。それで対立軸については、細川さんが「細川ペーパー」を出した後の統一準備会の理念政策委員会で、わりあいにいい対立軸を出したと思う。それは既得権益構造から排除されてきた人々の側に立つということね。これは、例えば「中道」ということは加藤紘一も言っているんだけれども、既得権益の構造から排除されてきた人々の側に立つのか、それとも既得権益を今後も擁護して守り続けていく人々の側に立つのかというと、確かに加藤紘一流の中道とは別だということになる。

川戸　そうですね。

成田　僕は、これはいい対立軸だと思う。それはエリート官僚の腐敗だとか接待だとか、また銀行を救済してとか、やはり特権層が救済されているじゃないかとか、要するにこれまでは特権層がうまくやっていたという実質的な不平等が存在したんだということが最近次々に明らかになっているから、国民の実感に訴える非常にいい対立軸だ。だからそれを育てていく必要があると思います。

もう一つは新進党と違って、野党の役割が大切だということがきちんと出ていること。理念・政策が大切だというのは、一見、非常に説得力をもっていて、マスコミもそれに洗脳されちゃった面があるけれども、それじゃ、理念・政策が一致すれば、野党も与党と保保でやるのか、それともあくまでも与党と野党の役割分担が大切だという考えに立つかは基本的に違うわけです。最もベーシックな問題は役割分担の問題であって、野党は野党の役割分担をしなきゃならんということなんですよ。

ところが、いま理念・政策が大切だという考えに、ちょっとマスコミはハイジャックされた感じがあって、それが強調されすぎている面がある。だけれども、やはり重要なのは野党の役割です。それは政権の受け皿であり、批判勢力であるということ。それはこんどの新・民主党では非常にきっちりしていると思う。

曽根　やっと菅がそこまで学習してきた（笑）。

井芹　「政策が一致すれば一緒にやる」という小沢理論は、実際にいまの自民党政権が実践している。昨日まで「二兆円減税だめだ」とか言って、すぐ次の日は変わる。そして「政策がいいから取り入れたんだ」と。連合政権をつくってその政策を言っていた政治家を閣僚に就けるのではなく、政策の中身だけ取っちゃう。

だけど、そうなると、政権としてどこまでが責任範囲だったのか、基本的な政策は何だったのかも分からなくなってしまう。「けじめをつけて転換します」と言うんなら、それはそれで信任投票を受けるからいいけれども、すべてがなし崩しだ。自分たちの執行部が批判されないと見通したら、おそるおそる次に進む。これでは分かりにくい政治がいよいよ分かりにくくなっていく。

成田　それが、きょうの早野さんの「ポリティカ日本」（一九九八年三月三十一日）ですよ（笑）。

井芹　ええ。ある面で小沢政策はうまく取られちゃっているわけ。だから、そうじゃなくて、いま（与党と野党の）役割分担のかぎりで、「ここまでやったんだけれど、だめならば交代してもらう」というところをきちっとしないといけない。

曽根　ついでに言っとくと、理念・政策で言えば、金融問題がこんなになったとき、出てきたアイデアのなかでいちばん真っ当なのは梶山なんですよ。それは野党から出たんじゃない。理念・政策と言うけれども、小沢さんはものすごい原則のところしか言っていない。個別の具体的な問題には答えられない。それは小沢さんの限界なんですよ。

早野　成田さん、僕は（新・民主党の政策を）精密に読んでいないんだけれど、「既得権益から排除された層……」というのは？

成田　「既得権益から排除された人々の側に立つ」と。

早野　その範囲、ちょっと狭過ぎませんか。「既得権益から排除」というと、結構、みんな「既得権益だなあ」と思っているから……。

成田　いや、やっぱり国民のマジョリティーが既得権益から排除されているんじゃないの。

早野　そういう感じに取れますかね。

成田　不公平税制なんかも含めてね。

早野　「特権層はけしからん」と言って、それ以外の人が団結するというんなら分かるが。

成田　まあ、一種の都市型政党なんだけれども、特権層だけじゃなくて、地方への手厚い公共事業の配分とかも含めてね。

早野　それが既得権益でしょ？　そうすると、「排除されている人」というのが何か量的に少なくならないかな。

近藤　議員の選挙マシーンに属している人はすべて既得権益受益層、特権層になってしまう。

早野　既得権益を捨てていこう、あるいは組み替えていかないと、その先はもたないと。

成田　いや、やっぱりいろいろ世の中の仕組みが暴露されてきてみると、「自分はずいぶん排除されていたんだな」と気付く人間はいっぱいいるわけですよ。

早野　もちろんそれはある。

成田　「こんなおかしいことが世の中の仕組みになっていたのか」って。

川戸　ねえ、「ドボンもザブンももらっていない」とかね（笑）。

成田　そう、そう。

川戸　それはいろいろある。

早野　そういうふうに取れるかな。それならいいんだけれども。

曽根　早野さんの言う「ある特定の人だけを保護するための政策」なんていうのはできないですよ。社会保障なんていうのはミドル・クラス相手の政策になっちゃうわけですよ。そこまで含めると既得権益から誰も外れてはいない。だけど、あえて作戦上、もうちょっと分かりやすく、納税者と消費者と出したでしょ。納税者のところは攻めるべきだ。「税金払っているけども、損しているよ、どのぐらい損しているの?」というところを具体的に明らかにすべきだな。

▽「社さ」はどう動くか

井芹　いま出なかった、ちょっと別のところにいる社民党・さきがけの問題はどうだろうか。どうも日本では共産党まで入れるのは、ちょっといまの政治風土では現実的でないが、社民・さきがけは本来ならばオリーブの木に集まってよかったはずなんだけれど、いまの与党体制では、自民党に絡め取られちゃっているので出てこられない。

そうすると、二つの問題があって、民主党側からは社民・さきがけに対してどういう働きかけをしていくかという問題と、こんどは逆に社民・さきがけは生き残りをはかるためにはどうしたらいいのかと。実は先ほどの小選挙区比例代表並立制の趣旨からいっても、小選挙区、比例区とも死滅していくしかない。自民党が席を譲ってくれるわけではなし……（笑）。

川戸　ただ、社民党は現在の支持率はかなりいい。だから与党に安住しているわけです。これだったらある程度取れるし、逆に大きくならなくてもと思っている。

井芹　そう。そこで自己矛盾に陥っているのは、与党を外れると、さらにがたんと落ちちゃうだろうと。

川戸　自民党は（社民党を）切らないと言っている。自分から出ていくのはいいけれどもと。

井芹　次の総選挙では否応なく清算させられるわけです。そこまでは世論調査である程度の政党支持率をもらっても、小選挙区では議席を取れない。

川戸　ただ、比例区で取れるという。

井芹　比例政党ということね。

川戸　そう、比例政党。しかも与党に入っていれば、自分たちの政策は実現される。「私たちの存在で自民党の政策を変えられる」と言える。

成田　問題は選挙で何人生き残れるかだ。

川戸　だって衆院二人のさきがけだって、武村さんは「四人でも金融・財政の分離のときに、私たちの言ったことでこうなった」と言って自慢しているわけですからね。つまり、それと同じ理論。

井芹　ただ、さきがけの場合、なぜ二人の意義が大きいかというと、それは社民へのバッファーとして大きい。しかも社民は参議院であれだけ議席を持っているのであって、それが大幅に減ってくれれば、バッファーたるさきがけに対してはもちろん、本体の社民に対しての対応も違ってくる。だから社民党が二人になって自民党にくっつくのでは何の意味もない。比例で一〇人ぐらいだと、ある程度扱ってくれるかな。

川戸　でも一一ブロックでしょ。各ブロック一人ずつでも一一人に……。

蒲島　でも、参議院で自民党がマジョリティー取れば排除される。いま「一緒にやりますよ」と言っても、そんなことはあり得ない。とにかく数が足りないから、そう言っている。自民党が過半数取っちゃえば、もう絶対切るよ。

川戸　ただ、小選挙区制の制度に慣れるまでは、もう少し怖がっているんじゃない？　やはり安全パイは常に取っておこうというのはないんでしょうか。

成田　小さくなっちゃったら安全パイにならないじゃない。

蒲島　政党の連合はものすごくクールな計算の下に行われるから、そういう意味では自民党がマジョリティーを取っても、社民党とかさきがけが安泰ということは絶対あり得ないと思う。

早野　いまのは土井（たか子）さんと村山さんが引退するまでのちょっとした踊り場ですよ。代替わりしたら、もう民主党と一緒になる以外ない。

川戸　私もそう思う。

内田　質問だけれど、いまの社民党にかなりの支持率が（世論）調査で出てくるのは、あれは何なの？　いま名前の出た土井たか子（人気）という問題がまだあるの？

川戸　それがあるんでしょうね。変わらない社民党支持というのが……。

内田　それといまの政権のつっかえ棒としての存在価値かな。

早野　土井たか子の存在があるのと民主党がいま一つぱっとしなかったからでしょう。

蒲島　相対的なものだな。

内田　しかし、不思議だね、私には不思議だ。

井芹　老舗《しにせ》効果ですかね。

成田　テレビのニュースで頻繁に出てきて、映像も出るからですよ。

早野　それと地方組織の残骸がそれなりにあるからなあ。

川戸　それはそうなんですよ。民主党は自民党から出てきた人達もいる政党になってしまったし、かといって新社会党にも行けない層は自分たちのところをしっかり守ろうとするんですよ。

▽民主党は地方組織の問題をどうするか

早野　民主党の地方組織の問題なんだけれど、これはかなり大変なんだな。選挙をやると、（旧）民社党なら小さいけれど必死に頑張るじゃないですか。それぞれが頑張ったけれど、いままでばらばらのものが、こんど党としては一緒になる。ところが地方組織はみんなばらばらなんです。

成田　そう、そう。

早野　地方は政党連合で行く以外ない。そうすると、それぞれが自分の候補を必死に当選させるというわけじゃないから、だらける。お互いの連絡もうまくいかない。こんどの東京四区でもそういう現象が起きていたらしいけれども、違う組織がそれぞれやっていたら連絡一つうまくいかないですわな。そういうことが起きると、技術的に票が取れないということがあり得る。これが心配なんだな。

成田　そう、これは新・民主党の最大の問題ですよ。

早野　これは共産党と著しく違っちゃってる。

成田　地方の支部をどういうモデルでつくるかが新・民主党の大きな課題。例えば市民の委員会みたいなものをつくって、そこに旧総評系と旧同盟系の組織がぶら下がるという形にするとかね。総選挙までの課題ですよ。

早野　その二つの課題をどうするかね。

蒲島　それから（問題は）候補者じゃない？

成田　候補者ももちろん問題。候補者の発掘の問題。

内田　私の感想は二つあって、一つは、蒲島先生が去年から言っておられた説を私は盛んにPRしているんですが、この数カ月の政界・政党のビッグバンの意味は、交通整理が進んだということだと思うんですね。つまり右に小沢自由党が出た。共産党は左の端に頑としている。そこの真ん中のところで、さっき成田さんが言ったように、自民党というセンター・ライトと、センター・レフト的なところにどうやらこの新党が座りそうだ。そうすると、あとは公明ですよ。公明がセンター・レフトと共産の間なのか何か知らんが、とにかく一つのグループとしてある。これはやはり十数党というのに比べるとかなり交通整理が進んだね。

川戸　（公明は）自民党と民主党との間でしょう。

内田　うん、その間だな。だから一歩前進ではないかというのが一つですね。もう一つはこの民主党の評価なんですよ。確かにこんどの過程で民主党が「党名もおれだ」「代表も菅だ」と言って、いかにも虫が良すぎるじゃないかという一般的なイメージがあるけれども、民主党の幹部に言わせると、「当たり前だ」と。つまり「組織を持っているのは民主党だけなんだ。一昨年の総選挙前に新党創設で旗を立て、とにもかくにも組織をつくってきた。他の党は組織が何もないじゃないか。それを対等の連合とか合併とか、そんなことができるはずない」というのは一理あると私は思っているんですよ。

ただし、その民主党の組織なるものはまさに社民党なんですよ。社民党・旧社会党（の組織）なんでね。それがこんどの選挙でも非常に問題を起こす。起こしつつある。さっきの候補者の選び方でも、社民党から民主党に入った分子が各地域でこんどの新党を撹乱している面がある。これはまた連合の問題でもあるので、友愛会系と総評系という問題もある。その二つの問題を私は非常に感じますね。だから新・民主党がいったいいまのお話で、どういうまとまり方でやれるのかというのは大変な問題だ。

早野　次の「おれは民主党だ」という世代がどうやって出てくるのか。そこまでもつのか。もたせなきゃいかんでしょ。

井芹　二回ぐらい総選挙するまではね。そういう意味では時間が必要。小沢さんは急ぎ過ぎた。政党にとっては一定の時間を稼いで「ああ、この政党はこういう政党なんだ」と社会的に認知されないと。さっきの社民党の支持率が議員の数に比べると相当残っているのは、やはり老舗として活動してきたことからの遺産だと思う。

ところが、民主党にはいまそれがない。ただ、支持率一〇何％は、遺産ゼロから出発したにしては非常に大きい。こんどの参院選は比例で一〇議席が勝敗の分かれ目だろう。一ケタでなく二ケタになれば、ともかく次へステップができる。

内田　それは民主党のこと？

井芹　ええ、民主党の比例区です。そこで総選挙二回ぐらいの間に、地方組織が融和して党としての組織が育っていけば、それで初めて自民党とイコール・フッティング（同条件）になる。いまはあまりにも条件が違い過ぎてて、名門校と初出場校との野球試合みたいなものですね。

川戸　ブレア英首相のアドバイスも「私たちも一〇何年（野党をやってきた）」という話じゃないですか。

井芹　そう、そう。

川戸　それから八党合意のときも、村山政権になったときも、「あまりにも早く政権を取りすぎた。もう少し野党とは何かをあのとき議論してつくり上げていけばこういうふうにならなかった」という反省があった。逆にいえば、いま何もすぐに政権ということではないわけですね。特に鳩山さんなんかは時間があるというか、そのスタンスでいるわけだし、鹿野さんだってそうなんですね。いま代表にならなくともいいという。ただ、一つの党になっていれば、それはわがままの度合いも違うわけだし、自民党の総務会じゃないけれど、どっかでガス抜きをすれば、そこは可能な部分が増えてくるわけです。

早野　そういうことを羽田幹事長はできるかな。

川戸　それは知りませんけれども（笑）。

早野　菅代表、羽田幹事長がきょう（三月三十一日）決まったらしいですね。

川戸　たぶん、（幹事長）代理をテレビに出したいということで……。

成田　幹事長代理は鳩山由紀夫さんです。

川戸　そう。だからそういう思惑なんですよ。「僕（羽田氏）はとにかくテレビには出たくない」とかね。

近藤　あの人は論戦したら負けるでしょう。

川戸　そう、そう。それを自分が知っているから、自分は幹事長を引き受けても、なるべく幹事長代理を……。

井芹　でも羽田さんを印象悪く思う人はいないよ。

早野　それはそうだ。歯がゆいということはあるんだが……。

内田　あの人はいい人だからね、「元総理が幹事長をやるのか」というのはプラス・イメージですよ。

早野　そうですかね？

内田　私はそう思っているんだ。だから細川が「こんどは黒衣《くろこ》に徹する」といって貫いたから彼の評価も上がるんだよ。もう一人の羽田が「おれが菅の代わりの党首だ、党首だ」とわめいていたんじゃだめだが、それが「おれは幹事長をやる」

と。

早野 前からそうではなかったのに、マスコミがいつまでも「羽田も（代表に）意欲」とか書いていたのが少し気の毒なぐらいだった（笑）。

近藤 羽田さんは紙面で菅さんの悪口、言い過ぎたんだよ。

川戸 菅さんの悪口はみんな言っているのに……。

蒲島 民主党の結成を見て僕なりに感じたのは、いま「民主党が党名も取って、党首も取ったという喜びに浸っている」とおっしゃったけれども、むしろ民主党は細川さんに乗っ取られたんじゃないの。

近藤 その見方の方が正しいでしょうね。

川戸 ええ、私もそう思いますね。

蒲島 細川さんが九六年の衆院選以降からいちばん欲しかったのは民主党の名前と、小沢抜き・公明党抜きのセンター・レフトでしょう。

曽根 成田さんにちょっと確認ですが、新・民主党の党組織を非常に旧来的な形にしたが、これは組織論として新しい中央組織を考える時間がなかったのか、あるいは将来考えようとしているのか、それとも将来も全く考えないのか、どうなんですか。

成田 将来も考えないということはないと思うけれども……。

曽根 だからブレアに学ぶとしたら、ブレア・スタイルの、要するに野党であり、かつポリシー・ユニット（ブレーンによる政策室）を中心とする構造にしないといけないのではないですか。ところが実際は自民党の対称形をつくるわけです。これでやってもいいんですけれど、野党のときではだめなんですよ。それで政策ごとに担当者を決め、絶対勝てる人を配置して論争やらないと。つまり横並びの幹事長だとか代表が出てきて論争しても、ちっともテレビで魅力出ない。さっき地方組織問題が出ましたけれどね、地方組織よりも中央組織の方が変えやすいのですが、そこの議論はほとんど出なかったですか。

成田 私は個人的には、途中で民主党が提案した「院内総務会」という考え方には非常に賛成なんですよ。あれはヨーロッパの最もスタンダードなやり方で、つまり、全国組織の政党と議員団による院内組織・会派とを分離して、国会マターおよび国会における政策マターは議員団の仕事だと。

近藤 そうですね。

成田 それで党幹事長は全国組織の方の長で、やるのは選挙と国民運動。これには羽田さんを据える。こういうのが良かったんですけれども、揺り返しで、結局、自民党相似形になってしまったのは、やはり自民党中心の古い仕組みで育ってきた人たちの発想が抜けなかったということだと思いますけれどね。

川戸 でも、院内総務会に反対というのは友愛からの反対じゃないんですか。そんな次元の問題じゃないんじゃないですか。

成田　ええ、具体的な顔ぶれの問題も絡んでいた。じゃ、時間があったら新しい仕組みができたかというと、これも疑問で、曽根さんの言われたところはこれからの課題だと思う。細川さんの提案で言うと、「首班候補と影の内閣をきちんと決めろ。影の内閣は全部を網羅しないまでも、主要な閣僚だけは決めておくべきだ」と。

川戸　でも、それは皆さん乗ったんじゃないですか。

成田　ええ、そっちに力を置いているから、党組織はほどほどにやってくれればいいと、こういう問題意識ですね。

川戸　総務会によるチェック機能って話も出ていた。

成田　チェック機能は幹事長に対するチェック機能ということです。あれは友愛も相当こだわっていたからね。

第八章　参院選で有権者はどういう意思を示したか

報告者・蒲島郁夫（一九九八年七月三十一日）

七月一二日に参院選が終わりました。自民党が大負けして、その結果、橋本首相が辞任した。自民党の敗因は何かということになると、橋本首相にも理解できないかもしれない。今日の報告では、自民党の敗因を客観的に分析してみたい。この分析結果は、来月号の『中央公論』（一九九八年九月号）に載りますので、理解できない分はそちらの方をご参考ください。本報告の問題意識は、(1)投票率の上昇と無党派層の動員が本当に自民党の敗北をもたらしたのか。もしそうであったら、どのようなメカニズムでそれをもたらしたのか。(2)業績投票とは何なのか。これまでわが国では、米国などと違って、政府の経済運営の「業績評価」は投票行動を左右する有力な要因ではないといわれてきた。それが今回の選挙にどのように効いたのか。(3)野党協力や自民党の候補者の過剰公認といった与野党の選挙戦略は、どの程度選挙結果に影響を与えたのか。(4)バッファー・プレイヤー（牽制的有権者）は今回の選挙でどう動いたか、の四つです。これらの問題を一つ一つ客観的に分析し、それを通して、日本政治への含意を論じたいと思います。

選挙結果の概観　本格的な分析に入る前に、今回の選挙結果を概観しておきたい。図1は今回の選挙結果と、過去一四回の参院選「政党別獲得議席数の変動」を示している。今回は、改選議席一二六のうち、自民党が獲得したのは追加公認した宮城選出の市川一朗氏と党籍離脱中の斎藤十朗《さいとうじゅうろう》参院議長の二氏を含めて、四五議席にすぎず、非改選の五八議席を加えても過半数に及ばなかった。自民党の改選議席が六一でしたから、今回の選挙で一六議席減らしたことになる。その分、野党が議席を伸ばし、民主党が二七、共産党が一五、公明が九、自由党が六、社民党が五議席獲得した。今回は無所属の当選が一九人と過去最高を記録したが、その内訳は、非自民系が一五人と圧倒的に多く、自民系は新潟の田中直紀氏など二人、純粋無所属が二人です。

今回参院選のもう一つの特徴は、投票率が前回史上最低の四四・五％から五八・八％まで大幅に上昇したことです。前回の低投票率が社会の危機感を招き、投票率向上のための制

図1　政党別獲得議席数の変動

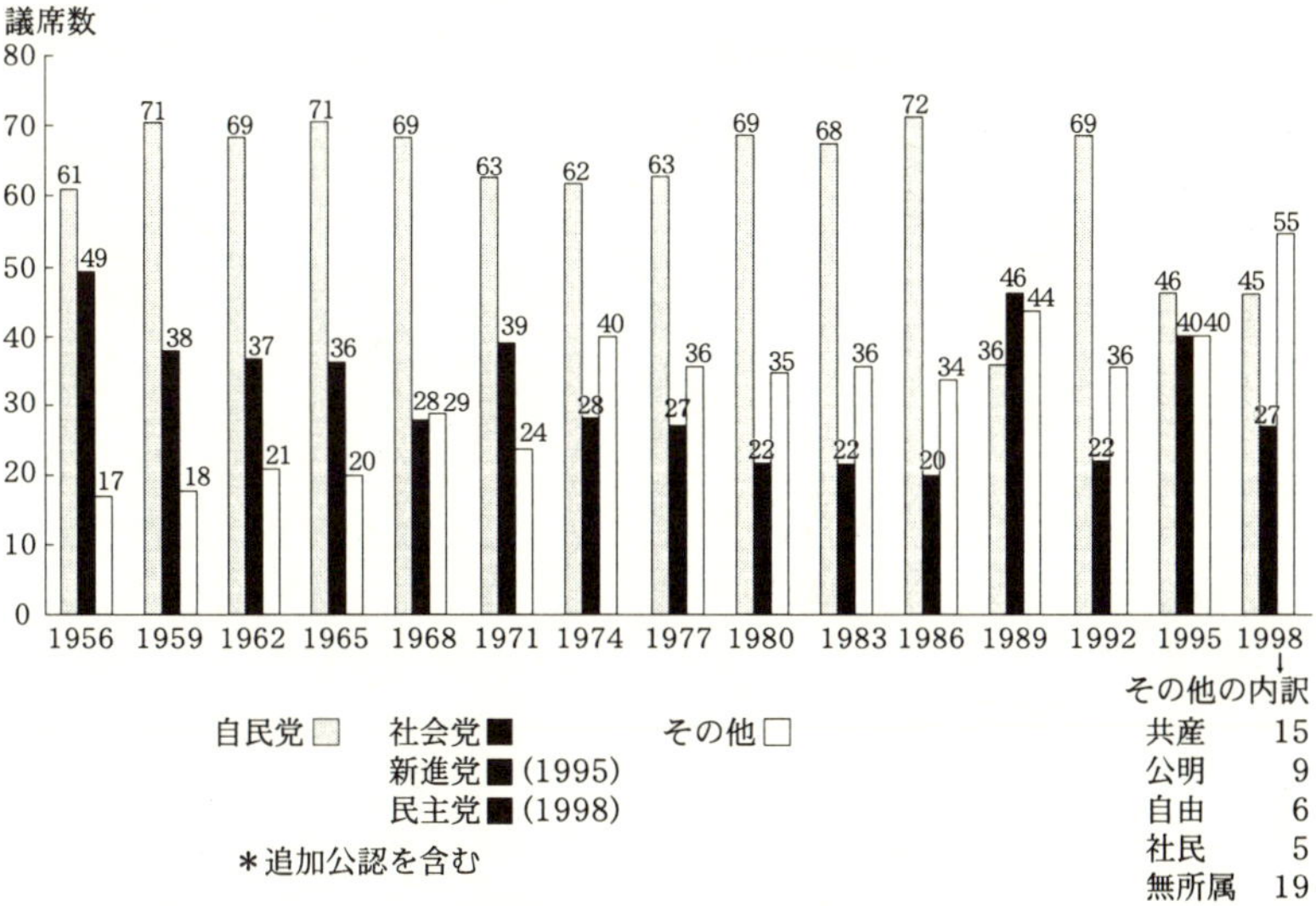

度改革や投票率向上運動が行われ、それが今回の投票率の上昇に結びつきました。自民党幹部の中から「投票率を上げたらだめなんだ。行きたくない人間を投票所に行かせたら自民党に入れるはずないじゃないか」と投票率アップに八つ当たりする声も聞かれたという。投票率の上昇が本当に自民党の敗北をもたらしたのか。もしそうならば、どのようなメカニズムでそれをもたらしたのでしょうか。

投票率上昇と自民大敗のメカニズム　今回参院選における自民党の敗北の原因は、投票率の大幅アップによって、大量の無党派層が投票所に足を運んだためだと言われている。まず、これを検証してみましょう。

図2は過去一五回の投票率（地方区・選挙区）の推移をみたものです。最近、五回の投票率をみると、八六年参院選は衆参同日選挙のため投票率が高くなっている。八九年は消費税導入やリクルート疑惑が争点となり、有権者の政治不満が投票率を押し上げ、今回のように自民党敗北をもたらした。その後、九二年、九五年と投票率の低落傾向が続き、今回の選挙で五八・八四％に回復した。

図2には、自民党の選挙区における相対得票率と絶対得票率を併載した。今回の投票率の上昇は、自民党の絶対得票率も相対得票率も押し上げていることが分かる。投票率の上昇とともに、自民党票も増えたのです。しかし、同時に投票率の大幅アップによって、大量の無党派層が投票に出かけた。

図2　投票率と自民党得票率

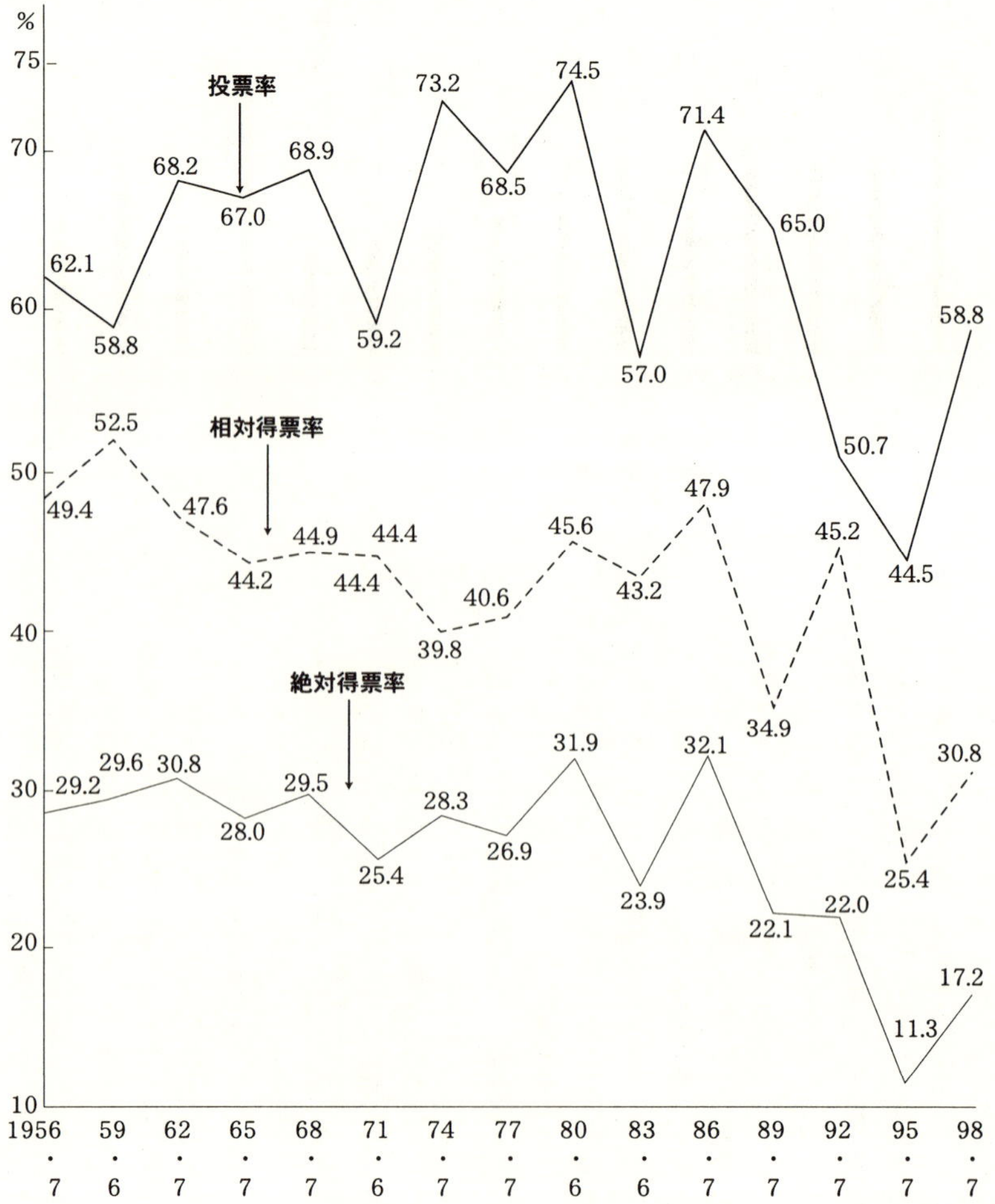

図３　無党派層の投票行動

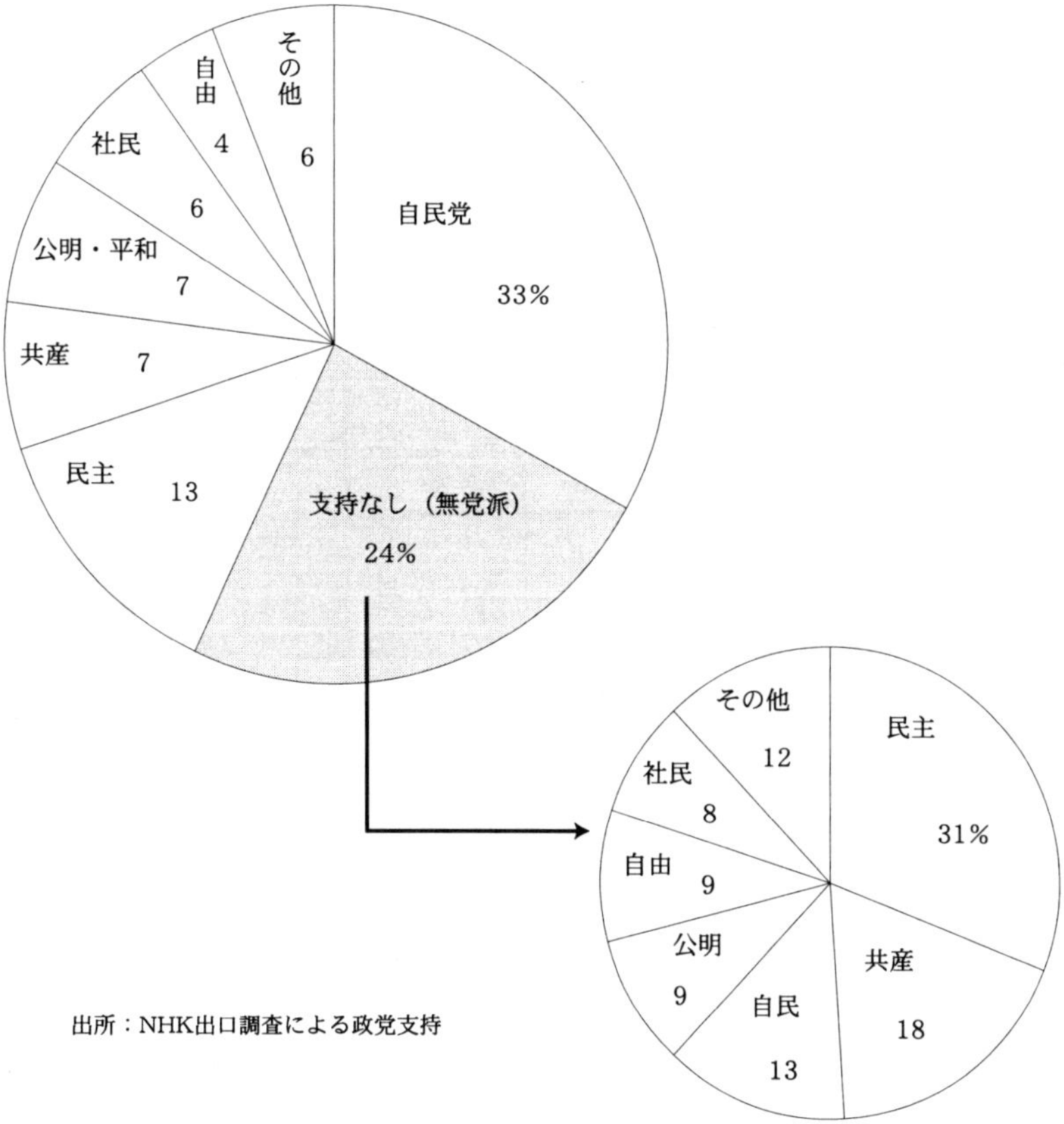

出所：NHK出口調査による政党支持

では、投票者全体に占める無党派層はどの位で、どのような投票行動をとったか。図3がその結果を示している。NHKの出口調査の結果によると、投票した人のなかで、無党派層は二四%です。無党派層の投票政党をみると、民主党が最も多く、比例区で三一%が民主党に投票した。次は共産党で一八%。自民党に投票したのは一三%にすぎない。

投票率上昇と無党派層の動員が自民敗北をもたらしたメカニズムは、前回棄権した無党派層が投票に足を運ぶ→無党派層の最も多くが民主党に投票したが、同時に共産党と自民党にも投票→自民党の絶対得票率も相対得票率も伸びるが、民主党、共産党、野党系無所属はさらに伸びた、というものです。

無党派層といっても、固定的な「常時無党派層」はわずかで、わが国では、無党派になったり政党を支持したりする「一時無党派層」が圧倒的に多い。彼らは、政治的不満が強く、イデオロギー的にはより革新的です（拙著『政権交代と有権者の態度変容』）。今回の選挙では、予想以上に投票率が上がり、本来、現状に批判的な無党派層が投票所に足を運び、その多くが民主党および共産党に票を投じた。過半数獲得を目指す自民党は、組織動員型の選挙に徹し、支持票を上積みはしたが、投票率の上昇による無党派層の大量流入によって、その効果が埋没したのでしょう。

ところで、無党派層はなぜ選挙の直前に投票所に足を運ぶことを決めたのか。あくまで仮説にすぎないが、マスメディアの選挙報道のアナウンスメント効果も見逃せない要因です。たとえば先の東京都知事選では、主要新聞が選挙数日前に青島有利の調査結果を発表し、これによって官僚候補が当然勝つものと考えて諦めていた無党派層が急遽自分の一票の有効性を感じて投票に出かけたといわれる。同じ現象が今回も起きたのではないか。選挙の五日前に、新聞各紙は一斉に議席予測を発表し、多くが自民党の議席を六〇前後と予想した。朝日新聞は「自民、過半数回復困難か」という一面見出しを出している。今回も、自民党が当然勝つものと考えていた無党派層が自分の一票の有効性を認識し、急遽投票に出かけたとも考えられる。

ところで、自民党大敗あるいは惨敗と言われるが、何と比較して負けたかを明らかにする必要がある。前回の九五年参院選と比較するかぎり自民党は負けていないのです。ただ、選挙区において九五年から今回にかけて相対得票率が二五・四%から三〇・八%に伸びたものの、議席獲得は三一議席と変わっていない。自民党は得票率の増大を議席率の増加に結びつけることができなかったという意味での戦略ミスがある。

また、選挙区では得票率を伸ばしているものの、比例区では逆に減らしている。多くの有権者が選挙区では自民党候補者に票を入れたものの、比例区では他の政党に入れるというスプリット・ボート（分割投票）を行ったからです。そのため、比例区での議席を前回の十五議席から十四議席に減らしている。

しかし、この二つの説明では「自民大敗」の激震の大きさが理解できない。自民大敗のショックがあれほど大きかったのは、自民党が目標を六年前の九二年参院選においていたからです。自民党は現有の改選議席を死守すべく、目標を実力以上に高くおいたが、それと現実の成績の落差の大きさにショックを受けたのでしょう。

図2をみると、九二年参院選と比較すると、相対得票率も絶対得票率も低下しているが、前者の下がり方は（マイナス一四・四ポイント）、後者（マイナス四・八ポイント）よりもかなり大きくなっている。九二年参院選から、九八年参院選の間は、日本政治の激動の時期であり、非自民連立政権の成立と崩壊→自社さ連立政権の成立→新進党の結成と崩壊→自民党の復権→民主党の結成などの政治変動が、有権者の意識に大きな影響を与えてきた。そのなかで最も重要なものは、無党派層の増大と自民党の支持基盤の縮小です。今回の自民党敗北は、自民党やマスメディアがこれらの構造変化に注目せず、九二年の時点での自民党の虚像を比較の対象としていたからではないかと思われます。自民党は自民党の虚像に負けてショックを受けたのです。

業績投票の出現―経済失政と自民敗北のメカニズム　与党が政権担当、とりわけ経済運営に失敗したら、選挙で政府を取り替えるというのが、アメリカ流の「業績投票」あるいは「賞罰投票」の考え方です。

業績投票のモデルを最初に確立したM・フィオリナによると、政党業績評価には直接的な経験に基づく評価と、マスメディアなどによって形成される間接的な評価があるといいます（平野浩「選挙研究における『業績評価・経済状況』の現状と課題」『選挙研究』、一九九八年）。

日本の不況はもはや「臨界点」に達しており、直接的に不況の影響を被ってい

図4　三宅一郎による業績評価と投票行動の因果モデル

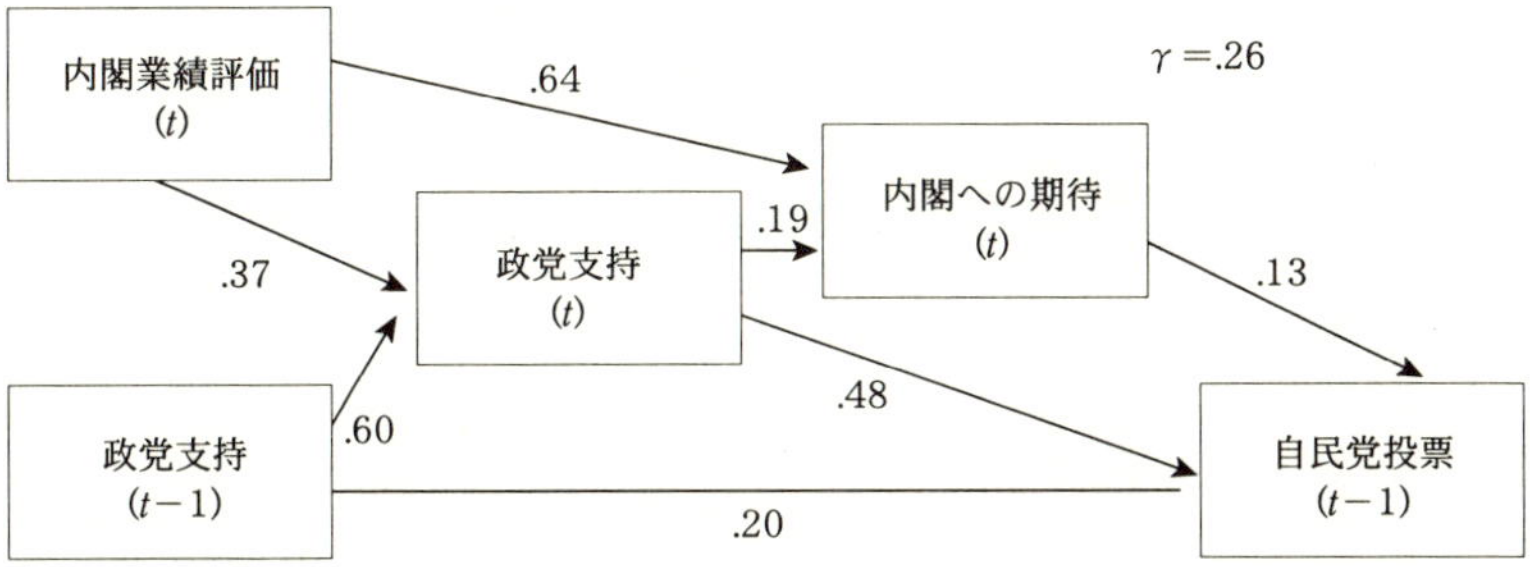

出所：三宅一郎『投票行動』東大出版会，1989年，171頁。

ない人でも、マスメディアの報道を通して危機感を共有している。

三宅一郎がわが国における業績評価と投票行動の因果関係を図4のようにモデル化している。内閣の業績評価は政党支持に影響を与え、それが次の時点での自民党への投票行動を左右する。また、内閣の業績評価は内閣への期待度を通って、弱いながらも自民党投票に影響を与えている。

このモデルに沿って今回の自民敗北を考えると、橋本内閣の経済政策の失政はまず自民党支持を低下させ、それが反自民的投票行動をもたらした。また、橋本内閣の経済政策の失政は内閣への期待を著しく下げ、それが自民党への投票を抑制した。ただ、自民党はこれまで積み立ててきた予備支持があるので、経済政策の失政にもかかわらず、強い自民党支持者は自民党を支持し続け、自民党に投票し、自民党のさらなる敗北を防いだのです。

与野党の選挙戦略―野党協力と自民党候補の共倒れ　野党間協力は三五の選挙区で、四三人の候補者に対して行われた。とりわけ、公明が参加している選挙協力が効果的で、二〇選挙区で一八勝二敗の成績でした。反面、社会党やさきがけが参加している選挙協力は振るわなかった。両党の勢力の低下が、選挙協力の効果にも影響している。

今回はまた、野党相乗りの無所属候補の善戦が目立った。一人区でも野党協力によって五議席を獲得した。一人区で野党が自民党を凌駕するためには、効果的な野党協力だけでなく、候補者の質も必要です。徳島では、野党が故三木《みき》武夫《たけお》元首相の長女、高橋紀世子《たかはしきせこ》氏を擁立し、「野党協力」プラス「候補者要因」で自民党候補に勝利した。青森の田名部《たなぶ》匡省《まさみ》候補も野党協力プラス候補者の知名度で自民党候補者を制した。

すでに、投票率の上昇が自民党の相対得票率にマイナスの影響があったことを見てきた。正確に野党間協力の効果を測るためには、協力のなかった選挙区における票の伸びと、協力が行われた選挙区における票の伸びの差のネット（正味）を測定しなければならない。いいかえると、投票率の影響を排除した上で、野党間協力の効果をみる必要がある。

投票率の影響をコントロールしつつ、野党間協力の「正味」の効果を、ダミー回帰分析を用い計測したところ、野党協力は自民党の相対得票率を押し下げている（逆に言えば、野党候補の相対得票率を押し上げている）ことが分かった。得票率に対する相対的効果は野党協力の方が大きいのです。この傾向は、九五年→九八年の自民党相対得票率の増減でも、九二年→九八年の自民党相対得票率の増減でも同じです。

それでは、自民党の過剰公認は野党の伸びを助けたのでしょうか。選挙区で複数の候補者を擁立する場合、候補者の数と予想得票率を正しく見積もる必要がある。それに失敗して、過剰公認すると共倒れとなり、過少公認すると死票が生じる。今回は、多くの選挙区で自民党が複数擁立を行った。

その影響はどのように出たでしょうか。

　過剰公認の結果、自民党が議席を失ったのは、東京、愛知、神奈川、埼玉、岐阜の五議席です。これらの選挙区で自民党が一人に候補者を絞っていれば、五議席の増加が望めたことは確実です。同じ複数区でも、二人区における複数擁立の危険性は、同じ党の候補が競り合っても、少なくとも一人は当選するという意味で、自民党の支持基盤が弱い東京、大阪、愛知、神奈川、埼玉よりも少ないようです。

バッファー・プレイヤーと分割投票　今回の選挙のもう一つの特徴は、選挙区で自民党候補に投票しながら、比例区では他の政党に投票するスプリット・ボーティング（分割投票）の多さです。選挙区での自民党の相対得票率が三〇・八％、比例区での相対得票率が二五・二％、ですから、多くの人がスプリット・ボーティングを行ったことになる。具体的な数字で言うと、三一二万人が自民党から他にスプリット・ボーティングを行った。その影響で、自民党の比例区での議席が伸び悩んだのです。

　わたしは、スプリット・ボーティングの増加は、バッファー・プレイヤー（牽制的有権者）の投票行動の一つの形態ではないかと思っている。バッファー・プレイヤーとは「基本的に自民党政権を望んでいるが、政局は与野党伯仲がよいと考えて投票する有権者」と定義できる。自民党政権が長く続き、野党の政権担当能力が不足している状況の中で生まれた、日本独特の投票行動です。彼らは、自民党政権を存続させることによって政策の安定性と一貫性を確保し、自民党を与野党伯仲という不安定な状況に置くことによって、自民党の国民に対する応答性を求める。それが、自民党一党優位体制の存続と不安定性に寄与してきたのです。

　バッファー・プレイヤーは政治の混乱によって、今の自分の幸せな生活が脅かされるのを好まないので、自民党が政権担当の危機に陥り、野党が政権に手が届きそうになると自民党に投票するが、自民党があまりにも力を持ちすぎ傲慢だと感じると、牽制のために自民党から一時的に離反してきた。今回彼らは、衆議院で過半数を占める自民党を牽制するためと、自民党に失政の罰を与えるために、参院選では自民党に投票することを手控えたのでしょう。

まとめ　以上のように、今回の選挙では、無党派層の動員、業績投票の出現、与野党の選挙戦略、バッファー・プレイヤーのバランス感覚が、相互に作用しながら（九二年と比較して）自民大敗をもたらしたのです。ここで忘れてならないのは、これらの要因は表層的なもので、九二年参院選から、九八年参院選の間に、日本政治に、無党派層の増大と自民党の支持基盤の縮小という大きな構造的変化が起きたことです。九二年参院選当時の自民党ではなく、九五年参院選当時の自民党の姿が正しい姿かもしれない。自民党は今回の選挙で自分のまことの姿を見てショックを受けたのかもしれない。

民意は動き、政治は再び活性化した。しかし、今回の選挙結果は自民党と第一野党の民主党にいくつかの課題を課すものになった。引き続き政権を担当する自民党は、困難な経済運営を成功させ、次の選挙で有権者の信任を得るべく努力することになるでしょう。

一方、結成以来内紛が噂され、支持率も低迷していた民主党ですが、今回は自民党相手に善戦した。今回の選挙結果によって、民主党が第一野党としての立場を確立したと言えるでしょう。ただ、今回の民主党の好成績は強い支持に支えられたものではないことを認識すべきです。事実、一人区で民主党が独自で戦う力はない。衆院の小選挙区や参院の一人区は、好むと好まざるとにかかわらず、最大政党に有利、小政党に不利なのです。無党派層の動向を一定と仮定すると、どうみても自民党が有利であり、野党間協力がない限り野党候補が当選することは困難です。逆に、自民党にとっては野党勢力を分断することが最も望ましい戦略です。一人区で野党が自民党を凌駕するためには、効果的な野党協力だけでなく、候補者の「質」も必要です。

▽予測報道がなぜ「予測」を裏切ったか

井芹　蒲島さんのはマクロの分析であり、われわれマスコミ人は近視眼的な見方をするけれど、マスコミの選挙報道の現場にいるものとして「新聞予測が大きく外れた」という問題を抱えている。予測は「自民党六〇議席前後」「自民党五五～六四」だったのが、一〇議席以上外れた。選挙担当者への非難の声、ひいてはマスコミ全体への批判の声があるけれど、あえて強弁すれば「(調査時点の)一週間前の情勢はあれで本当だった」と思うんです。その説明の一つは、マスコミ全社が揃ってたということ。永田町では六一の改選議席割れは誰も言っていなくて「六五くらいを軸に動くだろう」としていた。世論調査後はさすがに六五を超えるという声はなくなったけれど、それでも六〇はキープすると見ていた。金曜日(十月十一日)の熊本発言での恒久減税発言を発端とする混乱が一挙に不信感を呼んだ。減税の餌をまいたことが逆の動きを招いた。ちょうど一九七四年の堀米中央選管委員長発言(注1)に似ている。

もう一つの説明は、「予測報道そのものが影響して予測を狂わせた」と。予測が出るまでこの参院選は焦点ぼけした感があった。それ以前の参院補選で自民党が連戦連勝だったし、われわれ政治記者も永田町という棺おけに片足を突っ込んでいるんで(笑)、「まさか六〇を割ることはなかろう」とタカをくくっていた。しかし国民は逆で、「自民党が改選議席を割れば、これは面白い結果になる」と考えて行動し、予測が予測を超える結果を生んだ。

これは青島幸男《あおしまゆきお》都知事誕生のときと似ている。あの都知事選も世論調査が出る前は非常に低調で、全党相乗りの石原信雄《いしはらのぶお》氏と岩國哲人《いわくにてつんど》氏の対決と見られていたんだけれど、「青島・石原互角の戦い」という世論調査結果が出た途端、「これは面白い」と有権者が動員されてきた。蒲島さんが言われた無党派層、バッファー・プレイヤーみたいな層の関心の高い人たちが一人ひとり投票所に引き出された。あえて言わせてもらえば「予測が正しかったが故に予測が裏切られた」というところがあるのではないか。

蒲島　アナウンスメント効果という問題でしょう。私は「アナウンスメント効果はある」という意見ですが、これは学会でも評価の分かれるところです。新聞の予測で「自民が過半数ぎりぎり」というので、普通は投票に行かない人たちが自分の一票の有効性を認識したと考えるのは仮説としては面白いけれど、検証ができません。ただ、そういうことはあり得ると思います。

成田　一週間前の事前予測調査はあの時点では正しかったという井芹説は、前に読売新聞の橋本五郎さんからも聞いたことがあるけれど、僕はそうは思わないんだな。そうなら井芹さんがいったように残り一週間で急激に動いたことになる。橋本首相の恒久減税発言が意味を持ったということになるわけです。ところが実際、投票に行った無党派層の人間はそんな細かいところまでフォローしてない。そんな発言があったことすら、多くは知らないと思う。僕も後半一週間でかなり動いたことは認めるし、自民党が苦戦しているというアナウンスメント効果が「どうせ変わらない」と考えていた人たちを投票に向かわせたことも認めるけれど、基本的に事前調査は間違っていたと思う。

井芹さんと川戸さんにむしろ教えてもらいたいけれど、とりあえずどこで間違ったかを各社の関係者にあたって僕なりに推測したところでは、事前調査では二つ問題があった。一つは「誰に投票するかをまだ決めていない」という四～五割の層をどう処理したかということ。もう一つは「どの党がいい」「誰がいい」とは言っても、本当に投票に行くかどうか分からないわけで、どういう答をした人がどれだけの確率で投票に行くかを推定しなければならない。この二つの処理があるわけです。各社では一つ目のまだ決めていない人間は基本的に投票に行かないと処理しているようです。だからファクトとして言えることは、一週間前に「まだ決めていない」とか「投票に行かない」と答えて、実際には投票に行って非自民に入れた人がいたわけで、それがまず予測を狂わせた。

次に予測のテクニカルな問題がある。今の井芹説のように一週間のうちに無党派層が心を入れかえて「投票に行く」として「誰に入れるか決めた」とする説に対して、僕の説はそうではなくて、単に推測だけれど、「彼らは既に決めていた」と。それと非自民に入れることも決めていた。ところがもともと関心がないから、誰が出ているか固有名詞が分からないし、非自民といっても民主党に入れるか共産党に入れるか分からなかった。しかし彼らは投票日にとにかく投票に行って、非自民のだれかに入れるつもりだったんでしょう。でも固有名詞を挙げないから従来の世論調査の方法では「彼らは投票に行かない」と処理されて、誤差が生じたのでしょう。ですから調査の時点で既に予測を間違ったというのが僕の解釈です。そういう解釈をするのは、そう考えるといろんなことの辻褄が合うからです。

井芹　確かに時系列で動いたと完全に言えるかどうか。答えない人はまさに答えないわけで、統計学的な処理をするさいに拾えない。「投票に行かない」あるいは「決めていない」という人には追質問をするが、そこでも答えなければまだ拾えない。そこに方法論的な問題が……。

成田　回答者は一義的に答を出さないでしょう。Aに入れるかBに入れるか決めかねているとか。「非自民に入れる」という答はテクニカルに、どう処理するんですか。

井芹　テクニカルな意味で処理できない。今の調査ではそういう支持を吸い上げようがない。

成田　僕の感触では、政党がやった調査の方が当たっていましたよ。民主党にしても自民党にしても、選挙調査の素人の方が当たった。どうしてかっていうと、経験による過去のパターンを踏んでないからです。過去のパターンで処理するから間違った。

井芹　調査は「挙名調査」だから、とにかく候補者の名前を答えさせるということがある。

成田　従来通りこれはこうするものだと処理したマスコミが間違った。

井芹　政党の調査が当たったというのはちょっと疑問ですね。

成田　例えば民主党の調査では自民党は悪かったんですよ。自民党自身の調査でももっと厳しかった。五〇台かな。

川戸　どの時点でですか？

成田　同じくらい。だいたい一週間前でしょう。

井芹　方法論はどうなんだろう。

成田　分からない。

川戸　それを決めないと。

井芹　それはやっぱり同じく挙名でやってるなら同じような結果に……。

成田　細かい情報は僕にもないけれど、こう考えると説明がつくという意味での仮説ですね。

曽根　成田さんのは変化しないというモデルではなくて「結晶仮説」なんです。スタンダールの『恋愛論』と同じで、時間が経って一週間経つと結晶化していく。最初の頃はもやもやしていて、それが投票所で結晶化される。一貫性があるのではなくて、結晶仮説だと思うんですよ。

成田　ただね一週間前でかなり結晶化ができていたという。

曽根　だからもやもやとしたもの。

成田　いつ（投票に）行ってもあれに近い投票結果が出たと思うんですけれど。

▽世論調査の方法をどう見直すか

曽根　テクニカルに詰めなきゃいけない面はたくさんある。解釈については後で議論になると思うけれど、一つは一週間前と当日との関係をどうするか、これは経済統計も同じでして、三カ月前の統計で今を処理するのは本当に無理な話で、一番欲しいのはリアルタイム情報ですが、今はテレビ局がやっている視聴率調査くらいしかない。あとはＰＯＳデータ。コンビニでやっている。これは膨大な量でハード・ディスクがすぐ一杯になってしまう。リアルタイム・データの手法としては、時間差をなるべく小さくすることですが、今までのやり方では難しい。

もう一つは回収率ですが、六割くらいしか回収できないわけです。あと四割をどうするかですが、サンプリング誤差はサンプリングと取ってきたデータとにそんなに狂いはないという前提です。未回収の四割をどうこうするという調査はないんです。これが世論調査の最大の欠点だと思うんですよ。これらはテクニカルな問題。

蒲島さんがされる調査と政治家が選挙区に帰ってする調査はいつも違っている。「オレの選挙区ではそんなことはない」と政治家はいつも自信を持って言うんです。実際やってる調査と比べると後援会に入っているというデータはものすごく少ない。よくあれだけ自信を持って後援会の情報を正しいと言い切れるなと思うけれど、世論調査と実態との違いなんです。たぶん現場の記者は政治家に近い感覚だと思うけれど、統計でやると違う数字が出てくる。そこをどう整合させるか。いくつかテクニカルな問題があると思う。そこが今回、一週間前の調査で一社が間違っていたんだったらそれはその社がサンプリングあるいは手法といった調査技術が悪かった、間違いを犯したということになるんですが、各社横並びですからね。

成田　だから、そのベーシックな枠組みが各社横並びだから……。

曽根　もちろんそうなんだけれど。

井芹　そうすると基礎的な調査方法が問題なのかな。

蒲島　前の衆院選でも各社の予測が一致し、（今回の参院選で）間違っても一線でしょ。それは各社とも同じ方法論をとっているからです。だからそれは全社が一緒だから正しいとは限らない。方法論が同じだということに過ぎない。

近藤　井芹さんの「一週間で動いた」という話に関連して、データでも何でもないから強いことは言えないけど、当選した非自民系二人と落選した自民系一人に聞いたら、「明らかにその週の水曜日、（投票日の）四日前にがらっと変わった」と。

三人が三人とも言ってた。

川戸　手応えが違うっていうのはあった。

成田　それはあるね。

近藤　これはどういう解釈をすればいいの？

成田　確かに、選挙というプロセスを通過することでものすごく変わったことは事実ですよね。

近藤　ええ。

成田　僕が気になるっていうか、逆にだまされてはいけないと思うのは、井芹さんが言った「自民党が補選で六連勝した」という点ですけど、あれは皆ローカルな選挙だからなんです。

川戸　いや、総力戦だからでしょ。

井芹　一点集中ですよね。

成田　それもあるけど、投票率が低くてイッシューが公共事業を持ってくるかどうかという非常にローカルな選挙だった。ただ八九年の消費税の参院選の前は補選から造反が始まったんですね。消費税引き上げと不況の構造という憤りの明確な対象があった点で共通だけれど、今度は何か将来が不安だっていうことですね。補選はローカルなもので、確かに（選挙用の）資源は一点集中できたけど、対して参院選の本番はナショナル。この二種類の選挙は、やはり別だということが分かった。もう一つ見通せないのは、自民党の支持率が回復していたけど、直前になって急激に下がったでしょう。

井芹　でもあれはわりと軽視された。それは橋龍さんの人気がないせいにされた。

成田　ちょうど公示日ごろに各社がやる政党支持率調査、あれがだいたい合ってるんですよ。読売新聞の調査なんか完全に合っている。政党支持率調査で自民党二五％というのは結果そのものですよ。

川戸　今回の世論調査は従来通り無回答の人を切り捨てる形で結果を出したのはその通りなんです。これは確認してないんですが、ある政党の人が言っていたんですけど、毎日新聞の調査はもう一段階聞くんだそうです。「絶対行きますか」と。

井芹　うちは二段階で候補名を聞いてる。

川戸　それを三段階聞くんだそうです。それが、その段階では結構、結果と似ていたと。私は世論調査の専門家じゃないから分からないけれども、どこの社もやっていなかった。ただしその人達が今回投票に行くと確信してたかっていうことは分からない。そこから完全に投票に行くっていうときに気分が変わって、投票所へ行って投票した結果が今回同じになったということかもしれない。だから世論調査の結果がその段階で間違っていたかどうかっていうことはそれだけじゃ分からない。

成田　最後に結晶したっていう、それはある。

川戸　現象からはそうですね。ＴＢＳでやった土・日の電話調査の結果から見ると途中で皆さんの気分が変わったたっていうのがよく分かります。

成田　ただ、一週間前の時点の予測が正しかったたっていうのは承服できないなあ。

井芹　正しかったという言い方をしているわけではなくて、どこの社でも「まだ投票を決めていない人が半分以上いて、不確定要素が多い」と書いている。逆にいうと、その半分以上の一〇～二〇％が投票に行くと大きく変わる。

成田　いや、聞き方と後の処理が悪い。

曽根　毎日新聞かな、各選挙区別の支持率を一律に出してる。ほんと数％なんですよ。つまり決めていないのが多いために二とか三％で各政党が並んでる。そこから誰が当確かっていうところまで持っていくのが大変なんですよ。それは確かに通常のサンプリングから通常の手続きで予測をするという一週間前の調査はその意味では狂っていなかった。それは世論調査という方法論の問題で、回収率が五割から六割だと結構、結果に狂いが発生するなっていう感じなんですよ。それは今までは平気だった。

成田　だから今回はパターンが違った。

井芹　誤差の範囲は一応、世論調査の方法自体で吸収することになっている。というのは前三回くらいの世論調査の支持率と結果の相関関係をつくって修正ラインを作っているわけです。各党の属性や候補の属性に応じた修正ライン化。例えば公明の候補は一五％くらいでも一八％に基線を引いて幅をつけて推測する。それから自民でも新人は挙名が少ないから上に引き上げるとか、現職は名前は知られてるけど投票に結び付かないから引き下げるとか、そういうことをやっている。前三回の投票行動と比べて構造そのものが変わっていれば問題は全然違うんだけれど、個別の問題は一応は吸収している。

川戸　成田さんの言いたいのは「世論調査をする側の票を読むスタンスがちょっと違ってはいませんか」という話ですね。

成田　そう、現場の取り方とね。

川戸　ただそれは、新聞社が修正として鉛筆なめてるわけです。そのときの気分として、実際に（選挙区を）回っていてこれ程の地殻変動は予想してなかったということはあったとは思う。

成田　僕は、地殻変動はその時点で既に生じていたという考え方なんです。

井芹　いや、僕が言ったのは「世論調査をした限りで」ということ。調査に上がってこない部分というのは何とも言えない。

成田　はっきり言って整理の仕方が悪い。現実を把握できてないんだから……。

井芹　無回答の人の処理のしようがないということですよ。

今ヒントとしてあるかなと思ったのは、人の名前で答えさせている点をどうするか。「非自民」に投票と決めている人をどうすくい上げるかはある。

成田　今まではそこのところの技術的欠陥が露わになることはなかったわけですよ。今度は露わになった。

井芹　そうでしょうね。

曽根　根本的に林《はやし》知己夫《ちきお》理論、西平重喜《にしひらしげき》理論(注2)が駄目だということなら、それはそれで面白いよね。

成田　そこまで言ってない。テクニカルな部分的修正を要すると。

川戸　非自民をどう分けるかっていう問題はあったと思いますよ。

井芹　難しいですよね。気分としては前のように「日本新党ならだれでもいい」とかが多い。「非自民なら誰でもいい」というのを拾うのが難しい。

成田　民主にするか共産にするか、投票所で決めようとする人間がいる。

川戸　そういう人はいるわけだから、そこのところをどう考えるか。

成田　言いたいのは、構造変動は既に二週間前、あるいはもっと前に起きていたと。

井芹　それを世論調査がすくい取れなかったと?

成田　そういうことです。

井芹　すくい取れなかったというのは、今の方法論ではあると思う。

▽自民党の「投票率向上」戦略はなぜ裏目に出たか

成田　自民党が上がったという得票率は?

蒲島　選挙区の得票率です。自民系を入れた得票率。

成田　得票率が上がったのは、九五年は社会党に遠慮して候補を絞って複数区は皆一人しか立てなかったわけで、今回は増やした。だから得票率が上がったわけでしょう。選挙区の投票率が下がる理由の一つは自民党の同士討ちがないことだから、今度は複数擁立で同士討ちを作って、そのお陰で投票率が上がったということはあるわけです。そういう意味では、投票率が上がったことと得票率が上がったことは相関関係があるんですが、自民がこれだけ投票率を上げたのはよくやったということではなく、むしろ後の戦略ミスに結び付くことであって、あまり褒められたことじゃない。

蒲島　普通、選挙区の得票率が上がれば比例区の得票率も上がるんですよ。ところが、それが下がっています。

成田　それは報道でもあったけれど、選挙区では利益誘導型・組織型の選挙で締め付けられて仕方なしに自民党に入れるけれど、比例区は非自民に入れるというのがあったわけです。なぜなら比例区なら自民党に入れなくても、具体的なサンクション（制裁）の方法がない。

井芹　（比例区は）票を入れる義理がない。

成田　その現象がもろに出たわけでしょう。スプリット・ボーティング（分割投票）に非自民の感情が露呈されているわけです。逆に言えば、選挙区の方は締め付けで自民に入れたっていうこと。

蒲島　そうかなぁー？　参院選の選挙区で締め付けというほどの圧力はないんじゃない？

成田　地方で生活していると自民党に落選されると困るんですよ。公共事業が減るとか。サンクションというのはそういう意味ですよ。

蒲島　（選挙区については）仕方ないと思ってるけれど、選挙区も比例区も自民党に投票するのは嫌だっていうんで、比例区の方で自民を批判したというのが僕の説明なんです。

成田　そう、それはもろに出た。だから全体として非自民感情を反映しているんですよ。

井芹　「投票率を上げることが自民の得票率を上げることにつながる」というのは、マッキンゼーの大前研一《おおまえけんいち》氏、実際は茂木《もてぎ》敏充《としみつ》氏が分析し、「自民党の潜在支持者は多いんだから、まず投票率を上げることを第一目標にあげて、衆参を一回の選挙でやった方がいい」というので、中曽根首相がダブル選挙（一九八六年）に持って行った。投票は有権者にとって負担だから衆参一挙にやった方がいいということで、これが八六年ダブル選挙の自民党の理論的根拠になったわけです。あのとき七〇％の投票率で五割近い得票を取った。

蒲島　でも、それは一九八〇年代の理論でしょ。自民党が支持基盤以上に外に向かおうとウイングを広げる。そういう中での投票率の増大は自民党に有利だったわけです。いまはそうじゃなくて、自民党は低投票率を予想して支持基盤を固めたってことですよね。あまり外向きじゃない。

井芹　でも、今回は投票率を上げるために二時間延長やら、不在者投票（の条件緩和）をやった。

成田　自民が先導してやったわけじゃないから……。

井芹　でも自民がやらなければ実現しないでしょ。

成田　あと知恵だけれど、どうして投票日を七月二十六日に設定しなかったの？

井芹　暑すぎるし、子供が夏休みになっているという理由だった。

成田　だから、投票率を下げるために……。

井芹　自民は投票率を下げちゃいけないと思っていたわけですよ。

川戸　自民党は相変わらず昔ながらの思想を持ってて、投票率四五％が自民党にとっては一番いい投票率だと思っているわけですよ。それ以下だと、公明・共産に持っていかれる。これこそ自民党の理論ですよ。だから、そこまでは投票率を上げようと思った。

井芹　上げ過ぎちゃった（笑）。

川戸　選挙区での二人擁立も比例区での得票率を上げようと思った。最後の最後、選挙区でどっちかが落ちるようだったらどっちかに寄せようと、そういうテクニックができると信じていたんです。だから自民党は昔ながらの理論で選挙に対応したんです。

成田　しかし露骨な組織型選挙っていうのは投票率が上がれば最悪でしょう。

川戸　今回は投票率が下がると思っていたから、前回の国会のとき、投票率が上がるよう法律を改正してまで（投票日を）夏休み前に持ってきたんです。公認も二人にして競い合わせようとしたし……。

成田　あと知恵になるけれど、やっぱり七月二十六日にやるべきだったね。

川戸　最後になったらその意見が出たわけです。だから村上《むらかみ》（正邦《まさくに》）さんは戻そうとしたんだけれど、できなかったんです。

蒲島　いま自民党の戦略の話が出たけれど、やっぱり政権担当政党としては（投票率が）三〇％台に落ちたらまずいと思ったんじゃないの。

川戸　それは建前論としてある。白川《しらかわ》（勝彦《かつひこ》）さんみたいな理念の人はね。

蒲島　ただ重要なことは、四五％でも負けるし、五八・八％でも負けるという構造になっていること。無党派層が全然動かないでも負けるということ。

井芹　まさにあと知恵だけれど、なんで二時間延長をやってまであんなに投票率を上げなければいけなかったのかな。

川戸　一カ月くらい前から自民党の中でもその話で持ちきりだったんですけれどね。

井芹　青木幹雄さんの話などから考えると、組織選挙ということに関しては一九七四年の「企業ぐるみ選挙」と同じくらいの締め付け、それを上回るノウハウを駆使したと思う。ある面では締め付けをやったからあのくらいの負けで済んだとも言える。

成田　最近ずっと、首都圏では二人は通ってないんだから。

川戸　通ってないけれど、票はあれだけ入った。東京は前回だって小野《おの》（清子《きよこ》）さん一人ですから。

成田　だけど、そこで二人を立てて、比例区を上乗せしようとしたって比例区はものすごく効率が悪い。リスクを考えると共倒れになった場合のダメージの方がはるかに大きい。

井芹　比例区は一議席につき一〇〇万票くらいになったから、今度は五〇〇万票くらい集めてこないと五議席の上積みはできない。

蒲島　絶対得票率というか基礎票がこれだけあって、比例区であんなに減ったっていうのはまさに面白い現象ですね。

成田　初歩的なことですが、九二年は自民党の実力だったんです。このときの投票率は五〇・七％だった。従来の平均の六五％を一五％くらい割っているわけですね。というのは投票に行く無党派層はまだ自民党に入れていた時代ですね。

蒲島　八九年以外はそうね。

成田　そうすると、このとき五〇％という極めて低い投票率で従来通りの結果が出たのはどうしてですか。日本政治の構造変動は、この辺ですでに出ていると思うんですよ。

蒲島　八九年の反動がずいぶんあった。揺り戻し。

成田　もう少し投票率が高かったら自民党はもっと回復していたっていうこと？

蒲島　そうとは限らない。もし無党派層・支持なし層が二四％くらい取っているとしたら……。

成田　蒲島さんは九二～九五年に大きな変化が起きたとされてるけれど、私は八九～九二年だと思っているんです。

蒲島　それだったら九二年も八九年に近いことになってるんじゃない。

成田　構造変化が起きているからですよ。一〇％以上も投票率が下がってこんな結果が起こってる。ギャップがあるんですよ。

蒲島　でも構造変化はやっぱり九三年だな。九二年後半からだ。

成田　いや、それは目に見える政界再編とかはそうですが、もっと別の変化は……。

蒲島　八九年とすればそれは意識変化ですね。自民党が負けても政治はそれほど変わらないなって認識の変化がこの時に起きているのは確かです。

▽民主党大量得票の光と陰

井芹　それは宿題ですね。話が自民党に集中したんですけれど、民主党はなぜこんなに取ったんだろうか。というのは情勢調査では、選挙区でも比例区でも組織が動いてない寄せ集めという実態であったのに、どうして……。

成田　それは、業績投票が起きれば野党第一党が伸びるんです。

曽根　選択肢がA、B、CとあってBを選んだという結果ではない。「Aかノーか」なんです。ノーを選んだんです。

井芹　「ノー」の票が民主党に行った。

蒲島　常に第一野党は政権与党が負けたときの受け皿になるんです。第一野党は常に支持率より高い得票をするんです。

井芹　それじゃ、これも虚の姿ということ？

蒲島　虚だけれど力を持つことによって実になるんです。

曽根　政権交代っていうのはAかどうかですから、Aじゃないといわれれば B が取っちゃうわけですよ。業績投票ってそうなんですね。

井芹　その辺を（政党当事者は）誤解していて、「責任野党」ということで一生懸命、整合性のある政策作りをしようとしている。あまり無責任な政策はいけないけれど、政権を取る前に精密な政策が必要なんだろうか。そこを自民党が「野党は責任野党なのに政策がないじゃないか」と攻め立てた。典型はこの間の総選挙のときのネガティブ・キャンペーン。「新進党の消費税政策がいろいろあるけれど、いったいどれが本当なんだ」と。

蒲島　あれは業績投票じゃなかったんですよ。面白いのは民主党があれだけ勝つと、急に力をつけたような感じになる。すると金も集まる。そういう風に力が形成されていくんじゃないですか。

曽根　選挙後の読売新聞の調査で（民主党）支持が一〇％くらい上がってる。

井芹　それは追認ですね。

蒲島　そう追認。それを追い風とできるかどうかですよ。分裂し始めたり、野党結集できなかったりするとまた期待外れになる。だからあの二一％という政党支持率っていうのは無党派層がくっついただけだから、すごく早く崩れると思う。民主党にとっていかに早く支持を結集できるか、結晶化できるかっていうのが問題。

曽根　あとテクニカルな面で、選挙協力の問題がある。前回の総選挙で民主と新進が一〇〇区くらいでバッティングしていた。候補者調整をすれば四〇議席は違っていたと思うんですよ。

早野　今回、自民党は善戦したと思う。選挙区なんか三年前は一〇〇〇万票しかなかったのに、今度は一七〇〇万票来たし、比例区では前回一一〇〇万から今回一四一二万と目一杯取っている。九六年の総選挙はどのような位置付けなんでしょうか。あれも（投票率）五〇％くらいですよ。あれとうまく比較できないのかな。あのときも比例区があるから比較しようと思えばできますかね。

曽根　小選挙区と比例区ですからね。これとパターンは同じですね。

蒲島　九六年を見ると自民党が勝ったみたいだけど、今回みたいに野党協力をしていない。新進と民主が一緒だったら明らかに自民党と互角に戦っていた。

曽根　あのときは野党が中選挙区的な行動を取っていた。民主党が自己の存在証明をするため、目一杯候補者を立ててるんです。選挙協力なんてまっぴらだと。

早野　あのときは新進が第一党で勝つべきだった。今回これが壊れちゃったから、民主に入れた。

蒲島　今回は民主党に公明が協力した形になった。

成田　民主党に協力したんじゃなくて、今回は一人区は無所属ですよ。ただ衆議院の方はビラなし、テレビなしだから、無所属のハンデが大きい。参議院は無所属でもそれ程大きくない。

井芹　九六年総選挙の結果で新進党の一六〇は党組織に比べてかなりいい線だし、票も取ってる。民主党があるもんだから、自民党が二三九になった。半数の二五〇よりだいぶ少なかったんだけれど、「自社さ」連立していたんでよくやったように言われてる。

曽根　ただ、小選挙区比例代表並立制というのは比例区で票を獲得するために小選挙区に候補者を出しやすい制度なんです。出さないと比例区に票が乗らないんで、選挙協力が非常にしにくい。

蒲島　まさに野党分断。野党分断されると小選挙区は絶対負ける。

曽根　第三極なんていうのはあり得ないんですよ。あり得ない虚像を前回は民主党、今回は公明党が追うというのは誰を利するのか明白なんです。

成田　今度の参院選のデータについて、候補者を出してないところが本当に比例区の獲得票数が下がったかどうかじっくり分析しないと……。

蒲島　やってみました。民主党に関しては下がってる。無所属候補だけで民主党の候補を出していないところは、やっぱり下がっている。当然マイナス。大した差じゃないけれど。

成田　量の問題ですよね。

曽根　選挙協力すれば、無理に効率の悪い比例区で議席を取らなくても、別のところで候補者を認めてあげるとか、そういうことをしなくちゃいけない。

成田　問題はイタリアの「オリーブの木」に関連するけれど、オリーブの木では選挙区では共闘をやって比例区ではばらばらなんですよ。どうして可能かっていうとイタリアでは政党支持構造が明快だからです。小選挙区の候補がいる、いないにかかわらず、支持者は比例区でちゃんと入れるんです。

近藤　比例区が先に決まっている。

成田　だから小選挙区制でも共闘しやすい。ところが日本の並立制は野党分断のため松野《まつの》頼三《らいぞう》氏が第六次選挙制度審議会(注3)の特別委員のとき持ち出した案です。しかし小選挙区に候補者を出さないことで、どの程度、損をするのか、冷静に損得を計算した方がいい。

曽根　そうですね。これは野党にとって致命的なところですね。これは思ったほどではないはずなんです。無理やり立てなくてもできるとは思うが、ここをクリアしないといけない。

井芹　その典型は自由党だな。

近藤　自由党に投票者の二〇人に一人が入れているんだから立派なもんだよ。

井芹　候補はそれ程立てなかったけれど。

蒲島　自民の右から攻めてきた自由党の効果が今回出てる。

早野　あるなあ。あれ、やっぱり右から相当手を突っ込んでるよね。

成田　堅い支持層、小沢ファンがいるんですね。

近藤　「小沢一郎」とか「小沢一郎の党」って書いてるのがいる。

曽根　テレビ朝日の調査は面白かった。「自民党が負けてよかった」っていうのは自由党（支持者）や共産党（支持者）にはいる。でも（自由党と共産党の）方向は逆なんです。

井芹　方向は逆だが、自民批判では一致してる。

早野　「自由党は次に六〇〇万～七〇〇万票取れるかなあ」なんて言うと「そんなことはない。今度は一〇〇〇万票取れる」と言うんだよね。それは状況次第ですよ。でも自民党が壊れていけば、そういう目もあり得ると思うんですよ。

近藤　自民党が壊れると自由党と民主党に出るわけですから。

蒲島　自由党と民主党が協力すると、とても面白い。

曽根　現実にはそこが悩ましくて、今、自由党と共産党が組んで、民主党のお尻を叩いてそれで議会運営しようとしてる。

井芹　この前の参院議長問題とかね。

蒲島　でも、それは一次元上で考えてるでしょう。あれを円でつなげば原理主義・原理党（の自由、共産両党）はつながる。

早野　あれが（首相指名選挙で）民主の菅（直人）に何の協議もなしに入れたっていうのは、原理党でもなんでもないなって気がするんだが……。

内田　自由と共産は左右両極ではないんだ。実態はややそういうとこが出てきている。

早野　そうそう。

蒲島　でも共産党も共産より左に政党がいないから、ずいぶん真ん中に寄ってきている。自由も同じことをすればいい。とにかく（右から自民党を）押したらどこかでヒビが入る。

▽政権に対する審判としての初の「業績投票」

成田　一つ大きな問題は業績投票の問題。蒲島さんの説明では、業績投票が自民党の敗北に一役買ったということです。どうして業績投票が出てきたかがものすごく大きなテーマ……。

早野・近藤　ですね。

蒲島　結局、業績投票が出るためには、民主党という政権を代わってもいいような受け皿が必要です。それと参院選っていう一つの安心感があった。

成田　それはかなりディベータブル（論争可能）な、疑問の余地ありだな。

早野　自民党政権は変わらないという意味でしょ。橋本首相は代えられるけれど……。

成田　どうして今回いきなり業績投票が出てきたの？

曽根　それは作戦的に自民党の政策失敗を徹底的に攻撃したからですよ。それはボディー・ブローで効いている。それは政党がやっただけでは無理なんです。私もマスコミに「業績投票のアプローチをせよ」と四月くらいから言ってた。だけどそれでも国民は怒らない。「怒らないとは困ったことだ」と、ずっと言い続けていたわけですよ。

蒲島　本当は怒ってたけどね。

曽根　フラストレーションがあることは分かっていたんですよ。それを怒りにどう結び付けるかが難しかったわけです。やっぱり何かのきっかけで、尻に火がついたんでしょ。

成田　蒲島さんのおやりになっている「明るい選挙推進協議会」[注4]の調査の結果ですが、八九年の参院選を境にして「政治に対する信頼度」がどんどん下がってくる。ところが、「生活満足度」は一貫して上がっていたんです。初めて下がったのは九六年。今回は明らかに生活満足度が下がっている。政治不信は八九年からで、九六年の総選挙から数%生活満足度が下がっているけど、今回の選挙では当然大きく下がっているでしょう。今回の参院選は生活満足度、政治不信が並行して大きく下がった初めての選挙なんですよ。

早野　生活満足度が下がると、投票に行かなくなる形になるわけ?

高橋　投票率が上がった理由は自民党が複数候補を立てたからだということなのですが……。

蒲島　それは数%です。

高橋　それだけでなく今回一〇数%上がったというところが将来元に戻ったときには……。

成田　今回上がったのはアングリー・ボーター（怒りの投票者）ですよ。

早野　自民の競争で増えた部分だったら、自民が勝つわけだが……。

成田　増えたのはわずかで、候補者が複数だから共倒れになる。

高橋　五～六%くらいはその効果はあるのかもしれない。

成田　無党派層が野党を支持した、民主党を支持したということだけれど、しかしどうして支持したのかが出ていない。それはやはりアングリー・ボートでしょう。生活満足度が大きく下がっていることが背景にある。

蒲島　フィオリナの理論があるけれど、本人の生活満足度が下がったというよりも、みな満足度が下がったという共有感、皆不況だと思ってることが大事なわけね。一人ひとりは貯金をもって幸せなんだけれど。

成田　一人ひとり苦労してますよ。

早野　危機感の共有というか……。

高橋　予測が狂ってきたのは投票一週間前にやはり今回は行かにゃいかんなという気分が出てきたんじゃないですか……。

成田　いや、私はずっと前から出てきたと。

早野　あの調査は合っていたと思うんだがな。検証はできないんだが。

成田　僕がむしろ注目するのは、公示直前に急速に自民党の支持率が下がってきたことなんです。これがなぜ起こったのか分からない。どうしてですか。直前に各社みんな落ちたんでしょ。

川戸　（自民党支持率の低下は）その前でしょ。

成田　選挙というのは暴力的で、絶対的な力を持っている。いよいよ本番の試験みたいに、直前になると「ん？」と考えさせられるような効果が現れたんじゃないでしょうかね。

高橋　事前調査をみると、自民党が勝ちそうだから、「投票に行って非自民に入れなきゃ」と思った人が多いんじゃないかな。

曽根　東京の小川《おがわ》（敏夫《としお》）なんて候補者としては魅力がないんだけれど一位になっちゃうんだよね。

井芹　そこをすくいとれる世論調査技術が必要だと、さっき成田さんが言ったけれど、われわれの調査は明確に名前だけを挙げさせるもんですからね。誰が候補かの認識が全然なくて、投票所に行って初めて「民主党は小川か」と分かったとか……。

高橋　その辺のファクターを入れ過ぎると、どうも調査ではなくなる。

早野　中村敦夫《なかむらあつお》なんかも、あの世論調査では五位だった。

近藤　前のこの勉強部会の六月三十日の時点では僕も投票に行かないつもりだったし、投票率も低いと思ってた。裏付けとしていろんな雑誌関係者に聞いたけれど、政治家のスキャンダルを取り上げるとかならず売れたのが、この二、三カ月全く売れないと。橋本首相も山崎拓氏も当たり前みたいで。政治不信ではなくて政治無関心に動いてる。成田さんの説に反対するつもりはないんだけれど、やっぱり一週間で動いたっていうのはまだ残ってる。

曽根　政治不信より経済不信。経済が大丈夫だったら多少のことでは政治が問題になることはないんだけれど、経済をこのまま放っといたらとんでもない、それを食い止めるのは政治だと思ったんじゃないですか。そういう意味でボディ・ブローはあった。

蒲島　橋本さんが「プラス、プラス」とテレビでいう度に票が落ちていったんです。

成田　「日本をプラスに変えたい」なんて、人を馬鹿にしてますよ。日本をこんなにしたのは誰なんだという批判が出てきて当然だ。

早野　CM自体、馬鹿にしてる。

曽根　でもCMのプロにいわせると一番、出来がいいって……。

蒲島　CMのプロは有権者じゃないんだから。

井芹　有権者の方が賢かったんでしょ（笑）。

川戸　やっぱり長銀問題、経済が大きかったんですよ。

成田　三宅一郎さんが書かれているんですが、自民党についての有権者のイメージは、政治腐敗など圧倒的に悪いイメージのものばかりなのに、たった一つのプラス・イメージが「唯一政権担当能力がある」という点です。それで今まで自民党に入れてきた。今度はそのつっかえ棒が外れたんです。今まで自民が不況時に強いっていわれたのは、循環型の景気後退のときや、オイルショックのように公共事業という処方箋で対応ができる経済状況のとき。今度は構造改革で「日本を変えなければならない」という状況なのに、本当に日本を変えられるのかっていうと、自民党には変えられない。

井芹　民主党でも変えられないと思うんだが……。

成田　でも「菅直人なら変えられるかもしれない」と思う人はいる。わずかだが受け皿になる可能性はある。

近藤　僕は自民党云々じゃなく、橋本じゃ嫌だっていうのがあったと思う。

内田　そこはいくつも論点があって、分かれちゃうんだな。橋本問題は確かにあったと思うよ。今度、自民党が小渕（恵三）に代えたっていうのは分かっちゃいないんだな。橋本よりましなのが出てくればまだしも、よく言われるように次は自民党が衆院選で勝つのかどうかと。そういうパターンが一つある。その問題は不景気ということで変わってきてるのか、橋本というリーダーの問題で変わってきてるのかという議論がある。

成田　八〇年代くらいまでは内閣と政党支持率がある程度パラレルなんですけれども、八〇年代以降ですか、全く無関係になってしまっているんです。

曽根　内閣支持率の方が現状の変動にかなりダイレクトに反応する。

成田　「逆菅民格差」があったでしょう。自民党だって橋本の内閣支持率が下がってるのに自民党の支持率は上がっていた。

川戸　しばらく、そうだったんですね。だから選挙をやっても大丈夫と思ったんですよ。

成田　それが急激に収斂した。

井芹　これはテレビ界の動向を川戸さんに聞きたいんだけれど、この間の椿貞良（テレビ朝日編集局長）ショック[注5]の結果、テレビ・メディアは自民党を揶揄したり、どの政党が駄目とかやらずに、「投票率、有権者の行動が注目されてます」とやったでしょ。これには自民党も文句のいいようがない。「投票率を上げないといけない」「投票に行かないのは民主主義の危機だ」と。

成田　それに菅沼（洋一郎）効果もあったんじゃない？

井芹　典型はテレビ朝日のニュース・ステーションの菅沼氏の―あれはちょっと言い過ぎだけれど―「自民を勝たせていいのでしょうか」とかね。けれど、彼の趣旨も「投票に行きましょう」ということだ。

川戸　やっぱり「投票に行きましょう」としか言えなかったですね。

蒲島　もっとも三カ月前とかマスコミも報道はしているけれど、面白い選挙としての熱意がなかった。それで一週間前の予測から急に変わった。活気が出た。

川戸　そうですね。

井芹　そういう意味では予測報道はそれなりに貢献したんじゃないかと。予測が間違ってても転んでもただでは起きないんだな。

蒲島　あのまま自民党がだらだら勝ったらこんな面白くない選挙はない。

早野　そう、そう。結構、絶望的に投票率の問題くらいしか書きようがなかった。本当に、しかしそのことは皆しこしこ書いていたんだな。

曽根　だけど普通のラジオ番組で若い子の会話の中に「投票率上げようよ」じゃなくて「投票に行こう」というのが出てたんですよ。「投票に行かないで後で文句言ってもしょうがないんだよ」って言ってた。

早野　あれ、割と若い子が言ってた。

高橋　漫画家のやくみつるがそんなこと言い出したときは……。

井芹　石川好さんとかそういう人達が出てきてワイドショー・レベルでも盛んに言ってた。

早野　あれは割と効果あったと思うんだ。

川戸　ただ前回は同じことをやっても効果はなかったんですよ。今回、効き目があったのは世論調査で「もしかしたら」っていう追い討ちがあった。

内田　ここには大学の先生が多いけれど、若者や学生の考え方が変わったというのはないの？

成田　変わったかどうか分からないけれど、二〇人ちょっとのゼミの学生に投票に行ったかどうか聞いたら、半分、手を挙げたんですよ。今までは一人か二人なんですよ。

内田　「投票しようよ」なんてキャンペーンは今までは嘲笑の的だったのに今度は全然違ったね。

早野　明るく正しい選挙キャンペーンはダサくて全然駄目だが、今回はそうじゃないキャンペーンがあった。

曽根　世代別の数字を朝日新聞が出していたけれど、投票率は結構二〇歳代が高い。

早野　就職難もあるんだろうな。

内田　それは効いてる。中高年の首切りとか、これだけ低金利とかでも年寄りは反応しないね。

蒲島　もう一つ投票に行かなきゃいけないと思ったのは前回投票率のあまりの低さに対する危機感、四〇％を割ったらどうなるんだろうという危機感があった。あれがなければ、投票キャンペーンは全然効かなかったと思う。

成田　さらに効いたのが不在者投票。

川戸　手続きが簡単ですもんね。

蒲島　僕のゼミの学生もやったっていうから「おまえ立派

だ」と言ってやった。

曽根　僕は東京都の投票率向上委員会の座長だったんですが、吉田慎一、島森路子、西川りゅうじんなどが入っていた。

井芹　あれは面白い。いろいろ具体策が提言されていた。

曽根　技術的、テクニカルな面では限界があるけれど、やるだけはやりましょうというもの。時間延長、インターネット、電話投票などなど。

井芹　駅に投票所を設けるとか。

曽根　それらをできるようにすれば、投票率が少し上がるでしょうと。技術の問題を解決する部分があるのと、政治の中身をもっと面白くする部分がある。下がってくるのをせいぜい食い止めるくらいしかテクニカルには解決できない。だから本当に上げるのは別の要因だと思う。僕ら目標を七〇％と出してるけれど、そこまではまあ無理でしょうね。

川戸　やっぱり温度差がある。政治の中身が面白いって皆思わないと……。

蒲島　政党が競ってくると面白いですね。差があり過ぎると駄目。

川戸　（政党が競ってると）何が起こるか分からない。

蒲島　今回は世論調査を見て（与野党が）競ってると分かったんですよ。その意味では影響があった。

曽根　ワールドカップ効果もあったし（笑）。

（注1）堀米選管委員長発言　田中内閣下の一九七四年参院選で堀米中央選管委員長が自民党の「企業ぐるみ選挙」を批判し、自民党に打撃となった。

（注2）林知己夫理論、西平重喜理論　両氏はわが国の選挙データを統計学的に処理して世論調査を修正して議席を予測する手法を開発した草分け。いずれも文部省統計数理研究所に所属した。

（注3）第六次選挙制度審議会　田中内閣当時に設置され、中選挙区制から小選挙区制への移行を答申し、法案化したが、実現しなかった。

（注4）明るい選挙推進協議会　当初は公明選挙推進連盟といった。選挙時に選挙啓蒙運動を展開するほか、毎回の国政選挙ごとに有権者の動向を探るための世論調査を実施している。

（注5）椿ショック　テレビ朝日編集局長だった椿氏が一九九三年総選挙後に生まれた細川政権について「この政権は久米（宏）・田原（総一朗）政権だと言われている」などとして反自民の立場で報道してきた結果だとしたため、自民党が強く反発。椿氏は編集局長を辞任した。椿発言の影響で九六年総選挙、九八年参院選ではテレビ各局の自粛報道が目立った。

第九章　小渕政権発足から自自連立へ

報告者・早野　透（一九九九年一月二十二日）

昨年（一九九八年）七月の参院選敗北から金融再生国会、さらに自自連立、今回の通常国会のいわば小渕政権の再スタートまでを概観します。

参院選敗北　まず参院選の敗北。これがすべての出発点でした。いま振り返ってみて重要な点は、自民党が予測に反して大幅に過半数を割ったということ。選挙の様子を振り返ると、自民党は意外に善戦している事実もある。三年前（九五年）の参院選で自民党は比例区で一一〇〇万票取った。ところが昨年の参院選では一四〇〇万票取っている。さらに選挙区の方の自民党の得票数は一七〇〇万票に達している。自民党はかなり用意周到に選挙戦を進め、最大限得票したように思う。

しかし、なおかつ獲得議席が大幅に過半数を割ったことが何を意味しているか。まず投票率が激増した。投票率が三年前の四四・五％から五八・九％まで上がった。実際一五〇〇万人の有権者が新たに投票所に足を運んだ。恐らくこの人たちがほとんど自民党に入れず、自民党批判票に回ったということでしょう。

議論すべきは、いったい有権者はどのような投票行動をするのかということです。政治不信の流れの中で、投票所に行かなくなったというトレンドがやはり基本的なのか、それともその状況次第で投票所に足を運ぶということが基本なのか。そういう中で自民党がかなり努力したにもかかわらず、相対的には大敗したのはどういうことなのか。自民党がいわば内向きの組織選挙になっていて、その得票能力が限界に達しているのかどうか。もしそうなら日本の政治社会構造そのものの変化にかかわるし、参院選についてこのあたりを深く分析してみないと、自民党政権あるいは自民党の絡む連立政権、政権交代の可能性、その他これからの政治動向を予測する上でのベーシックな分析材料がそろわないことになるのではないか。

小渕政権の誕生　次にこれを受けて橋本龍太郎首相が直ちに辞任し、引き続き自民党総裁選が行われ、小渕恵三氏が次の総裁に選ばれて小渕政権が発足し、今日に至る。この政権の性格ですが、少なくとも当初は橋本政権のダミーだった。参院選の開票日、直ちにその敗北を察知し、野中広務氏が竹下登氏と連絡を取り「次は小渕でいく。橋本はここで引くのが武士《もののふ》の道だ」と言ったところから小渕政権発足に向かって動き出したことは周知の事実ですが、このエピソードが基本的に示すのは、橋本政権と同質の代替物としての小渕政権ということだったかと思う。

この小渕擁立に直ちに賛意を表したのが山崎拓氏、続いて加藤紘一氏ということになると、橋本政権を支えたＹＫＫがそのまま小渕政権を支える形になった。無論、橋本政権敗北に伴う人事異動があり、加藤、山崎、小泉（純一郎）の三人は後ろに引き、その代わり新たな党三役になる。なおかつ野中氏――この人も橋本政権の幹事長代理という責任者ではあるのですが――一つ格下の責任者だということもあって、今度は官房長官に就任し小渕政権の中心的責任者になった。

この小渕体制をめぐっては自民党総裁選が行われ、田《た》中真《なかま》紀子《きこ》さんの言う「凡人・軍人・変人」（注1）の争いになった。なかんずくこの中の対立の図式は「凡人対軍人」であって、小渕氏が今言ったような旧自民党主流派（体制）をそのまま引き継ごうということだったのに対し、梶山静六《かじやませいろく》氏はその体制の打破ということでの争いだったような気がします。この争いは当然、政策路線の争いにも重なっていて、小渕氏が少なくとも当初はソフト・ランディング路線、金融経済の混乱を従来の自民党の手法に比較的近い穏やかな収拾の仕方を目論んだのに対し、梶山氏はハード・ランディング路線、むしろ日本の経済社会を構造的に変えていく、そのための犠牲を厭わないという発想に基づく政策路線。この二つの争いでもあった。

自民党はやはり本質的にソフト・ランディング路線で今日まで来ているわけですから、なおかつこういう危機の時に思い切ってハード・ランディング路線に乗り換えるには大きなためらいがあった。小渕氏が派閥政治の中から選ばれるという、これはひとつは安心感にもつながって、一回目の投票で小渕氏が過半数になった。これは少なくともこの時点での自民党の現実を鮮やかに表したものでした。

小渕政権発足にあたり、最大の目玉としたのは宮沢喜一大蔵大臣の起用です。宮沢さんと小渕さんとの対話で「経済というのはソフト・ランディングであって、ハード・ランディングを言っているのは素人である」という会話がなされた。この点の一致を見て、小渕氏は三顧の礼を尽くすという政治的パフォーマンスを引っ提げて宮沢さんを口説いた。宮沢氏の起用はいうまでもなく小渕氏の経済再生路線の中心的な思想の表明でもあった。

キャラクターの違い　ここで是非とも欠かせないのは橋本氏と小渕氏との指導者としてのキャラクターの対比です。この二人の指導者のキャラクターがとりもなおさず橋本政権と小渕政権の意味と価値の違いを形作っているという点で重要です。橋本氏について、よく「役所の課長補佐級の発想だ」と言われるのは、そのレベルでの行政知識をたくさん頭に詰め込んでいるからです。したがって国会の論戦などでは橋本氏が一手に引き受けて答弁する。

この間、三塚博氏や松永光《まつながひかる》氏など大蔵大臣がそれほど有能な人でなくても、橋本氏が対応できたのはとりもなおさず、橋本氏自身の答弁能力にかかっていたと思う。その点では橋本氏はかなり自信があった。自信があったから、よく言われるように他人のアドバイスや言うことは聞かない。アドバイスしても「しかし君、その点はねー」ということでアドバイスした人はみな鼻白んで引き揚げてくるということが多かったという指摘が橋本氏の政治手法を表している。したがって政策転換が誰にとっても必要だと思われた時期に、そういう橋本氏が総理をやっていたことは、橋本氏が世間から一番遅れて政策転換を了承するというタイプの政治になって表れた。挙げ句の果てが参院選の敗北であった。

対して小渕氏のキャラクターといえば、この人は田中派、竹下派の中であまり特異な主張をすることはなく、竹下流の心配り、気配りを旨とし、いわば竹下氏の代貸しとして竹下派紛争の中で派閥の長の地位を得た人です。彼は実によく人の話を聞き、意外な人脈との会合を持っていた。堺屋太一《さかいやたいち》氏などもその人脈の一人であったわけですが、小渕氏が自分に格別の知識・経験・器量・自信があるわけではないというのを自覚しているのが何よりの小渕氏の強みであって、彼の政治手法を一言で表現すれば「丸投げする、よく分からないことは丸呑みする。この基本的な小渕さんの政治手法がこの時期の自民党政治の政策転換には非常にぴったり合ったかと思われる。丸投げについては宮沢さんに経済政策を委ね、野中さんに政局運営を委ねるということで代表される。また丸呑みの点では自民党が参議院で過半数を割っているという状況から、野党の政策を丸呑みしなければいけないという局面に小渕氏はよく耐えることができる。そういう意味でこの政治状況に小渕氏のキャラクターが非常にフィットしたといえる。そこで小渕氏が直面したのが九八年秋の次の金融再生国会であった。

金融再生国会　この金融再生国会というのはいったい何だったのか。衆院では自民党は多数を取っているんですが、参院でこれだけ過半数に欠けるということになると、自民党は「少数与党」と言っていい。少数与党がいかに政治状況をマニピュレート（操作）できるかという意味での政治的実験だったように思う。なぜなら橋本政権当時までは「自社さ」という形で、ともかく衆参両院で多数が形成されていた。これが連立解消で、細川政権以降五年間の連立による多数派形成が一頓挫を来したわけです。裸のまま、少数与党のまま国会に臨んだというのが、この金融再生国会だった。

そこで当然起きたことは与党と野党第一党による政策協議

です。自民党的にいえば「部分連合」ということですが、ともかく野党全体と渡り合う。なかんずく野党第一党から順に妥協点が見出せるかどうかの協議をしていかねばならない。またその協議をしたのがこの金融再生をめぐる臨時国会での中心的な動きであったわけです。何しろ衆院では与党が多数、参院では野党が多数ということは、与党と野党が対立する限り法律は一本も通らないという状況を表しているわけです。どこかで与野党の妥協が成立し、衆参両方での多数派を形成しないと政治は一歩も前に進まないという状況でしたから、これは重大な実験であったわけです。

　金融再生問題に関していえば菅直人の「政局にしない」という発言があり、これを手がかりに与党と野党は政策協議に入っていったということがある。小沢一郎氏は「政局にする」ことを目的としていたわけですから、これを機に野党共闘を解いていく方向に走り出すわけです。臨時国会では少なくともこの菅発言が状況を支配し、与野党の間、自民党と民主党の間で政策的折り合いをどうつけるかというところに深入りしていった。こうなると金融問題というテーマの特殊性もあって、与野党の幹部クラスでは間に合わない。そこに登場したのが「政策新人類」[注2]であって、この人たちが二週三週にわたって週末になると与野党の妥協点にこぎつけるかと思うと、また潰されるということを繰り返していた。したがって三週にわたって週末徹夜に近い状況が続き、この政策新人類に与野党調整を委ねた旧人類たちはまず体力的にまいってしまった。これが政権運営の疲労度ということです。

　このように、やってはみたものの少数与党のままでの政策協議という実験は体力を消耗し大変だという実感を伴った。「こういう形での政策協議ではスピーディーに対応できない」という言い方で、特に自分の身を心配していた金融界・経済界あたりからの体制に対する反対意見として現れ、それを受ける自民党からもこれでは身体がもたないということで、金融再生国会での実験に否定的雰囲気が広まった。

　そこにつけ込んだのが小沢一郎氏の金融再生国会後半での方向転換です。金融再生問題で残された「早期健全化スキーム」すなわち破綻前処理について、この小沢氏の方向転換に乗って、自民党と民主党との政策協議、なかんずく政策新人類が中心的な役割を果たすような政策協議を否定し、もっと幹部クラスでのやり取りによる合意が自民党と自由党さらに公明党を加えて成立したわけです。

自自連立への三つのアプローチ　この金融再生国会の前半と後半の性格の違いが、大きな意味で小渕政権の転換につながってきたと言えるかと思う。考えてみれば、政権運営はまず多数派を形成することが出発点にならなければ、一回一回汗をかいて苦しむことは目にみえる原理です。この金融再生国会は、珍しい少数与党の下での政権運営であって、その後は、ともかく多数派形成（が必要）だということで自自連立に向っていった。再び連立政権への模索、少数与党を脱するための模索が始まったことは、大局的に見ればむしろ当然で、何も怪しむに足りない出来事であったと思う。金融再生国会の混乱の中で自自連立への胎動が始まった。

次にこの意味付けですが、具体的ファクトを少し整理してみると、この自自連立にはまず国会対策的アプローチがあった。これは言うまでもなく、ともかく法律を衆参両方で通すために何とか多数派を作るということで、この役割が国会対策委員長の肩に背負わされるのは当然のこと。ともかく連立の方向に進まなくてはいけないと動き出したのが、自民党の古賀誠《こがまこと》国会対策委員長とパートナーの自由党の二階俊博国会対策委員長であったことは当然です。この間、国鉄債務の問題で、ともかく多数派を作ったことが自自連立の練習台になっていったわけです。その様子を見て、野中広務氏——自民党の党役員が弱体の中で、政府与党両方を通じてのほとんど唯一の司令塔であるわけですが——が裏打ちをして、この連立への動きが始まった。そういう意味では自民党の長老のうち、竹下登氏が小沢一郎氏との竹下派内的な権力闘争・確執を脱して、小渕政権維持のために「自自」を是認していく形になったのは、恐らくは竹下氏のこれまでの政治家の在りようから見て「国会対策的なアプローチ」の中に入れていいのかと思う。

一方、政策的アプローチというジャンルに位置付けられるのは野田毅氏だった。彼が自由党の「日本再興のシナリオ」をまとめ、自自連立の政策的局面を推進していったのは言うまでもない。宮沢氏をこれに分類したのはあまり意味があるわけではないが、宮沢氏があまり政策的に小沢一郎氏と違和感を持っていないことは、宮沢氏が常々語っているところです。アメリカでいえば、共和党・民主党のうち、両氏ともいわば共和党的な発想だと分類できる。ついでに言えば加藤紘一氏は民主党的な発想で、このあたりに小沢氏との連立を宮沢氏が容認し、加藤氏は不服を唱えながら最後にしぶしぶ認めざるを得ないという政策的なニュアンスの違いがあろうかと思う。

政略的アプローチとは、いろいろあっても、結局、こうしたことを決めていくのは最後はパワー・ゲームだということです。ここで動いたのが亀井静香氏。この人がまず水面下で小沢一郎氏と相通じ、自民党政権の安定のためには小沢氏とも組むという権力闘争的なレベルで発想の転換をしていった最前線の人物です。それに呼応したのが小沢氏。小沢氏は本当に小渕政権が自自連立に動くのかどうか最後の最後まで疑いつつ進んでいたようですが、最後に小渕氏と連絡を取ってこれは本気だとの確認を取り、十一月十九日の党首会談につながった。この政略的アプローチという点でいえば、亀井氏、野中氏その他のバックにいるのが中曽根康弘氏と言えるかもしれない。中曽根さんはかつて改進党で、吉田自由党に対立してきた経験その他を踏まえ、今日の自自連立に対してはイデオロギー的な彼自身の発言でいえば「自自の思想を注入した。実際に走り回る役者は野中であり亀井であり、小沢であり小渕だが、その基になっている思想を唱えるのは自分だ」ということでしょう。

小沢氏対野中氏の打々発止

このような動きが重なって自自連立が紆余曲折の上に成立したのはご承知の通りですが、ただしこの間にいろいろなニュアンスの変化があった。十一月十九日の党首会談の段階では小渕氏は相当踏み込んで小沢氏の主張するイデオロギーに賛同を示し、したがってこれまでの自民党の路線、橋本氏から小渕政権の初期のソフト・ランディング路線への反省を持っている、その点で反省することは自民党の三役体制を変えるということにつながる、と自由党は受け止めたようです。したがってこの時点で、自民党三役が交代し、自民党の中のYKK主流派が一層、後景に退き、逆にこれに反対する非主流派が人事の面でも前面に出てくることを期待したようです。

当初の党首会談に自由党は、小渕政権スタートの時点の性格からの転換を読み込んで一種の興奮状態になった。その様子が小沢一郎氏の「安全保障での憲法解釈を小渕は変えた」というテレビ発言など、今から思えばいささか興奮ぎみの発言につながった時期があった。しかし、小渕さんという人は小沢氏と対談するときはやたら盛り上がっているのだけれど、自民党に戻ると元の木阿弥ということになって、小沢さんたちはその後、非常にがっかりさせられる。これが小渕氏の小渕氏たるゆえんで、中曽根氏が「真空総理」と名付けたように、その時点で注入されたアイディアや興奮にはそのまま乗ってしまうけれど、それが持続しない。さらに自民党に戻ってそれを説得するということになると力が出ない。

その後、自民党三役はそのまま留任となるし、自自連立に伴う入閣も一人で、小沢氏でなく野田氏という非常に小規模、最低限になって、自由党側の熱が冷めるという時期にきた。しかしいまさら元に戻れるというわけではないし、しかし、「戻れないから自由党はどんなに値切られてもついていく」というマスコミの論評に対して、小沢氏が最後に怒ったのが年末の党首会談へのいきさつだった。このままでは小沢氏が世間的に沈没してしまう、面子が立たないというところで最後の一頑張りをしたわけです。

これには自民党もいささか慌て、小沢氏の要求に応えて政策協議を詰めていくというプロセスが今年になって始まっていく。このあたり小沢氏がターゲットにしたのが野中氏であり、「野中氏は不見識である」とテレビで攻撃した。対して野中氏は「小沢氏が自分の政策への思い込みが強すぎる」と相当な反論をした。両氏ともこの時点で連立が壊れるならそれでもいいとそういうような覚悟を持っていた。このあたりはさすが田中派、竹下派で育ったパワー・ゲームの専門家ですから、何かが成立するときにはその前には本気で壊すこともあり得るということくらいはやらないと、話はできないというあたり、政治家の性根の据わり方が野中、小沢両氏とも同じレベルで持っていたということではないだろうか。

こうしたやり取りがあって、小沢氏が若干の得点を稼ぎ、（一九九九年一月に）連立政権が発足することになった。この政策協議がどの程度、小沢氏にとって勝ちなのか負けなのか、大いに議論があろうかと思う。さてこうした経過を踏まえた今後の展望といえば、自由党から見れば「百パーセントの自自連立でない、いわゆる五〇パーセントの連立だ」というふうに見ているでしょう。したがって小沢氏でなく野田氏が入閣したと。それはどういうことか。小渕氏が結局ＹＫＫ主流を温存したことと裏表になっている。

焦点の九月総裁選　次の政局は明らかに（九九年）九月総裁選での小渕再選がなるかならないかの一点に集約されていくが、その前に内閣改造があるのかないのか。あるとすればその時点で非主流派が割り込み、小沢氏が入閣するということになれば「小渕・小沢政権」が自自連立を基盤に、あえて言えば新保守主義的な志向を強めて政治のリーダーシップを強めていくことになろうかと思う。

では小渕氏がそうするかどうか。ここが小渕さんのずる賢いところで、九月までに内閣改造をする必要があるのかないのかということを考えれば、九月の総裁選にたとえば加藤紘一氏が「小渕再選」に協力するのであれば、あえて内閣改造はせず現体制のまま九月になだれ込む。その代わり今のＹＫＫ主流派は小渕氏を支持し、あと二年間の小渕政権を約束すると。その九月の再選までは非主流派および小沢自由党には我慢させる。九月をクリアした後、非主流派・小沢自由党をしかるべく処遇して小沢・小渕新体制を作るということも考えられる。このあたり小渕氏の動向とそれをどう読んでどう行動を起こすか、加藤紘一氏の動向がきわめて重要な着眼点になる。

それにしても今の自自連立の体制は取りあえずこの通常国会をどう乗り切るか。これが成功するか失敗するか、景気が上向きになるかガイドライン立法が成立するのか。集約すればこの二点で現在五〇パーセントの自自連立の成否が決まってくる。この成否を決めるのはまた野党の菅直人の動きであって、そういった関係図の中で小渕政権がどう動くのか。一方、小沢氏のやり方に対して「とても付き合っていられない」というような意見も自民党の中には当然出てきているし、連立の意味があるのかどうかはこれから（議論が）始まる。自自連立は成功するのか、小沢氏との関係が崩れて崩壊するのか。それともむしろ逆に小沢氏ペースで自民党を引っ張る形になるのか。この三つの方向のどのあたりに現実が動いていくのかを注目したいと思います。

▽自自連立をどう評価するか

井芹　濃密な報告でした。最後の展望のところが議論しやすいかと思います。一つ政局の節目は九月の小渕再選問題になるというのは異論ないけれど、もう一つ大きなのは解散・総選挙をどうするかがある。もしこの自自連立が壊れたら、一気に解散・総選挙まで行かざるをえないと思うけれど、自自連立ができたことによって解散・総選挙は先延ばしできるという構図ができた。自民党も自由党も自自合意の中に選挙協力は入っているが、一挙に総選挙までいくというより選挙を遠のかせる趣旨だ。そうすると九月総裁選の方が先に来てしまう。そこで（小渕氏）再選を固めて、その後を考えるという政局展開になってきた。自自連立については、一般的な評価と専門家の評価が違うような気がする。政治学者は割と高い評価なんですよね。しかし世論調査をしてみると、一般の人は非情に冷ややかで、評価しない方が多い。

川戸　ずいぶん世論も変わりましたね。

井芹　小沢さんの言うように革命的とは思わないけれど、政策面での実質的な進展はある意味では急速にいった。

近藤　世論調査の反応が悪いのは、自自連立が最初、「消費税がゼロになる」ような雰囲気で報じられて、そういう意味ではマスコミにも責任があるんじゃないか。当初から自自連立の政策合意の中で消費税はそんなに大きな問題ではなかった。二階さんが見せてくれた政策合意によると「税制を抜本的に改革する」ということで、消費税をゼロにするという合意ではなかった。むしろ安保政策に重きが置かれていたのに、マスコミ報道がその方向に行くと、消費者的な雰囲気を持っている世論調査では自自連立への評価は出ない。ところが政治学者はそこ（安保政策）を見て評価するというパターンだと思います。

川戸　でも国民生活には消費税問題が関係するから……。

近藤　合意書の中には入っていないのに、そこだけが大きく報道され過ぎた。

井芹　世論が変わったのは、自由党の消費税（凍結）に期待したのが裏切られたと感じただけじゃないということですか。

川戸　そう、その部分だけじゃなく「なぜ小沢さんが（自自連立なのか）」っていう素朴な評価だと思いますよ。（自自合意が）理由もなしに急に行われたというのがあるから、そこに皆まず驚いた。

近藤　世論調査は相変わらず悪い。

川戸　いや、よくなってきたんですよ。「自自」に対しては一〇ポイントくらいプラスになってる。

井芹　ただ絶対値としてはまだ低いですね。

川戸　でも、それは小渕政権に対する評価みたいなものもあると思います。

▽野中氏の「ひれ伏してでも」発言

井芹　先ほど、自自連立を三つに分けて国会対策的アプローチ、政策アプローチ、戦略的アプローチとあったけれど、もともと自自のどっちが先にアプローチしたんだろうか。

成田　両者の会話の中で出てきたんじゃないのかなあ。さまざまな問題が整理される過程の中で出てきたんであって、どっちがというわけじゃない。

川戸　自由党の側からいえば「昔の沖縄特別措置法での『保保』の頃からずっとつながっている」という認識だと思うし、今回のも自民党の側からいえば「国会をやってみて自民党だけではできない」という中で、最終的に野中さんが（小沢氏に）会ったとたんにひれ伏して言ったみたいなところがあったんですよ。

井芹　あそこが一番なぞですね。

近藤　野中さんは「ひれ伏してでも」と、なぜあの時点で言い出したんですかね。

川戸　野中さんはさんざん陰口をたたかれていても、現実的に国会運営の難しさを知ってますからね。一本釣りをして衆議院はやっとのことで自民党が過半数を超えたわけです。今回こそは参議院を逆転して衆議院と同じように何とか過半数を取りたいと思って、それでも取れない。それが逆にすごくマイナスになっている。今まで自分がやっていた国会対策は何だったのかという。

井芹　現実に（九八年秋の）臨時国会をやってみたら、ということですね。

川戸　それがあのとき丸呑み。それこそ体力勝負から始まって……。

井芹　メニューをその都度変えて、相手を変えてやらざるをえなかった。最後の決め手になったのは、額賀《ぬかが》福志郎《ふくしろう》防衛庁長官の問責決議案の可決だった。

川戸　公明に期待していたのが裏切られた。

井芹　それで（自自連合に）踏み切らざるをえなかった。もっとも「ひれ伏してでも」発言はもっと前だと思う。

川戸　一番初めには小渕政権ができた時から言ってますね。

近藤　八月七日に発言があったわけです。

井芹　だけど八月中はそれほど真剣とは受け止められてなかった。というのは九月臨時国会のときには（自民党執行部は）民主党にアプローチしたわけです。終わったところから自由党に乗り換えた。国鉄の債務処理と金融健全化法のあたりから……。

川戸　やはり国会を通じていやというほど感じたんじゃないですか。

近藤　いろんな解説があるなかで面白いのは、「（北朝鮮のミサイル）テポドンが拍車をかけた」というもの。

成田　そうかなあ。いや、ガイドラインの問題がテレビに出てきてはいたが……。

近藤　それからアメリカ筋の圧力とかいろいろある。

井芹　それはちょうど自自連立が加速されるときにはクリントン米大統領が来ていたり、コーエン国防長官が来ていたりしていた。だいたい（自自連立工作が）停滞して壊れそうになるたびにアメリカがてこ入れしてるというんだが、これは三題話のたぐいじゃないかな。

成田　やはりアメリカの影とガイドライン問題、北朝鮮問題が自自連立の背景としては非常に重要でしょうね。とすると早野さんの報告は大変きれいに整理されていたんですが、それだけに聞けば聞くほど、せっかくあれだけ激動していた政治がまた「コップの中の嵐」に帰るのかなといった寂寥感を禁じ得ない報告でした。つまり単に「誰がやる」、「俺がやる」という権力争いが本質だということ。早野さんの報告に異論を唱えているわけではありません。

たとえばここ数年、政治の非常に大きなテーマとして論じられていたのはリーダーシップの問題ですが、橋本リーダーシップが失敗して、丸投げ・丸呑みの真空総理が今の状況にぴったりだということで小渕さんが出てきた。それはそれで、今はどういうスタイルの政治が必要かということで、意味のあることだと思いますが、残念なのはそれとともに、政党間の政策の問題とか対立軸の問題とか、ここ数年議論されてきた問題が全部消えて、ここから先の展望は九月の総裁選で加藤がどうとかというコップの中の嵐の問題に再び戻ってしまったことです。

自自連立の評価もいろんな要素がこんがらがっていて、難しいんですが、前にこの座談会で新進党の解体と野党の再編を話したときに「小沢一郎は死んだか」という問題提起に対して、私は「理屈で考えると死んだが、経験則でいくと小沢さんは死なない」と言った覚えがあります。確かにそういう一つの局面が出たなと思う。私なりの個人的なバイアスがあるのだろうけれど、「政治家・小沢論」で見ていくと分かる面があるんですよ。大局的に政治システムとか日本の政治のあるべき姿という外見を装いながら、結局、小沢さんが日本の政治をコップの中の嵐にしたというのが少し寂しい。

川戸　ただ、小沢さんがこのまま（自民党に）取り込まれてしまうということだと、そうしかならないけれど、学者の方々が評価しているのは、そういう見方じゃなくて「小沢はこれからやってくれる」みたいなところがあるわけでしょ。その人たちの言うには「政府委員制度の問題にしろ、いろいろな意味で暴れてくれるんじゃないか、という期待がある」と。その辺はどう思いますか。

成田　そういう意味では早野さんの報告もそうだけれど、「自自」の収支決算は議論していかなくちゃいけない。けれど「自自」を作り上げたということで小渕さんに対する評価の高まりがあるんですが、これが自民党にとって本当にハッピーなことなのか。小沢さんが暴れてくれる、くれないとも絡んで、軽々には結論が出せない。だから小渕さんにとっては大きな試練になるかもしれない。

▽自由党「核抜き」返還説

近藤　今まで日本の政治は「小沢対反小沢」みたいなパワー・ゲームの上にあった。これでそういうものが無関係になるの？

成田　いや、つまり野党の方は若干整理される要素が出てきた。野党に小沢さんがいたときには、野党の中に「小沢か反小沢か」という軸が持ち込まれて混乱していた。自自連立で与党の側に小沢が行ってみると、野党がまとまるかというとやはり公明党だ社民党だ民主党だっていうのがあっていろんな対立軸が複雑に絡んでいる。小沢・反小沢で動いていたのではなくて、小沢さんがその軸を使いながら操っていたんだというのが見えてきた。そういう意味で小沢さんが与党の側に行ったということは、小沢・反小沢の軸で見れば野党が整理しやすくなるだろうということで野党への一種の期待にもつながる。確かに小沢がいなくなったことで野党も頑張らなくちゃいけない。しかし依然として簡単じゃないという問題が残っている。

近藤　今度は自民党の中に小沢と反小沢が出てくるわけ？

井芹　そこまでいってくれると、小沢戦略が成功するんだが、実際は「自自」に期待していた人たちの思惑通りになるんじゃないですかね。

川戸　（自民党を）分裂させてということ？

井芹　そうじゃなくて自民党としては「小沢は補完勢力だ」というところ。いわゆる野田（毅）路線くらいで収まってくれて、投票駆り出し要員になればいい。だけど、そうなると小沢氏のレゾン・デートルはなくなる。

川戸　ある新聞で「自民党は自由党を吸収して選挙の前にある程度の人数が自民党に合流する。その時は核抜きで」と書いている。小沢さんを核兵器になぞらえ、小沢的「核は抜いて」と……。

井芹　読売新聞が書いてた。

川戸　そこらへんが小沢さん個人と自由党とは別で、今回の動きの中でも推進派と「待った」という人たちとはずいぶん違ったと思う。

近藤　政治学者のなかには、小沢さんだけがワード・ポリティックスができると評価する人がいる。小沢さんは、日本の政治にワード・ポリティックスを持ち込んだ、とする。ワード・ポリティックスとは、最近、田中明彦さんが「日本の政治に欠落している。それを行う必要がある」と問題提起している。つまりワードというのは言葉。きちんとロジカル（論理的）に議論していって、議論で決着をつける政治。外部からも、外国からも理解できる。今後、日本の政治はそのような方向に変化するだろうか。そのような政治を自民党が行うようになるだろうか。

井芹　小渕さんは全く没論理、没言語でボキャ貧なんで、そこが（小沢氏と）凹凸合ってうまくいく。あれが橋本さんだと自分の論理があるから（小沢氏と）そりが合わない。

成田　ワード・ポリティックスといえば、自民党をあれだけ批判していた小沢さんがそっちの方に行くというのは、言葉が軽いというか……。

川戸　一番はじめに国民の真意を問わなかったのは、やはりワード・ポリティックスじゃなかった。自分の存在しかなかったんですよ。国会が今開かれているけれど、小沢さん自身その説明が全くできていない。これまで五年間の総括とか。

成田　政策中心ということで正当化しようとしているわけでしょう。学者がそれに乗っている。まあ合意を作って政府委員制度の廃止を進めるとか、個別的に成果は上がっていると思うけれど、しかし、それをもって自民党の政策を変えているとか、鍛えているかといえば言い過ぎだと思う。

井芹　自民党の懐の深さですね。

川戸　自民党だって若手は政府委員の廃止はもとから言ってる。自民党はヌエ的で、端から端まで許容範囲なんです。ただ小沢さん的な安保論はまだまとまっていないから、これは大きな問題です。やはり（若手は）抵抗すると思うけれど。

近藤　じゃ小沢さんの政策を自民党が出前でとったみたいなんだ。

成田　小沢さんがやったことは一つの成果だったけれど、じゃあ民主党の特別公的管理や公明党の商品券は成果ではなかったのか。どうして小沢さんだけが成果といえるのか。九月の総裁選が焦点になってまた「永田町のコップの中の嵐」に戻ってしまった。

井芹　政局も冬の星座になってきた。民主党という南十字星が消え、（与党の）スキャンダルも大きな問題にならず、話題が「自自」連立だけになった。

成田　それもこれも選挙を回避して永田町だけでやっているからですよ。だから今の段階では取りあえず昔に帰れたような幻想を持ち得てる。デモクラシーの論理から言うと、それは違うんじゃないか。それは早野さんの言った「すべての出発点」であった参院選での敗北後の政権交代が総選挙を介さないで行われたわけだから、永田町は国民の意識との乖離をますます強めているということを忘れてはいけないと思う。

井芹　解散・総選挙を先延ばしするという戦略があるのは明らか。すぐやるなら小泉氏とか梶山氏とかの選択肢があったけれど、「解散しないから小渕に」と言ってたんだけれど、今度また状況が変わってきた。小渕氏が再選されたら小渕首相で総選挙をやる。恐ろしいですね。

川戸　逆に言えばその時に総裁選が混乱するかどうか。次の総裁選は来年九月ですから、その時に「小渕さんで戦えるかどうか」という議論が出てきますよ。今からそう言っている人もいるし、若手がそれを容認するかどうかがある。

▽菅直人氏の政局観は？

井芹　これからは九月総裁選が焦点なんだけれど、そこで政権が安定化し、内閣支持率も回復すればするほど自民党は小渕を再選させざるを得ない。しかし解散・総選挙という地平が戻ってきたときには、民主党だって――いま菅はスキャンダルだけれど――（支持が）戻ってくるかもしれないし、もしかしたら（党首を）ほかに代えるかもしれない。民主党対自民党という党首戦になったとき小渕さんじゃね。この前は「橋本対菅」だからまだ戦えたけれど、「小渕対菅」ではどうだろう。そうなると自民党の「自自」の成功は次の総選挙の失敗の布石になるかもしれない。

川戸　ＹＫＫはそう言ってますよね。

井芹　「自自」によって永田町的には政権は非常に安定した。失敗して「自自」が壊れて（自由党が）入閣しないということだといきなり政局だったはずで、国会は予算までしか通らない。予算は憲法上、強行可決して三〇日待てば成立するけれど、予算関連法は通らない。そうなると遡ってたぶん予算も通らない。予算成立のためには解散を約束しなくちゃならないという政局になっていたはずだから、それだけは避けなければいけなかった。それで野中さんも強く出た。もっと言いたいこともあったんだろうけれど、結局、最後に我慢したのはそのへんの事情があったかな。

近藤　最後の選択が解散・総選挙への怯えだったということなの？

井芹　というか、得策じゃないという打算でしょ。

川戸　小渕さんが三人の中から選ばれたことは解散・総選挙がないってことですからね。

井芹　若手の大部分も「小渕さんが適格」というよりは「小渕さんにしておけば選挙が遠のく」ということだった。いま、選挙をやられたらとんでもない結果になる。

川戸　早野さんはソフト・ランディング路線とおっしゃったけれど、むしろあそこは総選挙が恐かったんですからね。

井芹　内閣を作る上での政策として、むしろ景気問題は合意争点で、どの候補も同じ主張だった。ただソフト・ランディングだったかどうか（の評価）は非常に別れた。

高橋　だとすると小沢さんの（自自連立の）理屈は何なんですかね。自民党の方はよく分かるんだけれど……。

成田　それは存在感のアピールですよ。これ以外、出番がないでしょう。

井芹　それは前の沖縄特別措置法以来、小沢さんがテレビでも言ってるけれど「自分は首尾一貫している。自分の政策をのむなら、それでいいからやれ」と。じゃそれなら今回は、根本的にどっちが言い出したかを聞きたい。やはり政府・自民党の方が清水の舞台からとび降りたんじゃないだろうか。

川戸　あの場合、野中さんの変身がなければ絶対スタートしなかったと思いますよ。

成田　野中さんが小沢さんに「ひれ伏してでも」と言ったときは、民主党と自由党を区別して自由党に（ひれ伏して）ということではないでしょう。野党にひれ伏してということだった。

川戸　そう、野党にということだけれど、その中に当然、小沢さんも含まれる。排除しないということ。

成田　野党に協力を求めたいと言っただけでしょう。

川戸　だから国会の最後で（額賀防衛庁長官）問責決議案に賛成した公明まで入れるのは無理だということで、自自先行しかないという判断になった。それまでは全野党ですよ。じゃないと金融再生法案の丸呑みなんてできないですよ。

井芹　臨時国会では、まず民主党とやってみたわけでしょ。

川戸　そう、さっきもあったように民主党とやってみて、これはしんどいとなった。

成田　菅さんには、野党の政策というものにちょっと誤解があると思うのです。やはり野党は常に批判に立つべきであって、いくら努力して金融再生法や長銀、日債銀救済とかやっても手柄はみな自民党ですからね。基本的に野党としての対応を間違ったんじゃないかと。ぎりぎりやった上で、参院で民主党が欠席しても成立させるべきだった。菅さんはあの時、野党の当事者能力を証明したといったけれど、それは違うように思いますね。おかげで自自連立に行っちゃった。

井芹　それは竜頭蛇尾に終わったというか、小沢さんの説明がありますね。

成田　あの時、小沢さんが「政局にしなかったのはおかしい」と言ったことには、ちょっと同意できませんね。「政策が大切だ」というのは小沢さんの言葉にもあるし、整合性もあるけれど、あの局面で政局にするのはあまりにも国民生活を犠牲にすることになる。そういう選択肢はなかったと思うんです。

井芹　ただ国会の与党・野党の地平の上で「国民生活を考えて政局にすべきではない。与党であれ野党であれ金融システムを安定させねばいけない」というのは一つのきれいごとなんだけれど、そうじゃなくて「あのとき菅直人と加藤紘一のラインができた」と平野（貞夫）さんは見ていた。本当かどうか分からないけれど、「加藤は『小渕政権は放っておいてもそう歳月をかけずにつぶれる。その次の政権は自分に協力してくれよ』と言ったという話をしていた。

川戸　それは平野さんの主観なんですよ。

井芹　これは作り話すぎるかな。

成田　まあ火種がないわけでもない。

井芹　加藤―菅の連絡があって協力を要請したというのは事実。菅―竹下もあったんじゃないかと思う。それは悪魔のささやきだけれど、それは大義名分もあるわけです。

成田　菅さんの失敗は、あのとき「参院で成立させるから速やかに解散・総選挙をやれ」「いつまでにやれ」という言質を取らなかったことですよ。ただ自分たちの政策を反映させて満足した。野党が政府に自分たちの政策を採用させる必要はないんです。選挙で国民に採用させるのが正しいんです。「あなたたちの政策は、あなたたちの責任でやりなさい。その代わり解散・総選挙はいつまで」とか、解散・総選挙につながる重大な条件を取るというのが正しいやり方だった。

井芹　そこも小沢さんが「政局にしろ」と言ったことが逆に作用したんじゃないかな。「（政局に）しない。しない」という方にどんどん行った。変にサジェスチョン（示唆）を受けていたことが逆に作用した。普通に考えれば政策は政策で国民生活に影響するところはきちんと区切りをつけ、景気対策と金融システム安定までやって年末には解散・総選挙をやっていてもよかったわけですよね。十一月から「自自」ばかりやっていたわけだから、この間に解散・総選挙をする時間はあった。

近藤　そうでしたね。

井芹　でも民主党にとっては、かえって良かったかもしれない。あの頃、『週刊文春』が菅スキャンダルを追っかけていたし、その後、報じた。

早野　それでも（解散に）追い込むという自然のことをやっていればよかったんだな。

川戸　一番はじめに小渕政権発足のときだったか、鳩山由紀夫さん本人が言っていたことを思い出すんですけれど、「菅さんはとにかく自分が総理になったときに何をしようということしか考えていない。総理になる筋道を全く考えていないんだ」そうです。その通りになっている。あれはまさしく総理としての対応ですよね。国民の生活を第一に考える。だけれど野党の党首としてはちょっと違うはずですが、逆に（総理に）なった気分だから「自分は政権担当能力がある」というのを見せたかったわけでしょ。「それは違う」ということを鳩山さんはその頃から見抜いていた。

早野　菅さんが「政府とったら七十人の人材が要る」というのは先走りだったんだな。さすがに鳩山由紀夫は「菅さんはそんなに先ざきを考えている」なんて誉めてもいたけれど、実際そうだったんだな。

川戸　本人がちらっとそう言っていました。

▽「自自」から「自自公」連立へ

井芹　もう一つ、自自連立では（目標の）五〇％までしか行っていない。この連立の問題は参議院がまだ過半数になっていないから、本来は「自自公」まで行かないと完成しない。

早野　そうですね。

井芹　公明党が完全に自民党と切れて野党に行ったかとい

うと、今度の通常国会での代表質問を見てもそうじゃない。（自民党が）橋を架けようと思えば架けられる。そういう所まで進むのかなと思う。

早野　つまり国会の中の多数派形成としては未完成だということと、もう一つは「自自」という枠組みは取りあえずこの国会を乗り切ろうというものだった。

井芹　まさに国会対策的な発想ですね。

早野　かつ小渕さんは今までの主流派というかＹＫＫとの関係とか、非主流との関係を変えていないですよね。そのまま放置してある。新しい自自政権を続けるにはこのままではいかないので、そこをどうするか。

井芹　党内のパワー・バランスの問題ですね。（小渕さんは）自社さ派と非主流派の両方に乗っているが、これは総裁選までは変えないんでしょうね。もう少し非主流を重視することはあっても、すぐに主流・非主流の関係を逆転させて取り込む考えはない。

早野　だって小渕さんにしたってメリットがない。これは九月の再選をクリアしてから考えればいいことで、問題はそういうことでやれるのかどうか。まあ非主流もちんまりしてても話にならないなということもあろうし、加藤紘一もこのままじゃというのがあるだろう。両方からこの態勢でいいのかというのが出てくるわけですよ。小渕さんはとりあえずこのままでいって九月に再選されれば、あと二年間はフリーハンドを持てる。その中で本当に小渕さんがそう考えているかどうかは知らないが、自民党をもうちょっとぴりっとした方向にしたいのかどうか。それとも竹下流の……。それはその時の話だと思う。だから九月までもつかどうかはまだ分からない。ガイドラインが通らなかったり、景気が相変わらず低迷したりするかどうかという要素がある。

井芹　この二つの転び方が今後、問題ですね。景気がまだ悪くなるという説もある。また堺屋《さかいや》（太一《たいち》）さんがドラムをたたいて一生懸命「大丈夫だ」とか言ってるけれど。

成田　失業率はまだ上がるでしょう。個人消費も相変わらず駄目だろうし、公共事業でもっているけれど、また三月危機説もあり、それがどうなるか、三月決算の問題です。経済は相変わらず地雷原ですね。

早野　まだ早いけれど、来年もこういう予算になるのかな。来年はもっても次は本当に国債で首が回らなくなってしまう。

川戸　だって宮沢さんが大魔神（横浜ベイスターズの抑え投手・佐々木主浩）の役割ですよ。

早野　その（国債増発の）心配がこの三日間の代表質問にあるわけで、そこが一番浮き彫りになっている。このままでいいのかなというのが出ている。

川戸　国民みんながそう思ってますからね。

早野　民主党が言っても共産党が言っても橋龍さんが言っても同じことなんだ。

井芹　すべてタイミングが半年くらい遅れている。ほんとうはもっと前に景気対策をやっておくべきだったとの意見もある。

早野　また構造改革路線に戻りつつ議論しなきゃいけないかもしれませんな。

井芹　僕の持論は「景気対策だけやってどうなるの?」。極論すれば、景気はよくなくてもいいんじゃないのかということなんだけれど。景気が悪いっていうのは一般的にGNP(国民総生産)指標だけの問題として言っている。それと長銀や拓銀が倒産して何千人の失業者が出るという問題とは本質的に違う。GNP指標が悪いのはもともと水ぶくれだった経済が収縮しているんだからたいして悲観することはない。長銀の倒産や何人もの失業者というのは日本的経営の失敗の問題。そちらの方の対策が必要なんだが、景気対策とは少し話が違う。ところが議論が一緒になっているから、何でもいいから公共事業に注ぎ込むということになっちゃう。悲鳴を上げてるのは自治体で、補助金をいくらつけられてもやる事業もないし、自主財源の何%かは注ぎ込まなきゃいけない。公共事業をつけても消化できなくなるんじゃないか。

高橋　小渕さんは総裁選のときにGNPの成長率を公約しちゃったでしょ。あれが、三月期決算が五月に出るころまたいろいろ言われないですか。

成田　九九年度の成長率だから来年の三月まで、一年二カ月あるからずいぶん余裕がある。九月以降発表の四—六月期成長率が注目される。

川戸　内田先生の今回の自自連立の評価は?

内田　私の評価は別として、このごろ中小企業者やいろんな人に会うと、経済は悪いね。「胎動がどう」とかいっているけれど、この春は大変だって。それから失業率は五%だね。

成田　失業率五%というのはショックですね。

▽新保守主義とは

内田　先日、小渕・小沢激励大会が日比谷公会堂であった。大変盛り上がったというけれど、市民代表の演説で、ひどく深刻なのが二つあった。つまり中高年齢層の話で、「一人は馘になったって家族に言えなくて毎日出歩いている。最後の就職斡旋でも断られて翌日新聞を見たらその男は自殺していた」と。もう一つも失業者の自殺の話。それを受けて、主催者側のお偉方が「これだけ深刻なんで、景気対策を小渕・小沢が強力な態勢でやってくれてるからいいんだ」っていう結び付け方なんだよ。まいったなと思った。一人は北海道、あとは東京。(景気はまだ)だめだって言うんだね。

早野　あの集会、僕も行ったけれど、守旧派代表みたいな気分でしたね。こんなの新保守主義でもなんでもなくて、ただ昔からわいわいやっているという感じもしないでもなかった。

川戸　これを新保守主義と名づけている人もいるけれど、今回の「自自」はどうなんですか。

早野　今日の参議院の代表質問にも出てたな。小渕さんは「新しい保守主義で戦った」と記者会見で答えてた。「自自連立で合意したことがつまりは新しい保守なんだ」とこういう理論。これはこれで小渕さんらしいなと思うんだけれど、もう少し僕たちが捉えている新保守なのかどうか。そういう自覚は必ずしも小渕さんにはない。

川戸　この前、民主党の（代表）選挙のとき、渡部恒三《わたなべこうぞう》さんが（土井さんと）話して「今回の自自には新保守主義と言ってほしくない。その言葉だけは言ってくれるな」と言ったもんですから。その辺のところが本当か、ちょっと聞きたいなと思った。評価につながるかどうか。

井芹　新保守主義というとポジティブに評価できるということですかね。小沢さんの今回の改革案は、全部は実現してないけれど、ずいぶん取っ掛かりを作った。その改革は新保守主義でしょ。ある面でそれは正しい。自民党側にそれに対する反抗があるっていうことは、それだけあちこちに新保守主義の芽が注入されているからでしょう。ただ、それが全面的には生きない。自民党は新保守主義も旧保守主義も全部ヌエ的に包摂するから何がどう生きていくのかはっきりしない。特に小渕という人は、風呂敷が広いから何でも包み込んでしまう。整理しきれないまま入っているから、問題点はこれから出てくるんでしょうね。

成田　自民党が主張したものは何もないんでしょう。

井芹　値切ったのはある。

成田　何をもって新保守主義といっているわけ？　小沢さんが新保守主義を主張したというのなら分かるけれど、自民党は何も主張してないんだから。

川戸　自民党は言ってないでしょ。あれは中曽根（康弘）さんが言ったのかな。

早野　中曽根さんは無論……。

川戸　「それは新保守主義ではなくて単なる守旧派である」というのが渡部恒三さんの総括ですよ。だから中曽根さんの言う新保守は新しいものなのか、それとも古い保守主義なのか。

早野　新保守かどうかは確かに議論のあるところだけれど、ただ渡部恒三には言われたくないな。今度の自自連立は単なる守旧派援護だという評価をしていると間違えると思う。確かに小渕さんは真空総理だし自民党はヌエ的な存在だけれど、それを守旧派連合だという程度の捉え方をしていると間違う。この連立にはいろんな要素があって、どれがどう育ってくるか分からない。何も賛成してるわけじゃないけれど十分警戒すべきであって、それを渡部恒三が、自分が与党にいくのに乗り遅れたからといって、やっかみみたいに言うのは間違いです。渡部恒三が言ってるぶんには構わないけれど、菅がそう思うとすればずっこけるよ。自自連立というか大保守連合が世間を制覇してしまう。取り返さないといけない。これは選挙ですよ。選挙でどうなるかだ。（野党が）ものすごく勝つというシミュレーションもあるけれど。

井芹　佐々木毅さんが言うように、新保守主義のいい面があるとすると、それを捉えてそれに対する対抗原理を育てないといけない。確かにこの一、二カ月「自自」ばかり新聞に載っているけれど、民主党側にはそれを凌駕していく切り返しが必要だ。情報公開法を出したけれど弱い。やはり（自自連立側の）政府委員制度の廃止とか安保の問題とかの方が大きな問題に踏み込もうとしている。安保の問題なんかは民主党の中にも違う考えが出てきているわけで、その辺も含めて陣立てを作り直さないと危ない。

早野　確かに自民党は新保守ではなくて、普通にいえば小沢氏が新保守ですよ。それが政権に加わったということが自自連立は新保守ということで一応、性格付けが可能だと思う。とすると加藤紘一は何だということになればリベラルというところできちんと旗を振らなきゃいけないのにはっきりしない。民主党もある意味では新保守的なところがあるんですよ。そこでやや混乱がある。民主党はリベラルなのかそれとも新保守なのか、この間の党首選挙なんか見ても新保守的な考えがあちこちにみえるんですよ。

近藤　松沢《まつざわ》（成文《しげふみ》）さんは、小沢さんの考え方に似ているよね。

川戸　前原《まえはら》（誠司《せいじ》）さんもそういう意味では同じですね。

早野　そういう意味でこの自自連立を「何々主義」と大袈裟にくくって規定するのは意味あるとも思えないが、自自連立がどういう位置にあるのかを認識することは、ほかの考えとどうなっているのかとか、どこをどう頑張ってもらわなくちゃいけないのかとかと関連するとやはり一応意味があるんじゃないかな。

（注1）軍人・変人・凡人　軍人は旧陸軍士官学校出身の梶山静六氏、変人は郵政民営化など自民党内では変わった主張をする小泉純一郎氏をそれぞれ指すのに対し、小渕恵三氏はどこといって捉えどころがなく凡人とされた。

（注2）政策新人類　自民党若手の大胆な政策提言をした石原伸晃、塩崎恭久、河野太郎らを指す。

第一〇章　都知事選では何が問われたか

報告者・川戸恵子（一九九九年四月二十一日）

鳩山氏擁立の思惑　東京都知事選で最初の候補者擁立の背景としては、まず青島幸男さんが出ることが前提だったので、各党とも「勝てる候補者」の擁立に必死でしたが、途中で青島不出馬ということになり情勢が一変した。みな青島票を取り込もうということで動いた。

その時の各党の事情ですが、自民党は去年（一九九八年）の参院選で惨敗し、大都市の東京、大阪、愛知の議席を失っている。都市型選挙をどう戦うかということを模索していたが、現実は、反省が何もないまま都知事選になった。参院選の敗北で自民党都議団が分裂していた。執行部派は前回の都知事選で磯村尚徳《いそむらひさのり》さんを担ぎ出した派で、これは今回の都知事選でも相変わらず自公路線を模索した。一方、反執行部派は前回のいきさつから公明党と手を結ぶのは潔しとしないで、やはり自民党がまず独自候補を立て、それに公明党を乗らせる形にしたいということで模索した。これが都議団の団長や自民党都連会長の島村《しまむら》（宜伸《よしのぶ》）さんなのだが、島村さんに当事者能力がなく、最後の最後まで自分でまとめて候補者を立てるということができなくて迷走した。

一方、どういう候補者を立てるかについては自民党本部の力が強く、国政優先ということで野中（広務）さんが絶対だった。野中さんは初めから鳩山邦夫を擁立したい希望を持っており、最後まで鳩山で何とかできないかというスタンスだった。鳩山自身、民主党の中にいてもポジションがないということで都知事に色気を持っていた。出る・出ないをはっきりさせなかったけれど、逆に裏の情報では「出たい」ということをにじませていた。村岡《むらおか》（兼造《かねぞう》）さんの誘いがあった時も態度をはっきりさせなかった。青島さんに乗るとも乗らないともはっきりしない。そういう戦略でずっと行った。野中さんはそれに引っ張られて国政の中の自公を大事にしたい、去年の参院選で負けたから参院のなかでは公明党の協力がないと何もできない。それでこの際、公明党との関係をさらに強固なものにしておきたい。さらにもともと東京都議会は自公が与党ですべてを回していて、そこのリーダーは藤井（富雄）さんで、野中さんとずっと選挙を戦った仲だからその信頼関係も失いたくない。それで、鳩山だったら組織も取れるし民主党ということで浮動票も狙えるだろう。なおかつ無所属だったら民主党の中も割れる。そこをてこにして民主党から何人か引っ張ってきたい。そういう国政上の思惑もあり、野中さんは鳩山擁立に最後まで固執した。そこが今回の自民党が誰を立てるかが決まらず、最後に明石康《あかしやすし》さんを立てた一番の原因だと思う。

一方、民主党は候補者擁立の際に、都議団は青島でもいいかなと思っていた。参院選の東京選挙区で民主党があまり強くない中、小川（敏夫）さんが一番で通ったわけですし、なおかつ参院での菅さんの首班指名があったから、この際、都知事選挙で民主党の党勢を回復したいとして、民主党は自前の候補を探し始める。現に熊谷《くまがい》（弘《ひろし》）さんは事前に世論調査を行い、どういう候補だったら勝てるかということをやっていた。それによると由紀夫や堺屋（太一）だったらいいが、邦夫は絶対だめということだった。で、いろんな人に声をかけ始める。堺屋は閣僚だし由紀夫も国会議員を辞めるわけがないから、由紀夫タイプのスマートな人を探す。そのうち菅スキャンダルが出たり、自民党が自自公をつくって民主党の党勢がどんどんダウンしてくる。ぜひとも都知事選でその回復をということで東京の無党派層、民主党に対する反自民党票をひきつける候補を探した。

公明党は、先に自民党のところでも触れたが、自公体制――これが絶対です。これまで二回、都知事選で負けているから今度こそ負けられない。ここで負けるともう藤井さんの力はなくなるわけですから、やはり自公で乗れる候補を擁立したい。国政に関しては公明党と自民党の間は揺れている。野中さんのパンチが効いて、自自の合意で比例区定数の五〇削減が出てきたりして、これでは自分たちの身がもたないということで、中選挙区制の復活を言い出すが、これを認めてもらうにも野中さんと手を組まなければならない。ここもどういう候補を選んだらいいか。最終的には野中さんと一緒で邦夫擁立でした。今回、自由党は自前で候補を出すだけの勢力はないが、それにかなうだけの東京十二区での選挙協力をどういうふうにするか。これが自民党と自由党の間で選挙協力ができるかどうかの試金石になった。そういった形での都知事選で、都政と国政が絡んでいた。これで、自民党が如何に迷走していたか、参院対策で公明党を引っ張りたかったかというのがよく分かります。

突然の青島不出馬 そういう動きのターゲットになっていたのが青島さんですが、皆その影におびえていた。「出る」と言っていたのが、二月二日に不出馬を表明した。さてどうするかという動きが一斉に始まる。本来なら鳩山邦夫に自民党と公明党が相乗りできればよかったが、民主党が鳩山に自民党が乗ることを拒否した。「自民党都議団は利権集団だ」という鳩山由紀夫の発言があり、それを聞いた都議団の反公明・

反磯村グループが「鳩山に乗れない」と言い、それを野中さんは抑えきれずに断念を発表。次の候補として都議団は柿沢弘治《かきざわこうじ》となった。自民党本部は公明党との関係で絶対に乗れない姿勢。柿沢は四月会のメンバーだったからです。ここで第三の候補擁立に至る。都議団の一部に石原慎太郎《いしはらしんたろう》担ぎ出しっていうのは、石原系都議もいるし、自民党と分裂した都議団には石原さんのシンパもいるから、石原担ぎ出しがあったが、ここでまた迷走する。

一方、鳩山も迷っていたが、野中の「鳩山はなし」という発言の後では、もう出ざるを得ない。ぐずぐずしていたら前回の都知事選のように「鳩山は優柔不断だ」とまた言われるというので立候補を表明した。舛添要一《ますぞえよういち》についても自民党都議団と栗本慎一郎《くりもとしんいちろう》系から「舛添ではどうだ」というのがあったんですが、この時点では自民党は自公を模索しているからこれもノー。北海道知事選のこととか、お金のことがあってこれは党本部が断っている。この段階で鳩山が出る。すると舛添も「鳩山だったら勝てる」ということで出馬を表明した。

自民党は「自前の候補を」ということで名前が出たのが明石。誰が立候補させたかについては二説ある。一つは明石がどういう人か知らないで自民党都議団（内田幹事長）が創価学会だというからあの人がいいといって持ってきたという説。もう一つは最初から藤井さんの隠し玉で、以前にも要請したことがあるし「今回は明石じゃないとうちはできない」と言ったという説。この辺はよく分からないが、最後には明石しかいなくなったということで、自民党は明石擁立に走る。しかしその間のまとめ役である森（喜朗）さんが島村都連会長とよく相談をせず、島村さんが迷走。その関係で柿沢が「裏切られた」と言って、鳩山と舛添と一緒のテレビ番組で「自分も出る」と表明した。明石は「約束が違う」ということで一度は断念するが、森がまず説得、断られると小渕（恵三）首相が官邸に明石を呼ぶといった全くおかしな事態になった。小渕が官邸で出馬要請をして、この時「仕方ない」と出馬を決心する。初めて鳩山、舛添、明石と既に出馬表明していた三上満《みかみまん》、野末陳平《のずえちんぺい》が顔をそろえる。

報道各社が都知事選のムードを盛り上げる。その間、自民党はまとまらず、柿沢を支援したり舛添を支援したり迷走する。野末は勝ち目がないということで舛添の支援に回る。これもおかしな話ですが、こういったごたごたがある。その間にささやかれていたのが石原出馬です。都議団ないし石原応援団で前回も応援に回ったし、去年も石原自身に出馬要請をしていたこともあり「青島がいないから石原で何とかなるんじゃないか」と石原の了承を得ないままいつでも応援に回れるよう準備を始めた。いつかいつかという期待値を膨らませた挙げ句、三月十日に出馬表明した。そのあとの選挙戦はご存知の通りで、石原知事が誕生した。

その間、日本海に不審船が現れたりして「これで石原は当選かな」なんて話が出るほど、非常にうまく選挙を戦った。公明も党本部・学会とも、初めは「一緒に戦える」ということで明石を出したのに、公明は推薦をぐずぐず延ばし最終的に四月一日になってから、やっと都連だけが明石推薦を出した。逆にいえば公明党都連・学会と公明党本部の意識が全く違ったということに他ならない。結果を見ても公明がフレンド作戦をしなかったのは明らかで、どれだけ動いたかというのも疑問。鳩山も最後の最後で世論調査が悪く、なぜか知らないけれど青島前都知事に応援を依頼した。敗因の一つはそれかもしれない。四月十一日に再選挙もなく石原知事が誕生した。

石原氏の勝因　なぜ石原が勝ったか。見ていると、自民党がやはり参院選、前回の都知事選の教訓を全く生かしていなくて「まず自公ありき」、政党の組み合わせを都政に優先したということ。先ほども言ったように自民党は官邸・野中の「まず自公ありき」が大前提だったので候補者選びから迷走した。最終的には明石になったが、柿沢や石原といった身内の出馬を阻止できず、明石で党内一致はできなかった。民主党も本来は「邦夫は立てない」という結論が出ていたにもかかわらず、出馬を抑えられなかった。邦夫も自公相乗りだったら勝てたかもしれないが――その辺のいきさつは分からないが――自民党お断りとなった。青島の遺産である無党派層を狙ったが、片方に石原、他方に明石が出てくるに及んで目算が狂って民主党の支持から推薦に格上げし、なおかつ青島の推薦を得るという形になった。これも票を減らしこそすれ増やすことにはならなかった。

公明も背水の陣で三回目は負けるわけにはいかないということで、藤井・野中ラインで動いたが、結局、鳩山擁立に失敗。明石を引っ張り出したが、党本部の推薦が得られないということでこれも一本化できなかった。しかも石原出馬で本来なら四月会だから絶対に乗れないわけです。本当は反石原ということでキャンペーンをしたいが、石原には逆に霊友会、立正佼成会がついていてきちんと回っている。立正佼成会なんか地方から電話作戦をしている。そして地方の人が東京にきて石原の応援をしていることは知れ渡っているから、ここで学会がきちんと（明石氏を）応援し、対立すると、石原が勝ったときに宗教戦争に負けたんだということになる。それが嫌さに（公明党・創価学会は）あまり動かなかった。

自由党は自自合意で選挙協力をやったが、その一環として東京一五区で東（祥三）さんが鞍替えを目指したが、結局こういう状況ではだめということで断念させられた。だから自由党はもともと東京では組織票がないが、今回の場合、何も動かなかった。自主投票ということ。これは政党側の敗因だが、同じ無党派層狙いだった舛添は何も組織なしで九〇万票取った。ただし、これも途中で野末と一緒になって栗本とごたごたがあったということではマイナスになった。その分が石原に少しいった。

それに青島が当選後、最初に都市博をやめただけで後は何もしなかったということに対して、石原の強いメッセージに「何かやってくれそうだ」という期待も高まった。今一番言われているのは知名度のある候補の後出しじゃんけんの有効性。テレビを見ても分かるが、石原対ほかの候補という形になっているから、一人が際立つ。しかも後から前の候補が言った議論を全部つぶしていけるし、自分に有利なところを引っ張り出せるからそういう意味での有効性。それとその前に候補者はさんざん議論をし尽くしているからそれとちょっと違うことを言えば際立つ。二十五年間、国政にいたわけだからキャリアが違う。年の割には若いし、石原軍団を目いっぱい利用して、（石原）裕次郎を前面に出し「自分は裕次郎の兄です」と。ミーハー人気を利用して選挙戦を戦った。それと自分の息子が一緒に戦えた。自分の世代、息子の世代と両方。それと大きいのは全くの無党派ではなくて、自分の組織、息子の組織、宗教団体系の組織があった。その両輪があったから初めは二五%まで行かなくて再選挙になるのではないかというのを覆して頭一つ抜け出せた。

ポスト都知事選政局　各政党は自分たちがどうやって戦ってきたかという反省がなく前回と同じようにそのまま戦ったということが敗因だと思う。さて、この都知事選を受けてもう少し政局が変わるかと思ったら全く変わらずです。執行部の責任はなし。そこが野中さんのうまいところで、総裁選の前倒し論とか総裁任期の一年延長論を打ち上げる。執行部の責任を問わないとか、総裁選を前倒しして各派を取り込んで政権を安定させようとする。小渕総裁を無競争で再選させようということ。もう一つ当然、小渕で総選挙を戦わねばならないから、周りはしっかりさせておかねばならない。野中にすればいつまでも官房長官では何もできないから、裏に回るとか幹事長になるとかの狙いもあった。

これに対してはＹＫＫの反発もあった。野中にしてみれば、そこまで言うとは思わなかった。「加藤のためにこういう論を言ったのに」という気持ち。加藤さんとしては「それは小渕派のやり方じゃないか。やはり自分が総裁選に手を挙げることを潰すんじゃないか」ということで、総裁選前倒しについては小渕派の中からも異論が出て、今は鎮静化している。代わりに出たのが衆院解散論。会期延長だと解散につながるが、公明にとっては最も嫌なシナリオ。公明にしてみれば次の小選挙区制の展望がなく、解散・総選挙はなるべく後にということで、公明は自民党寄りにならざるを得ない。国政も日米安保ガイドラインも軸足を民主党から自民党に移していっている。

（都知事選結果は）民主党には非常に深刻な状態。邦夫氏はいまさら自分の選挙区に戻れないし、これからどうするか。渡部（恒三）副議長は「（鳩山邦夫氏は）ほかの小選挙区から出ろ。民主党に戻れ」と言う。一方では（邦夫氏が）都市型新党をつくって、民主党の左側の部分を切ってもう一つの政党を作りたいとも言われている。民主党本体は今回の選挙で「菅―由紀夫」の仲、ガイドライン関係では「由紀夫―横路」の仲がどうかと言われる。今回の選挙で菅の指導力の低下が言われ、菅の地元でも票が出ていない。エクスキューズ（弁解）として「最初、邦夫が無所属でやるということで、一緒にポスターを貼ってないから」と言っていた。最終的には貼ったけれど、ポスターの多くが引き取り手がなく、票が出ないということで菅も自分の指導力のアップをすることはできなかった。

さらに今回の明石擁立、自公という関係で由紀夫も公明との協力見直しを言っている。しかし、実際の選挙になるとやはり公明票は大切だから、まだあいまいだし、これから民主党がどういう形になるかというのも問題である。そして公明党に関しては明石はああなったが、「自分達としては基礎票くらいは出した。自民党は何もやらなかった」という思いがあるから、「われわれとしてはよくやった」という総括をしている。しかし明石をああいうやり方で擁立して負けたわけだから、藤井の力は確実に落ちている。今まで野中―藤井という関係で物事が言えていたわけだから、自自公という関係はどうなるのか。これからの課題です。

共産党は得票が倍増した。一〇万六〇〇〇になるのかどうか。自由党は結局、東祥三を立てることができず、ここで自自協力が難しいということが分かった。総選挙を連立のままで合意事項でやるのか、選挙になったら自民党に吸収合併されるのか、この辺がこれからの課題です。石原都知事については東京から国を変えられるか、勇ましいことをいっているが、どのくらいの影響力があるのか、見たいと思う。

都市型選挙　今回の都知事選ではいろんな問題が噴出した。都市型選挙を政党がどう戦うのか。総選挙が一年以内にあるかもしれないところをどう戦うのか。みんな五里霧中だと思う。選挙制度の問題点も噴出した。鳩山、柿沢が辞めたことによって比例区をやめて小選挙区に行きたいと深谷《ふかや》（隆司《たかし》）、東祥三の二人、そしてなくなった政党からの繰り上げ当選問題だとか、有力候補の戦いとなって（票が分散した場合）再選挙をどうするかの問題とか。この間、自自公の中では公明党が「自分たちの政党がつぶれる」と急に中選挙区制を大きな声で言って、一時選挙制度がクローズアップされた。供託金没収者を比例区で当選させていいのかという問題も噴出した。

もう一つメディアの問題。最初、候補者はメディアに乗って登場したが、告示後はばたっとやんだ。公職選挙法や放送法で各社ともできないと判断したのでしょう。立会演説会も公職選挙法上できないので、いろんな形でやろうとしたのだけれどまだ今はできない。ところが今の世の中、「誰がどんな政策を持っているか」を議論することが投票率を上げ、政治に関心を持つことになるから、テレビ討論会やその他の討論会をどう考えるか。もう一つ最初は東京新聞は、石原が出た後に世論調査の実際の数字を公表した。公表するということを森幹事長が聞きつけて、ストレートに政党から圧力があったりした。それに倣って毎日新聞も実数を公表したりとだいぶこれも議論があった。ＴＢＳも朝日もしていないし、そこで大いに議論があったが、そもそもいいことなのか、悪いことなのか。と言うことで、今回の都知事選は何の問題もなくすっと収まったのだが、逆にいえばいろんな問題を抱えた都知事選だったと思う。

▽世論調査結果の実数公表

井芹　世論調査結果の実数公表という問題は、蒲島先生も新聞に講評されたし、むしろ欧米ではストレートに出す方が多いとか聞くのですが……。

蒲島　新聞で書いたのは、別に出さなかったから科学的なのではなくて、むしろストレートに出した方が、何％下がるかとか、はっきりして科学的じゃないかという論旨です。アメリカ大統領選挙なんか見ても投票前日まで出す。それを見て有権者も候補者も調整していく。（支持率が）下がってくると候補者も作戦、政策を立て直す。相互作用です。有権者が情報を持つという意味では大事なことだと思う。

井芹　（世論調査の実数を）出さないのは、支持率の数字の影響が大きすぎるからやめるという考えです。自民党にいた頃の石井一さんなんかと新聞協会主催の討論会でこの問題を討議したが、僕なんかは「世論調査の予測報道は、選挙自体への関心の喚起という面で非常に大きな役割を果たしている」と言った。このときは単に（世論調査結果の）実数の報道ではなく、「世論調査に基づく予測報道をやるな」というのが自民党の立場。とすると世論調査に基づかない予測報道になり、いよいよあいまいだ。二十年前の選挙報道はそうだった。いろんな選挙事務所の人に聞いてそれをまとめる。選挙業界のうわさ話や情報をまとめるのが選挙報道になっていた。そういう全く客観性のない報道に逆戻りしてしまう。

蒲島　テレビなんかでよくやるが、例えば都市部の調査だけで「政党支持率何％」とか。皆がそれを見て全国的な傾向だと思ってしまう。ああいうやり方をしていると世論調査そのものの信頼性が失われる。

成田　具体的情報を与えないで「ほかの人はどう投票するか分からないけれど、とにかくあなたが一番いいと思う人に入れなさい」というのが本当に有権者の選択なのか。「この候補が強そうで二番目がこの候補という状況を踏まえれば自分はこれに入れる」と、そういう判断に役立つ情報を具体的に与えることが有権者の選択になるのではないですか。

井芹　具体的情報として、もっと政策を報道するとかは必要でしょう。「競馬新聞的に『だれそれが一歩リード』とかはいかん」というのが予測報道はするなという側の主張なんです。

成田　議席の推定予測はいらない。いま現時点で誰が何％かという情報が有権者にとって役に立つものだと思う。自民何議席とかじゃなくて。

井芹　実務的にいうと、予測をするときに修正式を使っているわけです。

成田　それが要らない。

井芹　それを掛けないことには大きく歪む。

成田　それが絶対正しければ別だけれど、正しくないことがいくらでもあるから要らないと思います。

井芹　そこはいろいろある。例えば世論調査では公明、共産っていうのは支持が出ないんです。

成田　だけどイギリスでもドイツでも「いま現に支持率何％」でしょう。どれだけ取るかなんて出ない。単純な数字でいいんですよ。

蒲島　判断の基準はちゃんと出しておかないといけない。「調整値を何％付けた」とか。そうしないと、出す方が不安だからああいう形になるわけですよ。

成田　だから当たる・当たらないの次元じゃない調査をやればいい。「調査したらだれが何％の支持率だった」と。

蒲島　「こういう方法で調査したと」ね。

成田　有権者に情報を与えた上で投票させるのが真の選択だと思う。

井芹　そうすると支持率を明確にすることは、それなりに意味があるということですかね。

成田　意義がある。

井芹　新聞報道はおおむね（実数を）出さないで来た。特に国政選挙の場合、そうですね。東京新聞は「前回のときも出した」と書いてあったが、それは個別のケース。一つは自民党の「世論調査が影響する」論をかわす意味でストレートな数字を避けてきた面もある。後は公選法上の「人気投票はしてならない」という規定への配慮です。

蒲島　あれは自治省が「（世論調査は）人気投票ではない」と言うんだから問題ない。

井芹　裁判では一度も争われていない。自治省・行政上の見解ではあるんですが……。

早野　有権者ということでは確かに公表してかまわないし、公表すべきだという議論は正しいと思うけれど、なぜ森幹事長が文句を言ったかというと、有権者の論理ではなく選挙運動者の論理なんだよね。こんなに「明石が石原に離されては選挙にならん」ということ。実際、明石の選挙は最後まで選挙にならなかったわけだ。そういうのをどうするか。もうちょっと分からなければ明石で頑張ってみようというエネルギーが出たかもしれない。そういう議論なんです。案外そうかもしれない。有権者も「何だこんなに離れていては明石に入れてもしょうがないのかも」と思ってしまうのは、すべての情報を提供した結果による正当な有権者の判断なのか、それとも本当は明石に入れようとしたのに別の人に入れるという行為は必ずしも本当の投票行動としては邪道なのか、そのへんに議論としては少し迷いがあるのではないですか。

蒲島　有権者は合理的に判断すれば捨て票にはしたくない。明石が一番好きだけれど五番目じゃしょうがないから石原に入れたというのはあるだろうし、それは認められる。

成田　有権者が自分の票をどう使うかは有権者の権利に属しているわけです。明石がいいかもしれないけれど、彼に投票することが自分の票を有効に使うことにならなければ、ではこう使おうということは有権者の権利ですよ。

蒲島　明快に出たのが神奈川県の知事選で一七万票くらい白票があったことです。（投票所に）行ったという満足感のため、市民の義務を果たしたというために行ったんですよ。チョイスがないんだから、そういう（選択肢を与えなかった）政党への批判もあっただろうけれど、それがいいか悪いかってことは議論はありますが……。

早野　お二人のは正論ですがね。

蒲島　こういうときは正論をいわなきゃいけないんじゃないかな。政党が自分の都合で押し付けてきたときに、もやもやとした対応じゃだめ。ある種の原則論で、有権者に立った原則でね。全く（調査結果を）発表しなくなる方がおかしい。

井芹　各社ごとに判断してやってるんですが、共同通信は調査結果の実数まで出さないで、調査結果を一定の表現として出すという基準を決めている。

早野　出さないことについての理屈もあったんだけれど忘れちゃったな。

川戸　一生懸命考えていたんですけれどね。

早野　確かに出すべきだという議論の方が強いし、論理としては「出すべきじゃない」という方がなんとなくふにゃふにゃしてる。

井芹　それで（報道機関の姿勢は）若干エクスキューズ気味になるのかな。

川戸　エクスキューズ気味に言えば、新聞社と放送局の違いというのもあるし……。

井芹　それもある。

早野　過度な影響力があると？

成田　一回か二回しか公表しないと、有権者に合成の誤謬を生じさせることになるんですよ。二、三日おきに公表すればそういう結果にはならない。毎日公表すれば、もっといい。

蒲島　外国の選挙報道がそうですよ。アメリカでも前の日まで出る。それで実際に有権者が動くんですよ。

早野　その点が違うんだけれど、今回（都知事選）は最初の調査結果が最後まで当たっちゃった。

成田　朝日は五回くらいの調査でしたか、あれは面白かったですよ

早野　一工夫したわけです。

蒲島　もう一つは政党側とか運動側には生のデータが入ってみんな知ってて、有権者は知らないという問題。新聞社から漏れるんでしょ。

早野　（政党が）自分で調べるのもある。

▽石原氏のイメージ戦略

井芹　ところで石原票はどこから来たと考えるべきですか。

蒲島　基礎票としての宗教票と自民党の票のうち明石では（いやだという票）という戦略的なものが半分で、後は無党派層。無党派層の中でも大胆な決断をする政治家の出現を待望する支持者がいる。

井芹　ただ左右の軸じゃなくて、上下の軸で強い候補に注目した人がいる。逆にいうと、右往左往している政党は嫌だという選択で石原ということかなと思う。

蒲島　見ているとタカ派色はずいぶん薄めてる。もう少しテレビ討論があったら、相当響くと思うけれど、遅く出てきたから（批判されなかった）。タカ派のイメージを強い実行力イメージにうまく転換した。

井芹　マイナス面をうまく切り捨てて、プラス面をうまくすくい上げた。一方で「裕次郎の兄です」と柔らかく包んでしまった。

蒲島　かもし出す雰囲気がほかの候補者と違うよね。いい顔してる。うまくタカ派イメージをカモフラージュできている。レーガンがそうでしたよね。

早野　ところでタカ派っていうのはどういうことなんだろう。昔の政治学辞典を見ても載ってない。

蒲島　復古的保守主義者。国家の自立のために防衛力増強、安保反対、もっと行くと天皇制。

早野　日本の場合だと、日米安保に反対？

蒲島　日米安保は（アメリカに）従属してるわけでしょ。自分で自立して武力を持つべきだというのが……。

早野　日本のタカ派ですね。普遍的な意味ではどうですか。

蒲島　普遍的にはちょっと違う。国によって違う。でもアメリカなんかと似てると思う。レーガンなんかそうでしたから。伝統的な保守です。ここでいう保守がもっと進むと天皇への敬愛とか。

早野　アメリカのタカ派っていうのは外交的にどうなるんですか。

蒲島　軍事力増強、強硬路線ですね。

早野　つまるところ何なんだろうな。

蒲島　厳しい父親のイメージ。キリスト教のしつけとか、ガン・コントロール（銃規制）に反対するとか。

早野　鉄砲を持ってないとだめなの？

蒲島　（西部劇の）荒野のイメージだな。

早野　鳩山邦夫が最後に「タカの背中が見えてきました。私のかわいいハトに投票してください」と言ったわけです。それを聞いて「これはぜんぜんだめだな」と思った。ハト派っていうのは本当はかわいいわけないんですよ。ハト派で頑張るためにはそれこそしたたかで厳しいものを持ってないと……。

成田　イッシュー（争点）がちょっと違ったけれど、美濃部亮吉《みのべりょうきち》のハトとそれに挑戦した石原のタカとは、今度の石原と鳩山よりはずっと鮮明だった。役者として鳩山邦夫はハトを名乗るには不足なわけです。

早野　美濃部さんは器量が大きいもんね。それにあの猫なで声じゃないとね（笑い）。

▽求められた「強い指導力」

内田　もうタカとかハトとか、右派とか左派とかいうのは通用していない。今度の選挙は強さと弱さというか、強いリーダーが今の風潮に合ったんだと思っている。北朝鮮の船や（日米安保）ガイドラインやユーゴが響いているかもしれないが、強い・弱いというのがあった。なのに鳩山邦夫が途中で「石原はタカで、私は名前の通りハトです」なんて言ったってぜんぜん受けない。で、その強さとは石原軍団の演出力ですよ。『ノーと言える日本』とか石原のイメージはほかにもあるけれど、演出力が抜群だね。注目を集めておいて最後にぽっと出る。本命が出て来たっていう感じだよね。迷ったのも事実だけれど、「出ないつもりだった」というのはなかったと思う。ある意味で計算し尽くして出たということが大きかった。もっとも出るか出ないか分からないうちから世論調査は石原がダントツ（断然トップ）だった。だから踏ん切りがついた面もある。

なぜ鳩山があんなにもたついたのか。いま一つ分からなくて、私もちょっと関わったんだけれど、民主党や連合が「鳩山は無理だろう」ということで他の方に当たってた。なぜもたついたのかは、「あれ（鳩山邦夫）は公明党とも仲がいいんだ」という説があり、もう一つは青島との関係でもたついたと言われているけれど、青島が出馬を取りやめてからも数日もたついてる。邦夫は由紀夫と違ってやんちゃだから、ぱっと決めると思ったけれど、あの数日が分からない。それにしても鳩山イメージが弱かった。私は明石も舛添もいたけれど、最終的には石原対鳩山だと思っていたが、その一騎打ちにならなかった。

疑問点ですが、官邸が明石を呼んだのは、それ自体おかしなことだけれど、そのとき明石に何を約束したのか。その後はどうするっていう話はしているはず。石原が迷ったのは宗教問題もある。宗教戦争になればはっきりすると思っていたけれど、そうもならなかったのはなぜか。それと「反公明、反創価学会の石原」というのを前面に出さなかった。石原をめぐる宗教的な裏情報はいっぱいあっただろうに、そのまま伏せられたのはなぜか。個人的な情報だと、財界奥の院では候補者として樋《ひ》口《ぐち》広《こう》太《た》郎《ろう》さんがあった。これも表に出ず仕舞いだった。経済改革をやれるのは（樋口氏だ）っていうのがあったんですが、経済界は今評判が悪く、踏み切れなかった。財界筋では舛添もいる。舛添は自民党でも話が出たのかな。柿沢は「今は同情票があるけれど、選挙になったら私はだめですよ」なんて、本人も（状況を）把握してたな。舛添はちょっと分からん。自民党から声があったの、それとも経済界から？

川戸　栗本慎一郎と舛添のタッグマッチですが、栗本は自分がなりたくてタッグに回ったんですって。それで「舛添をダミーにした」という説もありますが、都議団の一部ではやはり票を獲得できるっていうことで舛添を推す声もあった。党本部に上げたのも事実ですが、党本部は今までのいきさつもあるから（推さなかった）。しかし石原が出たことが舛添には大きな誤算で、出なければ充分、舛添の勝ちもあったわけです。やはり無党派層を引きつける力は持ってるし、若い人には人気がある。

井芹　一月二十二日に舛添が自民党本部に行ったが、青島不出馬表明（二月一日）の前と後の動きといろいろあった。というのは（表明前は）適当な負け候補を探していたわけですよ。舛添なら負けていいとか、市長でいいくらいの候補だとか、誰も傷つかないし現職の議席を持ってるわけじゃない。都選出の国会議員団としてなら、柿沢でもいいじゃないか、まあ一議席失うけれどいいやと。負け候補の話が重なってきていたところに、青島が不出馬だとなって、今度は勝てる候補を探さなくちゃいけない。軌道修正が必要になったけれど、（その前の擁立工作の）名残りがあって二人が出てきてしまったということでしょうね。舛添にしてみれば、石原さえ出なければ、鳩山対舛添になっても突っ切っていけたし、浮動票は自分のところに来たというところじゃないですかね。石原が何らかの理由で出られないと踏んだんじゃないでしょうか。出馬と読んでいたら、また別の動きをしていたと思う。

川戸　絶対そう思ったと思います。

近藤　それから舛添は本気で介護を訴えたら、票を取れると信じ込んでいた。

成田　全体の総括としては、内田先生のいわれた「強い候補」というのが当たっていると思うのですが、今回の選挙の特徴は選挙における政策の射程距離の短さですね。今回の選挙を決めたのはスタイルですよ。この点で慎太郎は差別化に一番成功した。舛添は一番、政策論議では先に行ってたけれど、選挙における政策論議の集票能力の低さというか、射程距離の短さが感じられましたね。

▽政党支持の空洞化とは何か

近藤　前回は青島さんが無党派で登場し、当選したが、知事として評価できるようなことはしなかった。その点を有権者も反省していた。有権者に一個の人間を選ばせるのではなく、一個の人間に何がついているかを感じさせないといけない。この点に関して、鳩山陣営はバックに民主党なり連合なりきちんとしたものを感じさせることができれば、いいところまで行くんじゃないかと思っていた。ところが民主党も連合も全く駄目。力として有権者に訴えるものがない。逆に石原軍団のおかげかもしれないけれど、石原の方がバックにきちんとしたものがあるように伝わった。より石原の強さがイメージされた。

成田　もう一つ都知事選を総括する際の大事なポイントだと思うけれど、選挙と政治制度の結び付きはすごく重要で、大統領型の選挙と議院内閣制の選挙は基本的に違う。やはり今回政党がパッシングされたのは大統領型の選挙だからですよ。これで政党が全部だめだということではなく、総選挙になれば野党第一党に票がくる。全体として無党派層が増えているのは事実だけれど、大統領型選挙である都知事選を分析するだけで政党がどうのという結論は出せないと思う。

早野　石原知事誕生は政党の問題なんですよね。

蒲島　大都市型の大統領型選挙だからなんですよ。普通の県の選挙では圧倒的に自民党推薦候補が強い。

成田　それは利益誘導マシンが意味を持つ選挙とそうじゃない選挙の基本的な差ですよ。

蒲島　成田さんの言うように東京と大阪の選挙だけ見て政党の役割を論じたり次の選挙を言ったりはできない。

早野　（ふつうの県知事選は）共産党を除いて完全相乗りですからね。

蒲島　でもその枠組みも相当崩壊が進んでいるんですよ。

成田　既得権益の擁護。

早野　（利益誘導）マシンはあるわけだよね。

川戸　有権者には他の選択肢がない。

蒲島　選択肢がないから空洞化してしまう。そういうイメージだけで何もないんですよ。

早野　それじゃ大都市も同じじゃない？

成田　イメージって言うけれど、地方は食う問題だから、やはり公共事業を持ってきてもらわないと。

早野　それはちゃんとした実利がある。

成田　地方には住民まで含めて実利のシステムがあるんですよ。大都市は……。

早野　そこが崩壊している。

蒲島　それはほんの一部だけ。

早野　ちょっと議論が矛盾してるな。

蒲島　僕がいってる「空洞化」というのは、大多数がこれに群がっているというイメージじゃなく、ほんの少数の、まだ芯だけは残っているかもしれないけれど、全体的に（政党支持が）空洞化しているということ。

早野　地方もそうですか？　そうすると、お二人の見解は少し違う

成田　私の空洞化っていうのは、本当に政党に活力があれば、どういう利益誘導の仕組みでこの地方を食わせていくのかという政党間の争いがあるはずなんですけれど、実際はそうじゃなくて、みんな共通して奪われそうな公共事業を弱者連合で守っているわけですね。政党に全然イマジネーションの競争がない。それが空洞化なんです。

蒲島　だから民主党が（自民党に）相乗りしちゃうわけです。相乗りせずに（民主党が）いい構想を持ってくれれば戦えるんですけれど、「戦えない」と思って逃げてしまう。それほど自民体制ががっちりとあるわけじゃないのに……。

早野　自民党は強くないけれど、ほかの政党がそこを補っちゃうということでしょ。

近藤　いま早野さんがおっしゃったことが東京でもある。それが自公論、都議会型の構造。

早野　都庁利権というのもあるんだけれど。東京都全体からするとあまり大きくない。

蒲島　東京都知事選挙においてだってそんなに（自民支持層は）大きくない。大きいと思わせて相乗りさせてるだけ。空洞化とはそういう意味です。見た目よりずっと小さい。その感覚を民主党も間違っている。

内田　私は神奈川県民だが、棄権したんだよな。全然、食欲のわかない選挙だった。無難な知事だけれど（民主党が）対抗馬を立てられないっていうのがどうもね。神奈川なんか立てられるんだけれどね。

蒲島　民主党が地方で二大政党制をつくれてないんですよ。

井芹　民主党は県のレベル、市町村のレベルで弱体です。共産党の方がずっとしっかりしている。それと案外、社民党の組織は少し残ったわけです。

早野　いろんなところで社民は当選してる。

井芹　そうです。民主党は二大勢力というには四、五年で倍増するくらいに地方議会に勢力を持たないとね。少なくとも直前の参院選では民主党は相当入れてる。ところが県議クラスには反映しない。県会議員を当選させることで一種の利権にあずかるというシステムが出来上がっていて、民主党はそこに入れないばかりか、利権構造を壊す作業もできない。その弱体が県議クラスの選挙では見えた。人を育てないといけない。

内田　私は本来、民主党は都会党で自民党は全国党というか農村党、と思っていたら東京の自民党は都議会が三つくらいに分裂している。民主党は菅も鳩山兄弟も東京なのにどうしてこんなに弱いのか。

成田　新・民主党ができたから少しは違うと思いますよ。
井芹　区議会を見てもぜんぜん出せてない。
川戸　出せてない。
井芹　人がいないんですよ。国会議員は出せるんだけれど、地道に育てていく部分が本当に手遅れというか、努力もしてない。
近藤　神奈川県も似ている。国会議員レベルでは反自民で結集しようという動きは確かにある。しかし、県議レベルではまだまだです。社民党系民主、それと民社党系民主、保守系民主があって、それらをまとめて誰か反岡崎で立てようと思ったら、県議レベルで割れちゃうんです。
川戸　だから国会議員でそういうマインドがあるというのとぜんぜん違う。某大阪選出の人なんて組織を作ってという感じじゃないからふわふわとしてる。意識もそうじゃないです。やはり国が変われば自然についてくるという意識で、それはそれでいいのかもしれませんね。
井芹　これはニワトリと卵の関係で、国会議員が先でもいいんだけれど、地方議員という卵を生まないと次のニワトリが生まれない。
蒲島　地方議員を育ててないと組織はできませんよ。いつもふわふわした票に頼っていると必ずいつか（しっぺ返しを食う）。

第一一章　通常国会をどう総括するか

報告者・成田憲彦（一九九九年八月二〇日）

異例の法案数　今国会（第百四十五回通常国会）で成立した法案は一三八本です。[注1] 終わった後、読売新聞が「歴史に残る画期的な国会だった」と書いていた。ガイドライン関連法案や組織的犯罪対策関連法案もあるし、過去の懸案だった法案が成立したという意味では評価してもいいかもしれないが、一三八本の成立というのは、ちょっと異常といえば異常です。これまでどんなに多くても戦後の一時期を別にして一二〇本くらいしかない。だいたい通常国会で平均一〇〇本弱。それが一三八本ですからきわめて異例と言っていい。どうして質的にも量的にもこれだけの法案が成立したのか。その政治的背景は「自自公」ということになります。

自自公それ自体は早野透さんの報告に譲りますが、「多産的、生産的な国会」というのが読売新聞社説の見方で、歴史的に意味深い国会だったとなるわけですが、逆の見方に立てば日の丸・君が代をはじめ組織的犯罪対策関連法も含めていろいろ議論があった法案が、すいすい成立した。そういう国会政治が果たしていいのか。読売社説とはまったく違う観点から、「数の横暴」がまかり通った国会だという評価になるわけです。

国会運営の点からいえば、延長国会の場合、延長前に提出されていない法案は審議しないというルールが全く無視された。これも「数の力」と言えばそうだったし、古いしがらみとか旧弊を脱した国会だったという、相反する評価が成り立つ国会だったと総括できる。

国会システムの限界　この先は個人的な見解ですが、日本の国会システムの限界や欠陥が露呈してきている。国会の枠組み自体は日本国憲法で規定されているが、いろいろな慣行や運営は「一九五五年体制」で作られてきた。五五年体制は崩壊したのに、その時代の国会運営の仕組みだけが残っているという不整合があります。五五年体制というのは自民党という政権与党・責任政党が一つだけあって、その他はみんな野党の中で、巨大な一党対多くの野党が話し合いで審議を進めていくという形です。だから巨大な一党が単独強行採決すると、それに対して野党が足並みをそろえて「与党の横暴だ」となる。自民党は当然、国民からも批判を受けるわけですから、いよいよにならないとその奥の手は使わない。だから適当に譲歩したりするバランスの取れた仕組みができていた。

ところが連立で与党が複数になると、強行採決をしても一党が横暴でやったことにならない。新進党が野党の時代、共産党が審議拒否しないから、新進党だけが与党の自社さ三党に対して反対する。すると野党・新進党の単独審議拒否ということになってしまった。五五年体制のもとで作られた国会運営の仕組みが連立与党の時代になって機能しなくなっているわけです。複数与党のもとで五五年体制の国会ルールを適用すると、権力の側に過剰に有利になっていく。これが問題です。これはなにもどっちに有利・不利ということだけではなく、国会の実質的な審議が確保されないという点で問題です。国会自体の欠陥でもあると私は思っています。

国会審議活性化法が成立して政府委員制度の廃止とか中身は結構だけれど、この法律は午前中に衆院の議運の理事懇談会と法案起草小委員会をやって、昼すぎから議運の親委員会をやって、夕方本会議で衆議院を通過したんです。起草小委員会から本会議通過までが半日というような議会政治、立法のやり方はない。全然国会審議の活性化になっていない。これだけの重要法案なら最初に法案が出てから、あれこれと議論があり賛成・反対があって、となる。ところが日本では正規の議事手続外のシステムが成立していて、そこで話がまとまったら、後はぱっと行く。すると議事録に審議の経過が何も残らない。

国会審議活性化法は立法サイドのものだからいいけれど、ほかの法案の場合、仮にそれが議員立法だったとすると、実際それをどう運用するかの施行サイドは政令という形で官僚が作るわけです。そうすると国会で十分審議をやって「立法趣旨はどうだ」「その運用の限界はどうだ」ということが国会の議論として議事録に載っていればそれで政令を縛ることができる。ところが審議を省略すると、逆に運用の仕方を縛るものが何も残されていない。国会を迅速に通すことは決して生産的なことではないのです。

これからは議員立法で政治主導でやっていくとすれば、国会で十分審議して議事録に残すことが運用の仕方にも結びつく。官僚も拘束される。それを端折ると、日本の議会政治が不毛なものになるという感じが非常にする。だから個人的には、読売社説のように「重要な法案が成立して数の点から生産性が高く歴史的意義のある国会だった」というのには異論がある。五五年体制下のルールと今の政治の実態がずれてきていて今の国会制度が合わなくなってきているというところから、国会政治をもう少し見直す必要があると思います。

古いタイプの憲法　今度の国会の成果の一つですが、憲法調査会ができて憲法レベルの議論も始まるから、併せて日本の議会制度のあり方を議論していく必要があるだろう。戦前は明治憲法で、今は民主主義憲法になった、という議論がなされていますが、比較憲法学的にいうと、日本国憲法は第一次大戦後タイプの古い憲法なんです。第一次大戦後タイプというのは、普通選挙権が政治の華やかなテーマで、みんなが等しく選挙権を持とうという運動が盛んになり、それがようやく実現したという時代のデモクラシーです。対して第二次大戦後の現代民主主義というのはこれとは大変異質なものになっている。日本国憲法は前者です。普通選挙を前提に「民主政治とは多数決の政治だ」という立場に立つ。これに対して第二次大戦後の民主主義の考え方では、多数決というのは民主主義の一つのエレメントに過ぎない。つまり政治システムとしては、例えば憲法裁判所というのがある。憲法裁判所は、国会が多数決で決めたことを判断して「法律のここは無効だ」としてしまって、それで公布する。多数決だけでは法律は作れないとしているのが第二次大戦後のシステムなんです。それは議会政治だけではなく民主政治全体の枠組みに関係することですが、議会政治、更には立法の原理にも直接かかわることです。

対して日本では数万能で、数合わせができれば法律は通せるというレベル。ヨーロッパでは法律を作っても裁判所が無効にする。数だけではやれないというタイプの立法システムです。今回の国会を考えると「自自公」の数合わせでどんどん法律ができたというのは、広くいえば第一次大戦後型の民主政治の限界を露呈している。原理の問題にまでかえって現代民主主義を議論し、日本の議会政治はどうあるべきかを考えていく必要があると思います。

▽時代錯誤の「多数決原理」至上主義

早野　ちょっと質問。国会終盤で牛歩（戦術）とか審議拒否とか、五五年体制下では少数党のいわば一つの権利、抵抗手段として認められていたものが、いま基本的に認められないようなところもあって、今度の最終盤のこともマスコミがめちゃめちゃにやっつけるようなところがあった。あれはどう評価しますか

成田　五五年体制下で、牛歩は「審議すべき国会議員が審議権を放棄することで、本末転倒であり不毛だ」という評価がなされていた。それは一面で、社会党という野党のあり方、責任論と結びついて出てきたが、日本の国会の仕組みを考えていくと、野党が反対の意思表示をするにはああいう手段しかないんです。その認識が充分浸透していない。多数決の原理があまりにも貫徹している。「日本の国会は全会一致主義で、多数決原理が貫徹されないことが問題だ」という議論が五五年体制の末期になされて「多数決がいいんだ」とされた。それは第一次大戦後くらいまでの原理であって、それから後はもうちょっと原理は別なんです。

先ほど国会審議活性化法が成立するのに起草小委員会が午

前中にあって夕方の本会議で通ったと言いましたが、日本は特に本会議でトコロテン式に法案が成立しすぎる。例えば本会議で「何々法案ほか二法案を一括して採決します。賛成の諸君の起立を求めます。賛成多数。よって三法案は可決されました」となる。それで組織的犯罪対策関連法案の採決の時、田中真紀子さんは「ほかは賛成だけれど、通信傍受法案は反対だ。三法案一括採決だから仕方なく全部について退席した」と言っていた。この指摘は正当です。

諸外国では三法案まとめてというのがないのはもとより、一つひとつの法案についても逐条表決なんです。条文ごとに採決していく。逐条表決の実益は何かというと、条文単位で修正案を受け付けるということなんです。アメリカ下院の場合、逐条ごとの表決ではないが、クラーク（書記）が朗読してその条文の朗読がすむ前にその条文の修正案を出せば受け付けられる。逐条ごとに修正案が出てその案について討論して賛成・反対を取る。通信傍受法案クラスのちょっと大きな法案だと、ヨーロッパでも今のアメリカでも本会議を通るのに一カ月前後かかる。アメリカというと委員会中心主義の典型だったけれど、最近はアメリカ議会も本会議中心主義と言っていいくらいで、本会議での審議が厚くなっています。逐条表決だから、今日は一条から一三条までとか、地方分権一括法案なんて一カ月か二カ月かかる。欧米ではそういう審議をやっているのに、日本は地方分権一括法案でも組織的犯罪対策関連三法案でも「一括して採決します。賛成の諸君の起立を求めます」では、どういうやり方で野党は反対の意思表示ができるんでしょうか。

従来は決議は全会一致でやるものだったけれど、今回は決議まで多数決でやったわけです。野党は強く反対だというものについて、委員会の審議日程ではある程度抵抗できるが、国民に強く訴えるための場であるべき本会議では意思表示の手段がない。これは日本の議会制度の欠陥です。確かに牛歩は五五年体制下の不毛な野党のイメージ、社会党の作った抵抗野党のイメージが伴うし、あれは邪道だというイメージが強くあったが、本会議が一括採決で五分、一〇分で通るようでは制度論的にバランスを失している。そういう意味でやはり牛歩は意思表示としてやむを得ないと思います。細川政権で自民党は牛歩こそやらなかったが、欠席もしたし委員会では座り込んで質問拒否もした。やはり日本はどんな政党でも野党に追いやられちゃうと手段がないんです。

▽野党に許される抵抗手段とは

早野　質問拒否ってありましたね。

成田　それもやった。要するに座って立たないわけです。それで、中断する。

早野　新進党もピケをやったしね。

成田　橋本内閣では、与党がボイコットしている野党の質問の時間にみんな着席し、総理以下全閣僚も着席して待った。あれは最初は細川内閣でやったんです。いざ野党になってみると抵抗手段がない。日本の本会議のやり方が普通だと思うと、とんでもない間違いです。

早野　普通じゃないわけ？

成田　普通じゃないですよ。まあ日の丸・君が代はわずかしか条文がないけれど、通信傍受法案などは各国で本会議を通るのに一カ月以上かかりますよ。そこをきちんと頭に入れて評価しないと、牛歩だけが不当に低く評価される。

早野　参院法務委員会の強行採決ね。

成田　中間報告方式です。

早野　通信傍受法案に対する法務委員会の強行採決があった。住民基本台帳法案でもあった。

成田　採決したとかしないとかね。

早野　昔の強行採決だと、もうちょっと手がかりのある強行採決だったから、「(採決)した」と表明できるものだったと思うんだけれど、この間のはまるで採決したとは言いがたいような……。

成田　五五年体制だと、もうちょっと手がかりがあったというのは？

早野　もう少し格好がついていた。委員長が何かしゃべったとか、もう少し様になる形だった。

成田　そうですか。僕は五五年体制下の方が野党の強行採決への抵抗はもっと手馴れていたと思う。民主党や今の野党の抵抗はだらしない。五五年体制では自民党が「委員長」と言ったら、それだけで野党・社会党が委員長席に殺到してマイクをひきちぎったり、背広が破れるとか……。

早野　そうですか。もうちょっとしっかりしてたかな。

成田　それは内田先生の方がご存知だけれど。今回は委員長に発言させているじゃないですか。

早野　でも後の方は発言できなかったけれど。

成田　民主党は野党としては手ぬるい。社会党が野党のときはもっとやったんですよ。今回はぼさっと立ってたじゃないですか。

早野　しかし昔は自民党の方もばっと入って行って委員長を守って発言させたように思う。

成田　昔はもっと入り乱れた。昔は「委員長」と言ったらわーっと駆け寄った。五五年体制華やかなりし頃はもっと激突していた。訓練されてないのが久しぶりにやったので、あなったと思いますけどもね。

早野　攻める方も訓練されてない。自自公の守る方も、どっちも手馴れてない。打ち合せてないし、連立政権だとぴしっとこない。

成田　どっちも手馴れてないから、ショーならショーで見せるようにやってくれないと、不慣れなプロレスを見せられているようで……。

早野　それを言いたかったの？

井芹　牛歩でも審議拒否でもやらないですむならやらない方がいい。まず審議の質問権のところで（質問）材料を持ってこないから審議が活性化しない。それと本会議の逐条採決は国会改革ができたときにやるべきだ。議員一人一人が態度をはっきりさせられるかもしれない。そうすると政党政治との関係が出てくる。アメリカなんかも必ずしもパーティー・ライン（政党の路線）通りには投票しない。それで個人の議員に対して多数派工作が行われる。ホワイトハウス（大統領府）側が議会の多数派を崩しにかかるし、逆の側も防御に回る。そのため一日、二日かかるけれど、議会政治はダイナミックになる。

早野　成田さん、そういう野党の弱さを制度としてカバーするにはどういうことが考えられますか。

成田　野党が主張をアピールできるための手段を多く設ける。逐条表決もそうだし、委員会を通ったら緊急上程して本会議を通すのはだめで、ヨーロッパなどのように委員会を通ったら印刷して議員に配布するために三日以上置くとかする。日本はトコロテン過ぎる。

早野　そういう手続きにきちんと時間をかけるということですか。

成田　そうです。

早野　それだけで野党の抵抗手段への配慮はできるんでしょうか。

成田　野党は最終的には負けて当然なわけです。ただ民主主義は多数決の政治だからと、さっさと採決して、ハイ与党の勝ち、では野党はいらないことになる。野党の役割は何かというと、イギリスだと批判です。政府は統治し、野党は批判する、がイギリスの原理。よく誤解されるけど、批判は対案を出すことではない。批判の手段としての修正案は出すことがあるけど、基本的に批判するだけ。これに対してドイツはコンセンサス型の議会だから、与党と野党が各委員会でコンセンサスを探る。その代わり委員会は非公開。そこで時間をかけてコンセンサスを形成して政府の原案を修正する。週一回の委員会の審議で半年間から地方分権一括法案みたいな重要法案だと二年、三年かかる。それでコンセンサスをつくっていく。大きくいえばこの二種類ある。政権党が責任を持って野党に批判だけさせるか、与野党が非公開の委員会で協議して合意を目指す。日本は今は与党間で、つまり院外でというか少なくとも正規の議事手続外で協議してまとめると、あとは通常国会百五十日の中で、トコロテン式にやっているだけです。これでは議会としての実質はない。コンセンサス型か統治批判型か、どういうデモクラシーのタイプをつくるかが日本の場合マスコミも含めきちんと議論されてない。

▽フィリバスターの新しい威力

蒲島　今、聞いているとして技術的な方に走っているけれど、政治が経済と同じように法案を早く通せば良いという効率論に走りすぎている。政治家の中にも弱者や少数者に対する配慮があったが、今の政治にそれがなくなったような気がする。本当は政治にはそういうものが必要だと思うんです。経済はビッグバンとかで当然、効率に走る。政治で効率だけを追求していいのか。歯止めがあるとすればそれは技術的なことでなくてやはり世論。

成田　今度の一三八法案は一つ一つ分析してみないと分からないけど、こんなに多かったのは「自社さ」のせいで立法化が停滞していたせいでしょう。だから滞貨一掃した。

早野　端的に言えば橋本政権の積み残しを片づけたっていうことでしょ。

成田　その前が村山政権だったから（法案）数がこんなに増えたんでしょうね。蒲島さんが言われるように「効率、効率」ということも問題だが、もっと問題なのは組織的犯罪対策関連法案のように一年間全く動かないで、自公ができたとたんに動き出して今度は急に走り出すということです。着実に一年とか一年半動いているのが望ましい議会政治。全く動かないでいたのに多数ができたら途端に動いちゃうっていうのは議会政治の仕組みとしておかしい。

早野　世論というのは政治動態的なものだけれど、国家の制度としてやはり野党を力づける部分っていうのは必要なの？

蒲島　野党が力をつけないと制度が生きてこないわけでしょ。

早野　どっちにしてもね。

蒲島　野党が応戦しているときに（世論が）冷ややかだったらすぐ戦いが終わっちゃう。そういう力づける部分、（野党の力が）足りないところを世論がどう動くか。いまは合理性のことばかりやっているから全体的な流れとして何やってるんだということになるけれど、あまり効率だけになると今度は反発が出る。自自公に対して「これはやりすぎだ」という反発がある。

成田　与党のキャパシティ（許容限度）はあるけれど、今はオーバーしちゃってる。少なくとも都市部の高学歴層ではね。

早野　一晩、牛歩につき合った。「牛歩はなかなかいい」と書こうと思ってるんだけれど、そう書いていいのかな。

成田　いろいろ批判はあったけれど、牛歩しかなかったと思う。

早野　今の国会では。どう見てもそうですね。

川戸　野党の存在価値を示すには……。

蒲島　牛歩よりもフィリバスター（審議妨害）の方がいい。

川戸　その方が面白かったですね。

早野　大したもんですぞ、あの参議院の四人のはね。

蒲島　だからもっと長くやったらよかった。

成田　誰が一番長かったんですか。円《まどか》より子さんですか。

早野　福島瑞穂《ふくしまみずほ》さんが一時間二〇分、円より子さんが一時間くらい。それで途中で自民党席からのセクハラ発言があったんですよ。

川戸　意識的に延ばして、繰り返し微に入り細に入り表明したのは福島瑞穂さんなんです。

早野　あと吉川春子《よしかわはるこ》さんと千葉景子《ちばけいこ》さん。

蒲島　（米映画の）『スミス都へ行く』のスミスみたいに長時間やればテレビは映すからね。倒れるまでやればね。

早野　とにかく二、三分に集約した牛歩の映像だけ見て評論家が「愚劣だ」というのはおかしいと思う。自分はグースカ寝てたくせにね。

川戸　なかなか面白かったですよ。フィリバスターと言っても自分の言葉で言うわけですよ。それこそいろんな言葉を使って手を替え品を替え。牛歩そのものより面白い。だって原稿なんて三十五分くらいのものを自分の言葉で三倍にも延ばすわけでしょ。せっかくいい新しい力が出てきたと……。

早野　新しい力が出てきたね。今度の参院議長もいい人だから制限をしなかった。ただ一時間経つと「常識的に収めてください」と言って、三人のうちでは千葉景子が一番無視してたけれどそれでも一時間くらい。最後は延会手続きがあったから福島瑞穂は延々やりたかったのに（議運委員会理事の）三重野栄子《みえのしげこ》が出てきて止めさせた。あれを突っ込んじゃえばよかった。そうすれば延会できなくて翌日からやり直すわけでしょ。

川戸　なんで自分で決めたことをやれないんですか。

早野　そこのところでかえって（与野党が）コンセンサスを作っちゃっているわけだな。

川戸　（本会議で）議論させるのが筋でしょ。

成田　あれは参議院規則と実際の運営のやり方が違う。議院規則では、衆議院も参議院も同じですが、本会議について あらかじめ発言登録をしていない人間は、登録してある人間の発言が終わった後でないと発言できないと書いてある。本会議で登録した人が終わったら、「はい、私も」といって発言するというのが国会法と議院規則の基本的な考え方。しかし実際は事前に議運でシナリオを作ってそれしか認めない。慣例にはなっているけれど、議院規則の考え方では発言登録は優先発言権を持っているだけです。だって発言聞いていたら俺も言いたくなったっていうのはあるわけでしょう。だから牛歩よりはそっちの方が生産的なんですよ。

早野　その方が、議論したというのが議事録に残る。今回、通信傍受法が成立はしたけれど、あの時に言っておけばよかったというものが必ず残る。

成田　牛歩戦術は議事録に残らないからね。もっとも全く意味がないとはいわないけれど。

早野　確かに残らないけれど、最後の抵抗、意志の強さの表れとしてはやむを得なかった。

成田　野党がどれだけ、どの内容に対して反対したかっていうのは、民主党が全員反対演説をするとか、共産も社民もやって、これだけ反対演説が多かったからこの法案は抵抗が強かったというのが弁論の府の姿ですよ。

内田　途中で古い人間の話が出ましたが、成田さんが言われた制度、日本の議事の運び方の問題の中に制度的な問題がある。官僚がみな規約を作ってというのとは別なんですが、痛感したのは攻めるも守るも昔の経験に学んでいないということ。だからある意味でめちゃくちゃだった。懐かしく見ていたんですが、昔はやはり「一か二分の一」システムになってはいるんだけれど、世論全体の中で社会党が大きな存在感を持っていた。冷戦時代と違うなんて議論する気はないし、それほど野党にうまい妨害センスがあったとは思えないけれど、世論の同情があったんです。だから非常に緊迫し、「一か二分の一」クラスでない、対等に近い形での議場の演出がされた。その点、今は野党がだらしないという議論が俗論としてあるけれど、当たっている面もある。

早野　中曽根政権の竹下登幹事長の時代に、竹下幹事長は議事の運び方を抑制する力があった。これは国会内の多数だけで突っ込んじゃったらやり過ぎだという意識があった。こういうのが自民党に流れているんだろうね。

井芹　それは売上税のときですね。あの時、竹下さんは「ジス・イズ国会にする」と意気込んで、あらゆるところに手を打っていたんだけれど全然動かなかった。むしろ逆に一番まずい国会になった。一つは五五年体制の問題だけでなく、自民党の内部体制の問題も大きかったんじゃないですか。たえず政権にあったといっても、主流派・反主流派があって主流派が政策を遂行するときに反主流派がそれを監視する。そうすると野党が揺さぶってくれれば、それと連動して次の政局が生まれる可能性がある。与党内の動きと野党の動きが絡んでいた。それが世論と絡んでくれば反主流派が一挙に政権を追い詰める。ところが今は、内部で主流派争いをしているだけ。亀井静香さんも反主流ではない。新主流形成を目指しているだけで、どこにも反主流派的に小渕政権の政治手法を根本的に批判して取って代わるぞという勢力はない。いま少しずつ加藤紘一さんがそれを言い出しているけれど、おっかなびっくりで本当に腹をくくっているかは疑問。

さっき世論が応援しているというのがあったけれど、与党内で社会党の抵抗をそれなりに評価する勢力がいて、それが与党内の主導権争いと絡んでいた。でなければ「一か二分の一」でずっと多数を占めているんだから、自民党内がぴしっとしてれば本来は順調に進んでいくはずです。だけど五五年体制の下では「重要法案は三国会かかる」と言われた。そういう意味で国会はよく機能していたわけですよ。その間に考え直したり、値上げ幅を縮めたり、いろいろ自民党内でも良識が働いたんですが、今はその余地さえない。法律は通ったけれど後になってみるとあれでよかったかなというのが出てくる。地方分権法なんてあまりにも膨大過ぎてどこに問題があるのかも分からないまま通ってしまった。

蒲島　審議しないと討論もされない。何か問題点を指摘すると、それが報道されて国民と共有することができる。

内田　かつての自民党と社会党という配置図の中で、これは政治家の質の問題になるのかもしれないけれど、例えば松《まつ》村謙三《むらけんぞう》、石橋湛山《いしばしたんざん》、宇都宮徳馬《うつのみやとくま》、あの連中は純粋な自民党員だけれど、ほとんど当時の社会党に近い発想で党内少数派としての抵抗をする。今の自民党は皆が主流派になりたいということになっている。本当を言えば中曽根康弘ラインの発想と、加藤紘一が代表になるか分からんが、アンチ中曽根派あるいはアンチ国家主義的なものが党内にないわけではない。それが全然、機能せず表に出なくなっている。それが一つの政党の問題としてある。

▽党議拘束外した民主党の対応いかん

内田　ちょっと話が変わるが、野党・民主党の問題。日の丸・君が代の問題で党議拘束はかけたの？

成田　国旗だけにするという修正案では党議拘束をかけました。それが否決されたあとの原案に対する党議拘束はかけなかった。

内田　（原案に対する民主党議員の賛否は）伯仲だったでしょ。

成田　特に衆議院はそうでしたね。

内田　で、これは別の新しい問題だけれどあの民主党のやり方をどう評価するか。もっと言うと、ああいう重要な問題については――これが重要な問題なのか個人の信念・信条の問題だという議論もあるけれど――党議拘束せずに自由投票にするというのが新しい政党のあり方として考えられるのではないかという議論もある。しかし政党制でやっている政治で、新しい政党・古い政党ということで政党観ができるのかっていうことについて、私は自分自身で回答を持っていないが、疑問を持っている。この辺どうですか。

蒲島　僕の感じでは、（政党内のさまざまな意見の）弾力性をどう生かすかの問題。それと弾力性について有権者がどう考えるか。この政党は「極端なことはやらない政党だ」と思わせることは政権交代のときに重要なんです。共産党みたいに純粋に反対というのはきれいだけれど、政権を担い得る弾力性が欠如している。自民党から政権を渡されるときに、「民主党にそれだけ多様な意見があればいいんじゃないか」と思わせることが大事。国旗国歌法で賛否が分かれたこと自体を有権者がマイナスに評価することはないと私は思う。

早野　プラスになる。

蒲島　プラスになることはないけれど、それほどマイナスにもならない。

早野　「何やってんだおまえら」ということにはならなかったよね。

蒲島　民主党内の不一致の影響はそれほどでもない。

成田　政党であるなら、政策について政党としての見解をもつべきであって、したがって「あんな基本的な問題で自由投票にしたり、党内が割れては政党の体をなしていない」という批判もあったが、民主党の場合、あれはやむを得なかったと思う。その政策を推進する側なら自ら党議拘束をかけるべきだが、民主党は別に国旗国歌法を推進したわけじゃない。政権の方が推進しようとしてぶつけてきたときに野党はどうするかという問題。民主党は当然賛否を決めざるをえないが、「政権を取ったら、この国旗国歌という政策は、政権の政策としては推進しませんよ」というアジェンダ（課題）なんですよ。で、あれはしょうがないということだと思います。一般的に国家の重要問題については対応をかっちりした方がいいというのはその通りだとしても。

内田　途中で悪いけれど、基本的信条に関わるという問題が具体的に個々の法案として出るわけでしょ。それは何が基本的に問題なんだろうか。

成田　それは、政権はどういう政策を推進すべきかという問題なんですよ。たとえば思想信条に関するということであれば臓器移植法もある。

内田　たとえば人工中絶の問題とかありますよね。

成田　問題は政権が推進すべき政策かどうかということだと思います。それに対して野党はどこまで議論を深めるかという役割はある。例えば小渕さんが「どこの国でも国旗国歌は大切にしている。法制化することによって国民に国旗国歌を大切だと教え、自分の国の国旗国歌だけじゃなくて外国のも大切にする気持ちが育つことを期待したい」と言う。それは結構だが、逆に尊重できるような国旗国歌を選択するという面も大切なわけです。現にドイツやイタリアでは第二次大戦後に国旗国歌を変えた。自分たちが愛着を持って大切にできる国旗国歌を選ぶという一面がある。日本はそれをやったのかという議論が国会の審議で十分なされたの？

川戸　一応やったらしいですよ。

成田　その議論はどの程度深まったのかな。

川戸　なぜ日の丸・君が代じゃないといけないのかという議論ですね。

成田　まあ政府は通り一遍の答弁だろうな。議論が深まったかは別の話。

川戸　小渕さんは「今国会で通そう」と思って言ったことじゃないですから、言ったそばから……。そうすると出した本人は散漫で、（強硬意見の）自民党執行部とは別ですから議論がぐらぐらしてしまう。

蒲島　全体の世論との関係では、民主党が「国旗はいいけれど国歌はこの際やめておこう」というのは正しかったかもしれない。それをもっと強く出せばよかった。

川戸　だから逆に言うと逐条審議とか求めればよかったんですね。一人ひとりはそういう議論をやっていた。

成田　国旗国歌法案でも感じたけれど、国民世論の分布と議員の意見分布にずいぶんずれがある。それは常にずれるんですよ。アメリカでもそうだけれど政治というのは極端な意見が出てくる。つまり熱心にやる人に支持されたものが出てくるわけで、選挙のたびに投票先を変えたり棄権したりする人じゃなく、政治に熱心な人は左にしても右にしても極端ですからね。しかし国旗国歌の場合はどういう経緯であれだけ国民世論とずれたのかなあと思う。

井芹　どっちに？

成田　議員の方が賛成が多すぎた。

井芹　八割ですかね。

早野　明らかに（国民の賛成割合と）違う。

（注1）一三八本　政府提出一二四本のうち一一〇本、議員立法六〇本のうち一八本、継続審議の四五本のうち一〇本の計一三八本が成立した。

第一二章　自自公政局から見えるもの

報告者・早野　透（一九九九年八月二十日）

自自から自自公へ　金融国会は、まさに今の国会の裏側というか、ある意味で実体である「自自公」の政局形成と一緒に動いていく関係だったので自自公を振り返ってみたい。あまり細かく時系列にやっても始まらないので、大づかみにしてみたい。振り返ってみると、昨年（九八年）七月の参院選の結果、自民党が大幅に過半数を割り、連立する相手の「自社さ」の社民党と新党さきがけの離脱によって自民党の単独になった。こういうことが出発点。つまりその上にその後一年間の政局が進んでいった。金融国会での混乱を経て自民党は参院の足りない数を補うために連立を組むというのは当然の流れだった。そこでまず自由党と連立した。

しかし自由党だけでは足りないから、いずれは公明党と組まねばならない。この問題意識は中曽根康弘さんなんかは早くから持っていただろう。それからその頃、竹下登—秋谷栄之助会談なんかあって竹下氏が「小渕を助けてやってくれ」という話をした。これが一番最初。その次の助走期間といえるのが去年の段階。金融国会での公明党の協力があって、金融再生法案のうちの二番目の法案がこの時の自自公（協力）で成立した。しかし、一方で額賀福志郎防衛庁長官の問責決議案があって、これに公明党が賛成することによって辞任に追い込まれた。十一月七日に公明党大会で新「公明党」が誕生する。前後して地域振興券、七〇〇〇億円が自公合意により補正予算に計上された。

このときの自自公（協力）というのは自自公連立まで進むのかどうかはまだはっきりしなかった。今年（九九年）に入り、通常国会はまさに自自公連立に向かう過程であったが、一月十三日に野中広務—神崎武法会談というのがあって、ほかにも二、三人いたと思うけれど、野中氏が「自自はクッションであって自自公がゴールである」と公明党を誘った。一月二十日の神崎代表質問では野中氏のそういう発言にもかかわらず、自自連立批判をする。「政策合意がはっきりしない」とか、いちゃもんをつけている。二月十九日の予算案（の衆院本会議採決で）も公明党は反対している。しかし予算関連法案には賛成するというような迷いがある。三月八日の中村正三郎《なかむらしょうざぶろう》法相辞任。これは冬柴鉄三公明党幹事長の発言が引き金となって辞任。四月二十七日のガイドライン法案。これが自自公共同戦線で衆議院通過。その間のエポックというのは五月二日、三日に小渕さんがアメリカで「自自公で協力して究極の国民に対する責務を」とアドバルーンを上げる。それで神崎—秋谷会談で閣外協力の方向で一致する。にもかかわらず五月二十日、国旗国歌法案については公明党は慎重姿勢を表明し、協力するかについて迷いが出てくる。しかし六月一日に通信傍受法案が自自公修正で衆院通過。次に住民基本台帳法案も衆院通過。そして六月二十八日、これも一つのエポックで小渕さんが閣内協力を呼びかける。六月二十九日には公明党が国旗国歌法案に賛成ということになって、これが公明党の旗幟鮮明になるエポックといっていいのかもしれない。

それを見定めて七月七日に神崎—小渕会談があって小渕氏が正式に閣内連立を要請する。これまでの協力に対する歯の浮くような感謝の言葉もあった。七月十二日に野中氏が創価学会を高く評価する発言をした。翌十三日に創価学会が連立を了承。二十一日に補正予算に公明党が賛成。これは五〇〇〇億円だったと思いますが、一部は雇用対策でした。そのうち二〇〇〇億分は公明党の動かした予算で、地域振興券の七〇〇〇億円と合わせて九〇〇〇億円が公明党の与党化にかかった費用だという見方もできる。七月二十四日、公明党大会で「連立を決定」ということが通常国会の法案審議と絡みながら、自自公が徐々にというべきか、急速にというべきか閣内連立に至るまで進んでいった過程です。

公明党の政権観　いったいこれは何だったのか。ちょっと整理されないが思いつくままに言うと、まず公明党に関して言えば、そもそも新進党解体で創価学会イコール公明党の勢力が裸でさらされることになって、自民党と組むべきか、民主党と組むべきか当初モラトリアムだと言われていた。参院選の結果があまりに自民党に不利益だったものだから、当初、野党共闘というようなことで動いた。しかし、その後の民主党の政治的未熟もあって、民主党を横目で見ながら自民党と組む姿勢を強めた。

ここで一つ選挙制度がこれに絡んで登場するけれど、一月二日に池田大作氏が「小選挙区制をやってみたけれど全然政治はよくならない」ということで市川雄一氏を皆の前で叱ったということは、創価学会に確かめても事実のようです。つまり今度の公明党大会の文書にも「結局、自民党は過半数を割っても第一党であり続ける」ということが明記してあるわけです。「国民はやはりそういう形で支持している。結局、小選挙区制にはしたけれど、政権交代はない。自民党に対抗する政権ができない。したがって自民党と連立政権を組むしかない」というふうに自分達の今度の連立の必然性の理屈を組み立てていく。

それゆえに選挙制度を「中選挙区制に戻すべきだ」という議論がある。小選挙区比例代表制の比例区五〇人を減らすという自由党の提案については強く反対するということになる。公明党にとっては自民党と組むのは結党以来初めて。自公民路線はかつてあったし、細川政権でも小沢一郎氏の新生党との協力はあったけれど、もろに（自民党と組む）というのはなかった。これまでその点については、池田氏の「権力は魔性である」というもともとの権力観があって、それが一つのしがらみになってきた。もっとも池田氏自身はとっくにそのあたりは捨てていて、「本来は自民党と公明党が組む連立政権の方が公明党にとってはいい」と随所で語るようになってきていた。一応、建前について、今度のプロセスの中でもそれをどうするかというのがあって、「権力観を変更しなくちゃいけない」ということを浜四津《はまよつ》（敏子《としこ》）さんなんかが言い出す。要するに「自民党政権もアプリオリに悪なんではない」ということを信者に言い聞かせるプロセスが必要だった。それから最後の自自公への過程で一つ野崎勲《のざきいさお》氏が語ったのは「連立に加わることによって権力を善導するんだ」という言い方になった。「善導」というのは僕も記事の中で使ったけれど、創価学会の人と話していたら「使い方を間違えている」と言っていたが、そんなこと言ったって善導なんて言葉は明らかに政治の言葉じゃなくて宗教の言葉である。いずれにせよ創価学会の権力観の変更というか、公明党の（権力観の）変更につながる理屈の整理をしてたんじゃないかと思う。

小沢氏のプライド　自由党のスタンスはというと、これは自自連立という形で既に連立の形を取っていて、それが小渕政権のそれなりの安定とエネルギーになっていたことは確かです。小沢氏や藤井裕久《ふじいひろひさ》幹事長が盛んに自己評価しているところで、これは必ずしもオーバーではない部分があるでしょう。自由党が基本的に政策を自分達の売り込み材料にして自民党と組むことを正当化していくようなやり方は、ある程度の成果を上げていることによって説明がつく。いわば国会的に言えば、重要な最後の問題が衆院比例区の五〇人削減ということ。これは恐らく五〇人削減のもつ実体的な意味以上に自自公の争いの焦点になってしまった。

既に自自連立を組んでいる小沢氏にとって、さらに公明と組むということは基本的に不愉快なことです。これは当たり前で、今までは小渕・小沢会談ということで重要な局面であったのが、これからは神崎氏が入ってきて数の論理から言えば、恐らく小渕・神崎会談がまずあって、次に小渕・小沢会談があるということになっていく。これは小沢さんにとっては耐えがたい屈辱だと思うんです。自由党をつくった重要な動機は小沢さんのプライドなわけだから、そこが傷つけられるのは不愉快なことだ。まず自自が前提にあってまだ公明党とは連立していないということを小沢氏は何度も最後に強調した。それのいわば一つのリトマス試験紙が比例区の五〇人削減なんです。自民党はもちろん最初からまったくやる気はなかった。しかしそれを許さないということで、最後にそれを取り上げたのは八月八日の日曜日に野中氏がホテルに小沢氏を呼んで、最後の説得をするというやり取りです。この小沢さんの言い分はここに一番はっきり出ていて、小沢氏は「自自で約束してたのに公明党が後から入ってきたからできないというのでは、すべてのことは公明党の言う通りになってしまう」という危機感だった。

自由党は「連立を離脱した方がかえって選挙を有利に戦える」というように言っている。ここに小沢さんの真意が出ている。今度『週刊新潮』で小沢さんのインタビューが載っていた。特に新しいことはないが、この間の出来事に関連する小沢さんのあちこちで言っている言葉が一番整理されている。つまるところ「公明党が後から入ってきて、その言いなりになるのでは自分達の立つ瀬がない」ということ。

小沢氏の真意は何だったか、と考えるとたぶん「離脱三割、離脱せず七割」という感じで臨んだんだろう。藤井幹事長は、自由党というオクターブの高い政党の中では比較的リアリズムのある人で、それを表現する人だけれど、「最初から離脱ありきではないし、離脱しないでもない」と言っていたのは、小沢氏のポイントを比較的正確に反映しているんではないかと思う。結局のところ離脱はしなかった。最初から離脱する気なんかなかったと解説する向きもあるけれど、それは違うと思う。しかし、とにかく離脱するんだということをうそでも周りに信じ込ませないと、離脱カードというのは使えないんであって、最初から足元を見透かされているようでは脅しにならない。虚実取り混ぜての小沢氏の強い行動だったと思います。

俗に言われるように、野田毅氏や二階俊博国対委員長なんかは自民党との連立という中に深く組み込まれているから、やはり小沢氏ほど連立離脱カードを自在に使う意識がない。しかし最後は小沢が本当は連立離脱ということになれば、野田氏も二階氏もついていかざるを得ないと、亀井静香氏なんかは観測していたが、このへんは微妙な状況でした。

結論としては先送りになったけれど、いったいこの（定数削減の）問題がどういうふうに自自公の連立に響くかということになるが、たぶん定数削減問題がまたぞろこれで連立離脱という問題にはならないだろう。一つ通常国会の最後にオクターブが上がったもんだからこういうふうになったが、この先はちょっと違った空気の中で進められるだろう。

公明党は結局、与党化が目的であって、選挙制度の問題は何が何でもというものではない。いま創価学会の方で言い出しているのは定数五〇削減でも「小選挙区で三〇、比例区で二〇ではどうか」ということです。それもまた「これを言い出したからどうしても聞け。これが容れられなければ自分達は連立に加わらない」ということなのかというと、それは違う。公明党は早くも「定数問題は連立問題と分離協議しよう」と言い出している。分離協議とはなんのことか分からないが、公明党は連立離脱カードを今から使うことはありませんよというメッセージなんだ。やはり公明党の与党化は今の自民党の参議院の数がかなり足りないという自民党からすればまさに数合わせなんだけれど、公明党からすればこれは数合わせではない。いわば「公明党の本質問題に関わっているからこそ与党になる」ということなんだと思う。逆にいえば「踏まれてもついて行きます下駄の雪」と早くも言われ始めているけれど、公明党は政権にぺたっと食いついちゃって何が何でも離れないというようなことではないかと観測してます。

この間の自自公の暴走はなぜ起きるか。連立ということが非常に絡んでいる。まず（自民党は）細川内閣と自社さ連立では衆議院の数が足りなかった。衆議院の数が足りないということは首班指名というところで自民党が不安を覚える。非自民がまとまると細川さんになるし、自社さで政権に復活したとしても村山（富市）さんを担ぐということであって、自分達が第一党だったからといって衆議院で過半数を取れていないと必ずしも首相の座を取れないことがある。

しかし、今の小渕政権は衆議院では一本釣りの成果があって自民党単独で過半数を取っている。これがやはり自民党にとっての基本的な違いになっている。金融国会のときは大慌てだったから自民党がその認識を案外持っていなかったのでは、と思うんですが、かつての自社さ政権では自民党は割合謙虚だったと思う。ところが小渕政権になると基本的状態として首相のポストを握れるから謙虚さは必要ない。残りは参議院の足りない数を埋めるということだからこれは自民党からすれば本当の数合わせでよい。そういうことだから数合わせのために、この間、公明党に対して施したような公明党への迎合、自由党では「これは無血革命だ」と小沢さんが売り込んでくるような政策への迎合がある。自由党と公明党の主張を適当に受け入れることによって自民党の政権を維持するということで事が済む。つまり衆議院で足りないことと参議院で足りないこととの違いがある。参議院で数が足りないことをあまりに意識しすぎたために金融国会では民主党に攻め込まれることになったが、民主党の足元を見れば、自民党の方がよっぽど強いということになるんでしょう。

ゆとりのない自民党　一つコストがかかったのは、野中氏が「自分は変節漢だ」という批判を甘んじて受けることになったこと。もう一つ、昔の五五年体制の時のように圧倒的な多数を持っているときは自民党内に批判勢力が動いて暴走をチェックする機能があった。これは抵抗野党の社会党との心理的連携によって起こり得たわけだが、これは自民党が圧倒的に多数を持っているという余裕の中での内部チェックだった。連立時代になると自民党の方にそのゆとりがない。とにかく常に他の連立野党との連携というものを考えねばならないから、自社さの時はいつも社さの言うことばかり聞いて総務会なんかでも「自民党はなんだ」という意見が出たと伝えられたが、自社さでなければ政権は取れないということで内部の不満を抑えてきた。

この点、今の自自公も比較的同じ事情で自民党のなかで「本当はこういうことをやってはいけないじゃないか」という意見を持っている人が内在的にいる。しかし山中貞則氏が言っているように「それにつけても数の欲しさよなんだ」と。そう言われれば、自民党の中で反乱を起こすわけにはいかないということになる。

もう一つ自自公で「公」はちょっと違うけれど、自自というのは右の方の勢いということで言えば、自社さとは違って同じ方向性を持っているわけだから、「自由党の言う方向はいいことだから乗れ」という話が自民党内に出ている。公明党が入ってくると、受益と負担という問題に関しては自由党と公明党は明らかに違うはずなんだけれど、今のところ（両党の矛盾は）起きていない。「この先、与党化したい」という公明党の内在的理由によって裏打ちされているわけだから、まだ矛盾は出てきていない。これから出るのか出ないのか。

それでこれから九月の自民党総裁選。ここで小渕さんと加藤紘一、山崎拓両氏の争いは自自公が一つの焦点になる。その他の政策のごたくを並べるのはたいしたことない。焦点になるといっても自自公の連携を否定しようもないので、加藤さんあたりが政治の質の問題として提起すれば充分争点になるけれど、今一つ勇気がない。自民党の中で極めて少数派になってしまうことへの恐れがある。自民党総裁選はこの自自公問題はかすめて通るということになると思う。

次に臨時国会がある。今から公明党・創価学会が心配あるいは警戒しているのは、このときには創価学会の政権への関わりというものが最大の野党の攻め口だと思います。民主党、共産党は数では圧倒的に負けているわけだから、そこを突くしかない。創価学会もその点をどう対応するのか。理論構築と、場合によっては池田大作氏自身に発言させることによって切り抜ける場合もあるかもしれないと準備をしているわけです。ということはやはり少なくとも自民党と公明党との連立がそういう問題であるという創価学会・公明党なりの意識があるのかなと思う。

自自公の射程　しかし、いったい自自公はどこまでのどういう連立なのかということになると、一つは次の総選挙ということになる。総選挙でいったい自自公がどうなるのか。一方には「ここで連立政権は選挙協力をやらなきゃいけない」という基本的な前提があって、「本当にやれるのか。やれるとすればどこまでやるのか」というのがこれから一年もないが、政権の内部矛盾を起こしかねない問題としてある。

他方の極論は選挙協力をどうするということであれば、これは両党の合併だということを中曽根、亀井静香両氏が一生懸命言い出して「自自合併論」を言い出している。多少、小沢さんもこの動きを見ているような風情を見せたりもしている。

もう一つは「そうは言っても、そうも行かないだろう。結局、自民党と自由、公明両党との選挙協力は充分にできないで、まあシンボリックないくつかの選挙区以外は争うことになる」と。そうなったときどうなるかというと、恐らく自由党と公明党の選挙への基本的戦略は自民党の過半数を割らせるということだと思う。公明党の連立参加前の小沢氏の意識は明らかにそうであって「自民党は過半数を取れない。したがって自由党が加わることによって政権を担うことが初めてできる。そこで自由党はさらに重みを増す」という認識を持っていたけれど、参議院の方は相変わらず、そのポジションを公明党が握っている。衆議院の方は自由党が握るということで小沢氏の戦略は組み立てられていたけれど、公明党まで（連立に）加わることになると自民党に過半数を割らせるということがどういうことになるのか。割ったとしても公明党を足せば過半数になるということになるんでしょう。自自では過半数にならないで、公明党を併せてやっと過半数になるのか。それとも（三党が）水膨れになるのか。これは選挙制度との絡みもあって、日本の自自公がうまく行くのか、いかないのか予測もつかない。

かなり具合の悪い要素がいっぱいこれから出てくるのではと思っている。一つは自民党の中の四月会、新宗連グループは反創価学会であって白川勝彦が動いている。石原（慎太郎）都知事の誕生というのが明石康「自公」路線に反対する新宗連と自民党の本流、保守の一番主流になっている流れからすれば、「公明と組むなんて」というのが当然あって、かつて後藤田正晴さんも「公明党みたいなのと組むのは政権（のあり方）としては基本的に違う」と言っていたんですが、こういうのが必ず出てくる。自自公というのは仲のいい三人組じゃなく、お互いに足元を見ながらせめぎ合う関係だと思う。

いずれにせよどういう結果になるかは総選挙になって、総選挙後に自自公ができるのかどうか。要するにこの自自公の基本的必要性は参議院で数が足りないということにあるから、足りないことが非常に重要なことなのだとすれば、この連立は次の次の参院選、あるいはその次の参院選まで六年も九年も続くことになるが、そうはならない。次の総選挙でまた状況は変わるでしょう。

▽定数削減合意の不思議

井芹　結局、最後まで五〇人の定数削減問題がトゲみたいに残ったんですが、これは自自合意の最初のところに書いてある。「比例定数五〇削減、選挙協力現職優先」というところまで。このとき既に自民党が「自自のあとに自自公」という戦略を立てていたすると、誰が見ても「比例五〇削減は公明党があまり歓迎しない」ことは明らかなような気がするけれど、なぜそれが最初から自自合意に入っていたのか不思議だ。去年暮れの合意を通常国会終わりまで引きずってきた。ここは小渕・小沢で合意したけれど、野中さんはあまり関与しなかったのかな。

川戸　小沢さんによると、要するにあの時は目的が違っていて、議員定数を減らすことだった。だから別に比例といったのではなくて会談の席で決まったと。もう一つは後で小渕さんに聞いたんですけれど、小沢さんの意見も実はあの時「比例定数五〇削減で四回やれば完全小選挙区制になる」という話をしていた。そういう話の中で決まった。

井芹　なんだか小渕さんのアイディアのような気がするんですよね。野中さんはこの問題を先送りしていって、その中でこなして行こうくらいにしか考えなかったのではないか。

川戸　小沢さんがあんなに反対するものとは……。

井芹　思わなかったんだろうね。

成田　それは自民党の方のどうにでもなるという考え方と小沢氏とのスタンスの違いなんだけれど、問題は小沢さんがあの時点で「公明が後から入ってきたら、この問題は爆弾として使えるから仕込んでおかなければ」と考えたのかどうか。

井芹　逆は考えてなかったんじゃないかな。

川戸　そこまでは考えてなかったんじゃないですかね。

成田　ただ結果的に爆弾は仕込まれた。で、いつでも使えると。まだ使えると。これから先も使えるでしょう。しかし小沢さんはどこまで見通していたのかということです。確かに定数を減らすという意見は自由党だけでなく、自民党の中にもあって選挙区なんかに帰ると「企業はこれだけ努力しているのに政治はちっともリストラしていない」ということで、「選挙区向けにこのくらいはやらなきゃもたない」と言っている議員は自民党の中にもいる。だからそういう風潮を受けてのことなんだろうけれど、どこで小沢さんがそれを具体的に戦略として使えると考えたんだろうか。

蒲島　僕はいまだに分からないけれど、自由党は結局、比例区でしか生き残れないわけでしょ。それでなぜ自らの足を足を切るような真似をするのか。それだけじゃなくて最終的に「自自合党《がっとう》」まで考えないと語れません。

成田　自自合党までは考えてないと思う。まあ小沢さんの発想法から考えると、爆弾として抱えるということですよ。

蒲島　爆弾という話が出たけれど、結果的には公明党が自民党にすり寄る形になった。（小沢氏は）「これを阻止したい」という気持ちがすごく強かったが、事実は公明党は遠ざかるのではなくてむしろ近づく。（小沢氏が）結果としてそこまで見込んでいたのなら相当の策士だと思う。

▽新民主党立ち上げの裏に公明・創価学会問題

内田　小沢はミステリアスな男だな。私は十一月十九日の合意書を見たとき、小沢という男はマンツーマンでやると強いなと思ったんですよ。ただ今の話にもあったが、小渕はそれに乗った。しかし野中や執行部は乗れなかった。それが森執行部で「小選挙区を減らすのは無理だ」という、あれは？

早野　あれはさっき言ったように公明党側が小選挙区で三〇減らして比例区で二〇減らすという妥協案を出してきた。そっち（小選挙区）の三〇は無理だよ。そしたら比例区の二〇だけっていう話です。そのあたりを自由党と公明党の間を取り持った自民党の森さんが見え透いた妥協案を出した。

内田　なるほど。

成田　十一月十三日。あの時点ではどの程度、「自自公」という話は出ていたの？

早野　「自自公」という言葉は出ていました。ただ連立政権は想定せずに、われわれは自自公路線みたいな形で使っていた。

成田　小沢さんは（政権論として）使っていたけれどな。

早野　だから七〇〇〇億円の商品券という程度の議会だったんですね。

成田　ただ創価学会争奪戦というのはもっと長い歴史なんですよ。新「民主党」が発足したのが去年（九八年）の三月。あの時、新進党が分裂して羽田孜さんの太陽党、細川護煕さんのフロムファイブ、鹿野道彦さんの国民の声ができ、それで新「民主党」をつくるかどうかとなった。まあ細川さんは政権戦略会議で座長をやったけれども、新党に行くのかそれとも政党連合でやるのかということが最大のテーマだった。結局、新党になってなおかつ旧「民主党」に合流する形になった。あの時の状況判断の最大の問題は、実は公明党・創価学会がこっちにくるのか来ないのかということだったんです。政党連合で取りあえず立ち上げようということの一つは、公明・創価学会がいずれ来るならその時点で新党にしようと。いきなり新党にすると公明・創価学会が来づらいからまず政党連合で立ち上げて公明・創価学会が来られるようにしておこうという考え方が一つあった。それで公明・創価学会の本心は何だという議論になったんだけれど、あの時、細川さんが最終的に新党に行ったのははっきりと「公明・学会は来ない」と見たからです。だから新党を立ち上げるという発想で新「民主党」が立ち上がったんですね。

　鹿野さんとか菅直人とか鳩山由紀夫は「公明は来るんじゃないか」とかなり期待していて、政党連合に対して公明のポジションを空けておくべきだと考えたんだけれど、あの関係者の中では細川さんがいちばん公明・創価学会とパイプがあるんですよ。その細川さんが「公明・学会ははっきり来ない。待っても無駄だ」と見切った。公明・学会としては自民党なのか野党なのかというのは、その時点より前の時点、新進党が瓦解する前の時点からであり、ましてや新進党がビッグバンしちゃった後には真剣に路線を考えていた。あの時代から引きずっている問題なんです。去年（九八年）の十一月時点よりもっと早くから文脈としてはあったし、小沢さんは新進党のビッグバン以前から考えていた問題だと思う。小沢さんが「自自」をやったときに考えていた最大の問題は公明党を最終的にどうするのかという問題じゃなかったかと思うんです。そうすると比例区の五〇削減というのはかなり意図的に入れた気がするんです。

早野　それは公明党とは一緒にやりたくないっていうこと？

成田　一緒にやりたくないじゃなくて、どうにでも使える爆弾を仕込んでおかなければということです。

早野　大状況としてはいずれ公明党が（自自連立に参加して）来るということは恐らくあったと思う。そこでの自分たちの主導権を握るための道具として仕込んでおくということはあるね。これは一番あの時点での小沢さん……。

成田　だから小沢さんがかなり一方的で、小渕さんはそれに乗っただけ、単純にお人好しだったという話じゃないかと思う。

早野　小沢さんは非常に明晰だったと。明晰過ぎるとも思うけれど。

川戸　そういう意味では「小選挙区（定数）も変える」というのは（将来への）つなぎをとったわけじゃないですか。（小沢氏の）プライドとして。

成田　だけど十年間は議論を再開しないと思う。

川戸　十年後は再開しますよ。

成田　けど十年後に成功するとは限らない。

▽公明党と池田大作問題とは

蒲島　もう一つ疑問を感じたのは参議院で定数削減を比例区でやると（自由党は）二、三人しか通らない。

成田　だから「選挙協力して現職優先で」となっている。

早野　それと自由党をそう永続的存在と思っていない。

蒲島　だから僕はそういう考えがあって自民党と一緒になるのかなと思っていた。

早野　一緒になって彼の理念は、もちろん自民党を分裂させるわけです。もう一つ政局をやろうとしている。可能性の程度は知りませんよ。

蒲島　それから連立の制度について考えると、公明党の路線とかはほとんど関係ないような気がするんですね。

川戸　そうですね。

蒲島　公明は誰からも文句を言われ、自民党からさえ（文句を）言われて、それでも権力にすり寄った。それと同じように民主党が政権を取ればそちらに動く。

早野　多少、永続的な民主党政権の見通しがつかないと（公明党は）いかないでしょうね。

蒲島　僕はそう思わない。
早野　ころっと行くかな。
成田　いやそれほど簡単じゃないですよ。
内田　そのことに関連してこの公明党の動きの中で池田大作氏という人がキーマンだね。その池田氏は何であるのか。
成田　池田氏の言う「権力は魔性」というのは反権力の意味なの？　力に反対していくということなの？
早野　比較的単純には反権力だったんですよね。
成田　昔から言ってる？
早野　彼は昔から、ずっと言ってるんですよ。
成田　すると権力は絶えず批判していかなきゃだめだという反権力のスタンスなわけだ。
早野　まだ宗教というものの……。
井芹　ただし学会内の権力主義と反権力の姿勢とは違う。
早野　もちろん、それは疑問ですよ。ただそういう兼ね合いをつけたことは事実なんです。
内田　だから池田大作氏という人がどれほど偉いのか。いま俗に言われていることは「池田権力」をいかにして永続させるかということを考えていると言うんだが……。
早野　池田－秋谷世代は草創期の人だから、その頃の生活を知ってるし、何から何まで自分たちでやったから皆通じてる。宮沢喜一さんの大蔵大臣みたいなもんで。その次の世代は専門家でしょ。
井芹　神崎武法代表以下そうですね。
早野　宗教団体としてはこれから難しい時期を迎える。それはそれとして、この局面からは自民党にくっつくのが創価学会としての安定に結びつくとの判断でしょう。これまでは一種の世間への抵抗の中で創価学会を培養し発展させてきたわけだから。そういう意味で政局的な与党化じゃないんだと思う。したがって民主党が政権を取ったからって自民党的社会基盤が強いうちはなかなかそちらへは行けない。
蒲島　僕は行けると思う。
早野　そこが面白いですね。
蒲島　さっき選挙協力の話が出たけど、創価学会が自民党に真剣に選挙協力をすることはないと思う。どうしてかっていうと創価学会や公明党が大事にされるってことは、自民党が常に過半数に足りないからなんです。(公明党としては)なるべく自自だけでは過半数を割るようにする方がいい。
早野　そうなんです。
蒲島　だから本音は（自公選挙協力を）嫌がる。
井芹　さじ加減するわけですね。
早野　結局、自自公っていうのはこの選挙に関していえば協力体制はないんですよ。相互に削り合う関係でしかない。
蒲島　本心は民主党にがんばってほしいわけですよ。それやると自民党候補は落ちる。

早野　自分たちで一手に取れる。

成田　そんな教科書的なきれいごとではないですよ。しがらみの世界で、僕が知ってる話でも相当な世界ですからね。

蒲島　しがらみのことを考えると、長期的には間違う。

成田　あんなしがらみがあっちゃ右から左には動けない。

内田　自由党には公明系は何人残ってる？

川戸　ほとんどいません。皆公明党に行った。

成田　まだ二見伸明とか東祥三とか残っている。

川戸　でも学会員とは別問題なんですよ。（公明党）系はいますけど。

早野　基本的には創価学会は自由党から引き揚げちゃってるんですよ。

川戸　逆を言えば、学会は地元ではちゃんと連合、労働組合とは協力を結んでいる。

成田　分かりにくいな。

川戸　そういう意味では組織と党は違うんですよ。選挙なんかも政策なんかも。

蒲島　ただそれは長期的にいうと合理的なんですよ。党は党でやっていて学会は違う動きをしている。

川戸　絶対そう思います。

早野　蒲島政治学の有効性がそこで正しいかなあと思う。

川戸　池田大作名誉会長がいなくなったら、パタっと公明党は変わるかもしれない。考え方が全然違うし、学会は公明党という政党を下部組織、学会のエリートを離れた人たちが政治家、国会議員になると思っている。

蒲島　失敗したら捨てるということになる。

川戸　逆に学会の考え方は、小選挙区じゃなくても参議院の比例区だけでもいいと腹をくくっているかもしれない。

内田　池田大作氏がすべてだっていうところにいろんな意味でこれからの問題がある。

蒲島　自民党との選挙協力があり得ないのが参院選の選挙区ですよ。次の参院選で自民党が勝ち過ぎると党勢拡大はないです。

川戸　絶対そうですね。

蒲島　衆院選まで仲良くしてても次の参院選（での協力）はあり得ない。

井芹　逆から見て自民党にとって公明党を集票マシーンとして使いたい。

蒲島　それが自民党にとっては最高ですよ。

井芹　（自公は）国会対策としては成功なんですよ。

蒲島　自民党の最大の目標は野党分断ですよ。民主党と公明党が協力したら参議院と同じ結果になりますから、野党分断だけが最後の目的。その点で自民党は大成功を収めた。民主党を切らせた。これは自民党にとっては政治制度改革以来のことですよ。野党が協力しないと民主党候補は上がれない。

川戸　自民党は選挙協力してもらわなくても自民党だけでやってい

ける。

早野　選挙協力は自由党からの要求であって自民党からは必要性を感じていない。公明党も特段の要求があるわけじゃない。

川戸　（自公は）そんなにだぶっていない。

早野　ちっとも返してもらえないんだもんな。

蒲島　石原さん（のときの都知事選）と同じでバッファー・プレイヤーがどう出るかというのがおもしろい。自自公が選挙協力してやるけど、こんなぎらぎらした政権はいやだっていうのがいっぱいいるわけだから……。

早野　今度もそこが決めるような気がする。

川戸　（有権者が）自自公に反対するかもしれない。

早野　（自自公は）仮の姿かもしれないから。

内田　小沢が妥協した日に平野貞夫さんと話したんだが「どうなんだ」と言ったら、平野は相変わらず強気だが、小沢は今度は受け身だった。（平野氏は）「このカードは必ず生きてくる」と盛んに言っていた。

早野　平野さんはどちらかというと連立離脱めいたことを言っている。

内田　だったから次にはこれが生きてくると。

早野　でも小沢さんは結局、連立離脱カードをやるしかないんだよね。

内田　それしかない。

早野　そこまで使えないわけですよ。

川戸　今回、小渕派の人たちは結構、冷静でしたよ。「もう小沢は離脱しない」という。

井芹　それは自由党議員の半分以上の人たちが小沢代表が「右行け」と言って右に行くかは別として、離脱問題については「ついて行くべき」というのが多かったでしょ。

川戸　それは一人ひとりの意見を聞くと「仕方がない」と。

蒲島　選挙のことを考えればそれしかない。必死でくっついていないと。

▽民主党の行方はどうか

内田　最後に民主党についてはどうなるのか、どうすべきか。

蒲島　野党協力が分断されたんだから、あと考えられるのは都市部のバッファー・プレイヤーをどう引き付けるか。自自公連立がいかにぎらぎらした強硬な政権かっていうのをイメージさせられるか。それしかないでしょう。それで投票率が上がって衆院選をやれば勝つかもしれない。

内田　その前に目先の問題として具体的に代表選挙をどう見ていますか。

早野　菅か鳩山か。それも結局今どっち（がいいか）とかですか。

蒲島　どっちが（有権者を）引き付けるかと言ったら、どっちも同じだろうけど、どちらかといえば鳩山の方が引き付けられる。

早野　そうなったらもう（鳩山氏の）圧勝ですよね

蒲島　代表選挙で勝ったとすると、その余波が続くかどうかでしょうね。自民党は長く引き延ばして鳩山人気が衰えた頃（総選挙するでしょう）。

早野　それでも最長一年だもんね。

内田　代表を代えて鳩山人気は出ると思いますか。

蒲島　バーっとは出ないでしょう。自自公よりはいいと思う人が多いんじゃないですかね

内田　菅よりはましなの？

蒲島　二人とも同じようなもんだけれど、中道保守的な人たちをバッファー・プレイヤーとすると、あの（鳩山）くらいがいいんじゃないですかね。僕はいずれにしてもその方法しかないと思う。

内田　なぜ聞いたかっていうと、民主党の有力な人が言ってたんだけど、「党内ではもう菅は総スカンにあっている」と。しかし「世間はまだ菅はあるんじゃないか」とその人は見ている。私はそんな馬鹿なことはないとみているが……。

早野　（菅人気は）ちょっとはありますよ。

蒲島　でも共産党が野党共闘に乗ると、やがて菅政権はできますよ。

早野　確かにあと問題は共産党だな。

第一三章　ダブル党首選挙の結末

報告者・井芹浩文（一九九九年十月十三日）

前回（八月二十日）、早野さんに「自自公政局」ということで、内閣改造の直前、通常国会の終わりまで総括していただいた。今日、私が報告するのは自自公政局の最後の局面、連立ができるまでと、これに同時並行して行われた民主党の代表選挙ということです。

安定政権への変身　自民党の総裁選は九月十一日告示、二十一日投票、次の日に党大会で小渕恵三再選決定と予想通りに終わったが、そもそもは総裁選をやるかどうかで綱引きがあり、それとの絡みで国会の会期延長問題もあった。その結果、一つは小渕政権の性格付けが大きく変わってきたという問題がある。小渕政権は当初、暫定政権的なものであって、ともかく橋本龍太郎ではだめなので切り替えようということで生まれた。一九九八年秋の金融国会では暫定政権の危うさというか、少数与党の悲哀をかこち、大揺れに揺れる非常に弱体な政権だった。それから反転攻勢に転じて「自自」を固め、次に「自自公」を固めた。それで九九年（第百四十五回）通常国会では法案の通り具合からも分かるように、安定政権に変身してきた。さらには長期政権、本格政権の色合いさえ帯びてきた。

この総裁選はちょうど小渕政権の折り返し地点だったと言える。本格政権にするためのシナリオとして、野中（広務）さんなどが描いたのは、無投票で再選して党内を固めるということだった。この方がこれまで盟友関係を結んできた加藤紘一さんの政治生命も延びるんじゃないかということで、総裁選なしで乗り切りたかった。その方が小渕暫定政権を延命させる面もあったと思う。

これに対して小渕さんとしては「総裁選をきちんとすべきだ」という気持ちがだんだん強くなったのではないか。圧勝の見通しもついていた。野中さんの「総裁選なし」というのは、小渕さん側から見るとやや姑息だという感を持ったのかなと思う。一方、小渕さんとしては、戦わずして勝つ方がよかったという面もあろうけれど、この辺はどちらでもよかったのかもしれない。しかし政権の性格付けという点では勝って勢いに乗って残り二年やるというのと、勝たずに粛々と政権運営するというのでは、政権の性格付けが違ってくる。

総裁選の結果は小渕恵三氏が三五〇票、加藤紘一氏一一三票、山崎拓氏五一票だったわけですが、負けた方もそれなりに票を取ったと喜んだし、小渕さんも圧勝を果たした。しかし、圧勝して喜ぶはずの小渕さんが投票会場から帰るとき、秘書官が呼びかけても答えなかったということからみると、実際は落胆していた。それは基礎票を割り込んでいたためで、一五票足りなかった。実際には加藤派から戻した票があったでしょうから二〇票くらい足りなかったんじゃないか。それへの怒りが次の党三役人事、閣僚人事になって表れた。

そういう意味では政権の性格付けとしても、この総裁選を経て本格政権になった。積極的に打って出る政権になった。小渕さんの性格について、われわれも誤解をしていたんじゃないかなと思うくらい変身し、強気の人事を進めていく。もし話し合い選出ならば和気あいあいのお手盛り人事になっていたろうが、戦いになった結果、攻める人事というか、非主流派の言うことを聞かずに勝手にやった。加藤派を徹底的に痛めつけた。そういう派閥次元では攻めの人事だったが、一方、政策的な次元でどういう布陣かというと、これはむしろ守りに近い。宮沢喜一蔵相と堺屋太一経企庁長官は留任させたし、これから介護で問題になりそうな厚相とか、日米ガイドラインの後のＰＫＦ（国連平和維持軍）や有事立法で問題が起きそうな防衛庁長官には経験者を充てるということで、あまり冒険せず、手堅い人事となった。

小渕、野中両氏の深層心理

改造の一番の焦点は野中官房長官の去就だった。これはある意味では小渕、野中両氏の深層心理まで含めて考えなければいけない。小渕さんとしては、どこかのインタビューで言っているように、最初はキャッチャーの投げろという球ばかり投げていた。それが成功していたわけですが、小渕さんは「それでよかった」とか、これからも「キャッチャーの言う通りに投げるよ」と言いたかったんではないようです。やはり本来ピッチャーは自分の思うように投げたかったんだけれど、あの時はしようがなかったというような気持ちが滲み出ていたと感じた。

そういう意味では野中さんに対しては、ありがたいという面とけむたいという両面があったと思う。しかしこれも処遇を誤ると政権の弱体化にもつながりかねないから、幹事長代理に起用したことで、党側の非常に弱かった体制が引き締まった。亀井（静香）さんも入ってかき混ぜるだろうから、それに対する重石にもなるし、なにより選挙体制の強化になった。

小渕さんとしては内閣に青木《あおき》（幹雄《みきお》）さんを迎えてやりやすくなった。加藤派を除いては思い通りになった。加藤派としては野中氏のいう通りに融和路線を行くのがよかったのか、出て戦った方がよかったのか、これは今後の問題です。小渕政権が全部裏目に出たときには加藤氏しかないということになるだろうし、小渕政権がそのまま全うしてポスト小渕を選ぶということになれば加藤氏は目がなくなる。

ずっと見ると経世会対宏池会の関係は微妙なものがある。田中派―竹下派―小渕派と、大平派―鈴木派―宮沢派―加藤派という流れからいくと、宏池会は田中派・竹下派といがみ合っているときは政権がとれない。これに対し、大福提携の後も田中（角栄）の助力を得て政権を取ったし、鈴木《すずき》（善幸《ぜんこう》）首相は完全に田中の傀儡だったし、宮沢さんも竹下（登）さんと対抗しているときは政権に就けなくて最後に小沢（一郎）氏との面接試験で竹下派に頭を下げてやっと政権に就けた。両派の経緯からいくと田中派・竹下派の流れと組んでいないと政権は取れないという方程式になるが、加藤さんはそこをあえて見切って出た。この辺は加藤さん側の政局観だと思うが、よかったかどうかはまだ結論できない。

山崎拓氏の五一票は「よかった、よかった」というけれど、そう展望のあるものではないし、派閥の長として一応の踏ん張りを見せたということに過ぎない。むしろこれで河野（洋平）さんとかがポスト小渕になり得るのかどうかがあるけれど、小渕さんのしたたかなところはポスト小渕をねらえそうな人を引き上げておいて、しかも今、自分を脅かす勢力にはさせない。そういうことではずいぶん巧妙な人事だった。

自自から自自公へ　その間、総裁選の裏側で「次には自自公政権を作る」ということで、自公合意から自自公合意に進んだわけです。自自合意には政策的にみて「おっ」と思うような革新的な合意が盛り込まれていたが、正直言って自自公合意はぱっとしない。五項目は総合経済対策、消費税、有事法制、ＰＫＦ、定数、教育改革と、誰もが考えるような合意争点ばかり。消費税の福祉目的税化を改めて盛り込んだが、これは「消費税を上げることかな」と次の総選挙で受け止められるだろうし、事実、自由党はそういう意図で盛り込ませたが、この辺はだんだんボディ・ブローで総選挙時にはマイナスになっていく可能性がある。有事法制やＰＫＦは当然、日米ガイドラインの延長上に出てくることで、自自公の間ではそれほど問題ではない。

一番問題なのは定数問題ですが、この問題をめぐって結局、小沢さんの側が粘りきれなかった。というのは自由党の中でも二〇削減が限度とみて、残り三〇削減については小沢さんも最後は「白紙にしろ」と言ったけれど、それも通じないで、結局は「比例区の二〇削減」だけで終わる。この定数削減問題は完敗とはいえないかもしれないけれど、ずいぶん小沢さんが我慢したと思う。今の自自公政権での小沢さんの発言力、党内の力関係、一時期いわれた連立離脱カードも切りきれないままだった。

逆に自民党側は「離脱したければしろ」と言い出している。小渕さんも「もう自公で行こうか」と漏らすとか、小渕さんの方が強い立場になっているから、小沢さんがついていかざるをえない。このままやっていると、自由党は「踏まれても踏まれてもついて行きます下駄の雪」になってしまう。自自公を作るまでは自由党にどんどん譲歩したけれど、自公が固まってしまえば自由党が離れてもいいというくらいになっていて、自由党の方が弱い立場になる。かといって小沢さんがこれで死にきれるわけもないんで次のところでどういうふうに出るのかを注目したい。ともかくこれまでの限りでは小沢さんの完敗という気がした。

真の小渕氏像とは　それやこれやで小渕さんはどういう政治家なのかを改めて考えなければならないと思う。「冷めたピザ」と冷やかされても下手《したて》に出るようなことを平気でやれるほどしたたかな人だけれど、それなら本気でそう思っているのかというとそうでもない。中曽根さんが「真空総理」というように、何でも人の言うことを聞くけれど、それに盲従するわけではない。総理という立場だけには執着する。金融政策をどうするかについて自分の主義主張はないけれど、それを総理としてやりたいということだけが最後に残る。

オプチュニストと自分で言うようにオポチュニスト（機会主義）。機会を捉えて行動するということではイデオロギーも主義主張もないだけにすごい行動力がある。川柳で「やるじゃない　やりすぎじゃない　小渕さん」というのがあったけれど、週刊誌の見出しでは「小渕さんならできる消費税一八％」とあるような怖さがある。日の丸・君が代にしても保守政党とか政権政党がやろうとしたけれども、人権問題やいろいろなところに差し障りがありそうだというので、これまでの政権ができなかったことでも、平気で通してしまう怖さがある。

再選後の変身というか、戦い取った総裁という意味では人事に表れたように強気に出た。加藤さんが「さわやかな選挙にしたい」と言ったのは建前論にすぎると思うけれど、その加藤さんに対して、大平正芳さん並み[注1]の「君は俺を追い落とそうとしたじゃないか」というすごいせりふを吐いた。しかも勝つ方が言うわけですから、すごいなと思う。そういう意味での小渕さんの本性というか、また違う側面が出てきた。ただ、今までの柔軟な人の好いおじさんという形ではなくなった所は、もろに批判にさらされる可能性もある。小渕さんがいろいろ行動したときに警戒感も出てくる。今までは野中さんに警戒感があっても小渕さんに対してはなかったけれど、今度は小渕さんのしたたかさへの警戒感が出てくるでしょう。

民主党党首選の狙い　並行して民主党の代表選があった。最初は自民党総裁選があると、それに埋没してしまい新聞報道もそれ一色になるから、それに対抗して代表選挙をやったらいいんじゃないかとなった。それが一つの動機でしたが、その限りでは新聞が「ダブル党首選」と銘打ってくれた。かなり大きく両方に紙面を割き、宣伝的な意味では民主党にとっては功を奏したが、中身についてはやはり野党の党首選挙に過ぎないということで終わったとも言える。

党首選の経緯としてはお互い若干の誤算もあった。まず菅直人氏の側は、出馬表明せずに引っ張っていた方がかえって皆から「またやってくれ」と言われるという気持ちがあったのかどうか。この辺もはっきりしないけれど、ずっと表明を延ばした。その間、決定的にまずかったのが中坊（公平）さんを総理候補として担ぎ出したこと。党首はやるというので、「野党第一党の党首として総理をやるという気構えがないのか」と言われた。だいたい菅さんは「日本版オリーブの木」を主張していて、「総理候補は皆がまとまる人なら誰でもいい」ということだったから自分の主義主張には沿っていたけれど、野党第一党の党首としては変な具合いになってしまう。

これはいけないというので鳩山（由紀夫）さんが手を挙げた。「そろそろ菅じゃなくて鳩山にしたい」という勢力もあって出馬した。鳩山さんとしては次の総選挙で民主党が負けたところで出るという選択もあったけれど、そうもしていられないと出ざるをえなくなった。

横路（孝弘）さんは五月以来、旧社民党系の勢力結集――派閥化といっていいのかもしれないが――に動いた。結局、派閥的な所まで行かずに「民主プラス21」に鳩山も参加したので勉強会の性格になった。横路さんのグループとしては勢力を示したが、論戦を通じて社民党系の元々の主張が出てきて、（他のグループと）ずいぶん違うところが目立った。しかし、政党として幅があるのがいいのか悪いのか。それを言い出して「ぴしっと純粋な主義主張に一本化するのが政党だ」というと、これは小沢さんの政党観に近いけれど、主張の幅は一定程度あってしかるべきではないか。

野党の政策のあり方　選挙戦の中で一番波紋を広げたのが鳩山さんの憲法発言あるいは不用意な徴兵制の発言だった。「徴兵制をやれ」と言ったのではなくて、「足りなくなったら徴兵というのもあるけれど、それはまだそういう問題じゃないでしょう」という趣旨で言ったと思うが、自ら口にした不用意さはあった。ただ、民主党が寄り合い所帯である一番の問題は憲法問題であり、安保政策であり、憲法九条であるわけです。その点、安保基本政策ということで議論して五月にまとまったんですが、紆余曲折があってまだ妥協の産物でしかない。鳩山さんの憲法発言のラインまでは行っていない、かといって横路さんの社民的な路線でもない。もう少し踏み出したと言える。安保基本法も実質改憲に行きかねないとなると、やはり見送りになってしまう。しかし、かなりの議論が出てきたというところからいくと、鳩山発言もその延長上ではある。

ただ、この辺は成田さんにもうかがいたいんですが、野党の政策とは何かです。政権を取っていて安保基本法を出すのと、野党として出すのとではだいぶ違うんじゃないか。野党は法案を出せばすぐ通せて実行できるというものではないし、また連立した場合は必ずしもそれを貫徹できないわけだから、ある程度幅のある政策提示でいいんじゃないかと思うんですけれど、どうですか。ずいぶんマスコミからは「安保政策がてんでんばらばら」という批判を受ける状況でしたが、それに神経質になりすぎる必要はないと思う。

選挙結果は鳩山氏が一五四、菅氏一〇九、横路氏五七。決選投票では菅・横路両氏の二、三位連合も取りざたされたわけですが、実際はそうはならずに鳩山氏が過半数を取り、菅氏を破った。その後の民主党の人事は自民党と大違いで、菅さんが政調会長を引き受けた。その後の世論調査では鳩山さんの憲法発言はそんなにマイナスになっていない。むしろ代表選をやって党の存在感が出てきた。かといって党の支持率は微増程度で、弾みがついているわけではない。

ともかく鳩山新民主党で再スタートしたが、まだ「鳩山対小渕」という図式はできていない。この臨時国会でできるのかどうか分からないが、今のところ小渕首相の独り舞台。次の総選挙も小渕政権あるいは自自公政権への審判となる。鳩山民主党がどうだという評価は二の次でしょう。ただ一九九八年の参院選のときも似たような状況だった。橋本首相の独り舞台で菅さんはまだ選択肢ではなかった。「橋本対菅」は一対一の対決図式ではなかったのに、参院選が終わってみたら橋本首相の方が転んじゃった。だから「小渕対鳩山」の図式も総選挙になってみないと分からない。

次の臨時国会は補正予算程度で大きな問題はないので、時期はともかく、すべては総選挙に向かって流れていくでしょう。ここで戦う顔としては「小渕対鳩山」という構図ができたのですが、政党レベルの戦線としては与党が一九九六年には「自社さ」だったのが今回（二〇〇〇年）は「自自公」と大幅に変わった。野党側は「新進、民主、共産」という九六年の構図に対して、今回は「民主、共産、社民」となる。共産党はずっと同じ。民主党も野党ということでは同じなんですが、この前は野党第二党だったのが今回は野党第一党。何といっても次の総選挙は自自公という枠組みとそれぞれの党に対する審判だと思う。

自自公の選挙協力　自自公で総選挙に臨むには選挙協力の問題がある。自公はあちこちでバッティングしているので、選挙協力の問題を整理する必要がある。公明党は選挙区に二万票から一万票といった固定票があるわけですが、これがどちらかにつけばそれによって決まるという図式を考えている。一方で自民支持の宗教団体が自民離れを起こす場合もあって、行って来いでプラスになるかどうか本当にやってみないと分からない。

自公協力は東京都議会ではずいぶん前から出てきているし、県議会レベルなんかでもあちこちにある。国会レベルの自自公はできたばかりですが、次の予算編成をし、予算の「個所付け」に進んでいったとき、問題はこの自自公が利権の分配機構にまで及ぶかどうかですね。都議会型の自公は利権の分配まで含めた連立なんで、そういう実利面が強いから、なかなかその構図が崩れない。しかし、都知事選は一般都民が投票するわけだから、そんなものは一蹴されてしまう。むしろ反発を買う。この構図が国政レベルにまで及ぶかどうか。公明党の国会議員がこの分配機構に参与できるとなると、この構図は永続化していくし、都議会的な癒着にもなりかねない。こうした自自公の下部構造も含めて、どうなるのかが注目される。取りあえずは総選挙で業火をくぐらないと認知はされない。総選挙は案外だめだなということになるかどうかが、次の総選挙で問われる。

　ところで細川政権から政治改革が最大の焦点になってきたわけですが、ひとつ疑問を提示したい。「政治改革は日本の政治を良くする。新しくする。動かしていく」ということで来たんですが、これに対して政治改革に反対した人や賛同した人からさえ、「むしろマイナスが多かったんじゃないか」という指摘があるわけです。これに対して中間決算はどうかということです。私の正直な感想を言えば、この間、政治改革にもかかわらず、政党が育たなかったということがある。既存の自民党もいまだに政治改革が前提としたような政党に育っていないし、まして新しく生まれた政党、民主党などは体勢が整っていない。もう少し政党の努力が必要だし、それと時間もかかる。あまり短兵急に結論を出せない。一年前に生まれた政党に、すぐ組織も人もついていくわけがない。ただ政治というのは経済とは違って、急速に変化すべきものなので、もう少し早く動いて民主党が自民党に対抗できる勢力になって欲しいと思うんですが、なかなかそうならないというのが率直な感想です。

▽「人柄の小渕」のイメージは変わったか

井芹　成田さん、小渕さんっていう人はどういう人なんですかね。大化けしたんでしょうか。

成田　いや、大化けしたんじゃなくて、もともとああいう人なんじゃないですか。

川戸　本性が表れたと思いますね。

成田　しかし、人間の性格とか本性というのは状況があってのもので、それを離れてぽんとあるわけじゃないですから……。

蒲島　見ているといい人をアドバイザーにしてますよね。五百旗頭《いおきべ》真《まこと》さん（神戸大教授）とか。よく話を聞くのか、そのとおり動くかどうか分からないけれど、筋のいいところをおさえている。

成田　堺屋（太一）さんを持ってきたり、宮沢さんを持ってきたりというのは極めて大きい。

曽根　五百旗頭さんは政策的な密命を帯びて外国に行って

ますよね。

内田　五百旗頭の名前が出る前に、よく言われている小渕の周りは誰ですか。

近藤　川勝平太《かわかつへいた》さん（国際日本文化研究センター教授）。

蒲島　そうですね。

近藤　外務省の話によると、別に五百旗頭さんは政策的なアドバイスをしているわけじゃない。ただ日本外交の中にどういうふうに政策を位置づけるか、「総理大臣として考えると日本外交としてはこういう構図になる」というのを五百旗頭さんから一生懸命レクチャーを受けている。川勝さんについても同じこと。「日本国というのはこういうことだ。こうあるべきだ」と。今までは祈祷師にお願いしていたんだけれど（笑）、一応学者にお願いすることになった。

蒲島　そういう意味で真空総理というのね。

内田　川勝平太の言葉は何だっけ。あれはどこから出てきたんでしたっけ。

近藤　「富国有徳」。富国強兵をもじったんでしょ。

内田　だからその「有徳」というのはどこから出てきたんだろう。

近藤　川勝さんが本で書いてます。

早野　それはもっと前からですよ。僕が小渕さん本人に聞いたら「これをモットーにしているんだ」と言ってたのはだいぶ前ですからね。

内田　古典じゃないけれど、語源があるんだろうね。

▽野党分断としての自自公連立

成田　今度の国会（第百四十五回通常国会）が終わるまでは「国会政局」でした。これから「選挙政局」に入る。どうして「自自公」ができたかというと、国会政局としてはそれをやらざるを得なかった。しかしすぐ切り替えるわけに行かないから、自自公のまま選挙政局を迎えざるを得ない。選挙政局を考えて自自公を作ったわけじゃなく、国会政局のためであって、それはそれなりに成果はあったわけでしょう。国会政局はある意味で間接民主主義の世界ですが、選挙政局は直接民主主義の世界ですから、間接民主主義で効果を持った自自公が直接民主主義でどういう効果を持つのかがこれから重要になると思う。国会政局の中では非常に巧みにやってきたと思うんですが、これからどうなるかというのは、党首の変わった民主党の頑張りとか経済の状況とかもろもろの条件によるでしょう。

そこで意外なポイントとしてあるのは「小渕さんてどういう人なの？」「決断をする人なの？　思いきったことをやる人なの？」という真の小渕首相はどういう人なのかという問題だろうと思う。つまり小渕さんが「人柄の小渕」としてずっと見られて行くのか、そうではなくて意外にしたたかと見られていくのか。この真の小渕像とイメージの小渕像がこの先を占うのに非常に重要なポイントになるような印象を持っています。

蒲島　成田さんが国会政局のための自自公と言ったけれど、その側面より選挙政局のための自自公だったという気がする。自民党が一番恐れるとすれば、一九九八年参院選挙型の負け方ですよね。つまり民主党と公明党が組んで自民党を脅かす。とすると自民党の最大の戦略は野党分断で、野党の最大の戦略は野党結集ということになる。野党結集をいかに分断するか、今度の自自公は完全に野党を分断してしまった。少なくとも共闘はできません。共闘さえしなければ、小選挙区で圧倒的に利益を得るのは自民党ですからね。ただ選挙は魔物だからあまりにも巨大勢力となったことで、僕はバッファー・プレイヤー（牽制的有権者）と呼んでいるけれど、彼らが「巨大な勢力は嫌だ」ということで、そういう層が動くということが考えられる。だから自民党の自自公戦略というのは、よっぽど知恵者がいて選挙戦略を目指してやったような気がする。特に民主党と公明党はもともと近い。ここを分断したわけです。

成田　結果として野党分断の効果は持つけれど、小渕さんはもっと切羽詰っていた。当初、国会はどうにかなるけれど、本当は選挙が問題だというので自自公に行ったんじゃないんですよ。

川戸　一部で言われているのは、「国旗国歌法案は民主党分断のためにわざと出した」と。小渕さんは「今じゃなくてもいいじゃないか」と唱えたのを、野中（広務）さんが押し切ってやったと言われているんですよね。「選挙のための野党の分断」が、私は一番大きかったと思います。その原因が額賀福志郎防衛庁長官の問責決議案可決という国会の問題だったし、金融国会ではさんざんやられたけれど、やはり国会を回すというよりも、うんとその後を野中さんは考えていたんじゃないですか。

蒲島　その意味では参院選のショックが大きかった。あれほど一生懸命やったのに票にならないわけですから、やはり野党結集がいろんなところで効いたんですよ。そうするといかに野党結集を阻止するかとなって、それは自自公連立しかない。

早野　参院選挙というのは野党結集だったんですか。

蒲島　そうです。公明党が参加した選挙区は全部成功していますよ。

早野　要するに公明党による民主党への選挙協力ということ？

蒲島　そう。

早野　そこを今度は切り離したということだな。

蒲島　一人区でもそうですよね。公明党が協力した所は全部勝っている。

曽根　だけどその説だと、自自公がこんなに評判が悪いことに気がつかなかったのはおかしい。つまり基本は参議院を抑えるということであって、参議院を抑えるというところで公明抱きこみをして、だから過剰議席が衆議院に発生してもそれはしょうがないと割り切った。選挙でうまく行くかもしれないというのは、ひょっとしたらあったかもしれないけれど、こんなに評判が悪いとはたぶん気がつかずに組んじゃったんじゃないですか。それが足枷になるというのは今になって気がついたというのが実情じゃないですかね。

蒲島　でもこの自自公に対する評判の悪さの選挙に対する影響と、たとえば公明と民主党の結集によって負ける可能性とでは圧倒的に後者のほうが大きい。評判の悪さだけで負けることはあまりないような気がする。あるとしたら巨大勢力は嫌だという人が大きく動くということでしょうね。

早野　また、そういう見方があるから、今なお自自公でやろうとしていることに疑問が出ている。

成田　分断するためには、自自公を組まなくてもいいような気がするけれど……。

蒲島　組まないと絶対動かない。

井芹　そうなら、加藤紘一的な議論だけれど、公明党とは部分連合というか、協力してもらいたいときだけ協力してもらうということにならないですか。

川戸　部分連合っていうのは、政策本位で部分連合することなので、やはり取り込まないと一緒に責任を取らせることができない。

蒲島　これによって何が生じるかというと、自民党が勝ったなら結局、公明党を切り捨てるわけでしょう。

井芹　自民党が勝てば勝つほど、公明党は要らなくなる。

蒲島　そう。だから公明党のジレンマというのは本心では民主党に頑張ってもらいたいわけですよ。そして自分のところを足してちょうど過半数になるくらいがちょうどいい。

井芹　ちょっと次元が違うけれど、宗教政党が政権に参加するという問題。実は公明党は細川政権のときにも参加したわけですね。このときに自民党は「禁じ手を使った」とずいぶん批判していた。自分がやるときには頬かむりをしているけれど、宗教政党が政府に入ってくるということはどうなのか。細川政権のときはこの議論はどうだったんですか。

成田　自民党は国会で学会と公明党との関係を執拗に攻撃した。

井芹　いや、細川政権の側としてはどう考えたんですか。

成田　それは非自民・非共産結集だったんで、そこで躊躇することは全然なかった。政権交代のためには必要だった。

井芹　それじゃ、今は政権に入るのがおかしいという議論はどうなんですか。

成田　それは自民党が当時公明党の政権入りを攻撃していたということであって、それがなんで今度は手のひらを返したように公明党と組むのかという問題ですね。当時の非自民勢力が火をつけた問題ではない。

▽バッファー・プレイヤーは総選挙でどう動くか

蒲島　連立の時代には「何でもあり」ということですね。あれだけ自民と公明がやりあっていたのに一緒になったわけでしょ。それから自民党と社会党も一緒になった。

井芹　ただ国会みたいに数の力で押し切れる世界もあるけれど、選挙になるとそれだけでいいのかなという議論が出てくるでしょう。

成田　だから僕が言ったのは、国会政局では自自公は大成功。第百四十五回国会の一三八法案の成立ですね。しかし選挙政局で自自公が成功するかは極めておぼつかない。

曽根　連立が何でもありというのはその通りで分かるんですが、有権者は何でもありと見ているかどうか。有権者の今までの判断は何でもありじゃない。つまり容認できる範囲はどこまでなのか、まだ検証されていない。ある範囲までは許容するけれど、そこから先は許容しないというのがあるんじゃないですか。

蒲島　それが民主党にとっては唯一の頼りなんでしょ。それがどういう作用をするかまでは分かっていない。僕がバッファー・プレイヤーと呼んでいる人たちがどれくらい都市部で投票率を上げてくるかが問題です。多くの人は（自自公を）嫌っているんですよ。ぎらぎらして、やりたいことをやっているということへの許容範囲というか、プラスに働くことはないでしょうね。

成田　それでどれだけ投票所に行くかですね。「嫌だ」と思っても、どこまで本気で投票所に行くか。勝敗はそこでしょう。

蒲島　そういう嫌だということを如何に訴えるかっていうことと、それともう一つ争点がないとその層は動かないような気がする。

曽根　逆にいえば自民党の戦略としては、投票率が一番低くなる時を狙って選挙をやることでしょう。

▽小渕氏は人柄の人かしぶとい人か

成田　まだシナリオはできていないと思うんですよ。小渕さん自身にしても、状況を見ながら、ためらいつつ行きつ戻りつ、いろいろ悩んでシナリオをまとめるわけだから、いろんなシチュエーションが出てきたときに、決断する小渕さんのパーソナリティーがどういうものかというデータがないと分からない。

早野　だから、これはなかなか人柄だけじゃなくて、しぶとい人だと（いう見方もある）。野中さんはこれまでは国会政局で使っていた自自公を今度は選挙政局で使おうと、こういうわけでしょ。それと僕は、やはり小渕さんの基本構造は沖縄サミットだと思うんです。一般的に、選挙を沖縄サミットの前にやるか後にやるかということなんでしょ。彼の心象風景の中に沖縄サミットが見えてると思うんですよ。どうもこれ、自自公危ないな、選挙やると負けそうだというときは、もうあと一年なんだと。どうも今がピークのようだとしたら何とか沖縄だけはやりたいということで、選挙はやはりその後だとなる。基本的にはそう思うんだけれど、このあたりがどういうことなのかな。それとも勝負に出るのかどうか分からない。

成田　パーソナリティー論でいえば、苦境のときにじっと耐えるタイプと打って出るタイプがある。僕は小渕さんは耐えるタイプだと思う。

早野　そうだな。というとどうなるんです？

成田　だからサミット後の総選挙。

早野　辛抱して風が吹くのを待つと。少しは日和を待つということですかな。

曽根　私が日本にいなかったこの一年で小渕さんの変化というのはどのくらいあったんですか？

成田　伝えられていることと実際ではどう違うのか、全然わからないですからね。

井芹　これは天動説みたいなもので、小渕さんの側はあまり変わっていなかったのかもしれない。自分のペースでやっていたけれど、周りは小渕さんにいろんな像を当てはめた。最初は「人のいいおじさん」とか……。

曽根　最初は「馬鹿だ」とか言ってなかった。

早野　その次に「そう馬鹿でもないな」となった。

蒲島　なかなか微妙ですね。

早野　そして、そのうちに「人もいい」となってきた。

井芹　「調整型」とかね。

早野　それから自自になって「なかなかやるもんだ」と。それでもう「日の丸・君が代」当たりからは「やり過ぎかなあ」となり、今度は「人が悪い」と。

曽根　去年（一九九八年）の十一月、要するに金融危機が終わって、今度は資本注入になりましたよね。あのときが一つのターニングポイントで、あの（資本注入の）時は小渕さんの決断というのはあったんですか？

川戸　自自になったときには（決断したと思います）。

井芹　自自というより自公になったときじゃないですか。公明党が助けたのは金融緊急措置のときで、自自が公約したのを助けた。

曽根　まあ、公明が後からついていく形でしたけれどね。

早野　資本注入から自自公ができ始めた。

曽根　要するに過去一年間、小渕さん（主導）なのか野中さん（主導）なのかという話で、つまり「野中主導」から「小渕主導」に転換した時期があったんですかという質問なんです。

早野　金融問題のときは野中さんでも小渕さんでもなくて、

やはり宮沢さんでしょう。小渕首相は金融の話はさっぱり分からなかったたって言っているもの。

曽根　だけど、それから自由党を抱き込んだのは（誰なのか）。

早野　それは野中氏が先行し、それに小渕さんが乗っかったんじゃないかな。

成田　真意のほどはわからないけれど、野中さんの「総理は変わった」発言があった。いつでしたっけ？　要するに自信をつけて野中氏に頼らないでも自分でやっていくつもりだという発言でしたね。

井芹　自自になってから自信をつけた。一番典型的なのは会期延長問題のときに、小渕派の連中がいろいろ言ってきて野中さんと違う動きをした。一度は大幅延長を決めた。それによって総裁選を飛ばそうとした。これは野中さんとしては加藤の立つ瀬がないというので、もう一回押し戻して、八月十三日まで（の会期）に収めた。あの時は（小渕氏が）完全に野中さんとは違う思惑で動いた。

川戸　沖縄サミットは？

井芹　そうですね。サミットも話だけ「小渕主導だ」ということにしただけでもなさそうですね。

成田　しかし、それは小渕・野中が対立しているというわけじゃないでしょう。

井芹　対立ではないです。それは小渕さんがどんどん引っ張って決めた。

成田　あとデリケートな問題は野中さんが辞めたいと言った時に慰留したのか、しなかったのか、非常に気になる。

井芹　先ほど言った（小渕氏の）キャッチャー論で感じたのは、必ずしもキャッチャーの言う通りにしたくはなかったけれど、せざるを得なかったというニュアンスが感じられる。さっきの金融崩壊のときは仕方なかったが、それがなくなったら自分としても思うように投げてみたいなというのがあったかな。その最初が会期延長問題だった。

成田　今度の人事は完全に小渕主導でしょう。

井芹　まあ、そうでしょうね。ただこれは野中さんもサポートしている。

早野　基本はね。

川戸　そうですね。

井芹　まあ随分、感情は表れている。池田《いけだ》（行彦《ゆきひこ》）の留任問題やら丹羽《にわ》（雄哉《ゆうや》）を取ってとかね。

曽根　もう一つ河野《こうの》（洋平《ようへい》）を出してくるということで、もちろん加藤に対する嫌がらせだけれど、森に対してもね。もう一つは小沢さんとの関係で小沢・二階が訪れた時に、「小沢は俺の後継者だ」と言ったたっていう説があるんでしょ？

成田　小沢にじゃなくて。誰に言ったんだっけ？　小沢が俺の後継者みたいなもんだって。

早野　それは小渕派に後継者がいないから小沢が戻ってく

れれば、それはそれで俺を継ぐんだからという。

井芹　小渕の後継候補に並べてみせて、それで競わせるということでしょう。

曽根「俺を追い落とそうとしてるんじゃないか」と森さんや青木さんがいるときに加藤さんに電話をかけた。新聞にはこう書いてあるけれど、現実にはもっと激しい言葉を言ったらしいんですよ。

早野　激しいのかな。

曽根　そうした発言はもっと前からあったんですか。つまりこんな激しい発言というのはこれが最初なんですか。

成田　こんどの人事の過程でですよ。総裁選の一五票の行方でそれが出てきた。一般的にはそういう観測ですよ。これだけ小渕さんの粘着質の体質が出たのは一五票のせい。

川戸　立会演説会は党首討論じゃなしに総裁選の候補者討論なんですよ。なのに激しいことといってるんですもんね。「あえて参院選で負けたとは言わないが」とかね。

早野　加藤さんに対して「何を偉そうなことを言ってるんだ」と言わんばかりにね。ただ挑戦されたこと自体が非常に不愉快ということはあるでしょう。プラスその一五票。

川戸　ダメ押しというか……。

早野　それと加藤さんのキャラクターと小渕さんのキャラクターで、小渕さんというのはものすごくコンプレックスを持っている人ですね。加藤さんはそういうところはケロっとしていてわからない人だから、普通に話していても傷つけていることがある。内心で我慢しているからこっちが優勢のときにガーッといじめてやるというのが、そういうところなんでしょう。もっと激しくというのはどんなふうに？

曽根　いや、知らないけれど、言葉としてはもっと悪い言葉だったということを聞きました。

▽野中氏とは何者か

内田　いやね、こうして話しているとだんだん人物論になっちゃうんだよ。

成田　人物が意味を持つのは状況が流動化しているからですよ。一九五五年体制みたいな枠組みじゃなくなっているからです。

内田　だからね誰も分からないんだよ。このこととは関係なしに、私の持論だが、だんだん政治家はスケールが小さくなっている。人物像としては、小渕は真空だから別として、野中はいったい何者なんだろうかということを分析する必要がある。野中はいったい何者ですか。

早野　何者でしょうね、本当に。

成田　野中さんは「疲れた」と言ったんでしょう？　疲れたから官房長官を辞めて幹事長代理になったんでしょう？

早野　疲れてなんかいませんよ。

成田　幹事長代理っていうのは閑職なのか。疲れを癒す職なのかということなんですよ。そうすると疲れて辞めたいというのは何だったたか。ひとつは表はやっぱりつらい、裏がいいと……。

川戸　そうそう、裏がいいんです。

内田　一時は病気がずいぶん悪くなってるって説があったよ。

近藤　痩せましたからね。

川戸　それは意図的にダイエットしたんですよ。急激にそれをしているのは知ってますから。それで、痩せすぎて少し元に戻したと。

早野　まさにセンチメンタルなところと、まさに酷薄なところと両方あるでしょ。人物論として言えばね。それと明らかに自自公というのに早乗りして、今度はもう早降りしたわけですよ。今度の幹事長代理というのはむろん小渕再選のための総選挙シフトだというのが一つと、もう小渕後に向けての、下手をすると自自公解体まで考えて動き出すポジションなんじゃないかとかね。

内田　と、早野さんに思わせるほどすごい人間なんだよ。

早野　それはもう敬意は表してますけれど。

成田　だから二つの野中像があって、一つは私心なき憂国の志士だというイメージと、所詮はポスト狙いだというものと。実像は両方虚実ない混ぜなんでしょうが。

内田　それに比べると小渕というのはごく普通の凡人よ。

成田　普通より小さいんだな。「ビルの谷間のラーメン屋」と自分で言ってる。

内田　早野さんがさっき言ったように、我々の初めの評価がおかしいんだよ。馬鹿だ、さめたピザとかいう評価があまりにも低すぎたし、それから最近はだんだん偉いものになってきたんだよな。

早野　これもややオーバーですな。

井芹　首相にだけはなりたいわけですよね。それへの執着心はすごい。だけどそのなった後、普通の政治家が持っているような「国をこうしたい」とかいうのは全くない。この部分はまさに真空じゃないのかな。

成田　首相でなくとも、とにかくポストをやれば食いつくんですよ。その前に衆院議長にという話があってずいぶん色気を示した。

曽根　あれは橋本が「小渕を棚上げするのはかわいそうだ」と。

成田　「俺がだめになったら誰がやるんだ」と言って橋本さんが止めたという話ですね。

井芹　竹下さんじゃないですか。

川戸　橋本さんは言いましたよ。

曽根　橋本は言いましたよね。

早野　竹下は「(小渕には)もうチャンスがないから議長にしてやれ」と。

井芹　逆だったの？

川戸　逆だった。

成田　小渕さんは何でもポストがあればいいんですよ。で議長になったら首相にはなれないと注意してくれた人がいて、そしたら小渕さんが「議長になったって首相になれるだろう」と言ったとか。本当だったらすごい。

曽根　その議長に最適だと思われたときと、首相にっていうのは違うでしょ。

成田　首相に適任だという選択肢でなった人じゃないから。

早野　だから中曽根さんが大統領的首相なら、小渕さんは議長的首相なんです。ただ さっき内田さんが（最近の政治家が）小粒になったというのは、やはりそうだと思うんです。謎の人物・野中さんにしたところで、結局、さっき曽根さんとの議論にもあった「数のリアリティー」だけなんですね。何でもありで蒲島さんは「まあ、それでもいい」みたいな論調でしたが、まあ、そうじゃないでしょうか。もうそうなっちゃってるわけでしょ。野中さんの世界というのはそこなんです。結局、どうでもいいんですよ。彼の功績を見ればそういうこと。ただ国会政局の場合はそれでもいいけれど、言葉の論理としてはどうだろうか。自自公がある信用力を持って発信することは有権者に対して難しいと思う。俺のことを信じろって言ったって、「いやあ、そうは言ってもいろいろありましたからね」となる。今朝（九九年十月十三日）の日経新聞の世論調査でも、自自公をなぜ否定するかといったら、要するに「言ってきたことと違う」というのが五七％くらいあって、一応トップになっている。二番目には毛嫌いされてる。こういう状況でいうと本当の意味で政治に対して原理を求めているような本当の政治家というのはいなくなっちゃったな。これは連立政治の結果なのか、そういう人たちばかりだからこうなったのか分からないけれど。ちょっと入り組んだ感想だけれど、そういう気がしますね。

蒲島　両方でしょうね。小粒の政治でエリートを育てるような土壌がないのがずっと続いてきた。もう一つは連立の時代で、より一層、数の方に寄ってしまったために急速にこの風潮が進んだ。昔は池田《いけだ》（勇人《はやと》）や佐藤《さとう》（栄作《えいさく》）のように、政界に早くからエリートを育てるというシステムがあったと思うんですよ。それが今は皆「俺が俺が」となってしまった。

早野　それが皆いやだなとは思っているけれど、それが本当に投票行動に結びつくかどうかとなると、確かにもう一つの発火点が必要だな。こういう状況だと、ただ投票に行かないだけかもしれませんね。

成田　こういう問題があると思うんですけれど、村山（富市）さんのときに参院選挙があったけれど、私は村山さんは選挙のやり方を間違ったと思うんです。なぜなら「自社さ政権の信任が問われる選挙です」と言ったわけですね。しかし、そういう言い方だと自民党支持者は、具体的にどう投票していいのか分からないわけですよ。今度は小渕さんは「自自公政権の信任が問われる選挙だ」と言うの？　やはり「自民党の信任が問われる」と言わないと……。

曽根　それは絶対に言わないな。民主党は何もやらなくていい。「自自公がいいのか」を争点にできれば、それは選挙になるんですよ。鳩山代表が何か言い出したらかえって選挙は混乱するんですよ。ひたすら自自公という問題で選挙をすればいい。

早野　もう（民主党は）徹底的に弱くなってしまって、乱暴にやられちゃうほうがいいんだね。

曽根　国会ではめちゃくちゃやらせればいいんです。ひどいことするからと（民主支持が増える）。

成田　でも、もうひどいことをやっちゃったからね。日の丸・君が代とか……。

早野　そう。だから今度は小渕さんは選挙だからしないんだな。これからは余計なことはしないで景気回復だけ（やっててほしい）。

成田　それにＰＫＦ（国連平和維持軍）くらいかな。

井芹　それを推進してた小沢さんの方がおとなしくなっちゃった。

成田　小沢さんはどこに行くんですか。

早野　小沢さんはどうなっちゃうんだろう。

井芹　仮死状態でしょう。

早野　駄目になっちゃうんじゃない？

成田　いやあ、体験的にはそんなことないな。

早野　小沢は永遠に終わらない。

川戸　今回、外務政務次官と防衛政務次官は小沢さんの推薦でしょ。絶対このポストということで、党内一致して推した。それで取ったんです。

早野　西村眞悟《にしむらしんご》防衛政務次官には尖閣列島・日の丸事件がある。

川戸　それは大変ですよ。

蒲島　急先鋒でしょ。復古的保守と言っていい。どういうつもりなのかな。

川戸　（政務次官起用を）ＯＫしたのもどういうつもりなのかなと……。

蒲島　学生に「どういうつもりだろう」と聞いたら、「どうせ自民党は、（西村氏が）いろいろやって間違うから起用したんじゃないか」と言ってましたね。

成田　民主党にはありがたい話ですね。

川戸　そう、（政府内の）不一致だって攻められますからね。

（注1）大平正芳発言　一九七九年の大福戦争のとき、退陣を迫った福田赳夫氏に対して、大平首相（当時）は「辞めろと言うことは、俺に死ねということか」と切り返した。（一三六頁参照）

第一四章　経済政策はどこで誤ったか

報告者・曽根泰教（二〇〇〇年三月二四日）

失われた十年　小渕内閣の現在の政策を話すだけではつまらないので、大づかみにこの十年ということで考えてみたい。「失われた十年」ということが、昨年くらいから言われている。これは日本だけではなく、アメリカでも「ロスト・ディケィド」（Lost Decade）という言われ方をしているが、日本の十年間を振り返ると本当に「失ってしまった」と言って間違いはない。過去十年間、一九九〇年代は何だったのかを一口で言うと、経済ではバブル崩壊後の不良債権の処理に十年という時間を空費した。いろんなことをやったが、十年という時間をかけてもまだ根本的な問題解決に至らず、そういう意味では「失った十年」という言い方をしてもいいと思う。

そうするとバブルの崩壊が問題だったのか。バブル（経済）はどこでも生まれるものだが、問題はバブル崩壊後の処理に時間をかけすぎてしまったことだ。これが特徴。これに十年近い時間を空費したわけで、もう少し早くできなかったのか反省材料がある。それと金融業界が後ろ向きの処理に時間が費やされている間に、アメリカでは情報革命（ＩＴ革命）が非常に進んでいた。つまり日本が後ろ向きのことをやっている間に、アメリカは非常に前向きな動きをしていたわけで、なかなか追いつくことができないという対比ができる。

バブル処理がこんな遅れたのはなぜか。そもそも金融業界・金融システムがこんなに痛んでいるとは皆思っていなかったわけですが、考えてみると八〇年代初頭にはもう日米円ドル委員会から自由化の流れは進んできていた。さらには銀行を中心とする間接金融から直接金融に方向転換が行われてきた。企業によっては資金調達を多元化して直接ユーロ市場から社債なりエクィティー・ファイナンス（株式発行による資金調達）と呼ばれるような方法で調達をしてきたわけだから、銀行の役割が大幅に転換していることは目に見えて分かっていた。

ところがそういう条件がありながらバブル期で改革が非常に遅れた。同時にバブル期に優良企業を中心とする貸し付けが滞る、すなわち借りてくれなくなる。その代わりとして不動産業界に融資をした。これが不良債権の原因ということはあっても、バブルの処理に失敗しなければ、もう少しなんとかなっただろうというのが前提としてある。三年ないし五年で済むものが十年かかってしまった。

遅すぎた金融合併　それと同時に、現在（金融業界は）四グループくらいに集約されているが(注1)、これがなぜもう少し早くできなかったのかと思う。先に延ばせば不動産の値が上がるだろうとか、何とかなるだろうと考えたということが全般に言える。そういう意味では、効率もしくは収益を求めて金融合併をしなければならないということは九六年から九七年には言われてきたことであるから、少し遅かったなと思う。しかし遅くてもやらないよりはいい。金融業界がやっと本気になってきた。ただし山田厚史さん（朝日新聞編集委員）が書いているように「合併して大きくなればいいのか」という問題が日本の金融業界の根本にある。

一口で言うと日本の銀行は収益率が非常に低い。それではなぜ今までもってきたのかというと、それはボリューム（量）でもったわけで、ボリュームが大きいがゆえに薄利多売でもってきた。薄利多売は日本国内だけにとどまらず海外でもやってきた。これをシティバンク並みに収益性を上げることは本当にできるのか。ボリュームで稼ぐというのは大量生産方式の日本の製造業と同じ。だから収益性に関しては日本企業全体に共通するが、銀行業界は特にその問題が絡み、メガ・コンペティション（大競争）や海外との競争ではそこが解決しないと規模が大きくても生き残れない。

ついでながら銀行、金融業界だけでなく、自動車業界も家電もコンピューター業界も世界大再編期に入っている。昔だったら独禁法に触れるようなことも、独禁法自体が問題にならないで、競争で生き残ることが先ということが日本だけでなくアメリカ、ヨーロッパどこでも出てきている問題だろう。金融業界では金融ビッグバンがあり、ごく最近の合併、持ち株会社方式などがあって、今までの遅れを取り戻そうとしている。

さらには情報関連への投資をしないと海外の金融機関に太刀打ちできないが、それを住友銀行、さくら銀行あたりが共同で行っている。だが、額としては半分くらいではないか。シティバンクなどの規模と比べるとまだまだ情報関連への投資は弱いが、方向性としては追いつこうということで動いている。

金融政策も失敗続き　これらは業界の動きであるが、（金融）政策が同時に何度も失敗しているわけで、何度も失敗しているがゆえに「失われた十年」がある。バブル期で言えば、長期低金利をずっと続けていたこと。低金利はなにも日本だけでない。ドイツでもあったが、割と早く低金利時代から脱した。その点でドイツ連銀と日銀とは違う。これはバブル期の一つの特徴。それと「平成の鬼平」といわれた日銀の三重野《みえの》（康《やすし》）総裁のたび重なる利上げ、大蔵省の総量規制であるとか、国土庁の土地の監視区域（拡大）であるとか、その他いろいろあるが、この辺も失敗の一つの理由である。

また公的資金注入時期の判断の誤り。宮沢喜一蔵相の頃にやっていれば今みたいなことにならずに済んだわけだが、時期を逃したし住専（住宅金融専門会社）処理にも失敗した。住専に関しては農林省との関係で書いた大蔵省銀行局長の覚書があったり、いずれにしてもそのころは先に延ばしていってさらに傷が深まるだろうというふうには思わなかった。過去の経験から言えば「土地の値段は必ず上がる」と思っているわけだから、「三年くらい我慢してしのげば不動産価格は上がるだろう。先に延ばして何が悪い」と皆思っていた。十年たってやっとそのこと（の間違い）に気がついた。

それとＢＩＳ（国際決済銀行）規制の八％ルールも根拠があるのかと言われれば、それはないが、国際的業務をするためにはそのくらいの自己資本比率がないと危ないというのは経験則であるわけで、そういうＢＩＳ規制が出てきたときに、日本は四五％の株式算入を認めさせた。（株の）含み益があるからＢＩＳ規制も十分クリアできると思っていた。ところが株式価格が下がるとＢＩＳ規制がもろに利いてくるという悪循環に陥る。

あるいは（金融）ビッグバンの問題がある。ビッグバンそのものを良いか悪いかでとらえると、良いに決まっているが、いかにも悪いタイミングでやってきた。公的資金を注入したときにこれまた佐々波委員会のように日債銀にも長銀にも入れたという失敗が山のようにある。

金融業界そのものの問題と政策上の失敗——政治と行政両方——がある。ただし今後は長銀、日債銀のような大きな銀行の破綻はもうないだろうというのはその通りだが、ゼネコン、生保、流通と未解決の難問がまだあるのだからこれで日本経済万々歳とは思わない方がいい。

政策的な失敗でもう一つ、九七年四月の消費税引き上げがある。このときに特別減税の廃止であるとか医療費引き上げなどで九兆円近い増税というか負担増になったこともマクロ経済的には失敗だといわれているが、そこだけではない。この変化を見れば分かるのに、九〇年代は破綻の山で単純に橋本内閣の政策の失敗だけではなかったことが言える。

もう一つ経済の専門家に言わせれば、それまで経済は悪くなかったが、九七年十一月の三洋証券、さらに拓殖銀行、山一証券の破綻がパニックを引き起こした原因ではないかと。それも一理ある説で、確かに三洋証券のとき、それまで銀行間の取り引きに関しては全額保証と大蔵省は言っていたわけだが、その時はインター・バンク取引つまり銀行間取り引きに関しても保証しなかった。これが証券業界や金融業界の人たちに大きな恐怖心を引き起こし、一斉引き上げが起きた。あるいは貸し出しを見合せた。つまり短期のコール市場に出せなくなり、一挙に資金繰りが苦しくなるのがこの時期で、山一や拓銀はそのあおりを受けた。もちろん損失飛ばしとか簿外債務の問題もあるが、このときの大蔵省の失敗はあまり大きく言われていないものの、本当はここに大きな節目がある。金融パニックの引き金を引いたことは確かである。

金融の方を見ると十年はまさしく傷が深かった。一二〇〇兆円以上、資産が目減りしたわけだからそのバランスシートの悪さを抱えて何とか十年間しのいだ。よくもったなという感じさえする。それだけ日本経済が力強かったということだろう。韓国やタイではそんなにもたない。すぐＩＭＦ（国際通貨基金）に頼まねばならないわけだが、日本は外貨準備も個人資産もあるし、企業には含み資産もあるし、それを吐き出し、吐き出しして十年間来たわけである。

だから改革が遅れたというのはその通り。では病気は治ったのかと言えば、治っていない。特に深刻なのは個人消費で、これはどんな手を打ってもだめ。しかし何とか規模の大きな破綻にはならないで済むだろう。それは金融再生法、早期健全化に関しての資本注入に関する法律が九八年に通ったし、（公的資金を）六一兆円以上用意したから、大規模破綻には至らないだろう。とりあえず九〇年代の十年を振り返ると経済政策でいえば金融問題に明け暮れたといえる。

改革の十年　もう一つの問題。この十年というのは実に改革をたくさんやった「改革の十年」といえると思う。改革というのはもちろん堺屋（太一）さんのように「政治改革をやってきたから金融処理が遅れた」というのは全くの間違い。政治改革をやっている人は金融問題の所在がよく分かっていなかったのは確かだが、とにかく橋本六大改革で与謝野馨官房副長官が内閣の工程表・時間割を示したものの、そこで欠けていたのは全部を統合するアイディアだった。その統合は橋本龍太郎首相がやるしかなかったのに、全部をばらしてそれぞれの審議会や委員会に下ろしたものだから、個別の部分においての整合性はあるが、トータルのシナリオが見えてこなかった。

とはいうものの、行政改革はまだ進行中で、現に二〇〇一年の一月からは省庁の名前が変わる。そのとばっちりが国立大学に行って国立大学は独立行政法人になる。これは「郵政三事業が独立行政法人にならなかった見返りではないか」と言われ、そうではないとも言われる。財政構造改革は棚上げのまま。選挙に負けたということもあるが、小渕（恵三）さんは（橋本総裁の下の）副総裁だったのに、全部かなぐり捨てて景気を中心にしている。金融システムはビッグバンが進行しているし、経済構造改革もいろいろ名前を変えて登場し、社会保障改革もある。

十年間いろいろな改革を出しているが、これは成功だったのか、失敗だったのか。はっきりしているのは「財政構造改革はこんなときに言い出すべきでなかった」という説が強くあるわけです。ただし、逆に「いま小渕さんは財政構造改革をしなければいけない。このまま日本は大盤振る舞いを続けていって破綻するのは目に見えている」という議論もある。梶山静六さんや加藤紘一さんはどっちかというとその議論だ。

　政治改革、行政改革、金融システム改革、財政構造改革、社会保障改革とこの十年間は金融業界が後ろ向きのことをやってきただけではなく、改革の十年でもあったと言える。ただしその総括はなされておらず、政治改革については「成功ではなかった」という議論が若干多いと思うが、行政（改革）について評価は出ていない。

　十年間を丸めてしまうと、改革をせざるを得ない十年間、金融問題もやらざるを得なかった十年間だったと思う。なぜやらざるを得なかったかという歴史認識だが、その前提となる冷戦終結、経済成長の終わり、あるいは日本がそれまで自信を持ってきた経済システムや行政機構にも自信が持てなくなってきた、そこに手をつけないと立ち行かないということが分かって手を着けた十年ではないか。

　政党でいえば、自民党というのは「五五年体制」という言い方をするが、基本的にはソ連など社会主義、共産主義に対抗するイデオロギーを持っていた。ところが相手のソ連がなくなった。もう一つは「国民が求める豊かさを全国津々浦々に行き渡らせることがいいことだ」というのが自民党だったわけだが、みんな豊かになったら、「さてどうしよう」となった。

　本当は八〇年代に問題は出ていたのだが、依然、空白のまま九〇年代に持ち越した。そして九〇年代になると、ほころびの方が目につくようになった。これは改革が空振りだったのか、的を射た改革がなされたのかとなると、多くの点では不満足。今日は金融問題から話をはじめたが、金融問題で言うと「景気のいいときにも改革は難しい。悪ければなお難しい」という袋小路のような話である。しかしやらざるを得ない。金融は国際的圧力とマーケットの圧力があるからやらざるを得ない。

　ところが政治改革や行政改革はマーケットの圧力と国際的圧力が比較的目に見えないから先延ばしできる。結論的に言うと、改革は不満足な形のものが多い。いつかここで橋本行革の話をしたことがあるが、行革をやるならもう少しまっとうな手法でやったらどうかと言った。

　例えば三重の北川《きたがわ》正恭《まさやす》知事がやっている行革は、ものすごく当たり前の行革だ。行政学でやる行革の手法をそのまま使っている。ところが橋本行革はよく分からない手法だった。手法的に非常に分かりにくい。それを総括しようとすると、名前のつけにくい行革だと思う。これが一例。だから十年間は改革をせざるを得ない十年だった。ただし百パーセント空振りとは言わないが、成功した方が少ないかなと思う。

小渕経済政策の三つの時期　その延長で小渕的経済手法は何かということになる。小渕さんを評価するとき、三つの時期で区切れると思う。一つは小渕さんが政権を取って臨時国会が終わる頃まで、つまり九八年の秋いっぱいくらい。これは手探りの状況で、金融再生に関して国会の中も混沌としていた。次が自自（連立）の時期になった。公明をうまく閣外協力で取り込んで国会運営をしていた時期であり、ちょうどこの通常国会が第二の時期。それから第三の時期は去年（九九年）の九月からの自自公になった小渕政権というのがある。

第一期は全くの模索状態で、民主党の言うことを丸のみにしないと通らないということがあったし、金融パニックということが目前までやってきていたわけで、長銀、日債銀という日本発の世界恐慌を何とか防がねばならないという、そこまでのことは精一杯やったと思う。

ところが第二期。非常に評判のいい時期であるが、いろんな法律が通り、予算も早く通る。そこでの手法は景気のため、そしてパニックを起こさないためには「何でもあり。何でもつぎ込んでやらねばならない」という第一期の手法を第二期にも第三期にも続けた。そのために大盤振る舞いをしていく。金融に六〇兆円。中小企業の保証に二〇兆円。そして公共事業などに相変わらずの財政出動。九九年二月から短期金利をゼロにし、長期債務が六〇〇兆円を超えてしまった。あっという間に一〇〇兆円以上増えたことになる。それから二〇〇〇年度の予算を見ても新規国債が三三兆円。未払いその他の国債費が二二兆円。このままいくと毎年三〇兆円は新しい国債を発行しなければいけないことになる。これを何とかできるかといえばできない。二〇〇〇年だけ一〇〇兆円ばら撒いて、後は税収が回復するのを待つ、傷が回復するのを待つなんていうことは、初期値がこんなに膨らんだわけだから財政に関しては完全お手上げ状態。

この点に関して本来は、第一期の手法つまりどんなコストを払ってもリスクを回避しなければならない時期に取るべき手法と、危機が回避されてからの景気対策手法とはまったく違うはずです。ところが金融危機を脱するために取らねばならなかった手法を、その後、景気のために何でもつぎ込むという手法につなげてしまったわけだから、それが手法的には整合性を欠いた。

しかし（小渕首相）本人の中では景気がとにかく大事で、景気のためには何でもありという時期だった。そのことに関して本人は「失敗した」とか「悪いことをした」とは決して思っていない。だから「世界一の借金王」と自嘲気味に言ってもそれは決して悪びれて言っているのではない。ところが実際は財政的に取るべき手法というのはほとんどない。お金を出してもそれで景気が回復しないのでほとんど打つ手がない。それと金融的手法でも金利がゼロだからゼロ以下の金利をどうやってつけるかという話になって、これも打つ手なし。明らかに日本は「流動性のわな」に陥ったと思う。「流動性のわな」というのは日経新聞の解説記事にもあるが、通貨供給あるいは金利を下げたとしても全く効果がない状態を指す。それと財政も公共事業を中心にたくさんやっているが、これ以上のものはたぶん無理だろう。

では何か手はあるのかというと、一つは調整インフレ。調整インフレ論とインフレ・ターゲット論。インフレ・ターゲットに関してはクルグマンや伊藤隆敏（一橋大教授から大蔵省副財務官就任）が言っている。各人それぞれ少しずつ違うので、大くくりにしていいのか分からないが、話を簡単にすると、「日本の経済を四％成長に乗せれば問題解決だ」と。それはその通り。年率四％ずつＧＤＰ（国内総生産）が成長していけば問題は解決する。あるいはインフレが四％で進行すれば問題は解決する。借金も軽くなる。成長とインフレと両方一緒だが、成長率はともかくとしてインフレが四％でいけば解決する。これが調整インフレ論。ただし、ここでいうインフレ・ターゲット論というのは、「あるターゲットラインを出してそれに基づいて中央銀行は政策を打つべきだ」と、あるいは「貨幣供給を増やせ」とクルグマンたちは言っている。しかしこれはたぶんできないだろう。自分たちが思ったように成長率やインフレ率をコントロールしたりというのは、中央政府ではもうできないのではないか。インフレ率を下げるコントロールも難しいが、インフレを意識的に作ってそれを一定範囲内で毎年コントロールすることを十五年も続ければ問題は解決するだろうが、そううまくは行かないだろう。

小渕さんは二兎を追うものは一兎も得ずだから一兎つまり景気を追求するということで、景気を追求することは正しいかといえば、部分的に正しいが、どんなコストを払っても追求しなければいけない時期はもう過ぎている。今やらねばならないことは何かというと、十年間の落とし前がついていないわけで、十年を整理して体質改善をしておかないことには財政問題だけでなく、日本の個別企業は勝っていけない。勝っていけないということは競争力がない→赤字になる→税収が減るという悪循環になる。方法論としてはほとんどの人も言っていることは同じだが、ただし具体的なポリシーになると相当差は出てきている。

ついでながら小渕さんは中曽根康弘さんみたいに審議会や懇談会を多用する人とは思わなかった。経済戦略会議あり、産業競争力会議あり、二十一世紀日本の構想懇談会あり、教育改革国民会議も最近できたし、国家公安委員会の上に警察刷新会議を作ったし懇談会に対応している。これは何なのか。もともとの小渕さんの手法なんだろうかとちょっと疑問を感じる。中曽根さんの場合は分からないでもない。けれど小渕さんはある種人気のある中坊公平さんみたいな人を連れてきてそれで自分の内閣の維持に使おうとしているのか。

それと中曽根さんの場合は自分がやりたいある種の信念があって、それを諮問委員会に答申させてそっちの方向で動いたということもあるが、小渕さんには中身があってのことではないのではないか。懇談会ごとに違う意見が出てくるだろうが、それをまとめることはしない。経済戦略会議なんかで書かれた作文を官僚が実行しなくても仕方がない。官僚は自分たちが責任ある立場で議論に加わっていないから調整もしていないし、実行に対する手はずもないから、作文が出たところでそれにどう乗ったものか。乗らなくても問題がないとなればほとんどの省は乗らない。作文を書いた方が「実行しないのはおかしい」と文句を言っても仕方がない。この種の手法はみんながフラストレーションを起こしかねない。経済政策からいけば若干蛇足だが、経済政策に関するものも懇談会、諮問委員会と結構出てきている。金融問題は少し整理がついたと思うが、「改革の十年」全般というのはまだ整理がついていないのでこの部分は皆さんのお知恵を拝借したい。

▽小渕首相が懇談会政治に傾いたのはなぜか

蒲島　なぜ小渕さんはこんなにたくさん懇談会を作るのかな。彼の性格から考えてみると、責任がひたひたと重くなると、その責任を分散したいという気持ちになると思う。有識者をたくさん集めて、「彼がこう言ったからそうした」と責任を分散する。リーダーとして首相とか大統領はものすごくプレッシャーがかかるわけでしょ。それを何とか分散したい気持ちがあるのでは？

成田　いや、それは「真空総理」というだけで十分説明がつくような気がしますがね。

蒲島　そんなに軽いですかね。

成田　軽いですよ。答弁を聞いてごらんなさい。ぜんぜん分かっていないじゃないですか。

曽根　答申のどこまでやるつもりなのか分からない。答申は確かに出るんですからね。

井芹　もう三つは出ましたね。経済戦略会議は一年前に終わっているし、それを受けての経済競争力会議、つい最近は二十一世紀懇談会と。もうそれ自体忘れている。まあ「英語の公用語化」とかキャッチフレーズだけ残っているけど、その後、それを目指した具体的な動きは何もない。答申を出した人たちもその後なんだか……。

蒲島　そして次の会議（のメンバー）に入るということですね。樋口（広太郎）さんなんかそうでしょ。

川戸　それから警察刷新会議座長の氏家《うじいえ》（斉一郎《せいいちろう》）さんなんかは「必ず何らかの形で具体化してくださいと私は申し上げた」と一番はじめに発表してますが、メンバーもほとんど同じみたいだし、教育改革国民会議なんて本当に文部省の人選でしたね。

蒲島　それは日本の組織の特質でもある。何かが起こると、それに対応する機関を作ってみて、それで対応したような気になるけど、実は何もしていない。これは政府に限らず、いろんな組織に言える。

曽根　アメリカに経済諮問会議がありますが、あれはフルタイムのコミッティーなんです。ところが日本の審議会はみんなパートタイムです。ところが国家公安委員会だけフルタイムなんです。だからフルタイム分の給料二六〇〇万円を出した。しかし実態はパートタイムをやっている。今日の朝日新聞の記事によると、一方はパートタイムだから一日二万円、他方は二六〇〇万円とか三二〇〇万円と委員会の中で混在している。あれは行政委員会だから「三条委員会」なんですが、それですら混在がある。また本来フルタイムであるべきものをパートタイムにしてしまう。役人の側から言わせればそれはどちらでもいいわけです。つまりお金だけフルタイム分出して役割はパートタイムでいいのであればこんなに便利な話はない。みんなハッピーだったわけ。国家公安委員会なんて典型的な例だったわけです。本来、行政委員会にはもっとはっきりした役割があるわけですよ。諮問委員会はそれなりに意味はあるんだけど基本的にパートタイム。さらに私的諮問委員会ですと法的に意味はない。だから答申を実行してもしなくても構わないわけです。預かっておけばいい。しかし、これに駆り出された政治学者や経済学者は徒労ではないのでしょうか。

蒲島　パートタイムと言われたけれど、参加する方もそれほど気合いを入れてない。審議会に行く日に考える委員も多いのでは……。

曽根　だけどエネルギーは相当使ってますよ。

川戸　ずいぶん使ってる人いましたよね。

曽根　だって京都とか神戸とかから通ってくるもの。

▽戦後システムはなぜ適応できなかったか

成田　基本的にはやはり自民党システムの不適応だと思う。高度成長自民党システムというのは分配型のシステムです。高度成長によって果実がもたらされて、これをどう分配するかの調整をやっていればよかった。ところが今問題になっているのは、そうじゃなくて構造改革です。どのように構造を変えていくかという課題に自民党システムが対応できるかという問題が一つ。もう一つは政権運営の要というかキーマンの問題。たとえば中曽根行革では中曽根さんという自民党の中では傑出したリーダーがいたが、実質やったのは結局、大蔵省です。財政再建のために、そこが下支えをして、党には橋本龍太郎や後藤田正晴がいた。ところが今、小渕内閣は誰が支えているのか。橋本の下にも江田憲司だとか割合ブレーン的な秘書官がついていたけど、今度はまた昔からの秘書が首席秘書官としてついているが、本当に構造を変えなければならないというときに本気で支える勢力は何もないんです。

それから曽根さんの言われた「失われた十年」。これもやはり戦後システムの不適応じゃないかと思う。戦後システムというのはオイルショックのように外部から襲ってきた危機というものに対する対応能力は高かったんです。エネルギー節約など「みんな節約しよう」という横並び主義が有効に機能して危機に見事に対処した。しかしバブル崩壊とか制度疲労のような腐食に対しては適応力がないと言わざるをえない。それで何が一番こんなに長引かせたのかというと、ひとつにはモニタリング・システムのモニタリング・システムが有効に機能しなかったからだと思う。戦後システムのモニタリング・システムはメイン・バンク制。メイン・バンクがモニタリングをして問題点をキャッチする。そのメイン・バンクを大蔵が統括するというのが戦後システムの一つの特徴だった。ところが肝心のそのモニタリング・システムがおかしくなってしまっていて、かつおかしくなっていること自体がずっと隠されてきたんです。

振り返ってみて細川内閣では不良債権問題なんてぜんぜん話が出てこなかった。あのころは単純な景気の話だった。冷夏と円高という問題があったけれど、輸出を一生懸命やって黒字を溜め込んでいるから円高になっていた。景気が悪くなると輸出ドライブがかかるから、海外からは市場開放と所得減税による内需拡大が求められた。この議論の文脈は完全に景気対策です。細川護熙さんのブレーンで国民経済協会の叶芳和さんなんかは強気経済成長論者で、「耐久消費財をそろそろ買い換える時期だから、買い替え需要で景気がよくなる」という話で、不良債権の「ふ」の字も問題意識はなかった。曽根さんがおっしゃったように政治改革をやっていたからほかのことができなかったということは全くなくて、細川内閣は緊急経済対策や総合経済対策で景気対策をやったんです。この景気対策プラス新しいところでは規制緩和だったが、不良債権問題はどうして上がってこなかったのか。金融機関のバランスシートが傷んでいるという問題がどうして上がって来なかったのかというと、モニタリング・システムがぜんぜん効いていなかった。メイン・バンクは自分の責任になるからモニター自身がそういうことを隠している。大蔵も消費税引き上げなど財政再建優先で金融の問題は一切上げてきていない。だから社会的、国家的にモニタリング・システムがぜんぜん機能していなかった。細川内閣だけでなく村山内閣でも住専をやれば金融問題は終わりだと盛んに言っていたわけで、あれにも国民はだまされた。それもこれもモニタリング・システムが効いていなかったんです。それはその基盤になる情報公開が全くなされていなかったことも原因だし、そういう意味でなぜ長引いたのかということになると、「戦後システムの主役が犯人だった」ということになる。

曽根　だから経済が破綻しなければ、そのことはばれずに済んだかもしれない。

早野　でも、宮沢政権のとき宮沢さんは銀行への公的資金の注入を提案したんでしょ。あれには銀行の首脳はノーと言った。

成田　自分たちの責任問題になるからでしょう。

早野　もし（宮沢政権が）細川政権に代わらなければ問題意識として継続したんですかね。

曽根　しないです。あの時は宮沢さんはすぐ引っ込めてしまった。

早野　あれは宮沢さんが言っているほどのことはないんだよね。

成田　そんな社会的な意識はない。

早野　ところで、そのことは記事になっていたかな。

曽根　あの時は志の低い話でね。銀行の頭取クラスの人に聞くと、「あの時資金を入れたらどうなっていたか。天下り先をもう一つ二つよこせと言われてそれではかなわん」と。それと公的資金を入れると、「この銀行の何々支店は不動産にこんなに金を貸している。馬鹿な話だ」ということがみんなばれてしまう。「それはいやだ。自分のところで十年かかっても返した方がいい」ということになった。

▽景気循環論者が気付かなかった不良債権問題

早野　しかし、その問題意識が細川政権に代わって政治改革が中心課題になったから、経済の問題意識を持っていた人が動けなくなったということなのか、問題意識そのものとして低かったということなのかな。

成田　経済情報は官邸にちゃんと入ってきましたよ。

早野　細川内閣は政治改革から経済改革にシフトしていったわけでしょ。あれは何だったんだろう。

成田　それは規制緩和。

曽根　最初のときから規制緩和は出してる。

早野　構造改革という言葉も使ってるね。だけど不良債権問題の構造的な改革に基づいた経済改革ではなかったんだな。

成田　規制緩和、官僚支配の打破だった。私もきちんと検証していないが、宮沢さんの末期から景気が急に落ちて細川内閣の（一九九三年）十月くらいが底で、その後ちょっと良くなってくるわけだけれど、底になった原因は直接は円高と冷夏。ところがあの時、四半期ＧＤＰで設備投資がマイナスなんです。なぜマイナスだったかというと、やはりバランスシート不況なんです。カネが入ってきてもみんな不良債権処理に回して設備投資をしない。今考えるとそうなんだけれど、あの頃そんなことは議論されなかったですね。

曽根　しかし当時、元経企庁事務次官の赤羽隆夫だとか外国銀行の人、外資系の人に話を聞くと「ぽっかりと穴があいている。一〇〇兆円以上の穴があいていて、バケツの底が全部抜けているようなもので、このままいくらつぎ込んでもだめだ」という話はあったんです。しかしその話が政権には行かない。九二年には羽田孜さんが大蔵大臣なんです。大蔵大臣で日本が大変な状況にあるのにあの人は逆のことを言ってたんですよ。「バブルを退治しなくちゃ」と。「逆のことが起こっているんだ」と言ってもそこが分からないんです。

成田　細川内閣の課題は所得減税なんです。バケツに穴があいているから政策手法としては所得減税だということだったかもしれない。

曽根　あのころまではそういう（景気）循環的な考え方の人の方が多かったですよ。

成田　あのころの主流は景気循環論でしたよ。

曽根　それは景気循環論的に見る人が普通だったからですよ。

早野　九三年まではね。

成田　変わるのは村山内閣からですね。九五年になって住専の前あたりから不良債権問題が出てきた。あれはまずどこか外国が書いたんじゃないかな。

早野　最初二〇兆円とか言ってたんじゃないですか。

曽根　ええ、大蔵省はずっと二〇兆円なんです。ここになると意見が分かれるけど、九二年の段階で大蔵省・日銀あたりは、どのくらい底が抜けているのか調べているはずなんです。知ってて公表できなかった。私は「（大蔵省は）知っていた」という立場を取る。竹中平蔵《たけなかへいぞう》さん（慶応大学教授）は「大蔵は知らなかった」という立場ですが。

成田　単純化して言えば、なぜ十年もかかってしまったのかというと、それはシステムの主役たちが犯人だったからですよ。

早野　システムが犯人と言われてもね。

成田　新聞記者はそう言うけど、学者はそう言うしかない。

蒲島　「失われた十年」というけど、人間の力ではどうしようもない天災とでもいう、想像を絶する部分がどれくらいあって、残りどのくらいが人災の部分なのか。大蔵省が何か手を打つとかできた人災の部分はどのくらいあるの？

曽根　今のアメリカを考えればいいわけです。今のアメリカは明らかにバブルです。ところがアメリカの財務省は学習しているから「日本と同じ失敗はしない」と言っている。そうするとバブルがはじけても日本みたいなクラッシュの仕方はしない。コックをひねり損ねたとか、消火しなければいけないところに、また（油を）かけたとか五つくらい連続ミスをしている。

成田　やはり人災ですよ。そのミスの最たるものは保身ですよ。それぞれの銀行トップの保身ですね。

井芹　長銀とか日債銀が、融資が焦げ付いて一行ずつ破産したならば、システム崩壊には至らなかったと思う。破綻の引き金はおおむね実力者である元頭取を守るということだった。第一勧銀もそうですよ。

早野　システム全体の保身に裏打ちされているから新しいメニューを登場させられないわけでしょ。

成田　金融機関とメーカーの違いは、メーカーは今まで戦後システムにおいてもトップは常に経営責任を問われていたわけですよ。金融にモニターされていたから。しかしその金融だけ「何とか天皇」とかいうのがいて長期支配を続けて経営責任を問われなかった。隠蔽した。

曽根　本来なら長銀はだめでも、その分日債銀はいいというのが普通ですよ。

井芹　一行が破綻すれば他行はチャンスが増える。普通の経済システムなら長銀が倒れればそのシェアを取ってしまえる。

曽根　みんな同じ構造で傷んでいるんです。これは普通の経営では考えられない。同じ失敗のパターンが続くので、救いがない。長興銀の役割が変わったとしてもです。

成田　天下りを押し付けられるということは、裏返せば自分たちの経営責任を不問にしてもらえるということでしょう。バブルを起こした金融機関も悪いですよ。しかしポスト・バブルをずっと隠蔽した者たちの罪はもっと重い。

曽根　このころシティバンクに行ったら住専を徹底的に皮肉った川柳が貼ってあった。「国民を連帯保証人にして」と書いてあるんですよ。

早野　国民が大迷惑だよ。

井芹　しかも「金融システムが崩壊する」という脅し文句で何兆円という公的資金を注ぎ込むんだから問題だ。

成田　国民も浮かれていたからね。バブルに踊って濡れ手に粟だった。ちょっと調子が悪くなったらすぐ公的資金なんて言われたら。あんなの全く受け入れる筋合いはなかったんですよ。あのころ議論を起こしたって。後の九五年、九六年の住専だって全く受け入れる筋はなかった。国民にしてみれば、ざまあみろと言ってやりたいくらいだったわけでしょう。

井芹　住専は六〇〇〇億円だったからね。

早野　「ざまあみろ」と思ったけど、自分たちの方にはね返って大損してしまった。

成田　もちろんそうなんだけど。それは情報公開されていないからね。

井芹　結局、問題はいつもそこなんですよ。

川戸　その後もっと適切な手を打てば、これほどにはならなかった。

早野　納得できないよね。

井芹　今でもそうなんだけど、石原慎太郎都知事が外形標準課税で訴えられたら、逆手に取って銀行に情報公開させればいいんですよ。不公平だというなら公平かどうかを判定する基準としてまず役員報酬をはっきりさせなくちゃ。本当は下の賃金もはっきりさせたいけど、まあ行員の賃金まではどうかというのも一理ある。裁判の場で必要経費や何かまで全部公開させたらいい。

成田　銀行の賃金が高くて公表していないということがあったんだからね。

井芹　だから銀行が提訴したら、逆ねじを食らわせられるよ。

成田　みんな保身ですよ。だから戦後システムの悪い面がもろに出た。

▽戦後システムに代わるものを登場させられるか

早野　ところで成田さんの話は分かりやすかったんだが、自民党という政治システムの不適応、戦後システムの不適応と二つあるわけだけれど、これに代わるものが登場させられるのか、というのがこのテーマですよね。

成田　それが政治改革の構想ですよ。

早野　「失われた十年」とは言われるけど、それは採点としてはどのくらい上げられるだろうか。曽根さんはプラスの面も多少あるという結論でしたね。その辺のあんばいがちょっと分からないけれど、個別項目に採点表で5なのか4なのか。

曽根　何をターゲットとして改革するかというその改革があいまいだったわけです。

早野　たとえば政治改革は何点くらいですか。行政改革は？

曽根　政治改革は、たとえばカネがかかる政治改革だという回答だとすれば、それはもう全くだめですよ。つまり「カネが少なくて済む」という意味では、まあ六割くらい。しかし政治改革は本来そういう目的ではない。

早野　もちろん僕らの認識ではそうですよ。それは初期的段階であって、そのまさに新しいシステムを担うべき政党というのが、今の自自公などを見ているとどのくらいできたのか疑問。これが一つ。それと根本的には戦後システムの不適応は確かにそうで、大蔵省なんて総じて機能不全に陥ってしまっているが、それに代わる政治経済システムというのはできかかっているのかな。

曽根　まだできていないでしょうね。

早野　行政改革だって、確かに北川正恭知事の（行政改革）ははっきり分かるが、橋本行革はごちゃごちゃしていて分からない。どういう風にプラスになるのかも分からない。

成田　有権者が投票所で評価するしかないな。

曽根　役人たちは本当に困ったものだ。自分たちでは「もうどうしようもない」と思っている。かといって政治は責任を取ってくれない。

▽首相公選論と政治改革

成田　だから今、霞が関では「首相公選論」ですよ。勉強会もたくさん開いている。

蒲島　この間、イスラエルに行って来たんですが、イスラエルの政治学者が言ってたのは「われわれの選挙制度は首相公選制と比例代表制だが、これは世界最悪の制度だ」と言っていた。

早野　首相公選はよくないんですか？

蒲島　（イスラエルの場合は）統合が必要なのに、ばらばらになってしまう。

川戸　最後のあがきみたいね。でも、（日本では）政治改革をやらなかったら北川正恭三重県知事や浅野史郎宮城県知事みたいな人は出てこなかったでしょうし……。

成田　政治改革の前と後でどこが違うかというと、中選挙区制では九〇年の海部内閣での総選挙のとき、その前年（八九年）の参院選が土井ブームで「山が動いた」というものだったが、その総選挙で自民党は三〇〇〇万票取って社会党は一六〇〇万票だったんだけど、候補者一人あたりの得票数が、自民党は八万九〇〇〇票くらいで、社会党は一〇万何千票なんです。社会党が軒並みトップ当選するんだけど、政権交代はなかったんです。どうしてか。定数が五一二で社会党の候補が一四九人。その九割が当選したけれど政権交代しなかった。どうして一四九人しか立てなかったかというと、それ以上立てると各選挙区で議席を二つ取れるか、共倒れかどっちかだというんで、現職議員の猛反発があった。社会党があれだけ好調だったのに、海部内閣はリクルート事件にもかかわらず二七〇議席を取って「万歳、万歳」になったんですが、あれといまは構造が違う。民主党は三〇〇小選挙区ほとんど立てると言っているわけですからね。

曽根　ゲームのルールを変えることはできたでしょう。でもゲームそのものを変えるのはプレイヤーの責任なんですよ。

成田　最終的に国民・有権者というプレイヤーの責任であるというのはそうですね。

曽根　彼らの責任だし、また政党というプレイヤーがゲームを面白くすれば、そうできる。それはルールが変わったからかなりやりやすくなった。

蒲島　そこの参加者、無党派層がどのくらい動員されるかで選挙が左右される。今の「失われた十年」を有権者がどう評価するかだな。

曽根　有権者が「失われた十年」と思うかどうか。

川戸　いま、クエスチョン・タイム（党首討論）はラジオでも放送されていますから、タクシーの運転手さんなんかはすごく聞いていますね。

成田　だから民主党の若手なんかが「他の委員会への総理の出席が減らされて、（クエスチョン・タイムは）失敗した、失敗した」と言うけれど、そんなことはないと思うな。

川戸　そうですか？　民主党なんか大喜びですよ。予算委員会なんて出なくたっていいって。

成田　そうでしょう。それと昨日（二月二一日）なんか鳩山さんも上手くなりましたね。

井芹　そうそう。討論ではまず相手に言いたくないことを自ら言わせないと。東海村の放射能事故で共産党の不破《ふわ》哲三《てつぞう》委員長は非常にいい質問をした。「原子力国際法の上では原子力推進の行政と規制委員会とは分けなければいけない」と。これをまず首相に言わせて、「政府の立場は矛盾してる」と追及すれば、小渕首相の自己矛盾が浮き彫りになる。それを野党が全部言っている。まあ、時間の制限もあるんだけど、それだと、向こうは「お説ごもっとも」で逃げられる。例えば失言を取り上げるんだって、まず「このとき何と言われましたか」と事実をただして、「それはどういうことか」とたたみかけなくてはいけない。

成田　演説じゃないからね。

井芹　向こうが言いたくないことをもう一度言わせないと。それで事実と違う言い方をすれば、また追及すればいい。

川戸　この改革を空振りの改革って言うのは、みんな「志やよし」になるわけでしょ。たぶんハンドリングはそれぞれ……。

成田　それは空振りの改革だったからかな。しかし行政改革あたりは動機が不純だな。だってあの時、新進党が「省庁を三分の二にする」とか言って、民主党はいくついくつにすると言ったんで、それで自民党は「半分にする」と言ったんです。動機はずいぶん不純だったと思うな。

川戸　でもそれは途中の駆け引きですから。根本的に行革はしなくちゃという思いはあった。

曽根　早野さんの質問はまさにそこなんですよね。いずれの改革も目標は何だったのかというところで評価が分かれるんです。目標がはっきりしないから評価のつけようがない。

井芹　省庁再編なんていまだにはっきりしない。目標が分からない改革をやったんですよ。

早野　だから評価もないわけだ。

井芹　だから分かりやすい（省庁数の）数合わせになってしまう。これは半減とか三分の二とか分かりやすい。

▽非分配型の改革は可能か

成田　金融改革の問題に戻るけれど、外圧というか、グローバルな流れに促されての改革ですよね。

曽根　改革というのはテコがないと動かないわけです。テコというのは日本には外圧とマーケット（市場）という二つのテコが働いたわけで、やらざるを得ない。ほかの改革もテコがあると動くんですが、それがなかなか見つからない。

成田　最初に言ったことと重なっているかもしれないけど、私は自民党の改革案は野党の改革案を取っているだけだと思う。

曽根　自民党が全部取っちゃうんですよ。ただし改革しやすいところだけやる。ところが金大中（韓国大統領）は自分がやろうと思った改革をすべて自らやっちゃったわけですよ。

蒲島　だから（韓国経済は）早く回復した。でも民主党にとっては非常に微妙です。自民党が改革する前に政権交代が行われるとすると、民主党とは全くフィロソフィーの違う改革が入ってくる。本当は自自連立か何かで改革を強くやってもらって、その反動がくるころ民主党が政権を取ると民主党政権は長持ちするでしょうね。

曽根　でも小渕内閣がやっているのは改革に対して全部後ろ向きのことです。亀井（静香）さんの意図するのは自民党的な弱者を保護しようという政策をやろうとしている。それは普通の筋のある改革にとっては全部後ろ向き。

蒲島　本当は自自（連立政権）で非分配（競争）型の改革をやった後で分配型に戻れば楽なんですよ。

早野　いま自公（連立政権）になっちゃってるでしょ。

曽根　その自覚があるかどうかなんだが。

早野　自自公政権のところが締めになってしまっているでしょ。

曽根　政治的な軸が一つあるとすると、もう一つは経済なんですね。経済軸に新自由主義的な発想対社民的な発想があるとすると、もう一つ日本に決定的にない軸は社会軸なんです。アメリカにはある。例えば銃とか宗教とか、アボーションン（人工中絶）とか人種とかカウンター・カルチャーとかで軸があるが、日本にはその社会軸がない。

井芹　同質で金太郎飴みたいな社会ということ。

曽根　時々（社会的な軸の違いを）出してくるんだけど、ふつうはあまり聞かない。

早野　しかし、いま民主党はどっちかというと非分配型の（政策を出している）。

成田　まあ、頭（党首脳）と胴体（議員一般）はぜんぜん違う。

川戸　頭は完全に非分配型ですよ。

早野　で、加藤紘一も非分配型なんだ。

曽根　加藤紘一は非分配型なんですか。

早野　乗り換えちゃったからね。

曽根　加藤紘一がもともと言っていたんだったら、この混乱した時期に彼が（問題を）整理できたと思うんです。だけど加藤は橋本内閣で幹事長として、自分が責任を取らない形で行政改革も財政構造改革もやったわけです。今になって「俺はサプライサイドだ」「非分配型だ」と言っているわけですよ。

蒲島　そういうことを考えてもいなかった人でしょ。

早野　橋本のは非分配型の改革なんでしょ。はっきりしない面もあるけれど……。

蒲島　そうです。純真ですよ。それを進めたのが小沢一郎。

早野　（二人は）政治思想としては近かったんだよね。

成田　橋本の改革はどこから出てきたのかな。彼のパーソナリティーかな。

井芹　それは新進党あるいはそれを引き継いだ自由党のイデオロギーが出てきたことで、それを潰すための対抗的な軸として出した。自民党は換骨奪胎してもらっちゃった。

早野　で、小沢が潰れると同時にバーっとこっちに来ちゃった。
井芹　本質的には橋本も小渕と同じかもしれない。自分には何もなくて相手のものを取るっていう点で。でもその代わり橋本には……。
早野　自分の理屈がある。
成田　小渕なんかは自分の理屈もない。
早野　小渕はあのとき「俺も本当は新保守主義だ」みたいに言って小沢に近づいた。これはすぐばれたが、小沢はこれが潰れた後、野党にきたわけですね。で、亀井と公明党というのが今度の支え手になっているわけだ。
川戸　橋本さんは通産大臣になったから、どっちかというとマインドは新保守主義の方じゃないですか。
成田　中曽根さんのときに党の側で行財政改革をやったしね。
川戸　そういう意味では小渕さんとは違う。
早野　タカ派的な部分もあったからね。
蒲島　小渕さんは五五年体制の自民党の政策そのままで歩いている。
川戸　本人がそれこそ真空総理だから、やはり自分を乗せてくれる亀井さんなりの考えの上に立っている。
成田　でもだんだん追い込まれてきましたね。どういうことになるんだろう。

▽小渕首相に反転攻勢のきっかけはできるか

川戸　朝日新聞の内閣支持率が上がるとか。
蒲島　支持率は僕も『中央公論』で長いこと調査したことがあるんですが、みんなが「不支持」と言い始めると、「支持」って言いにくいんですよ。(多数への)同調というか、そういうことが起きる。
成田　ただ螺旋が落ちきるまでにはまだ十分時間があるでしょう。
川戸　上がるかもしれないじゃないですか。
早野　もう上がりづらいよね。小渕さんはこれまた橋龍と違って「ここからが俺の本領だ。粘るぞ」というのが主体的な気分としてはあるんですよ。
成田　どういう手法があるんですか。
早野　なかなか思い浮かばないけど。
成田　また新しい審議会を作るくらいしかない。
蒲島　きっかけがどこにありますかね。そういうきっかけがないと解散できない。
井芹　いま材料がない。六月には一―三月のGDPが出て、年度のGDPが出る。もう六%は達成できないというのは読み込み済みで、プラス成長であればいいと言っている。この経済成長というのはほかの財政再建を全部なげうって、二兎を追わずに一兎しか追ってない一兎だから、これが予想よりさらに悪い材料だったら政権がおかしくなる。

成田　一一四兆円かけてという宣伝がずいぶん行き届きましたね。ＧＤＰ五〇〇兆円の〇・六％で三兆円となるが、三兆円分のＧＤＰを増やすために一一四兆円の借金を増やしたわけですよ。その宣伝（効果）は大きいよ。

早野　大きいね。この間（の党首討論で）、鳩山がやったので、そうだなと思ったもんね。あれは上手い数字のピックアップだった。

（注１）金融四グループ　みずほフィナンシャルグループ、三井住友、ＵＦＪグループ、東京三菱フィナンシャルグループの四大グループ。

第一五章　二〇〇〇年総選挙——都市の反乱

報告者・蒲島郁夫（二〇〇〇年七月一二日）

今回の報告は二〇〇〇年総選挙の総括ということで、総選挙に表れた「民意」について考えてみたい。今回の衆院選の結果ほど評価が難しいものはない。自民党は勝ったのか、それとも負けたのか。人により、立場により随分と評価が異なっている。選挙に表れた民意の解釈については、さまざまあるが、今回の選挙で、政権が支持されたと考えるか、否定されたかと考えるかは受け手の「受容過程」の問題です。権力者は自分に不都合なようには、民意を解釈したくないし、野党は逆の傾向がある。権力者が「政策が支持された」と考えれば、選挙結果はそのように解釈されるし、「否定された」と考えれば、それに従った意思決定がなされる。つまり「民意」に実体はなく、それはあくまで受け止める側の意識の中にある。

もう一つ、「民意」の解釈で重要なことは、選挙結果が与える「威嚇」の効果です。これがないと民主主義は成り立たない。「ちゃんと仕事をしないと次の選挙は危ない」という「威嚇」の効果です。選挙結果の解釈はさまざまなものがあったが、今回の選挙結果が自民党指導部に与えた「威嚇」は相当大きかったのではないかと思う。

自民党は勝ったのだろうか？　民意の所在

表1は一九九六年と今回の総選挙の結果を、小選挙区と比例区に分けて比較したものです。この二回の選挙は同じ小選挙区比例代表並立制の下で行われており、比較が可能です。小選挙区について見ると、九六年に自民党は三八・六％の得票率で一六九議席を獲得し、今回は四一％の得票率で一七七議席を獲得した。小選挙区で見る限り、自民党は前回より健闘している。

しかし、比例区では九六年に三二・八％の得票率で七〇議席を獲得したが、今回は二八・三％の得票率で五六議席を獲得したにすぎない。これを比較可能なように、比例区を改定前の二〇〇議席でシミュレーションしてみると、自民党の獲得議席は六二議席になる。比例定数が削減されなかったとしても、比例区で八議席失った計算になる。

自民党の小選挙区での健闘と比例区での退潮をどう解釈するか。今回の選挙結果を理解する鍵はまさにそこにある。結

表1　選挙結果の比較（1996年－2000年）

	小選挙区（1996）		小選挙区（2000）		比例代表（1996）		比例代表（2000）		
	当選	得票率（%）	当選	得票率（%）	当選	得票率（%）	当選	200定数の場合	得票率（%）
自民党	169	38.6	177	41.0	70	32.8	56	62	28.3
新進党	96	28.0			60	28.0			
公明党			7	2.0			24	26	13.0
保守党			7	2.0			0	0	0.4
自由党			4	3.4			18	21	11.0
民主党	17	10.6	80	27.6	35	16.1	47	54	25.2
社民党	4	2.2	4	3.8	11	6.4	15	16	9.4
共産党	2	12.6	0	12.1	24	13.1	20	21	11.2
その他	12	8.1	21	8.1	0	3.6	0	0	1.5
計	300	100	300	100	200	100	180	200	100

1）小数点以下を四捨五入しているため計が100%を超える場合がある．
2）比例代表定数が200の場合のシミュレーションは読売新聞H12.6.26夕刊を参照した．

論を先取りして言うと、比例区での成績が自民党の本来の評価を反映しており、小選挙区で善戦したのは公明党との選挙協力が成功したためです。それを、地方における強固な支持基盤が下支えした。言い換えれば、「裸」の自民党は明らかに前回の総選挙よりも後退している。

業績投票と党首イメージ―モデル　小渕恵三首相が脳梗塞で倒れ、森喜朗政権が成立すると、前首相への同情と新政権への期待から、一時、内閣支持率は盛り返した。この「政権交代効果」をフイにしたのが、森首相の「神の国」発言や、選挙直前の「（無党派層は）寝ていてくれればいい」発言です。前政権の業績評価は低いままで、新首相の資質も問われた選挙でした。

比例区投票モデル

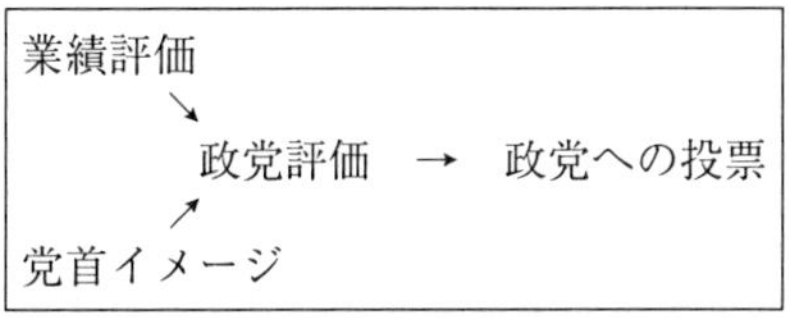

業績評価や首相イメージの影響は、比例区と小選挙区では相当異なる。比例区では政党名で投票するために、上記の投票モデルのように、業績評価や首相イメージの影響が、よりストレートに反映する。

しかし、小選挙区の場合、有権者は候補者名で投票する。「自民党は支持できないが、○○候補は好きだ」と考える有権者にとって、業績評価や首相イメージの効果は間接的で希薄にな

選挙区投票モデル

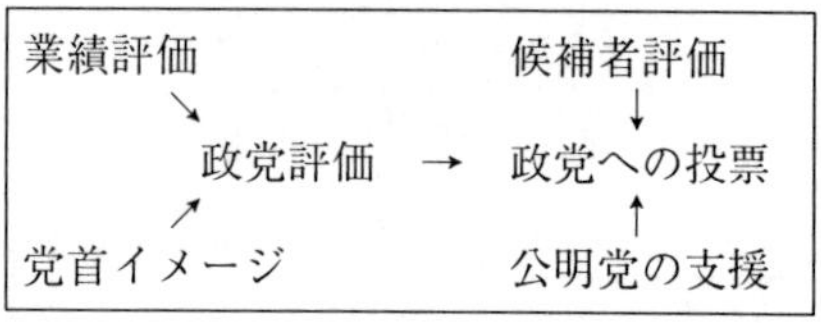

る。その上、小選挙区の自民党候補の多くが公明党の支援を受けている。以上の議論から、小選挙区での投票モデルは上のようになる。

　小選挙区で自民党（候補）が健闘した理由は、そもそも制度的に比較第一党の自民党が有利な状況の中で、「個人党」としての自民党候補は支持を減らさず、その上、公明党からの協力票があったからです。ただ、小選挙区の中でも、自民党の支持基盤が小さく、候補者と有権者の繋がりも比較的弱い大都市の選挙区においては、業績評価や首相イメージが相対的に大きく響いた。その場合、公明党の選挙協力があっても持ちこたえられない。例えば東京一区で民主党候補に惜敗した与謝野馨元通産相は「反自民の風が吹いていた。『与謝野はいいが、自民党はいやだ』という人が非常に多かったのではないでしょうか。個人の力では乗り越えられない」と語っている。

地方の「王国」と都市の反乱　方法論的に言うと、都市をどのように定義するかはかなり難しい。東京都にある二五選挙区をとっても、人口集中度の高い地域もあれば、人口集中度の低い地域もある。東京都だから大都市とは言えない。ここでの分析では、全国三〇〇選挙区を人口集中度の順に並べ、それぞれが一〇〇選挙区になるように三等分した。具体的には、人口集中度が最も低い一〇〇選挙区を都市度1、中間の一〇〇選挙区を都市度2、最も高い一〇〇選挙区を都市度3と分類した。この方法だと、それぞれの都市度に一〇〇選挙区ずつ含まれるので、信頼できる比較ができる。

（一）投票率

図1　都市度と投票率の上昇

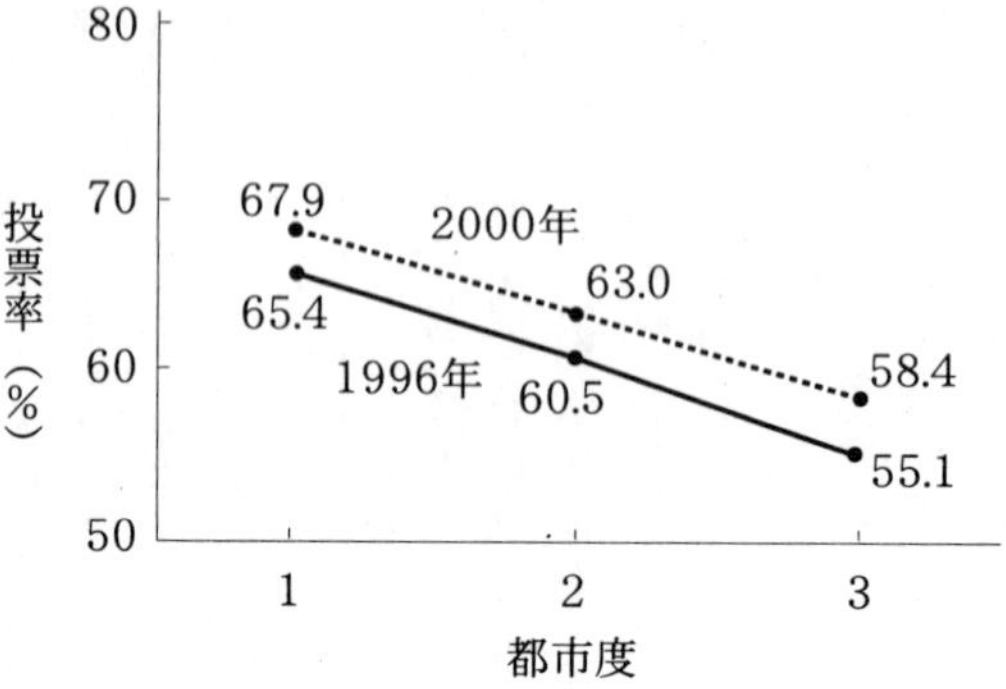

　図1はそれぞれの都市度における投票率の上昇を示している。図から、すべての都市度で投票率が上昇していることが分かる。ただ、都市度1と2では、二・五%の上昇だが、都市度3では三・三%上昇している。八〇年代には、投票率の上昇は自民党

図2　都市度と各党の相対得票率（比例区）

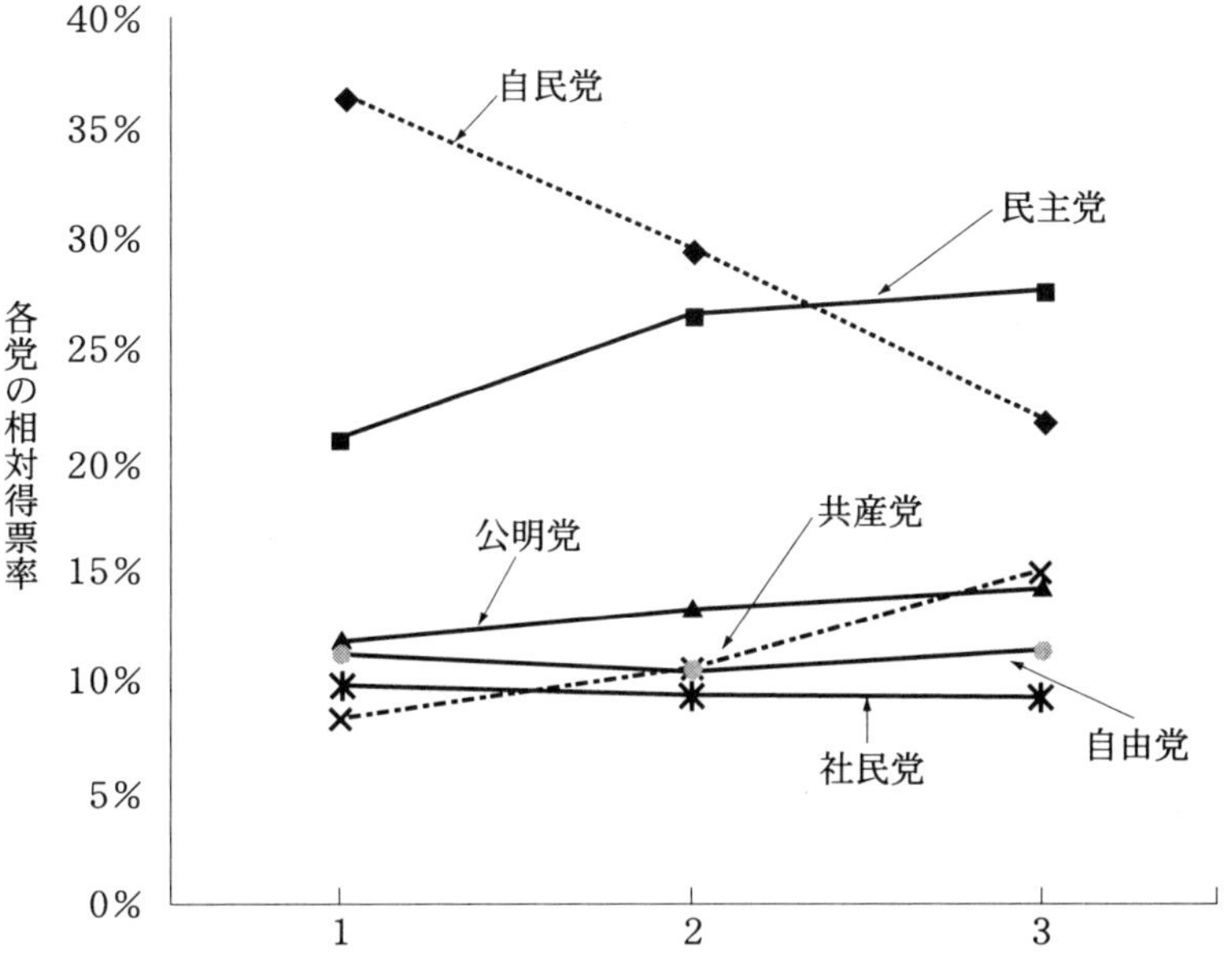

に有利に働いていたが、最近の選挙では逆の傾向がある。それは、現状に批判的な無党派層が投票所に足を運び、その多くが非自民政党、とりわけ第一野党の民主党に票を入れるからです。

投票率の純粋な影響を測るために、九六年選挙と連続して同じ選挙区から出馬している自民党候補者一八九名をまず抽出した。それらの候補者の相対得票率の伸びと、その選挙区における投票率の上昇の関係を、統計的な手法である回帰分析で推計した。

結論だけ述べると、一％投票率が上がれば、自民党候補の相対得票率の変動はマイナス二・二％となる。今回、都市度3で投票率が三・三％上昇したが、他の条件を等しいと仮定すると、自民党候補の相対得票率は九六年と比較すると約七％減少したことになる。接戦が多かった都市部での選挙では、六・六％の得票率の減少の影響は無視できない大きさです。今回の選挙では、投票率が予想より低かったのですが、もっと上がっていれば、自民党はさらに苦戦していたはずです。その意味で、森首相の「寝ててくれれば」発言は、自民党の勝利を最も願う首脳として、正直な感想でしょう。

図2は比例区における各党の相対得票率を都市度別に示している。すでに述べたように、比例区では、選挙協力効果も候補者に対する特定の評価も影響しない。選挙時の政党評価を素直に反映している。大都市においては民主党が自民党を

図３　都市度と相対得票率（小選挙区）

図３-ａ　自民党＋公明党　対　民主党

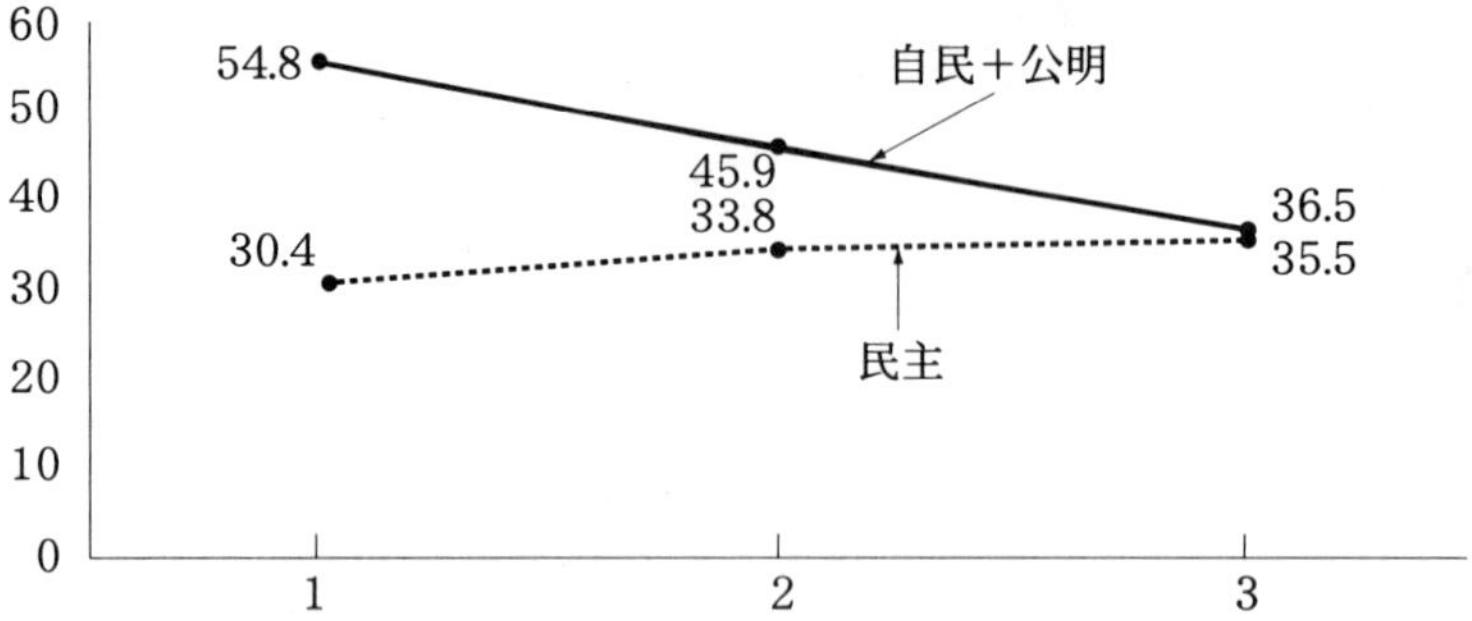

図３-ｂ　自民党　対　民主党

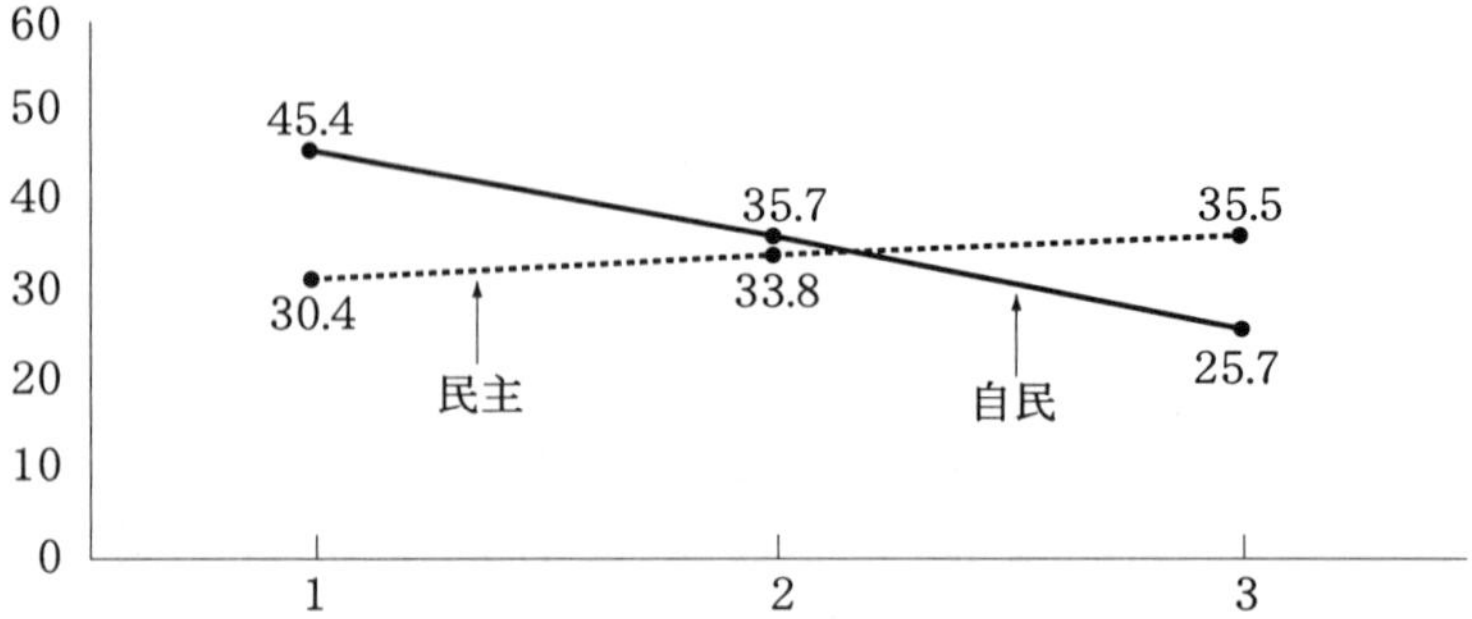

図３-ｃ　自民党 対　民主党＋公明党

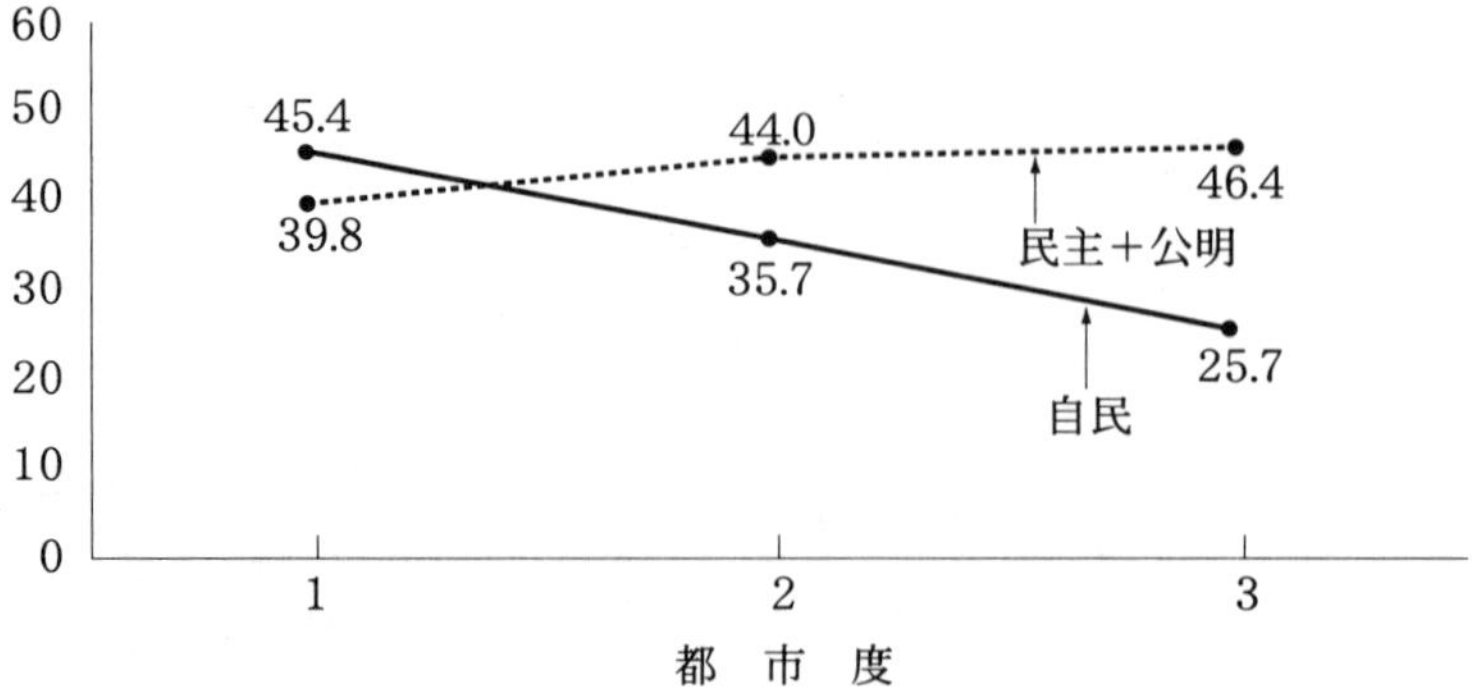

抜いて第一党の地位にある。都市度2の選挙区では自民党が優位ですが、民主党が急迫している。しかし、地方（都市度1）における自民党は圧倒的に強い存在です。

図3は小選挙区における都市度と相対得票率を自民党と民主党に限って分析したものです。図3-aは自民党と公明党の選挙協力が行われた今回選挙結果での自民党票。比例区とは異なり、自民党と民主党の相対得票率は都市度3において拮抗しており、両党が大都市で大接戦を演じた状況がうかがわれる。都市度1と2では自民党が圧倒しており、小選挙区で自民党が民主党の二倍以上の議席を得ていることもこの図から理解できる。

ただ、今回の小選挙区における成績を、自民党の実力であり、勝利であると評価すると、大きな間違いを犯すことになる。なぜなら、自民党の相対得票率は公明党の協力票を含んだものであり、自民党の真の力は、それを差し引いたものだからです。図3-bはそれぞれの選挙区の公明票の八割が自民党候補に入れたと仮定して、それを差し引き、自民党と民主党の得票率を比較したものです。計算の基になった公明票は、各選挙区での公明比例票です。この八割はあくまで基準値であり、もう少し低い場合もあろうし、高い場合もあるでしょう。また、公明党との共闘を嫌がって、自民党から逃げる票もあるかもしれない。一応、公明票の歩留りが八割と仮定して比較すると、比例区の選挙結果とよく似た結果になる。大都市の選挙区では民主党が自民党よりも優勢になる。都市度2の選挙区では自民党と民主党が拮抗している。将来、この都市度2の選挙区での戦いが自民党と民主党の命運を決めそうです。都市度1では、公明党の協力がなくても自民党が民主党を圧倒している。

図3-cは、民主党と公明党の選挙協力が仮にあったと仮定して、今回の選挙で、自民党と民主党の得票率を比較した。民主と公明の選挙協力を仮定すると、都市度2と3で民主党が自民党を圧倒している。都市度1では、たとえ民主党と公明党の選挙協力があっても、自民党が優勢です。

公明党の協力効果　公明党の選挙協力の効果をさらに深く分析するために、自民党の当選者一七七名のうち、対決相手の惜敗率の大きさの順に一〇〇人を選んだ。言い換えれば、当選はしたけれども、対決候補に迫られ、危なかった順に一〇〇人を選んだ。表2は、その一〇〇人について、もし公明党の協力票がなかったなら、当選できたかどうかの予測を示している。

表2をみると、最も当選が危うかったのは、愛知十三区の大村秀章氏。二位の島聡候補との差はわずか三三九票です。この選挙区での公明比例票は二一、六五七票で、仮にその八割が大村陣営に行かなかったとしたら、当選まで一六、九八七票足りずに落選ということになる。たとえ六割でも当選まで一二、六五五票足りずに落選です。このようにして、当落

選挙区	候補者		当選回数	公明推薦	公明候補の有無	相対得票率	次点者の惜敗率	得票数	2位との票差	比例公明票数	公明票8割マイナス	当落	公明票6割マイナス	当落
1 宮崎3	持永　和見	前	4	1	0	52.2	76.2	103729	24648	25315	4396	○	9459	○
2 神奈川13	甘利　明	前	5	0	0	45.8	76.0	114351	27472	32761	1263	○	7815	○
3 大分2	衛藤征士郎	前	5	1	0	54.6	75.4	92242	22710	21885	5202	○	9579	○
4 埼玉9	大野　松茂	前	1	1	0	48.6	74.5	110836	28316	28834	5249	○	11016	○
5 奈良1	森岡　正宏	新	0	1	0	44.1	74.0	73851	19167	19566	3514	○	7427	○
6 北海道12	武部　勤	前	4	1	0	53.2	73.8	100502	26339	17404	12416	○	15897	○
7 群馬2	笹川　尭	前	4	1	0	39.7	73.8	76743	20121	21245	3125	○	7374	○
8 千葉1	臼井日出男	前	6	0	0	44.8	73.5	90358	23980	22455	6016	○	10507	○
9 三重1	川崎　二郎	前	5	0	0	50.9	73.4	104484	27811	28211	5242	○	10884	○
0 東京8	石原　伸晃	前	3	0	0	43.7	72.9	105779	28647	19633	12941	○	16867	○
1 奈良3	奥野　誠亮	前	12	0	0	42.1	72.8	68695	18692	23241	99	○	4747	○
2 東京12	八代　英太	前	1	1	0	40.7	72.0	90208	25295	37643	-4819	×	2709	○
3 東京11	下村　博文	前	1	1	0	37.8	72.0	90483	25374	33771	-1643	×	5111	○
4 徳島3	後藤田正純	新	0	0	0	53.6	71.7	77301	21879	21216	4906	○	9149	○
5 東京25	石川　要三	前	7	1	0	48.9	70.8	88007	25655	26512	4445	○	9748	○
6 埼玉7	中野　清	前	1	1	0	34.5	69.8	76366	23032	31881	-2473	×	3903	○
7 愛知12	杉浦　正健	前	3	1	0	45.6	69.7	117475	35649	23557	16803	○	21515	○
8 岐阜3	武藤　嘉文	前	11	0	0	53.0	69.2	129842	39968	29439	16417	○	22305	○
9 鳥取1	石破　茂	前	4	1	0	49.1	68.9	91163	28352	30586	3883	○	10000	○
0 千葉9	水野　賢一	前	1	0	0	42.9	68.9	103381	32197	28722	9219	○	14964	○
1 青森3	大島　理森	前	5	0	0	56.6	68.6	93602	29399	14209	18032	○	20874	○
2 福島2	根本　匠	前	2	0	0	52.5	68.5	116835	36830	20446	20473	○	24562	○
3 北海道5	町村　信孝	前	5	1	0	46.0	68.4	123680	39049	36614	9758	○	17081	○
4 埼玉10	山口　泰明	前	1	1	0	49.2	68.1	91094	29083	24300	9643	○	14503	○
5 福島5	吉野　正芳	新	0	1	0	52.6	67.6	109270	35367	24146	16050	○	20879	○
6 千葉3	松野　博一	新	0	0	0	39.0	67.3	95311	31129	35989	2338	○	9536	○
7 北海道13	北村　直人	前	4	0	0	46.9	64.4	86567	30835	23891	11722	○	16500	○
8 長野1	小坂　憲次	前	3	1	0	48.7	64.0	127010	45721	22415	27789	○	32272	○
9 大阪14	谷畑　孝	前	1	1	0	46.7	64.0	105624	38026	41051	5185	○	13395	○
0 静岡5	斉藤斗志二	前	4	1	0	49.8	63.7	84743	30733	19826	14872	○	18837	○
1 山形3	近岡理一郎	前	6	0	0	57.2	63.5	88069	32178	12225	22398	○	24843	○
2 岐阜2	棚橋　泰文	前	1	1	0	57.3	63.3	120053	44070	17817	29816	○	33380	○
3 山梨3	横内　正明	前	2	1	0	55.8	63.2	86300	31783	21504	14580	○	18881	○
4 香川2	木村　義雄	前	4	1	0	53.6	63.1	84030	31015	21163	14085	○	18317	○
5 福岡5	原田　義昭	前	2	0	0	42.6	62.6	93343	34951	33076	8490	○	15105	○
6 大阪18	中山　太郎	前	4	1	0	47.5	62.1	103402	39143	38209	8576	○	16218	○
7 大阪2	左藤　章	新	0	1	0	47.5	62.1	90470	34318	42630	214	○	8740	○
8 群馬3	谷津　義男	前	4	1	0	57.6	61.2	99345	38509	24017	19295	○	24099	○
9 広島7	宮沢　洋一	新	0	1	0	55.7	61.1	112145	43645	35698	15087	○	22226	○
0 神奈川17	河野　洋平	前	11	0	0	56.4	60.8	140236	55009	30311	30760	○	36822	○
1 富山1	長勢　甚遠	前	3	1	0	42.9	60.6	66576	26210	11970	16634	○	19028	○
2 大阪15	竹本　直一	前	1	1	0	46.7	60.5	100028	39489	35043	11455	○	18463	○
3 兵庫10	渡海紀三朗	元	3	0	0	46.7	60.2	93554	37238	33422	10500	○	17185	○
4 岡山2	熊代　昭彦	前	2	1	0	51.3	58.7	85514	35327	30663	10797	○	16929	○
5 東京13	鴨下　一郎	前	2	0	0	42.0	58.5	90567	37571	33952	10409	○	17200	○
6 広島6	亀井　静香	前	7	1	0	57.9	58.5	138790	57609	36146	28692	○	35921	○
7 広島1	岸田　文雄	前	2	0	0	55.1	58.2	85482	35717	25179	15574	○	20610	○
8 埼玉14	三ツ林隆志	新	0	1	0	37.7	57.9	81652	34347	36004	5544	○	12745	○
9 栃木4	佐藤　勉	前	1	1	0	48.8	57.1	115284	49424	22636	31315	○	35842	○
0 岡山1	逢沢　一郎	前	4	0	0	57.3	56.7	105253	45619	32998	19221	○	25820	○

表2　公明協力票の大きさと当落予想シミュレーション

	選挙区	候補者		当選回数	公明推薦	公明候補の有無	相対得票率	次点者の惜敗率	得票数	2位との票差	比例公明票数	公明票8割マイナス	当落	公明票6割マイナス	当落
1	愛知 13	大村　秀章	前	1	1	0	45.9	99.68	104731	339	21657	− 16987	×	− 12655	×
2	秋田 1	二田　孝治	前	4	1	0	44.0	99.47	101848	535	23866	− 18558	×	13785	×
3	愛知 8	大木　浩	新	0	1	0	35.2	99.23	84641	653	26638	− 20657	×	− 15330	×
4	神奈川 2	菅　義偉	前	1	0	0	42.3	97.37	95960	2526	30768	− 22088	×	− 15935	×
5	埼玉 2	新藤　義孝	前	1	0	0	35.3	96.34	82581	3026	37808	公明協力票なし			
6	新潟 4	栗原　博久	前	2	1	0	33.2	96.29	72604	2694	15360	− 9594	×	− 6522	×
7	愛知 14	浅野　勝人	前	2	1	0	37.8	96.25	97256	2520	23205	− 16044	×	− 11403	×
8	栃木 2	西川　公也	前	1	1	0	48.1	96.21	77054	2922	17110	− 10766	×	− 7344	×
9	滋賀 3	岩永　峯一	前	1	1	0	43.8	96.04	93044	3686	24105	− 15598	×	− 10777	×
10	神奈川 7	鈴木　恒夫	前	3	0	0	32.3	93.96	85340	5151	28600	− 17729	×	− 12009	×
11	石川 1	馳　浩	新	0	1	0	48.8	93.67	107179	6787	17045	− 6849	×	− 3440	×
12	神奈川 10	田中　和徳	前	1	0	0	39.6	93.20	94183	6408	37445	− 23548	×	− 16059	×
13	兵庫 9	宮本　一三	前	2	1	0	33.3	92.17	70119	5489	32098	− 20189	×	− 13770	×
14	北海道 4	佐藤　静雄	前	3	0	0	42.9	92.10	88825	7020	30199	− 17139	×	− 11099	×
15	京都 6	菱田　嘉明	新	0	1	0	38.2	92.00	96082	7690	31451	− 17471	×	− 11181	×
16	滋賀 2	小西　哲	新	0	1	0	45.7	91.80	125625	10303	25141	− 9810	×	− 4782	×
17	神奈川 3	小此木八郎	前	2	0	0	29.3	90.78	61016	5627	27732	公明協力票なし			
18	北海道 7	金田　英行	前	2	0	0	49.2	90.73	94290	8737	23372	− 9961	×	− 5286	×
19	東京 10	小林　興起	前	2	1	0	38.8	90.12	71318	7046	22241	− 10747	×	− 6299	×
20	佐賀 1	坂井　隆憲	前	3	1	0	40.8	89.70	70155	7223	21679	− 10120	×	− 5784	×
21	鹿児島 1	保岡　興治	前	8	1	0	47.8	89.69	87729	9045	19145	− 6271	×	− 2442	×
22	奈良 2	滝　実	前	1	1	0	42.4	89.54	71146	7439	19593	− 8235	×	− 4317	×
23	福岡 4	渡辺　具能	前	1	0	0	47.4	89.47	87327	9199	32879	− 17104	×	− 10528	×
24	大阪 17	岡下　信子	新	0	0	0	23.5	88.16	41781	4947	32523	− 21071	×	− 14567	×
25	福井 1	松宮　勲	新	0	1	0	43.0	87.89	61707	7473	13791	− 3560	×	− 802	×
26	東京 23	伊藤　公介	前	6	1	0	39.6	87.00	100271	13039	27307	− 8807	×	− 3345	×
27	奈良 4	田野瀬良太郎	前	2	1	0	50.1	86.65	93108	12434	26035	− 8394	×	− 3187	×
28	京都 3	奥山　茂彦	前	1	1	0	36.5	86.42	66576	9040	26839	− 12431	×	− 7063	×
29	福岡 6	古賀　正浩	前	4	0	0	48.4	86.19	105423	14562	33184	− 11985	×	− 5348	×
30	長野 2	村井　仁	前	4	1	0	38.0	85.97	95046	13336	26256	− 7669	×	− 2418	×
31	大阪 4	中山　正暉	前	10	0	0	30.7	85.38	63290	9252	34735	− 18536	×	− 11589	×
32	福岡 2	山崎　拓	前	9	0	0	44.9	85.32	93234	13690	33204	− 12873	×	− 6232	×
33	埼玉 12	小島　敏男	前	1	1	0	48.8	84.24	101809	16045	25932	− 4701	×	486	○
34	鳥取 2	相沢　英之	前	8	1	0	50.2	84.04	80843	12904	25496	− 7493	×	− 2394	×
35	兵庫 5	谷　洋一	前	8	1	0	42.3	84.01	105230	16828	28550	− 6012	×	− 302	×
36	北海道 2	吉川　貴盛	前	1	0	0	31.2	83.86	76276	12311	33891	− 14802	×	− 8024	×
37	高知 1	福井　照	新	0	0	1	31.0	83.12	40765	6882	24271	公明協力票なし			
38	宮崎 1	中山　成彬	前	3	0	0	42.9	82.82	91472	15711	31350	− 9369	×	− 3099	×
39	山形 2	遠藤　武彦	前	3	1	0	51.3	82.60	93819	16328	18657	1402	○	5134	○
40	静岡 2	原田昇左右	前	8	0	0	36.8	82.16	92905	16571	23429	− 2172	×	2514	○
41	新潟 1	吉田六左エ門	前	1	1	0	43.2	81.40	98952	18408	21054	1565	○	5776	○
42	福井 3	高木　毅	新	0	1	0	52.5	81.27	81698	15300	17198	1542	○	4981	○
43	茨城 3	葉梨　信行	前	11	1	0	47.8	80.87	97972	18742	24476	− 839	×	4056	○
44	愛知 15	山本　明彦	新	0	1	0	48.9	80.49	96086	18742	235	− 68	×	4635	○
45	京都 1	伊吹　文明	前	5	0	0	42.1	79.19	86490	17997	21950	437	○	4827	○
46	東京 17	平沢　勝栄	前	1	0	1	37.6	78.06	95606	20973	46801	公明協力票なし			
47	徳島 2	山口　俊一	前	3	0	0	52.7	77.78	76746	17053	17619	2958	○	6482	○
48	福岡 3	太田　誠一	前	6	1	0	50.1	77.37	104346	23617	31278	− 1405	×	4850	○
49	福島 1	佐藤　剛男	前	2	0	0	30.2	77.08	89353	20479	32119	− 5216	×	1208	○
50	千葉 7	松本　和那	前	1	0	0	38.8	76.67	81252	18960	24907	− 966	×	4016	○

の予想をしてみると、六割の歩留り（公明比例票の六割が自民党候補に投票）で、三四人が落選を免れている。八割の歩留りでは、四四人が落選を免れている。この分析は、相手陣営に公明票が行かなかったと仮定しているが、もし、民主党と公明党が共闘していれば、自民党の当選者は激減したことでしょう。

図3と表2から分かるように、公明党が自民党と民主党のどちらを選挙協力の相手として選ぶかによって選挙結果は一変する。言い換えれば、公明党は選挙過程と政府形成過程において、巨大な影響力を持っているのです。

おわりに──自民党のジレンマと公明党　今回の衆院選の分析を通して痛感したことは、①地方での自民党の圧倒的パワー、②公明党の影響力の大きさ、③代替政党としての民主党の可能性です。

公明党の影響力の大きさとその限界についてはすでに述べた。一言つけ加えると、公明党に対する有権者の拒否度が高いことです。公明党がその影響力の使い方を間違えれば、その影響力ゆえに、拒否度はさらに拡大する。逆に、成功すれば、拒否政党からの脱却も可能です。政治における「正統性」とは何か。公明党には、とりわけ重要な問いです。

今回の選挙の最大の特徴は、有権者が代替政党としての民主党を選んだことです。投票率が予想以上に低かったにもかかわらず、また、公明党の協力なしに、民主党が都市部で健闘し、代替政党の立場を確立した。民主党の都市部での健闘は、敵失によるものです。しかし、民主党が有権者から政権を狙い得る立場を与えられたのは大きい。公明党との共闘をも視野に入れながら、次の選挙までに政権奪取の構想を提示すべきです。各種世論調査で、民主党の支持率が自民党に迫っている。そのふわふわした支持をいかに「結晶化」させるかが、今後の民主党の課題でしょう。

▽自民離反票はどのくらいか

内田　ちょっと質問。いまの話で公明党が演じた役割はよく分かりましたが、今度の選挙の特徴は二大陣営的な方向というのが一つですね。それから自由党と社民党は成績は悪くなかった。これは党首イメージだとか言われているが、どうでしょうかね。

蒲島　長期的な方向がそうなるかどうか、分析結果をみなければ分からないが、自由党の場合はやはり都市部の自民党支持者で「自公連立はいやだ」という人がずいぶん自由党に行ったように思う。あと小沢党首のPR効果。あれが圧倒的に大きかったような気がする。ただ自由党はああいうふうに純粋になって比例区だけでいいと思ってしまえば、それなりに機能していく。つまり自民党の右の部分をかなりつかむことができる。それとああいう社民党の頑固さがなかったら共産党が伸びたと思うんですよ。今まで共産党に向かっていた旧社会党支持者、農村部や郡部における旧教職者、この人たちが大変に良質な元社会党支持者なんですが、この人達が社民党がだめだというので共産党に入れたのがかなり土井たか子さんの方に戻った。もう一つは（個々の）社民党議員の話題性も大きかった。

井芹　女性候補とかですね。

蒲島　そう女性。華やかというか、活発だし、マスコミにも受ける話題性みたいなものですね。早野さんも書かれていたように、（社民党は）そういう形でサバイバルできるのかなという気がするけれど、比例区でなければサバイバルできない。女性党として比例区でサバイバルして土井さんのようなタレント的な人がいると、善戦する。

川戸　よく言われるんですが、公明党がついたことでプラスにはなるけれど、逆にこれまでの票が逃げたというのがありますね。そこらへんはどうなんですか。

蒲島　これは出てこないんですよ。結局、公明党のビヘイビア（投票行動）は集合的に捉えることはできるけど、自民党からどのくらい逃げたかというのは残念ながら捉えられない。

成田　ただ、私の直感として、六二・四%と投票率がそんなに伸びなかった割に自民が悪くて民主が伸びた。その原因は何かと考えると、無党派層が（民主党に）行ったというだけでなくて、自民党の伝統的支持層がだいぶ離反したなという印象を持ちましたね。

近藤　たった二人の例ですが、やはり、「公明党と組んだ自民党はいやだ。かといって民主党もいやだ」という人が身近にいましたよ。

蒲島　自由党が伸びたのはそういう（離反した自民党票が流れ込んだという）意味なんです。

成田　要するに自民党支持層が棄権したというだけならば、事前に予想していたことなんだけれど、それ以上に（投票に）行って反対に入れたという自民党支持層がある。マスコミの調査で「自民支持」という人が投票に行って他の政党に入れちゃったというのがある。

早野　自民党支持層を固めきっていないというのが（世論調査で）出てますね。

蒲島　シミュレーションは簡単にできるんですが、ここではそういうことをやらずに、単に公明党票が（自民党当選者の）下の方にとってはクリティカル（決定的）だったなというのを示した。さらに、それを超えた低投票率の中で民主党に走ったところがある。

近藤　大きな意味がありますよね。

蒲島　ただ民主党は都市度別の小選挙区グラフの曲線で見ると、やはり最終的には公明党に頼らざるを得ないような気がする。今は「いらない」と言っているんでしょうが、中都市の所では絶対的にそうなる。

近藤 野中広務さんが当初言っていたのは、「公明党が民主党に取り込まれたら大変だ」ということだった。

蒲島 これは逆の（自民党の）立場から言うと、その通りですね。

近藤 だから、野中さんは正しかった。

蒲島 正しい・正しくないとかは一切考えていない。これは政治哲学とか政治的理念とか全く考えないで、現実的な数字だけでやっていることです。野中さんはそういう人（現実政治家）なんじゃないですか。だからこれで見ると、やはり公明党を取り込まなければ、民主党がもっと上がることにはなりません。

成田 しかし次の選挙はどうだというトレンドがあるでしょう。

蒲島 今度は民主党にとって追い風の選挙だったんですよ。でもこれからは追い風だけではやれないでしょう。

成田 今回は追い風はあったんですかね。

蒲島 あったでしょうね。特に（自民党得票が）比例区で少なかったというのと、都市部では自民党が裸になると民主党より少なかったというのが（民主党にとっての）追い風ですよ。

成田 それは追い風じゃなくて実力じゃないですか。

蒲島 実力の上にそよ風が吹いた。神の国発言とか「寝ていてくれればいい」とか。

成田 自民党の敵失はあった。だけれど民主党の追い風というほどではなかったと思う。

蒲島 中曽根康弘さんみたいな人が出てきたり、石原慎太郎さんが出てきたら都市部も負けですからね。

近藤 中曽根さんみたいなリーダーシップを持った人が出ていたら自民党は勝ったということですか。

蒲島 いや、それは分からない。

近藤 逆に民主党が鳩山由紀夫じゃなくて、もっとリーダーシップのある人だったらどう？

蒲島 それでも農村部はだめでしょう。

成田 小選挙区についてみると、自民党は公明党の協力がないと一七七から引いて一四〇くらいでしょう。その三三議席が民主党に行けば一一〇いくつですね。（自民・民主両党が）タイではないけれど……。

蒲島 それは（公明党票が）民主党に行かないことにしているわけで、民主党に公明党がくっついちゃったら（議席移動は）二倍になる。

井芹 行って来いで二倍ですね。だから自公の選挙協力は自民党候補に票をくっつけるというプラス面があるだけでなく、野党に選挙協力をやらせないという効果が大きかった。野党分断の要素がかなり大きい。九六年のときは新進党が（公明党を）党内に囲い込んで一種の選挙協力ができたわけです。ただし当時は民主党がいたし、社民党もいた。
早野　（公明党を）相手につかせないっていうことね。
井芹　それが非常に大きかった。
蒲島　逆に新進党が残っていたとして、細川護熙さんは新進党と民主党の合併を画策したんだけれど、あれが成功していたら今回は全然違っていた。
井芹　それだと自民党は大敗していたかな。
蒲島　そうなったでしょうね。

▽民主党の風は本物か

早野　民主党の風というのは今一つ（はっきりしない）。都会での今度の勝利ということも何かこう……。
蒲島　僕は民主党に吹いた風というよりも、自民党がよろよろしたと思っているんです。
早野　そうですか。しかし今度の選挙で民主党に一つ何かそれらしいものができてくると、ただの風じゃない。（民主党組織も）ほとんど大都会では確立してきていて、今度は中都会でというふうに考えているし、また期待したい。
蒲島　組織で把握できる（有権者）部分の大きさだけでは説明できない民主党への投票があった。民主党か自民党かと軽く考えている（有権者の）部分ですね。組織票とか重いものじゃなくて、軽い判断で入れてる部分が（民主党票としては）大きい。
早野　しかし、今度のは（次の選挙で）元の自民に戻れるという感じじゃない。確かに石原慎太郎とか出てくるとどうかなと思うところもあるけれど、トレンドとしては……。
蒲島　大都市ではこのトレンドが変わることはないかもしれませんね。
早野　自民党にまた行ってしまうというのじゃない感じがする。単なる直感です。保証はできませんが……。
蒲島　大事なのは民主党への支持をいかに結晶できるか。今ばらばらで流動的だけれどそれをどうしたら石みたいに結晶できるか。次に大切なことは国会議員と地方の市長の多選禁止を早く通す。そうすると、その人達はどこかへ行かなきゃならなくなる。

▽自民、民主は政策転換できるか

早野　自民党が都市票を取り戻し得るかという問題と、民主党が都市度1の農村票を取れるのかという問題は、それぞれの党の政策が絡む問題。そこはどうですかね。
蒲島　公共事業と補助金で自民党ががんじがらめにしたと言っているが、発想の転換をすれば、農村部を補助金でがんじがらめにすることによってつながりが強くなったかというと、実は弱くなっている。公共事業ではなくて農業環境問題や農村における人的な福祉サービスのような形で行くと、民主党（の政策）と親和性がありますよね。自民党が公共事業をやればやるほど、そういうサービスはできない。

川戸　菅さんなんかそう言ってますね。「今回の選挙は都市が勝った、農村が勝ったという選挙ではない。それぞれに対応するサービスをやらないと勝てない」と。

蒲島　でも（民主党には）支持の蓄積がないんですよ。

早野　民主党がそういった政策表現をできればちょっとは（違う）ね。民主党の立場に立てば、次の選挙にはそれをやらねばならないと思うだろう。

蒲島　自民党の立場に立てば、自分達の方が早くから検討していたとも言える。八〇年代に自民党は都市の有権者を一時は取り戻した。そこで自民党の議員も変わった。でも今の執行部では変わりそうもないような気がする。

早野　今の執行部では問題だな。しかし次のYKKとか、そのまた次と一番下に今度の反乱組《(注1)》がいるわけです。その力がどうか。

蒲島　YKKが（自民党から）出ないとすれば、加藤派もきついところです。

早野　加藤紘一さんも民主党に行っちゃった方がいいのかな。

近藤　加藤さんは都会にはメッセージを出していないでしょ。

早野　やっぱり（選挙区が）山形なので、都会ではメッセージがないんだよね。

近藤　小泉純一郎さんは都会でメッセージを出したけど、今回は傷ついた。今後はどうですか。

井芹　郵政の民営化一本やりです。

近藤　郵政の民営化は都市に対しても強力なメッセージになるか疑問ですね。それに地方に対しては明らかにマイナスになりそうです。（自民党の）政策は全般的には地方に対して強い。

蒲島　いずれにしても難しいでしょうけれど、衰退産業とくっついている自民党の方が案外強い。長期的には次第に定数是正をしていくと違ってくるでしょうが……。

成田　高齢者の支持も高いしね。

井芹　今回二〇歳代の支持率では（民主党が自民党を上回り）逆転している。その年代がだんだん進んでいけばどうかな。

早野　あのへんの分析が、当たり前といえば当たり前の分析だけど、結構自民党に厳しい。具合が悪い。

川戸　数字を読むと、ああいうふうになってしまいます。だって（数字を）曲げるわけには行かないから。

成田　民主党の支持率が八％程度だと、「民主党は伸びない」と新聞は書くんだけど、選挙のとき、あるいは選挙直後には支持率が二倍くらいに上がる。これは経験的に分かっているから、八％くらいでも心配ない。でも二倍に上がった後、これはまた必ず下がる。下がるけれど「選挙のときには野党第一党（の支持率）が上がる」ということの検証が今回もできたと思う。僕が学生に言うのは「試験のときも直前にならないと勉強をまじめにやらないでしょう。同じように有権者も選挙にならないとまじめに考えない」と。で、まじめに考えると「自民党はいやだ」という基本的にはそういうことなんでしょうね。

▽世論調査予測はなぜ外れたか

蒲島　ところで選ぶということが支持なんでしょうかね。

井芹　投票について「いつ決めたか」と聞くと、三分の一は一週間前に行う世論調査が出た後に決める。二、三日前に決めたのが一四～一五％で、当日決めたのも一〇％くらいある。これは政治を真剣に考えているのか、学生の一夜漬け勉強と同じに考えているのか。

成田　多くは〝一夜漬け支持〟なんだろうな。

早野　聞きたいんだけど、一週間前の世論調査がなぜ間違えたのか。一つはそれ（調査結果）に対するリアクションというかアナウンスメント効果、判官びいき。二番目にはその後の情勢変化。その時点では合っていたけれど、その後の情勢変化が大きかった。例えば森首相発言。「投票に来なければいい」という発言があって変化した。三つ目にはこの種の調査自体がもう限界で、間違えているというのがあって、僕は今のところ三つ（の要因が）考えられると思う。

成田　もう一つは「まだ投票する人を決めていない」というのをどう考えたか。

早野　その処理もあるね。

川戸　二〇％くらいいる。

蒲島　『論座』で私が言ったのは世論調査の限界ということ。「分からない」「決めていない」というのは把握できない。これが一〇％以上あるんですけれど、その人たちの動向はモデル化しないと無理じゃないでしょうか。それから僕はバッファー・プレイヤー（牽制的有権者）のことを書いたけれど、選挙結果の前にあの調査結果が報じられたのが大きいと思う。あれを見てニュースキャスターや論説委員の発言が「そんなこと、あっちゃいけない」という感じがにじみ出ているわけですよ。そういう影響が大きかったと思うな。それと状況の変化でしょうね。

成田　朝日新聞は今回は「これは現時点での意識調査ですよ」と書いていた。

早野　最後に投票行動が変わる可能性があるから、わざわざしつこくそう書いたんですけれど……。

井芹　各社が「終盤情勢」と書いていたのを朝日新聞は「中盤情勢」と書いている。

成田　そこのデータから最後を読み通すモデルが……。

早野　できていない。だから今度、明らかに「間違える」ということも計算に入れて書いたんです。逆に調査結果の具体的数字もはっきり出そうということだった。読売新聞なんかは出さなかったでしょ。かつて一時期、朝日新聞も迷って「どうも当たらない気配がある」というので数字を出さなかった。

井芹　議席幅で示してましたね。

早野　でも、どうもそれも意味がないし、どうせ間違えるなら「この段階ではこうだったという数字を出した方がいい」と考えた。

井芹　有権者の判断材料というふうに考えた。それで実務的な意味で言えば、ナマの数字で行くという考えもある。例えばアメリカの世論調査なんかそうですよね。若干の人種別とかの補正はするけれど、ほとんどナマの数字。だから「支持率」という。それでいくという考えもあるけれど、それでいくとたぶん自民党が三〇〇議席くらい出るんじゃないでしょうかね。われわれは予測式で補正してるんですよ。

蒲島　ずいぶん抑えたんですね。

井芹　これまでは「予測だ」と言って、最後の投票行動まで見通していると考えていたんだけれど、結果は最終的な見通しになっていなかった。（予測と結果の）落差が大きかった。それは態度決定が後ろにずれていること。それからやはり十二日間という選挙期間の短さ。昔の選挙みたいに二～三週間やっているならもう少し（候補の強弱は）固まったのかもしれない。これは自民党の自業自得なんだけれど、選挙期間を短くしたことで最後のところで流動化する要素が増えている気がする。朝日新聞もそうでしょうし、共同通信も同じなんだけど「これは変わる」とか、「現時点での予測です」と言わざるを得ない。

川戸　ＴＢＳの金曜・土曜にやった世論調査でも数字的に積み上げていくと、自民党二五〇という予測が出てしまったんです。

早野　金曜・土曜というのは投票日の直前のこと？

川戸　そうです。電話調査をした。

井芹　むしろ世論調査の方が信頼性があるという考え方もあったわけです。

川戸　出口調査とどっちがいいかという話ですね。

井芹　だけどその想定はどうも違っていて、まだ決めていないぎりぎりの時点の世論調査では当たらない。

成田　でもその調査結果が本音だったら自民党三〇〇と出たのはおかしい。

早野　それはそうだけど、これまでは選挙情勢調査は本当に当たっていたんですよ。

成田　当たらなくなったというのは構造が変化したということですよ。自民党の方がやはり固い構造というか、昔からの岩盤みたいな所が露出していて、動いている部分は投票当日に決まった。

近藤　ＴＢＳの選挙担当者も「都市部の結果はつかまえき

れないけれど、郡部はぴたっと当たっていた」と言っていた。

井芹　世論調査でもそうですね。

蒲島　郡部は当たるはずで、これは（自民支持層が）固い。

▽なぜ分割投票なのか

井芹　前に選挙学会で議論になったかと思うが、「有権者が一九九三年ごろに大きく変化しているのではないか」との仮説がある。九三年選挙がどちらに属していたかは議論が分かれるところですが、これはバブル崩壊とも関係していて社会構造も社会意識も大きく変わってきたこととも関係する。それまでの選挙では、多く囲い込んだ方がリードし、後は若干の風が吹くかどうかという上積みの部分だったんだけれど、今回で言うと、民主党票はほとんど上積み部分で、基礎票や組織票の部分はほとんどない。後援会といったってほとんど身の回りにいる二、三百人が選挙運動しているだけ。自民党の方はまだ（後援会に）何千人、何万人と囲い込んでいる。

蒲島　でも、今回は連合がずいぶん気にしていた。労働組合がずいぶん力を入れたんじゃないですか。

井芹　それは選挙に役だったんですかね？

成田　ただ民主党に実体があろうがなかろうが、野党第一党には一定のキャパシティがある。

井芹　それは以前は社会党に行っていた。

成田　だから第一党は絶対に三分の二を超えられない。それが第一党の限界という意味でのキャパシティ。要するに自民党の絶対キャパシティもあるし、野党第一党のキャパシティもある。

早野　それは本当にそういうことが言えるんですか。

成田　やっぱりちゃんと容量がある。野党第一党がこれだけは取るという。定数が四八〇になったけれど、民主党が一二七。これはほとんど社会党の最盛期の議席数でしょう。最盛期と言っても六〇年安保の前は一七〇くらいだったけど、その後は一二〇とか一三〇くらいをうろうろしていた。

井芹　（七〇年代以降）候補者数が一八〇くらいしかなくなった。

成田　だから、ほとんど旧社会党に並んだか上回ったくらいで。それが野党第一党はこれだけは取るというキャパシティなんです。これが限界で今後増えないという意味ではない。増えるのは三分の二の頭打ちまである。

早野　そのころの（自社両党の）キャパシティは両方とも一種の岩盤（の票）だったわけでしょ。今は明らかにそこが岩盤的じゃなくなってきている。その傾向は明らかに不可逆的で、都市で起きていることは次に中都市で起き、いずれ小都市に波及するはずですよ。岩盤的投票行動はどんどんその割合が減っていくんじゃないかな。

蒲島　絶対そうです。結局、政党組織を通して指令を伝えたりという組織そのものが弛緩している。皆マスメディアを通して（情報を）受けているから、マスメディアの役割が大きくなればなるほど岩盤はなくなるわけです。田舎の方にはまだこれだけ岩盤があるが、なくなっていくのが普通でしょう。でもこれだけ連立（効果）で当選してるんだったら、逆にいえば比例代表の併用制の方が面白いかもしれない。

井芹　併用制だとスプリット（分割）投票ができなくなる。

蒲島　それは比例代表だから。

井芹　しかしスプリット投票というのはむしろ意識的に有権者は使っている。

早野　分かっててやっている。面白がってやっている気さえする。

井芹　政治改革論議の時には、むしろ併用制に近い水平（同一党派）投票に最終的に集約されるだろうと考えていた。ところが逆に今の有権者の投票はどんどんスプリットして行っている。

早野　やはり（有権者は）政党を並べてみて、そのメニューをみて、これとこれを組み合わせてやって欲しいなと思う。自分の中で統一された政治信条があるわけじゃないからね。

▽二大政党制か穏健な多党制か

成田　新聞は「政治改革は二大政党を目指すものだ」と書いているけれど、あれはどこから来ているんですか。

蒲島　選挙制度審議会でしょ。

成田　しかし細川内閣では一度もキャッチフレーズにしたことがない。細川護熙首相（当時）が言ったこともない。

蒲島　選挙制度審議会の最初ですよ。政権交代を目指すという。

井芹　「政権交代可能な政党を作り出す」と言っていた。

成田　でも、それは二大政党とは限らない。

井芹　それを言ったときにやはりイギリス、アメリカ型ということを言った審議会メンバーはいる。

早野　大勢はそっちでしょう。

蒲島　小選挙区制は確かにそっちに向かってはいる。

早野　だから「穏健な多党制」というのは面白かった。なんか調子が違うぞという感じでね。

成田　僕は並立制での比例の投票行動は小選挙区とは違うようになって、絶対、二大政党にならないと考えていた。

早野　内田さんなんかも二大政党制とまでは言わないけど、「二大勢力にはなる」と。

成田　二大勢力と穏健な多党制とは必ずしも矛盾しないんですよ。穏健な多党制の二大ブロックというのもあるから。

蒲島　穏健な多党制っていうのは、イメージとしては三つくらいの政党が軸になる。

▽「課税最低限」問題はプラスだったかマイナスだったか

井芹　先ほどの「政策は効果がない。お互いに似てきている」と言われたが、その辺はどうなんでしょうか。民主党がもっとアイデンティティーを持てる政策パッケージを出すべきじゃないですか。今回は「課税最低限の引き下げ」というピンポイントの政策に重点を置き過ぎたと思う。税の技術的な問題でもあり、増税ですからね。にもかかわらず、あれだけ支持されたというのは評価されるかもしれない。

蒲島　財政については皆不安なんですよ。あんなに湯水のように使っていいのかと。そこと共鳴したんじゃないかな。

井芹　方向は有権者の気持ちに合っていた。「自民党のように公共事業の無駄遣いをしたうえに、税も保険もまけますという政治はやめます。負担は求めるかもしれない」という政策は間違っていないと思うけれど、ちょっと技術的に踏み込んだのはどうだったか。連合も「唐突だ」と言うし、しかも党内議論があまりなくて最後の最後に出したという点もおかしい。

早野　もう少しダメージがあるかと思ったけどな。

井芹　そこは有権者の方がもう少し成熟していたかな。それ自体は争点にならず、自民党も結構利用しようとしたけれど不発だった。

成田　いや結構利用したんじゃない？

早野　利用したね。「民主党の奴らは貧乏人から税金を取る」と。

井芹　それを言うなら、「今後、政府税調にいっさい課税最低限の引き下げだけはやらせるな」と言いたい。

早野　本当にこれはどうなったんですかね。この分析はなかなか重要なところだと思うが。ある財界人に聞いたら「課税最低限の引き下げは明らかに若い連中にプラスに働いた。若い連中が一人前に扱ってもらってるというんで、プラスだった」と言うんだけれど、僕はそこまでは思えないんだ。

蒲島　そこにインプリケーション（含意）としてあるのは、クロヨン[注2]じゃないけれど、税金を払わない人がいっぱいいる。だからそういう人達にも払ってもらうというのが民主党的な立場ですよね。そこをきちっと明らかにしなかったから（うまくなかった）。

井芹　自民党は「課税最低限引き下げ」を批判するんだけれど、本当に狙っているのは結局、既得権益のある商店主とか、消費税でも益税になっている連中に対するメッセージですよね。

蒲島　都市度1（農村）の部分は固い支持だから、どっちにしても（自民党は）勝ったと思うけれどね。

早野　今回はね。

井芹　ただ、これは米大統領選でもそうだが、選挙で敵をつくるような政策は出せない。同じことでも敵をつくる言い方はできない。明らかに「農村から税金を取る」という政策はできない。「農村に分配する公共事業費を三割カットする」とかは都市向けにはよくても、多分そういう言い方はできない。

蒲島　それでも、選挙史上珍しいでしょ。野党が「税金上げます」なんて言ったのは初めてじゃないかな。

井芹　それで躍進しているっていうことは、やはりプラスだったという評価をしてもいいのかな。

早野　自民党の公共事業も利益誘導だし、貧乏人に税金をかけないというのも利益誘導なんだから、僕はそれじゃ負けちゃうじゃないかと。野中広務さんや亀井静香さんは必ずそこを突いて来ると思ったんですよ。

蒲島　あれは（議論として）だれましたね。

早野　有権者は基本的に「俺たちは負担するぞ。負担するけど、そのぶんしっかりやれよ」と、こういう発想に変わっていくとすれば、ものすごい構造変化なんですよね。それで、次は民主党が勝てるということになるわけ？

川戸　タイミングですよね。

成田　あれは鳩山さんがぽっと言っちゃって、党の中で大慌てして、辻褄を合わせて住宅ローン減税を出した。

蒲島　民主党のPRはうまくなかったですよね。

早野　局部的なごたごたはいろいろあった。しかし、そうやって出てきたものへの国民の反応は？

成田　選挙戦は完全に与党にやられたでしょう。例えば政権の枠組み論。「われわれが示しているのに、野党は……」と。

井芹　扇千景《おおぎちかげ》さん（自由党党首）の言い方はうまかった。テレビ討論で「われわれは政権の枠組みを示しているのに、野党の皆さんは示してらっしゃらない」と鋭く突いていた。

早野　それはまあ明らかだな。

成田　それから課税最低限を中心とする政策論が出てきたんで、神の国発言もどこかへ行った。多少、財政再建かどうかということが印象に残ったけれど、あとは論戦の枠組みづくりとしては与党にやられた。

早野　枠組みではね。それで（民主党は）自信喪失状態になったもんだから、終盤は菅直人もやみくもに挑戦的にやった。「野党の中で小選挙区の一番上にいる候補に投票してくれ」と。「民主党に」と言わなかったのが偉いね。

川戸　あれは偉い。「ナンバー2に是非入れろ」とですね。

早野　というのが人口集中度1と2の所で少し（票を民主党に）寄せたことは確かですよ。

蒲島　予想値通り自民党が勝ったら面白くないなと思ってたけれど、結果は面白いかなと思っている。

成田　投票所にもうちょっと行くかと思ったけれどね。

早野　僕なんかも世論調査が出たときは、なんだかつまんなと思ってさ。しかも投票日の夕方六時まではその世論調査の通りだっていうんだから。ところが出口調査で（違ってきた）。

成田　あれは朝日新聞の書き方ですよ。

早野　それから二時間で確かに変わったんですよ。

蒲島　それはＮＨＫを見てても分かった。予想と違うんだもん。

早野　夕方六時段階の各社の（調査結果）が回ってきた。皆似たように自民党が勝っていたんですよ。

川戸　それでもＮＨＫが一番厳しかったんですよね。

蒲島　あれでもう自民党は慌てたでしょ？

川戸　そう、二二〇を切ってましたかね。

早野　いや六時段階では確か二三七とかだった。それでもこっちのは二五〇だからね。

近藤　各コメンテーターは、六時ごろまででしたか、確かに自民党が勝つ前提で話していましたね。

井芹　いや八時までそうでしょ。

早野　八時になったとたんにＮＨＫが「自民党は負け」ということになって、それで僕らはどうなってるんだって慌てて聞いてみると「ああいう感じの傾向になってます」と聞かされた。

成田　僕は朝日ニュースターに出てたんだけれど、七時四十五分に始まって八時ですね。

早野　どうでした。

成田　朝日新聞の記者が「自公保ふんばる」と言っていた。僕は「そんなはずはない」と思ったけれど、出だしでは「とにかく投票率が低いから」と言うんだな。僕は「そんなこと言っても不在者投票が五・五％あるし、あと一時間に四～五％ペースで増えてるから、あと三十分間あれば違ってくる」と言った。結局そこに行ったんだけど。「投票率は六三％くらいじゃないか」とも言った。最初は四三％とか五四％とかの数字が来てたんだけれどね。

井芹　各選管発表の七時半現在投票率には不在者投票が乗ってない。

成田　七時半にきたのは六時現在のデータだからね。そのときに「六二～六三％じゃないですか」と言ったんだけれど、朝日の記者は「出口調査で自公保ふんばる」と……。

早野　あの段階では、そう言ってたかもしれませんね。

成田　それと当確の出方を見ると、自由党と社民党の当確がすぐ結構出たんですね。だから「はっきり系」が強いというのを言った。それでも、番組自体は朝日の出口調査結果に引っ張られたわけですよ。

▽「二人区」案の虚実

成田　ところで二人区（導入案）はどうなんですか？

早野　選挙制度ってことで？

成田　僕は中選挙区制の復活は都市では可能だが、地方にはいろんな事情があるから全体として絶対不可能だと思った。しかし、本当に政治っていうのは信用しちゃいけない。「地方は一人区のままで、都市部だけ二人区にする」という案が出ているでしょう。

川戸　平沢勝栄《ひらさわかつえい》さんはこの間「大反対する」って言ってました。

成田　反対の論拠は？

川戸　「選挙が終わって、自分達が負けたからといってルールを変えていいものか」という。

早野　都会だけ二人区というのは制度自体の合理性として成立し得るんですか。

蒲島　だから都市度3の選挙区だから、公明党の入る隙はないかもしれないけど、自民党にはある。

成田　自民党の中はどう？

早野　通らないと思いますね。基本的に選挙制度は、公明党が強く言ってるだけなんだ。

成田　要するに政治改革をやって、小選挙区の再区割りを乗り越えて初めて新制度は定着するんであって、そこが最大のハードルなんですよ。

蒲島　いま、世論が（二人区に）反対しなきゃいけないわけですよね。

早野　ただ、どんな選挙制度になっても、多少の選挙制度の合理性があれば負ける者は負ける。二人区にしたら民主党に二つとも取られちゃったりしてね。

成田　二人区になると、おおむね与野党一議席ずつとなって停滞の政治になるんですよ。

早野　それは別の意味でそうですね。

成田　朝日新聞もこの頃少しずつ並立制に理解が出てきた。

早野　いまからまた変えるのは党利党略が過ぎる。

成田　ただ小選挙区比例代表並立制では、社民党とか自由党は比例と小選挙区との重複候補で出て、小選挙区票を少しとれば復活当選できるんですよ。

川戸　今度一〇％条項に引っかかって落ちた人は一人だけ。自由党の候補でしたね。

成田　それで社民党の小選挙区で当選しそうにない候補がまた出てきたりする。何でかと思ったら、社民党は得票が低くても復活当選が可能だとちゃんとわかっている。そうすると野党の小選挙区候補者間の調整がうまく行かない。少なくともすごくめんどうくさい。

井芹　ただ自民党の方でも重複立候補制の活用はもう限界に来てる。コスタリカ方式で小選挙区からはみ出した候補などを比例名簿の上位に乗せすぎたから、小選挙区（で落選した）候補が重複で当選する余地が極端に少なくなった。

成田　だから、なんで二〇減らしたりしたんだということになる。

蒲島　どの党にとってもそうですよ。自由党だって二〇増えたら違っていたのに、分かりにくい。

成田　二〇減らしたから小沢さんが連立を出て行かないというわけでもないのに……。

井芹　何の意味もなかった。

成田　いや、国民にとってはいい。税金を減らすわけだから。

早野　ちょっとした公共事業程度だけどね。

（注1）反乱組　新しい自民党を創る会（石原伸晃代表世話人）。

（注2）クロヨン　課税対象となる所得の補足率がサラリーマンに対しては九割、自営業者は六割、農家は四割といわれる。

第一六章　森政権の本質は何だったか

報告者・早野　透（二〇〇一年一月九日）

森政権の安定と不安定　総選挙の結果分析までを前回までにやっているので、その後の森政権というと、第二次森内閣は「滞貨一掃内閣」と悪口を言われた十二月内閣改造までのつなぎということで発足したわけです。その内閣で迎えたのが秋の臨時国会という基本的な構図でした。なにぶん森政権は、総選挙で一応、(自民、公明、保守の与党三党で) 安定多数を取ったというものの、自民党が過半数を取れなかった。このため与党としては安定しているが、森喜朗さんが漂わせている雰囲気もあり、なんとなく安定感と不安定感とが混ぜこぜになっているような感じで、昨年（二〇〇〇年）の秋は推移した。

大きなトレンドとしては、明らかに自民党という政党が一九九三年以来、総選挙でも参院選挙でも過半数を取れなくなった。そのトレンドが変わらないまま来ている。基本的には自民党が「二十世紀の政党」として役割を終えつつあるのではないかというひとつの漠然たる思いの中で推移したわけですし、これにプラスして自民党の末期を飾るにふさわしい森さんというキャラクターが総理をやって、内閣支持率が著しく低いまま推移している。おおむね各紙の調査で支持率は軒並み二〇%を割り、一〇%台ということだった。この原因は、森政権の最初の作られ方として、やはり小渕前首相が倒れたということによる緊急事態ではあったけれど、そういう時の手続きがいかにもきちんとしていなかったことがある。自民党という政党のボス支配を端的に表した形で、森政権が国民の前に登場してきたわけだから、これをいつまでも引きずっているような気がします。

それから森さんの一連の失言は前回までに触れているが、「神の国」発言から「無党派層は寝ててくれればいい」まで、それから森さんの番記者とのいかにもトゲトゲしいコミュニケーションの雰囲気というのが森さんの内閣支持率の低迷につながっている。小渕さんと比較すると分かるが、小渕さんも最初は非常に内閣支持率が低かったが、番記者とのやり取りの中で彼が点数を稼いでいったということを考えると、森さんの資質・品位にかかわってくる。

いまさら森さんのことをあげつらっても仕方ないけど、この間の中川秀直《なかがわひでなお》官房長官の右翼交際問題や女性関係、覚せい剤疑惑など真偽のほどはわからないが、弁解のしようのない品位のないスキャンダルがあって、これでは支持率が上がるはずもない。象徴的だったのは森さんが中川さんを辞めさせた翌日に早慶戦の応援に行って、肩を組んで歌を歌っているなんていう事実があった。これはどう考えても、森さんはどういう人なんだろうということが、テレビ画面で国民に分かる形で現れたものだから、これは後に加藤さんの乱につながって行くわけですね。

恐らく自民党史上でも最低の状況で迎えた臨時国会だったわけですから、臨時国会の基本的スタンスは自民党崩壊を防ぐために、やれることは何でもやるというものになった。それが参議院の選挙制度、比例区を非拘束名簿方式に変えるということ。これは選挙制度を変えるやり方としては、いかにも乱暴。泡食ってやっつけてしまったということだった。しかし、野党も珍しく結束し、新橋駅前や渋谷駅前で各党首が肩を組んではみたけれど、こういうものは自民党が本気になれば通ってしまうという結果にもなった。

それから政策面では、亀井静香氏なんかがあらゆる政策手段——その中には逆方向のこともいっぱいあるが——これは参院選挙前に介護保険の保険料を猶予したり、選挙で負けてみたら今度は公共事業の見直しなど、民主党が設定していたテーマを横取りするというような形で出てくる。その後、平成一三年度予算編成まで続くんだけれど、今度は株価を維持するために株の持ち合い解消に対して、「売るな」と企業に要請したり、最後は新幹線予算ということになる。森さんが北陸新幹線予算を強く推進してしまったということが一番象徴的なことで、これらは恐らくこれまで自民党を支え、しかし同時に自民党を崩壊させてきたさまざまな政策手段を辻褄の合わないまま総動員するということではないか。これが森政権の、自民党の崩壊する最後の姿かなと思います。

加藤氏の乱　そこで起きたのが加藤紘一氏の乱。自民党の崩壊過程で、加藤さんはそれなりにインテリですし、それを理解できる。多少格好をつけることが好きな人だから、ばら撒き政策に対して財政構造改革などを唱えて出番を待っていたわけです。この時期、いろいろな所で自民党政権の崩壊につながる、国民の森さんに対するうっとうしい気分に対する反逆といったような動きと目される選挙結果が相次いだ。長野、栃木両県知事選と衆院東京二十一区補選です。いずれも無党派をバックにした候補が勝ち、民主党もはじかれたような形で結果が出る。

加藤、山崎拓氏を揺り動かしたものはそういうことで、森さんを甘く見たというか、「一刻も早く変わるべし」と。この臨時国会で野党が内閣不信任案を出すタイミングに合わせて加藤派・山崎派が賛成するという政党人としては非常手段に訴えて森政権を退陣に追い込んで、もちろん「次は自分がなる」と思っていた。そういう動きを示しさえすれば、これだけ森政権への国民の不満が高まっており、自民党内でも森さんを支えようという人は数えるほどしかいないという——これは多分に気分の問題だったが——そんな様子を見て取って、これはチャンスありということだったのでしょう。

しかし、加藤さんの判断のこれまでの政局と違ったユニークな所はとりわけテレビ・メディアと歩調を合わせてゲーム設定をしたということ。それから加藤さんの心理的なエネルギーになったのがメル友みたいな連中からくる激励のメールだった。これまでの政治記者が追いかけていたような政局とはちょっと違った様相で面白かった。でも、そういうことが、加藤氏がしかけた権力闘争にプラスだったかマイナスだったかという点では加藤さんも計算が立たなかったし、我々も結果から判断すると逆にマイナスだったのではないかということです。

加藤さんは「内閣支持率が低い森さんを支えるというのは限界がある」という問題の出し方をしたのだけれど、それが良かったのかどうか。これもまた珍しい。政局つまり権力奪取闘争の理由としてはどんなものかなと、疑問のわくテーマだった。支持率が低いのはよくないことに決まっているが、一種の大義として倒閣理由になるものかどうかは、加藤さんにも弱い所があったと思う。しかも内閣不信任案に賛成することを自民党を離党しないで行おうとした点、これも政党の基本原理からするといかにも理屈に合わない。ここも加藤氏の反乱の最終的なあいまいさにつながる。

にもかかわらず加藤氏はテレビやインターネットを通じて感じる国民の声、雰囲気、肌触りで自分で自分をかき立て、自分で突っ走って、森政権ならびに森政権を支える橋本派、亀井派、森派など数では圧倒的に多い主流派に戦いをしかけたわけだが、これは成算という点で、これは永田町的な権力闘争ととしては不用意というかずさんな戦い方で、加藤派自体が最後になって加藤さんに離反するということになった。加藤派の反加藤グループが加藤派加藤グループよりも大きくなってしまうという破滅の形で彼の反乱は潰える。内閣不信任案を審議・採決する本会議に欠席という形で挫折したわけです。

加藤さんの応援に回った山崎拓さんは加藤さんの先走り政治行動を非常に危惧してみていた。確かに一種の奇襲なわけですからね。不信任案に賛成するという行為をあまり最初から言いふらせば、当然それに対する巻き返し、主流派による切り崩しに大いに時間的余裕を与えるわけで、多数派に対して少数派がしかけて権力闘争で勝とうという時には桶狭間（的な戦い方）をやるわけだから、よほど戦略・戦術を練っていかないといけない。そこがテレビやインターネットといった開かれた政治の場とはそぐわなかった。そこの仕分けや区分けが出来ていなくて加藤さんは自滅してしまったと思うわけです。

加藤さんを敗走せしめたのはいうまでもなく野中広務幹事長で、加藤さんの判断を聞くなり「かわいそうだな」と言ったという説もあり、「補正予算案がかかっているときに政治センスがない」と。これは本当にそうだと思う。臨時国会で補正予算案を審議しているが、これは宮沢さん（蔵相）という、加藤さんの親分が提出しているということはちょっとした彩りにすぎないけれど、やはり与党が予算案を通そうとしているときに反乱を仕掛けるというのは成功率は低い。なおかつ次に内閣改造が近づいているという人事の時期。誰だって加藤さんがどうなろうと「自分が副大臣とか政務官になった方がいい」と思っている人が多いわけで、それが自民党的な体質なんだから、そういう意味では加藤さんの政治観というか政治的人間観というものにはおめでたいものがあったのだろうかと思わざるを得ない。

加藤さんの反乱が失敗した以降はくっきりと情勢が反転する。宏池会の分裂。二、三日前の加藤さんのホームページを見てみると、「人工眼というのが今度の予算で成立した」と書いてある。目の不自由な人に陳情されていて、「これからのテーマは人工眼だ。これを自分は政治家として一生懸命、活動して何億円の予算がついた」なんて書いてあるわけです。それはいいけれど、「それなら加藤さんのもう少し大きな意味の政治行動とどうつながっているのか。小じんまりと自民党の予算要求政治家をやっていればいいんじゃないか」となるわけで、加藤さんが心構えを入れ替えて、改めての再出発が望まれるわけですね。

結局、この正月は誠に平穏に過ぎて、しかも森さんという首相でこんなにも穏やかに過ぎてしまうことは、誠に恐ろしいというか、笑ってしまう政治状況だということですね。年を越してどうも「森で行けそうじゃないか」という雰囲気が自民党にある。まだ何日も経っているわけじゃないから分からないけれど、参院選挙まではとても降ろせないというところですね。天安門事件もそうだし、加藤さんの場合もそうだけれども、一つの判断に失敗すると自分たちが先ず壊滅してしまう。一つのチャンスを成功させられないと十年延びてしまうという感じがするわけです。

いずれにせよ自民党の内部改革は絶望的であるというのが、少なくとも野党の見る加藤氏の乱についての見方であり、客観的に見ても恐らくそうなんでしょう。そこに森さんという非常にぴったりのキャラクターがいて、それを象徴しているということなんだと思う。

小沢氏の野党論　それでは野党はこの事態を受けて、どうするのか。結局、自民党で自己改革ができないとすれば、民主党を中心として自分たちが政権を取るということでしか、森さんさえ辞めさせられないことになる。

次なる政権争奪という観点からのテーマは、野党の選挙協力ということになるわけです。もちろん民主党が中心で、野党第一党・民主党は少し迷う所があると思うんだが、むかし社会党の土井ブームのときもそうだったけれど、民主党が大きくなって自民党を倒すのか、ほかの野党と応分の協力をしつつ倒すのか、これはひとつ野党第一党特有の選択肢があるんだと思います。ただ、そうはいっても民主党は国民にしっくりときていない。森さんはダメだけれど、それじゃ鳩山由紀夫が首相にふさわしいかというと、とてもそうは思っていない。絶対だめだとは言えないけれど、どうも（鳩山首相を）想像できないというのが現状であって、それも含めて自民党を倒すのは野党協力以外にないということですね。

そこのところが一番はっきりしているのが小沢氏で、彼というか自由党はとにかく「明治維新と同じで理屈を言わずに自民党を倒す。それを果たしてから次にどういう政権を作るか考えるべきだ」と。小沢氏が言うには「世間には二つ間違いがある。これはマスコミのみならず経済界も皆そうなんだが、野党が自民党と戦うのに『共通の政権構想を持つべきだ』という議論があるけれど、これは全く不必要である。これは明治維新のことを考えれば分かるじゃないか。国会を作ったり天皇のあり方まで想定して維新をやったわけではない。もう一つは政局安定論。野中氏が退いた後の古賀（誠）新幹事長がその点を言い始めているのは『政治の安定・政局の安定がなければ経済の安定もない』と。これを言えば永久に自民党政権でいろという話ではないか」というのが小沢氏の議論。

これではもっと大きな政治構造の改革は永久にできないというわけです。非常にマイナーに「政局安定」と言うのは、自民党五五年体制のときにはそれがキーワードだったという話にすぎない。俗耳に入りやすい政権構想がないじゃないかという野党批判と、政局安定が必要という与党のレゾン・デートル。そんなものにとらわれるのはおかしい、というのが小沢氏の議論です。

この十年も決して「失われた十年」なんてものじゃないけれど、国民がなお迷っているので本格的な変革ができなかったということなのでしょう。そこで端的な話、選挙協力をすれば自民党に勝てるということで、小沢氏がいろいろ動き回っている。しかし全体のバランスから見れば、民主党がどう伸びるかであって、民主党の鳩山さんという人が民主党を率いて自民党を倒すというにはいささかの力量不安があります。彼自身がリーダーシップ型のリーダーになるのか、マネージャー型のリーダーになるのか、というところで、リーダーシップ型・小沢さん型のリーダーになりたいというところまではいいんだけれど、「集団的自衛権を憲法に書こう」なんていうところでリーダーシップを発揮しようとしたものだから、話がこんがらがって、それじゃ止めようということになっているわけですね。いささか稚拙な状況です。そういう中で選挙協力ができて行くのかどうか。技術的な選挙協力だけではなく、野党選挙協力が生み出してくる政権交代の気運というものをどうやって作れるのかどうか、ホットなものにできるかどうかということが、これから六カ月間の勝負なんでしょう。

政治決戦の場　政治決戦は参院選挙というわけで、何はともあれ天下分け目です。これで与野党逆転すれば、法案は通らなくなるから野党に主導権、ヘゲモニーが移って、次の総選挙を早くやろうということになって、次の総選挙で政権交代を実現しようということになる。逆転が実現しなければ、与党としては自公保の体制で、あと三年たっぷり与党体制を維持しようということになっていくわけです。

政権交代が視野に入ってくるかということになると、まさに分かれ目はこの参院選挙。その数はいくつかというと、与党の目標は六四議席。六〇が非改選で残るということで、六四足して一二四議席をなんとか取ればようやく過半数になる。六四取れるかどうかというと、与党の中の公明党が選挙区で五つ、比例区で一〇〇〇万票取ると議席は九つくらいになる。そうすると合計一四になる。しかし、これまで公明党の最大獲得は七七六万票だった。そうすると六～七議席ではないか。八〇万票で一議席ですが、今度は非拘束になるから、この辺の計算がさっぱり分からない。

共産党は「党名を書け」と打ち出しているけれど、党名を出すと序列がつかない。比例区の上からの当選順位が決められなくなるから、共産党の候補だって実際には「党名を書くより、自分の名前を書いてくれ」と言うにきまっている。だって（得票が）上に行かないと自分が当選しないわけだから。同じ比例区で順番が決まっているわけじゃないので、個人名の投票の順になるわけでしょ。いくら共産党みたいに団結が強いといっても、「私じゃなくてあの人でもいいです」というわけではない。「あの人が入るよりは私が入った方がいい」と思っているわけだから、基本は「私に入れてくれ、名前を書いてくれ」という原理で動くんだと思うんです。確かに（共産党のような）超・組織政党はかえって戦いにくい面もあるなとは思うんだけれどね。実際の選挙戦術がどうなるのかよく分からない。

保守党は扇千景党首が通るだろう。しかし、せいぜい二つかな。すると公明・保守が合わせて一四取れれば自民党は五〇でいい。五〇くらいは行きそうな気もするけれど、ここが問題だな。前回も前々回も四〇台の議席ですよ。比例区では、自民党は新進党に負けた。「何であれだけしか取れなかったのか」と逆に思うくらい自民党って取れなかったんですね。今度は、比例区は個人名だし選挙区でも複数区は皆一人に絞って言っている。前回は共倒れが多かったのが予想外に減った理由の一つだったんですね。いずれにせよ自民党は前回の参院選挙でも「強い。強い」と言われていて、実際そういう世論調査結果もあったんだが、票として出るのはガタンと少なくなるということだから、自民党も当然のことながら非常に恐れているわけでしょう。だから（勝敗ラインを）比較的低い設定にしておけば大丈夫かなと思っているわけで、そうすると、まあまあ勝つと森政権が続くこともあるわけですね。でも、そこまでは議論し過ぎだな。一応以上です。

▽森政権はいつまで粘るか

井芹　当面の経済予想なんですが、いまガクンときそうな気運もある。株価・円とも急落して「三月危機説」もある。それによって「森政権の命運が……」ということにならないか。

早野　ここからが森政権（の正念場）だな。一つはスキャンダル、一つは経済。

井芹　例えば問題は「加藤氏の乱」の終わり方ですよ。というのは、自民党の内部改革の出口がなくなってしまった。加藤さんが負けて、負けたなりに除名問題などあるにしても、「次は加藤」の選択肢があれば、「森がだめなときには加藤で行くよ」という選択肢ができたかもしれないけれど、今はもうなくなってしまった。加藤さんも当面はつぶれた。それが全く出口のない森政権となる。さっきのなんとなく平穏に森政権が続くというのは、一番まずい形でしょう。選択肢がある中で、森政権に代わるものがあればいいんだけれど、民主党はまだずっと後ろの方を走っているし、それ（政治状況）が非常に経済情勢に反映しているんじゃないですか。

曽根　三月政変説、すなわち自民党大会を前倒しして、森さんを代えるという「総裁選前倒し説」は、ほとんど消えたわけですよね。

早野　もともとないんだ。前倒しするには森首相が退陣をOKしなければならない。そうなれば、すぐ総裁選をやらなければならないというだけの話だ。

曽根　（森政権危機の）ありうる可能性としては、経済問題の方が大きいと思いますよ。

成田　ただ田中角栄以後、自民党の総理大臣が辞めたのは、ほとんど選挙に負けた責任を取ったのと総裁選に出馬しないというケースだけですよ。

早野　あとはスキャンダルだね。竹下登さん。細川護熙さん。

井芹　経済政策とか政策上の引責というのはないということですよね。

成田　自民党では田中角栄と竹下登を除くと、あとは選挙敗北か、総裁選不出馬かです。鈴木善幸、宇野《うの》宗佑《そうすけ》、海部俊樹、宮沢喜一、橋本龍太郎。だから特に森さんみたいに粘り強い人間の場合、辞めさせるのはやはり総裁選の前倒ししかない。だから唯一の可能性は三月党大会で総裁選の前倒しをできるかどうか。
早野　理屈の上ではね。
成田　それに森派がどう抵抗し、亀井派がどう考えるかということですよ。
早野　前倒しする大義名分ってありますか？
成田　何もないでしょう。
早野　つまり森さんを辞めさせるためだけに前倒しするということですね。それはなかなか難しいんじゃない。
成田　大義名分は私も思いつかないんだけれど、辞めさせる唯一の方法は総裁選前倒しだけですよ。私はずっと以前から「参院選挙は森さんでやるだろう」という流れで言っていますから、加藤政局とか何とかは、私に言わせるとあぶくみたいなもんだが、唯一可能性があるとすれば、総裁選の三月前倒し。それを自民党がやれるかどうか。
井芹　三月十三日の党大会というのは、国会審議の関係で言うと、予算案が衆院を通過して参院にまだかかっている状況だと思うんですよ。成立はしていないと思う。
成田　それはいいんですよ。
井芹　それは憲政の常道から言って、予算案を出した内閣を自民党の都合で総裁選を前倒しするというのではあまりにもご都合主義だな。
成田　もちろんそうだけど。
井芹　予算案という政府として信任を仰ぐ最優先のものを出している。
早野　でも今や憲政の常道もへったくれもなくなっちゃったんでしょ。
成田　三月危機説の根拠は？　どうして四月、五月じゃなくて三月なの？
井芹　党大会を三月に設定したからです。
川戸　（党大会を）設定したときには、まだ経済危機は関係なくて、設定し終わってから「三月決算期で日本の経済がおかしくなる」というのが出てきた。今回、党大会を設定したとしても、（経済情勢とは）全然関係ないという話ですよね。その前にアメリカの経済もクラッシュして、日本の経済が本当に悪くなったら、どうにかするんでしょうけれど、そういうときは逆に党大会を開いて総裁選をするとか、そういう（悠長な）ことではなくて、総意で森さんをどうにかするしかないわけでしょ。
早野　そういう意味で三月三十一日に森さんが急に辞めるっていう説もあるけれどね。そうすりゃ、株価が上がる。
成田　そういう説は常に出るけれど、現実問題としてそういうことはあり得ないですよ。
早野　おっしゃる通り。
川戸　だからもう皆、森さんで仕方がないと……。
成田　「十二月に辞める」とか、「野党の不信任案の採決前に辞める」とか、そういう説が流れるけど絶対あり得ない。

唯一あるのは総裁選の前倒し。

早野　それさえ森首相を辞めさせるという合意がないと成り立たないわけで、本当に針の穴みたいなもんだよね。とにかく森さんのような能天気な人の場合は……。

川戸　（物の道理が）分からない人ですからね。

早野　強いよね。従来にない総理大臣ですね。

川戸　だから皆「森さんで参院選を戦わなくていけない。そのため、どれだけマイナス点を少なくするか」ということで、一生懸命やっている。

成田　なりたくてなった人じゃないからね。辞めないんだ。

早野　なりたくてなった人じゃないって？

成田　手を挙げてなったわけじゃないからね。

早野　それはそうだけれど、「俺でもなれちゃう」という嬉しさがあってなったわけだからね。

成田　なったら、ただ後はなっているというだけの人。

早野　後は、政策も何も丸投げですね。

井芹　首相になりたいというだけの人であって、首相になって何かをやりたいという人じゃなかった。

近藤　総理大臣の職責というか重みを全然感じていない。

井芹　だから料亭にばかり行くわけだな。

近藤　あれね、結構、皆が金を払って、彼が金を払っているわけじゃないんだって。

▽テレ・ポリティックスをどう見るか

曽根　ちょっと一点。加藤さんの話のときにテレビ・メディアという話があったんですが、田原総一朗の役割っていうのは、この中で議論したことがないんですよね。このテレビ・メディアの流れの中で田原総一朗の番組（テレビ朝日）に、加藤と野中が出てきて加藤がひるんだというか、ためらったでしょう。あれが流れが変わった一つの転換点だったと思うんです。田原総一朗は早野さんのコラムに突っかかってましたけれど、逆にいうと、田原総一朗の役割はどう見たらいいのか。つまりテレビの司会というか、キャスターがあれだけ政治的なことにコミットしてしまっていいものかどうか。政局を自分の判断で動かしていいのか。

川戸　たぶん彼は自分を司会者だとか公正中立の評論家だとか思っていなくて、自分は演出家であって、テレビを見る人にもそう受け取って欲しいと思ってやっているんじゃないですか。逆にいえば、それに乗った政治家も愚かだと思いますね。

曽根　あれは、ああいう番組なのね。

川戸　私はそう思います。冷静に聞いていると、実際、野中さんなんかはそういう言質を取られてませんよね。逆に加藤さんはあの場であおられたというか、もうちょっと冷静になればよかったんじゃないかなと思います。やはり野中さんは冷静だったし、加藤さんはその点に関してはしたたかさが足りなくて、ポロッと言ってしまった。

近藤　直接、田原さんのことについてではないのですが、加藤さんは、どうも「ロバはもう弱っていて、ワラを一本のっければ、ロバは倒れる」と思い込んでいたのではないだろうか。野党と組むというイメージが膨らまされてしまったけれど、実際はそこまでの局面に至らずに、自民党の多くの賢人たちによって、「椎名裁定(注)」に似た裁定がなされ、自らが首班に指名されるだろう、と考えていたのではないだろうか。田原さんは、加藤さんに「政策を打ち出せ」と言っていた。確かに加藤さんがそれなりに政策を打ち出していたら、マスコミも大きく取り上げたでしょうし、若手代議士の動きももっと盛り上がって、勢いづいたことでしょう。しかし、加藤さんは政策など打ち出せない。宮沢蔵相主導のもとの補正予算案を否定できないのですからね。このような状況下で、テレビやメールという開かれた世界で、どんどん、加藤さんは自らの意図とは違った方向に押し流されてしまった。結局、田原さんの役割は、「加藤さんは野党と組むというイメージ」と「加藤さんは補正予算案を否定し、彼独自の政策を打ち出さなくてはならないとのイメージ」を大きくしたということではないですか。

成田　実際は違うんだろうけど、野中さんが「いずれ森さんは辞めさせる」と言ったような印象になった。

川戸　「野中さんと手を組みなさい」というイメージに田原さんは持っていった。

成田　悪い持っていき方だな。それで仕掛けられたとか、はめられたという話になっているわけね。

早野　政治的な位置付けとしては、椎名裁定を田原裁定にイメージしたわけですよね。加藤さんは筑紫《ちくし》哲也《てつや》さんの番組（ＴＢＳテレビ）に最初出て「入閣しない」という、まあ穏当なのろしを上げた。

川戸　私は、ただそれしかやりようがないと思っていました。

早野　今度はニュース・ステーション（テレビ朝日）の久米宏《くめひろし》に積み木で（賛否のシミュレーションを示して）「なんだ、やらないんですか」と馬鹿にされたから、九日の渡辺恒雄氏らとの会で発火しちゃったわけですね。そこまでのプロセスには田原さんは関与していないわけですよ。

川戸　田原さんは一番最後ですよ。

▽加藤氏はなぜ「保守本流」にこだわったか

成田　加藤政局に関して、私はわりあい発言しましてね。事前に朝日新聞（十一月十九日付）で「見えぬ加藤氏の青写真」と否定的な、冷たいコメントを出した。電話の談話を記者がまとめたんだけれど、記事はずいぶん冷たいトーンになっていたんで、私自身びっくりした。しかし、考えてみると確かに冷たいことを言ったんです。一緒に並んでコメントした田中秀征さんは「保守本流の行動は迫力が違う」とか言ってたんで……。

早野　まずかったかな。

川戸　でも、田中さんは、加藤さんと同じように保守本流の育ち方をしたから、ああいう風に考え、感じてたんじゃないですかね。だって最後の最後になって「小選挙区制は恐ろしい。幹事長の権限がこんなに怖いとは思わなかった。公認までされないということはどんなに大変なことか分からなかった」というのは、やはりちょっと私達の感じ方と加藤さんとは違うなという感じですね。

成田　田中さんは、確かにあのコメントでも「(私は)この政局に高望みはしていない」と言っていて、後になって、自分の言っていたことを「当たった」と総括しているんだけれど……。

早野　そこでは当たったんだな。

成田　それはともかく、終わってから朝日ニュースターで感想を言った。いろいろ考えたんだけれど、最初の一言は「もったいなかった」と言ったんですよ。それは自民党にとっても、代替選択肢であったものをもったいなかったと。要するに全く無駄であったと。最終的な結論はそうなんだけれど、最初から私は「これはものにならないな」と思っていた。加藤さんがそう思っていたかは分からないが、加藤さんがこういう戦略に走ったプロトタイプは、海部内閣・経世会に対してYKKで団結したら海部首相をひきずり降ろすことができて、宮沢内閣をつくったということなんですよ。

早野　それがありますね。

成田　ところが、それと比べると状況と構造の違いがある。状況の違いというのは、あの時は総裁選だった。自民党の中の話。今度は不信任案で野党を巻き込む形だったというのが大きな違い。あの時のYKKは青年将校としてやった。これは派閥のリーダーを突き上げて動かすには非常にいいポジション。今度は派閥のリーダーになってしまっていて、俺はリーダーなんだと派内の連携を取らないでやったものだから、後ろを見てみたら誰もついて来ていなかった。

それと根本的なのは構造の違い。自民党政権で派閥が切磋琢磨していた時代と比例代表並立制になって党の執行部が権限を握って、派閥が活力を失っている構造との違いです。この違いを加藤氏がきちんと見ていなかったというのが本質的な間違いだと思うし、さらに言えば自民党全体の活力の問題。さっき早野さんが自民党の役割の衰退と言われたけれど、自民党全体の役割が衰退してきた中で、ああいう行動を取っても時流に乗らないという時代認識がなかったように思う。保守本流に彼はずいぶんこだわった。コメントにも書いたけれど、いまの時代、それにどれほどの意味があるのか。いかに力説しても国民の共感は呼ばないと思う。

早野　なんのこっちゃってもんだね。

成田　それで加藤さんのホームページも見ました。マスコミではもてはやされたけれど、僕は逆のイメージを持った。ホームページも内容がない。「今日も遅くなって疲れているけれど、一生懸命メールを読みました」とか「がんばります」とかね。ビジョンについて言っているのは「小渕さんと総裁選を争ったとき、私は構造改革について言いました」と、それをリフレインしているだけ。あれがインターネットを使った新しい政治だという印象は全く持たなかった。

早野　やはり詰まるところ加藤さんは読み違いをしたわけだが、確かに近藤さんが言われるように、自分が声をあげることによって不信任案採決以前に自民党が変わるという見込み違いですね。それは確かにそう思っていたな。

近藤　成田さんが指摘されたように、加藤さんの派閥イメージは、中選挙区制時のそれから脱しきれていない側面がありますね。おかしなことに若手にも誤解・思い込みがあった。それも旧来の政治力学に基づいたものです。つまり、加藤さんに最後までついていった若手たちは、「野中、青木幹雄、小泉純一郎さん達と加藤さんは話がついている」と思い込んでいたそうです。そんなことはないと知っていたのは、加藤さんから軽んじられたと受け止めていた人たち、つまりは袂を分かった人たち。宮沢さんも、加藤さんに激怒していたようですね。さかんに反・加藤的な電話をかけまくったとのことです。

早野　政局のプレイヤーに構造的な理解がない。確かに成田さんのような深い分析でなくとも、派閥の彼我の力量についての計算間違いが加藤さんにあった。関連して、田原さんがテレビ・メディアでどう動こうと自由だけど、少なくとも正確にやり取りしてくれなくちゃいけない。あの時、別に野中氏が「総裁選繰り上げ」なんて約束しているわけでもないのに、約束ができたように加藤さんに話し、加藤さんもパニックになってしまったみたいで飛びついちゃったわけだ。その部分は単に政局の混乱だけなんですよ。要するに正確な認識でやり取りしてくれれば、田原氏がジャーナリストとして出過ぎたなということがあっても、それは視聴者が判断するからそれでいいんじゃないか。

高橋　さっき青木さんの名前が出ていたけれど、決起表明の前に青木さんや橋本さんと加藤さんは会ってるんでしょ。そこで加藤さんはなんか早とちりしたんですかね。

早野　だろうね。

川戸　やはり橋本派言語は加藤派言語と違ってるのに、それを加藤さんは理解できなかった。

高橋　そこで誤解したんじゃないですか。会った直後から元気が出ちゃったですもんね。

近藤　誤解といえばそうだね。あのとき野中さんは田原さんの質問が正確に聞き取れなかったから、あいまいに答えたんですって。それが反響が大きかったんで、森さんに謝って、なおかつ否定談話を出した。

川戸　（番組後の）ぶら下がりで野中さんは記者さん達に「そういう意味じゃない」と既に言っていましたよ。

早野　意味が違うよ。あの番組の中だって、田原氏が「それじゃ明日にも森が退陣表明をして」なんて言ったのを「何を言っているんですか」とすぐ否定していた。森首相には「やらせることはやらせなくちゃ」と。この「やらせること」というのが、いかにも橋本派というか田中派の系列の意識の表われなんであって、そういうリアリズムなんだから加藤さんは全然、高下駄をはいているんですよ。

曽根　全体の構造変化と状況変化の把握ができていたら、もっと違った行動ができたろうというのはその通りだと思う。ただ加藤さんの言っていることを積み重ねていくと行動の変化が分かっているような発言もある。だからこそ、（最後に）保守本流に戻っちゃうというところが分からない。保守本流というのは永田町の話でね。自民党の中の話。保守本流が成り立つためには基本的に自民党が議席の過半数を取って、国民の支持を得てて、もっと言えばキャッチ・オール・パーティーだからその中のメーン・ストリームは意味がある。構造的にはそうだった。

こう議論してくると、自民党はもはやキャッチ・オール・パーティーではなくなっているが、政権はまだ失わないという状態ですね。しかし、戦後の日本において、自民党による一党優位制（Predominant Party system）あるいは包括政党化（Catch all Party）がなぜ可能だったかということは、興味のある問題です。いくつか条件が考えられる。例えば（高い）経済成長を続けていたとか、冷戦時代には日米関係が良かったとか、あるいは政治的には選挙制度が中選挙区制だったとか。あるいは国民の（自民党）支持率というか、（自民党に）投票してくれる人がいたから政権を続けていた。何も投票する人をだましていたわけではない。それから相対的に野党が弱かった。

ところが、経済成長と冷戦構造が外れて、選挙制度が変わった。相対的に野党が弱いところだけがそのまま。それで、内閣支持率と政党支持率は違うが、一番肝心の国民の支持率は低い。そうであるにもかかわらず、自民党政権が続いているというのは説明するのが非常に難しい。本来ならこれだけ条件が崩れていたら、それに代わる野党勢力なり、民主党なら民主党が政権を取っても構造的にはおかしくない。民主党が流れを理解してたかどうかわからないけれど、加藤さんはその流れを（正確に）理解していたなら、取るべき行動はかなりはっきりする。

早野　それは、つまり離党・新党結成ということでしょ？

曽根　そう。

早野　でも保守本流というのは一種の郷愁で、彼は何かもう……。

曽根　そこへ戻ろうとしている。だから流れを理解した上で、こっちに乗ろうとは……。

早野　乗ろうとしない。

川戸　だから流れを理解してるんだか（分からない）。

▽内閣機能強化でリーダーシップを発揮できるか

曽根　省庁再編で内閣機能の強化をしたことは触れておかなくていいんですか。実は今後、選択肢になってくるのは「首相公選制」でしょ。首相公選の議論以前に現在の議院内閣制で内閣機能をすごく強化した。省庁の数を減らしたことよりも、内閣機能強化の方が意味があるんです。

早野　そうですね。

曽根　首相がその気になれば相当使える制度なんです。だけど使うかどうかは、森さんではちょっと分からないが、使う人が出てくれれば、機能させようと思えばできる。さっき重量級の内閣と言ったけれど、制度が変わったので、へんな大臣は置けなくなった。やはり橋本を連れてこなきゃいけないし、川口順子《かわぐちよりこ》は留任させなきゃいけないし、大蔵大臣は宮沢さんだということになった。あの中で今までの基準でいって大臣になったのは、笹川《ささがわ》（堯《たかし》）さんくらいでしょ。

井芹　昔は大臣の三分の一くらい、派閥順送りの人がなってもよかった。

曽根　今回はその余地がない。それだけ変わったのかもしれない。

成田　それと橋本内閣で財政構造改革が失敗して、小渕内閣で景気対策優先に転換をした。やはりあの路線転換が非常に安易で、政策論議の蓄積が足りなかった。単純に「こっちがダメだったから、あっち」とか言うのでは日本の政策的議論の蓄積が足りなすぎる。

早野　そう言われればそうだな。

成田　財政構造改革じゃなければ景気だというだけではね。やはり財政構造改革をしながら景気をよくするにはどういう手順を踏んでやっていくか。それはわれわれも含めてかもしれないが、日本の政策論議の貧困だね。

早野　国会でいっぱい議論しているようだけれど、何もしていないんだな。

成田　してないですよ。むしろアメリカからの要求の方が本質的。だから経済政策だってまたおかしくなりかけていて、結局、経済構造改革が進まないことでこうなったとすれば、小渕内閣が注ぎ込んだ百何十兆円のカネというのはいったい何だったのか。

井芹　今まで一党優位制の下では審議したフリ、譲歩したフリをして作られた芝居をしていたんだけれど、本当の意味での政策論争をお互いにしようという気が実はなかった。与党内で議論して決めたらそこから通すだけ。（国会を）自動法案製造装置にしてしまう。それが竹下派による国会運営の最上の方針であった。しかし、本当はそこで反対意見や問題点をぶちまける。それが議会の機能であり、そうしておけば政策決定した後も、問題点が出てきたときには、戻ってやり直しできる。貧困な議論しかないから戻れもしないし、やり直しもできない。あるときは景気対策に流れ、あるときは財政再建とか、一方通行（の議論）だけ。アメリカだとシンクタンクがどっと発言する。千差万別の発言があって、アメリカの政権は一番賢明な所を取るか、取らないかの選択ができる。そこでまさにリーダーシップが要求されるわけで、日本では、今のところ議論がない中で選ぶんだから、別にリーダーシップも何もない。発揮しようもない。

曽根　財政構造改革と景気の二分法は間違いなんです。両方やる方法はある。小渕内閣の時は金融信頼秩序が壊れたんです。だから景気回復じゃなく、信頼秩序回復なんです。それをしなくちゃいけなかったのが不充分だったために、いまだしこりが残っている。銀行はまだあと二〇～三〇兆円（の不良債権）を償却しなければいけないでしょう。その問題はアメリカの株価が下がったりすると、絶えず起きてきて、日本は（株価が）一万二千円を割ると銀行の含み益はなくなってしまう。

早野　だめだね。もう。

井芹　二十一世紀初頭を迎えても、展望がないような気がする。

曽根　問題はかなり分かっているのに、やるかやらないかの決断ができないんですよ。

井芹　一応、省庁再編で内閣の機能は強化されて、やれる基盤はできたんだけどね。あるいは選挙制度改革で政権交代可能な政党が主体になっていくのか。

早野　やはり最後は国民でしょ。

川戸　参議院の選挙がまずは天下分け目。

成田　参院選挙で野党が逆転しても衆議院を解散に追い込むということはできないですよ。それは逆転したって、参議院の野党を何とか取り込むでしょう。

早野　まあ、それはいろいろな方面がまたあるんでしょう。

成田　ひっくり返ったら、ますます総選挙なんてできない。

早野　そうは言っても、野党側が（解散・総選挙に）追いこむチャンスは増えるでしょう。

成田　それがいいかどうか分からない。

早野　そう言えばそうだけどね。

成田　衆院議員は四年やるんですよ。四年の間に野党は次の代替案を用意する。「政局だ。政局だ」と騒がない方がいい。自民党に責任を持ってやらせてからですよ。

早野　そのうち皆飽きちゃったりするよ。

川戸　小泉さんなんて「自民党は振れるところまで振れて負ける方がいい」と、心の中では思っている。

早野　だから、それはどちらがいいか分からない。四年経って溜めておいたら（自民党が）大負けするかもしれない。

▽中選挙区制復活を政治改革という三百代言

曽根　もう一つ言えば、第二次森改造内閣は、言ってみれば重量級を集めたわけです。重量級というよりも、橋本とか宮沢とか総理経験者。重量級であるというのは、戦艦大和じゃないが、大砲が二門あって、着弾距離は長いんだけれど、本格的戦闘を一度もせずに沈められた、あの大和、武蔵の二の舞いではないかと。

早野　戦艦大和の最期ということになるのかどうか。

曽根　逆にいうと、橋龍さんというその気になっている人がいるんだから、森さんとしてみれば、（よかったのかどうか）分かりませんが……。

早野　このあり様は、ほとんどグロテスクですね。

成田　それだけじゃなくて、森総裁、古賀幹事長、村岡総務会長、亀井政調会長でしょう。往時の自民党と比べて、個個人を批判するわけじゃないけれど、キャスティングが全然違うという感じがしますね。

川戸　イメージ的にね。テレビにあの顔が並んだら、これはちょっと違うなと。

井芹　田舎芝居みたいになっている。

曽根　キャッチ・オール時代の自民党は、もう少し幅があった。古い時代を純化した形で、森さん、野中さん、青木さん、それをもっと悪くした形で亀井さんとか鈴木《すずき》宗男《むねお》さんとかいるわけです。

成田　一言、つけ加えておきたいのは、この間の古賀幹事長の中選挙区制復活論。彼の言い方では「政治の安定のためには既存の政治制度・政治構造を墨守するのではなく、思いきった改革が必要だ。この際は思いきって中選挙区制も視野に入れて検討すべきだ」という。彼の言い方だと、中選挙区制に復活するのが政治改革で、並立制を墨守するのが守旧派なんですよ。自民党の三百代言はいろいろ聞かされたけれど、シロをクロといい含める、これほどの発言というのは初めて聞いたね。

早野　それは非常にうまいよね。

成田　これが大自民党の幹事長の発言ですよ。

早野　古賀さんという人には、改革という時代認識はないと思いますよ。

成田　政治改革を一生懸命やっていたら、いつのまにか守旧派にされてしまった。思いきって中選挙区に変えるのが政治改革であり、墨守を脱皮する道なんだと言われるまでになっちゃった。さっき自民党は高度成長期のシステムだって言ったけれど、それとリンクした中選挙区制とそれを基盤とする政治構造が今なお根づいているわけです。本当に並立制が定着するためには、選挙区の再区画ができて初めて可能になるんだから、まずそれを成し遂げることがもっともベーシックな日本の処方箋だと思う。政治改革以後の進み方は方向としてはだいたい想像した通り。一つの誤算はこれほどテンポが遅いとは思わなかった。

早野　明らかに自民党一党優位じゃないわけですよね。

成田　一党優位体制はますます解体してきている。さっき曽根さんは「なお自民党一党政権」と言ったけれど、もう単独政権ではない。自民党一党じゃもたないわけで、支えている政党がいるから、それが離れればひっくり返る。その構造はますます進むから、そういう方向に行くのはこれからの日本を考えた場合、自然な方向です。一口で言うと政権交代可能な政治ということなんだけれど、国会の制度とかは一党優位制を前提にして、そのポジションを保ちながら野党に譲りながらという国会運営がまだ残っていて、本当に対等な政党が競争し合うような仕組みになっていない。そういう意味でまだまだ改革すべき点はあるわけで、そういう改革を進めて行くことが古賀幹事長のいっている改革とは違う真の改革だと思う。

▽民主党は生活感覚を持てるか

早野　それで、新しい政治はどこから出てくるわけですかね。

成田　だから小沢さんの言ってることが当たってるかもしれない。「とりあえず幕末だ」とか。

曽根　幕末というのは、幕府と同じ対称形を作るんじゃダメなんですよ。

川戸　そうですね。全く新しい違った形が必要ですよね。

曽根　政権構想論とか政局安定論とかは、与党と同じ形。シャドー・キャビネットというのも（政権側と）同じ形をこちらに作るということで、それではダメなんです。非対称じゃないと。

早野　なるほど。

川戸　鳩山さんの人気が出ないのは、まさにそこなんですね。ある意味では考え方とかが同じような形ではある。菅さんならまだ（違います）ね。

早野　自民党がこうだから、こっちはこうだというのではダメなんだな。

曽根　問題があることはかなりの人が気がついているけれど、（気がつくだけじゃなくて）それを言葉にするのが政治なんです。野党の役割としては、どんな言葉で語るかなんですよ。

成田　だから、民主党には生活感覚が足りない。「憲法だ。分権だ。国家だ」なんて一般国民には関係ない。そうじゃなくて、やはり生活感覚を持った政策を出して行かないと。それは民主党も気がついてきていて、今度はだいぶ生活感覚も入ってきている。公共事業の問題で野党共闘を作ろうとか。

曽根　そもそも政治の選択というのはものすごく高い買い物なんですよ。比喩的にじゃなく具体的な額として。

井芹　何百億円とか、何千億円とか。

曽根　そういう話ですからね。

川戸　新幹線も作られてしまうし……。

曽根　個人で買うものとして普通いちばん高い商品は住宅を除くと車ですが、例えば生命保険の方がトータルに払う額は大きい。それでも普通、生命保険で月何万円とか払うのは全然高いと気がつかないわけですよ。ところが、税金や社会保険はそれと匹敵するか、それ以上の額を支払っている。ものすごく高い買い物を本当はしているんですが、そういう高さには国民は気がつかない。生命保険並みのものを買っている。自動車どころじゃないんです。

成田　橋本内閣の後、小渕内閣で政策転換してから一〇〇兆円以上、赤字国債が増えているんだからね。

曽根　国民一人八〇万円くらいの借金。

成田　恐ろしい話だな。

早野　小渕さんも、よくそれだけ借金したもんだな。

曽根　それに財政構造からいったら、毎年三〇兆円は赤字が出ることになっているわけだから、三〇兆円余計に支出をするようなことになってしまった。

早野　えらいことだな。

▽新しい政治の芽はどこに

井芹　今の政治の新しい流れは、北川正恭三重県知事のやり方のように、政治の手法そのものを変えていくことじゃないですか。行政評価制度をやり、県民と対話しつつ、二〇〇件の補助金を切ってしまった。

近藤　その意味では、新しい政治の流れは地方から始まるというね。

早野　その方が正しいな。

成田　長野、栃木両県知事選、衆院東京二十一区補選ね。おたかさん（土井たか子）の「山が動いた」という一九八九年の参院選挙の激変も、参院補選の岩手ショックから始まった。あれも社会党、要するに野党が勝ったんですよ。今度は野党がパッシングされている。そこを民主党も反省しないといけない。曽根さんが言ったように、自民党と対称形でないものが必要でしょう。民主党も一緒になって整備新幹線に乗っかっているようではダメです。構造的に自民党なり与党と全く違うものを出してこないと。

そもそも民主党は常に、二つの問いに答えなければならない。一つは自民党ないし今の与党とどこが違うかという問い。もう一つは民主党はばらばらではないか、どこに統一の軸があるのかという問い。その説明を作っていくことが民主党の課題だし、鳩山さんの仕事だと思う。

早野 それも結局は一つのことだな、言ってみれば。

成田 例えば鳩山・横路（孝弘）論争にしたって、憲法改正や安全保障で議論しているけれど、もう一歩根源にさかのぼれば、歴史認識として「先の戦争は侵略戦争だった」という所では共通認識がある。じゃ、その共通の認識をまず確立することが大事だと思う。その上で、日本はどうしたらいいのかという共通のものを作っていくことが、民主党にとっては大切だろうと思うけれど、そういう作業をやっていない。

早野 なるほど。

井芹 そういう点では土井さんと小沢さんの話の方がもっと根本に触れている。憲法九条改正や集団自衛権なんていうものは、先の話であって、大本の歴史認識から来る「不戦」ということを確認した後にやればいい。

早野 要するに、それはたいした話じゃないということかな。

井芹 今日、早野さんが「ポリティカにっぽん」に書いていたけれど、そちら（歴史認識から来る不戦）の方を根本にすべきでしょ。鳩山さんが言っているのも、今から戦争をしようというのではなくて、単に自衛隊を動かすために制限的な国軍を作るということ。例えば徴兵制を敷かないでやって行くために（憲法改正が）必要であるというのは、かなり法技術的な先っぽの話。根本は、もっと前の所だ。そこをはっきりさせた方がいい。それは細川さんの時の戦争責任発言です。あれはものすごくアジアに反響した。素直に出た。それを村山さんも踏襲したけれど、そこに立ち返るべきだろう。それ

早野 大きな共通基盤と枝分れした対立点とある。やはり大きな共通基盤から考えればいいわけで……。

成田 そこを民主党として出していく必要がある。それから鳩山さんが「自分はマネージャーじゃなくてリーダーだ」と言うのは、リーダーの定義もいろいろだけれど、鳩山さんとしては何か理念を出して引っ張って行くということなんだろう。リーダーとマネージャーの違いは、マネージャーにはマニュアルがあるが、リーダーにはマニュアルがない。単に新規のものを言い出すのがリーダーの仕事じゃない。マニュアルのない状況でそれをまとめるリーダーシップも必要ということだと思う。

早野 そうですね。つまり党首というリーダーが何かっていうと、党内の……。

成田 やはり総合力の発揮なんだから、何が大事かっていうと……。

川戸 この指とまれって言った時に、みんなが止まってくれないとね。

早野 集団的自衛権なんて党内の議論よりも、やはり党をまとめて政権を取ることが大きなリーダーシップなんだ。

成田 鳩山さんは「それはマネージャーの役目だ」と言うけれどね。

早野　そうじゃないですよね。これこそリーダーですよね。

成田　マネージャーは小さいことをやって、リーダーは大きいことを言うという考え方じゃ間違える。今、何が一番求められているかを見抜いてそれをやるというのがリーダー。

曽根　自民党がキャッチ・オールでなくなったという流れでいくと、自民党を支えていた所の米屋とか酒屋とかのビジネス・モデルはセブン・イレブンやローソンに変わったわけですよ。いちばん保守的な所でさえ経済や社会の変化で変わった。田舎でさえセブン・イレブンになった。セブン・イレブンは看板であって、個別に商売をやってフランチャイズに入っている。しかし、政治の世界では業態転換をまだやっていない。依然として後援会方式。対抗する民主党や野党もビジネス・モデルを開発していない。（野党の）政治家も皆フランチャイズ方式でしょ。「民主党」という看板で顧客を集めてくるだけだ。ところが政党つまり個別の政治家は、自分の商圏で商売するビジネスがまだコンビニ方式に転換していない。もっといえば、大量販売をするんだったらユニクロみたいにあのくらい画期的なことをやらないと無理なんです。ビジネスの世界に比べて（政治の世界は）技術革新が非常に弱い。これは前から繰り返していることだけれど、（野党にも）チャンスはあるはずなんですよ。

早野　何か、がーんとディメンジョン（次元）が変らないといけないわけだよね。しかし、それはどうもここでの括弧つきの「政治」の場では突破口がなくて、加藤さんは頑張ったけれど、茶番みたいになって、とても及ばないなというものだった。結局、選挙しかないわけですよ。選挙で思い切って皆がひっくり返してみないと。先日、新聞に『宝島』の広告が出ていた。「今年の夏はハワイにも行かず、軽井沢にも行かず、選挙に行きましょう」というのが出ていた。「二十世紀に片付けきれない問題がまだいっぱいある」というもの。

曽根　『宝島』は、ITについても両面広告をやったんですよ。「本当に革命をやっていいですか」と。本当にやらなければいけないことがたくさん書いてある。『宝島』は森さんのIT革命に対してチャレンジしたんですよ。

成田　いずれにしても自民党を支えているのは今なお高度成長期のシステムなんですよ。やはり日本社会が高度成長期の仕組みから脱しきれていない。転換しきれていない。先進的な企業がストラクチャー（構造）を変え、それなりのことはやっているけれど、地方を含めた日本社会全体として、高度成長期のようなパイが増えてそれを分配するという仕組みは脱しきれていない。右肩上がりの経済は止まって、これで終わりだろうと思ったら、今度は赤字国債を発行しながら分配を続けているっていう始末。それはいつまでも続かない。いくらなんでも限界です。死者に鞭打ってもしょうがないけれど、佐藤誠三郎氏の「新一党優位制論」で、第四十一回総選挙が終わったとき「日本は再び自民党中心の一党優位制に戻る」と言っていた。大嶽秀夫《おおたけひでお》氏だって同調したが、そんなことはあり得ない。やはり自民党システムというのは高度成長期システムなんだからやがて崩壊していく。いつまでも続かないことはわかっているけれど、今日・明日の生活はどうしたらいいんだという国民のためらいもあるから一気には崩れない。それでもこのままやって行くと、ますます世界との落差が開いて国家の債務が拡大していくばかりでパンクするのは見え透いている。それをどうやっていくのか。二十一世紀を迎え、これからがまさに政治の正念場ですよ。

（注1）椎名裁定　一九七四年十一月の田中角栄首相退陣を受けて、椎名悦三郎副総裁が後継総裁・首相として、党内で反主流派の立場だった三木武夫氏を指名する裁定を出した。

第一七章　小泉政権誕生で政治の流れは変わるか

報告者・川戸恵子（二〇〇一年五月二十三日）

去年（二〇〇〇年）の加藤政局が終わった後、森政権で参議院選挙を戦うとみられていた。ところが、今年に入ってから、あれよあれよという間に状況が変わり小泉政権が誕生した。そこで急きょ小泉政権誕生について、その軌跡・事実関係を報告することとしたい。

参院選まで森体制の思惑外れ

加藤政局では、あの有名な映像にもあったように期待がポシャンとしぼんでしまい、国民のフラストレーションは非常に大きかった。不信任案は否決されたが、あの時、野中さんが言った「否決は森首相の信任ではない」という言葉などから「いったい政治とは何なんだ」という、もやもやした思いが有権者の中に充満していた。

一方、あそこで加藤さんを完全につぶした野中さんは、参院選に向けて橋本派一派支配体制の構築にかかる。野中さんは幹事長を退き、古賀誠さんにバトンタッチした。これは加藤派を分裂させて古賀さんをヘッドにした別働隊を自分の傘下に置こうということだった。橋本派については、今まで野中さんが仕切っていたわけではなくて、田中派以来の伝統があって、野中さんがなかなか派の幹部として君臨するわけにはいかなかった。そこでこれをいい機会に野中さんは橋本派の事務総長に就任。さらに党の行革本部長に就任して、官僚を抑えて参院選の勝利を目指す体制――マイナス点の非常に多い森首相でも負けない体制にして、参院選で勝ってしまえば衆院の任期はあと三年あるから選挙をしないで済む。そこで橋本派の一派体制で思い通りにやろうという布陣を敷いた。

3Kプラス2K噴き出す

森さん本人もそのつもりで、一月一日の公邸での新年会でも「私が参院選を戦う」と言明している。ところが昨年暮れからくすぶっていた3K問題（KSD、機密費、景気）が一月になって急浮上する。KSDに関しては一月十六日に村上正邦さんの懐刀といわれた小山孝雄《こやまたかお》元労働政務次官が逮捕され、その逮捕に伴って橋本派が次期総理候補として担ぐべきエースとしていた額賀福志郎経済財政担当相が、防衛庁長官の時に続いて途中辞任した。KSDからの金を秘書が預かっていたとされる件である。一月三十一日から通常国会が始まり、二月二十六日に「参議院のドン」

といわれ、森首相を生んだ五人組の一人の村上元労相も逮捕ということになった。

もう一つ、外務省の機密費問題も暮れからいろいろやっていたが、一月に急に噴き出してきて、国会での追及などを受けて、一月十五日、外務省が警視庁に松尾克俊《まつおかつとし》元要人外国訪問支援室長を告発し、松尾室長自身は三月十日に詐欺罪で逮捕された。景気も次々と暗い話題が起き、しかも米国の景気がどんどん失速して、昨年〇・五％利下げしたが、また今年になって再利下げした。それを受けて東証も一時一万三千円割れと、バブル後の最安値となった。

そこまでは森さんは、ＫＳＤ問題自体には関係していないし、機密費も外務省の問題で、森さんは外相もやったことがないから自分自身の問題ではない。そういう意味で自分の問題ではないから逃げ切れるつもりでいたが、そこに起きたのが二月九日のえひめ丸の事故だった。この時、森首相はゴルフ場にいて、第一報が入ったにもかかわらずゴルフを続けた。この時から国会も有権者もマスコミも辞めろコールがいっせいに噴き出す。これがいわゆる3Kプラス2K（危機管理とゴルフ会員権の無料借用）ということ。問題が5Kとなってからの国会の追及が厳しくて、さすがの自民党も森さんでは参院選は戦えないということで、森降ろしに走る。

野中擁立論に青木氏の壁

ところが実際に森降ろしができるのは四月になってからだった。なぜこんなに時間がかかったかというと、表面上は予算と予算関連法案が通るまでは国会をごたごたさせたくないということだったが、実は森さんの後に誰を担いだらいいか、橋本派が非常に迷走した。野中さんは「自分は二〇〇％総裁にはならない」と明言したものの、自公保にとっての野中さんは大事な人であり、また実力者を表に出したいということで「野中担ぎ」が始まる。先ほども言ったように参議院で勝てばあと三年は衆院（の任期）があるから、「野中首相」は今回が最後のチャンスだった。その先は年齢もあり駄目だろうということで何とか野中さんを押し立ててという勢力が動く。

橋本派がまとまれば勝てるから、橋本派が誰を選ぶかというのが非常に重要になってくる。それではじめは野中さんの目が出たが、これには橋本派のもう一人の雄、青木幹雄参院幹事長が大反対する。もともと野中―青木の二本柱といっても、青木さんの方は、田中派以来の竹下派出身で、自分こそが正統派、野中さんは後から出てきたと思っている。野中さんにとっては、青木さんはたかが参院議員ということで、必ずしも仲はよくない。青木さんの表向きの理由は、要するに「野中さんが首相候補になると、参院選で絶対に負ける」と。もし負けた場合は青木さんも野中さんも責任を取って辞めなければならない。そういうことで、青木さんは野中さんに大反対する。橋本さんについても「いまさら」という声も多かった。青木さんが次に考えたのは小泉さんだが、小泉さんは郵貯問題を引っ込めることに対してイエスと言わず、小泉さんをあきらめる。

第三の候補つぶれ橋本氏に　一方、第三の候補として麻生太郎、高村正彦《こうむらまさひこ》、平沼赳夫《ひらぬまたけお》を担いで世代交代をしようという考えも浮上した。野中さんにしてみれば院政を敷こうという思惑もあったのだろう。最終的には麻生さんを森首相の後継に就けて、という腹があったようだが、これは麻生さんが問題発言をしてしまい麻生構想もつぶれた。堂々巡りでまた野中さんに戻ってくるが、野中さんを立てたい公明党・保守党・堀内派・古賀幹事長――本来、幹事長は誰をどうなどと言わないが、幹事長自ら野中さんを押した。鈴木宗男氏が根回しして若手議員に野中さん擁立の声を上げさせた。これは総裁選告示の前日まで続く。

ところが、「それでは参院選は勝てない」と青木さんが大反対して、行きつ戻りつした揚げ句、行き詰まって橋本さんに行き着いた。ある意味、野中さんは「橋本さんは最終的には受けないだろう」と踏んでいたところもあったが、橋本さんはやる気満々で結局「私が受けます」となった。最後になって各当選回数ごとに若手の意見を聞いても橋本さんを推す声はゼロということで、橋本さんを立てたところでなかなか大変だとは思ったが、そこは数の力で押しきれると踏んでいたようだ。

一方、江藤・亀井派は、はじめは様子見だった。亀井静香さんは政調会長だったが、あわよくばこれで幹事長が狙えると考えた。一番高い所に自分を売ろうということで、橋本派につくのか小泉さんが立てばそこにつくのか右往左往する。いちばん最後に、橋本派の候補がなかなか決まらないうちに、中曽根さんが自分の存在誇示のためか、平沼さんを擁立しようとした。ここまでは「亀井さんを総裁候補に」ということは一言もどこからも出ていなかった。中曽根さんとしては、いい機会だから平沼さんに次の江藤・亀井派をと思ったのだろうか。ここで「亀井君。君も出たまえ。江藤・亀井派の存在を示すためにも出たまえ」ということで、結局、亀井さんも自分が手を挙げざるをえない状況に追い込まれた。亀井さんが野中さんに電話をかけて「おまえのところがもたもたしているから出ざるをえない状況になった」と言った。

麻生さんについては、野中さんたちが担ぐというのはだめになったが、世代交代を狙う若手から「是非出てくれ」ということで、最後は高村派が人を貸して推薦人を集めて出馬になった。

本選挙負ければ離党の覚悟　小泉純一郎・ＹＫＫの動きだが、小泉さんに対しては今回、森派の若手や中堅層から強い待望論があった。この前の加藤政局後の反応を見ても、橋本派一派支配ではこの自民党は持たないということから小泉擁立論が非常に高くなった。はじめ森首相は、自分が辞めたあとも橋本派との関係を良好にしたいから小泉さんの登板には否定的だった。小泉さん自身は、相手が野中氏だったら戦いがいがあるということで、出たい気もあった。しかし一方で、三度目の立候補だから今度も負ければ政治生命は終わりということもあって、じっと状況を見ていた。山崎拓さんと加藤さんは反攻の最後のチャンスだと思って一生懸命けしかける。そこに乗ったのが田中真紀子さん。田中推薦の影響は非常に大きくて、その後の世論の盛り上がりはご存知の通り。

いちばん最後になって、やはりYKKは話がまとまって小泉さんが立つと決心したときは、「予備選で負けても本選挙では橋本派の数に負けるだろう。そのときは自分たちの真意を通すためにもYKKで離党して新党を作り、民主党との連携」という覚悟を決めていた。堀内派は亀井さんが立った後、堀《ほり》内光雄《うちみつお》さんが「私も立つ」と言ったのだが、古賀さんや池田行彦さん、丹羽雄哉さんという親野中派がこれをつぶし、堀内さんは無念の断念をしていち早く橋本さん支持に回った。

橋本派の誤算　そこで総裁選になだれ込むが、ここで橋本派の誤算があった。今回の総裁選に関しては参院選に勝つこと、その前の都議選に勝つことが地方議員や参議院候補にとっては至上命題である。だから「予備選をやって自分たちにも発言のチャンスを与えろ」という（地方の）声が非常に高くなった。橋本派も最初は時間的な余裕を理由に「そんなことはできない」と言っていたが、森首相を産み出したときのような密室批判を避けるためにも、「開かれた選挙」が至上命題で、その辺をどうするかというのを中心に考えた。最終的にこのくらいだったら橋本派が業界の締め付けも可能だし、勝てるということで、一県で三人とし、都道府県連代表を全部で一四一人にした。橋本派は、六〇万人の七割が職域党員で、そのうちの七割が橋本派系列だから、その辺を取り込めば三票のうち二票は取れるだろうということで勝てると踏んだ。

しかし、県ごとに予備選をすることを認めてしまった上に、その結果は一度に発表されるのではなく、その県連にまかせた。逆にいえば県連に任せることによっていくらでもいろんな操作ができると橋本派は踏んだのだが、結果はまったく逆で、県連ごとのやり方でやったことが順次三日間くらいにわたって発表ということになった。アメリカのように前の結果を見て投票する。それからそこで勝った人が三票総取りする。そこが今回は小泉さんに有利に働いた。小泉さんは、取れるはずがなかった佐賀や長崎でまず一位を取って三票持って行った。それから福岡でも古賀さんと麻生さんの地元だから取れると思っていたのが、劣勢の山崎さんが頑張って小泉さんになる。こういう結果が出ると他の県でも「やはり小泉人気はすごい」となって、自分たちの推す候補が参院選に勝つためには、小泉さんに入れたほうが有利という心理が働き、予備選の結果は小泉さんが四一都道府県で一位。八七％も取って勝ってしまった。

それでも国会議員の票は橋本さんが多いし、亀井さんがどちらにつくかで違ったはずだが、やはりその人気を見た中曽根さんが「小泉さんにすべきだ」ということで亀井さんの知らない間にそういう流れができ上がってしまって、結局、亀井さんは降りることになり、江藤・亀井派は小泉さんに投票することになった。堀内派もそれまではいち早く橋本支持だったのが自主投票と態度を変えた。もともと態度を決めていなかった高村派もほとんどが小泉さんに投票ということで本選も雪崩現象を起こし、小泉さんが二九八票を獲得して第二〇代の自民党総裁になった。

　それで小泉内閣が誕生したわけだが、それは「驚天動地の組閣だろう」と小泉さん本人が言うように脱派閥の組閣となった。まず党三役人事で政調会長に平沼さんをという一本釣りの人事をやったが、これは江藤・亀井派の江藤隆美さんの怒りをかって断られた。それならと、ぱっと麻生さんに切りかえる。これを見ると、「組閣が今までとは違うぞ」というムードができあがる。それに乗って小泉さんはもうひと押しということで、すべて官邸で組閣人事を行って山崎幹事長も「俺、聞いていない」、各派の代表も「俺は知らない」ということで、私たちマスコミも右往左往したくらい、今回は分からない組閣人事だった。結果として、できた内閣は民間三人、女性五人、再任が七人だったが、ある意味では仕事師内閣であり、新鮮な内閣という評価をもって迎えられた。

　その中のアキレス腱は、田中真紀子さんの外相起用とアッと驚くお年寄りの塩川正十郎さん（七八歳）の財務相起用だった。これは既に予算委員会などでいろいろ追及されている。また「聖域なき構造改革」を旗印にし、盛りだくさんなテーマを打ち出しているが、具体策はというとまだなかなか見えてこない。これからの課題である。

各派の収支決算は　派閥の収支決算だが、橋本派の常勝神話がここで崩れて負け組に転落した。このままメルトダウンするのか、それとも参院選候補は橋本派が多いから、ここで勝った後にまた反攻を始めるのか。小泉さんは対立する勢力を際立たせれば自分の世論の支持率が上がるということが分かっているから、それに着手していて、例えば道路の特定財源の見直し。これは橋本派の権力の牙城だが、これに手を突っ込んで行こうとしている。それに参院選候補に橋本派が多いということで、ここでも「派閥離脱」を言っている。そして勝てるのだったら二人を擁立して反橋本派の候補を出したいと言い出していて、あちこちで軋轢を起こしている。

　哀れなのは江藤・亀井派で、亀井さんは出馬したものの、最終的な本選挙では辞退させられた。揚げ句に「平沼政調会長」も取れなかった。森派は一応、小泉さんを出した派閥ということだが、集団指導体制でと思っていたのが、森喜朗さんが派閥の会長に復帰した。これは橋本派と組んでどうにかするのか、これは両刃の刃《やいば》だろう。山崎派は幹事長を獲得したからプラス。加藤派は小泉さんが本選挙で負けてＹＫＫ新党を作ろうと思っていたのが、まったく構図が変わって、いまや小泉さんが総理。しかも加藤さんは内閣に入らない状況だから、そこは参院選がダブルになるかどうかも含めていまじっと状況を眺めているところ。堀内派は、以前は橋本派別働隊として位置付けられていたが、小泉支持に寝返って総務会長を獲得している。ただ、ここは古賀さんがしっかりと押さえているので、古賀さんが相変わらず野中さんべったりで動くのか、次のそれなりの動きに出るのか要注意。旧河本派は麻生さんの推薦人になって最終的には小泉さん支持に多数いった。以前と同じように小派閥のメリットを十分に生かした。

さて興味の中心はこの後、参院選がどうなるのか、衆参ダブル選挙になるのか。これまでをみると、小泉さんはむしろ自公保にこだわらず、公明を切りたいと思っているところがあるので、ここらでダブルをやって民主党と組む余地があるのかどうか。[注1] 参院選そのものは過半数に自公保で六四議席必要ですが、中途半端な数字なので苦労するのではないか。そのへんもどう考えているか。皆さんの分析をうかがいたい。

支持率の話を全然しませんでしたが、支持率が軒並み高くてTBSの世論調査では九一%まで取っているし、国会中継が面白くなって、この視聴率が一三・一%までいっている。コマーシャルも好評ですが、九一%も支持率がある政権を危険視する声もある。

欠席された曽根先生から小泉政権に対する、次のような評価が寄せられています。

小泉政権に対する曽根評 小泉政権の誕生は予想外のものだったが、本人も総裁選での勝利は考えていなかったのではないか。それゆえ総裁選の主張は目一杯のもので、敗北後をにらんでの主張だったと見た方がいいだろう。その主張の特徴は、きわめて抽象的なものだということで、それは本人が意識して行ったものと思われる。

基本的な小泉戦略は、永田町、党員・党友、国民と三層に分けると、国民に訴えかけることによって予備選挙での勝利を考えるものだった。実際には予備選では各県の総取り制ということもあり、一二一票と圧勝し、国会議員での選挙でも有利に進めることができた。何ゆえ支持が集まったのかは、(1)自民党的体質の欠陥をつき、(2)今まで先延ばしされてきた不良債権処理や構造改革など、いわば自民党にとっての「自己否定」の主張であった。それは国民世論では当然としても、何ゆえ党員・党友、特に職域党員が投票したのかを明らかにする必要がある。何となれば、彼らが小泉戦略の自己否定の政策では最もダメージを受ける層だからだ。

当選後の小泉首相は、派閥人事を排しての組閣、道路特定財源のような平成研究会（橋本派）の既得権の牙城などを攻める方法は、予備選挙中の戦略と同様の方法を取っている。しかし、集団的自衛権、靖国参拝、首相公選などになると、議論の詰めの甘さが露呈している。ただし、政治的直感はあり、「言ってはならないこと」は巧みに避けている。

内閣支持率の高さはいわば世論のうっぷん晴らしの感があり、また、何らかの期待感を抱かせるところは、細川内閣と似ている点がある。細川さんが首相として初めてライフスタイルを売り物にしたとすれば、小泉さんの変人としてのライフスタイルも今では売り物になっている。

今後の参議院選挙後をにらんだ政局予測としては、小泉人気はそうは衰えないのではないだろうか。しかし、小泉政権をめぐっては与党内に矛盾が多数あり、それは、今の小泉人気では明らかになっていないことである。いずれにしても、小泉政権が擬似政権交代だとすると、民主党はじめ野党の立場がなくなる。参院選挙での自民党の勝利は自民党内の既得権派の生き残りにくみすることになるのか否か、日本政治全体としてもパラドックスを抱えている。

▽小泉政権は細川政権に似ているか

井芹　小泉政権は、内閣支持率の高さからいっても細川政権に似ている。標語やキャッチフレーズとしても「改革」という点で非常に類似性がある。もちろん細川政権が七党一会派の連立政権で、しかも非自民政権だったのに対して、小泉さんは自民党の上に乗っかって「改革」を掲げたという違いがある。成田さん、どうですか？

成田　似ているところと、非常に違うところがあるけれど、細川さんの方が政治家としてはオーソドックスだった。ただ、細川さんも時代の変わり目らしい既存の判断基準を超える発想があって、確かに個人商店を旗揚げしてあれよあれよという間に政権を握ってしまった。細川内閣は三八年ぶりの政権交代だったが、細川総理が誕生してからの人気ということで、一段ロケットだと私は言っているんです。これに対して小泉さんは総裁選挙プロセスでの人気の沸騰ということもあって、これは二段ロケット的な人気。そういう意味で小泉内閣の支持率が細川内閣を超えるのはある意味で当然じゃないか。

全体を通じて思うことは、やはり政治というのは常に政治学者の手許の分析の道具を超えるところがあって、私は予備選挙の始まる頃には「ひょっとすると小泉総裁になるかな」という気になっていたけれど、昨年の加藤の乱の前の時点では「森内閣は参院選までもつだろう」と思っていた。理由は二つあって、一つは首相を辞めさせるのは簡単なことではないという実感的な判断、それと森さんの後になってもたかだか参院選までで、今なっても損だという合理的判断が働くんじゃないかという気がした。ところが「首相を辞めさせるのは難しい」という点は、野中さんの知恵なのか、総裁選の繰り上げという信じられないような手を使って実現してしまう。

田中角栄以後、現職の首相が辞めたのは、竹下さんのような例外もあるけれども、死去か選挙に負けたか総裁選出馬辞退かのいずれかです。そうすると参院選前に辞めさせるには、総裁選を前倒しし、かつ総裁選に出馬させないというパターンしかない。そういう信じられないような手で仕掛けてきた。これは野中さんがやったのかどうか知らないが、最初の点はクリアしたわけです。

二つ目の「今なっても、参院選後に退陣では損だ」という点。本当は加藤さんなんかに当てはまったんですが、加藤さんは全然そこは気にしなかった。成功しませんでしたけれどもね。小泉さんも本気で政権を獲りに行った。というのは、政権争いというのは先のことなど考えずに、いつでもすさまじいエネルギーが発揮されるということです。既存の常識、少なくとも政治学者の常識の尺度を超えるところがあって、政治というのは非常にダイナミックなものだと今さらながら思い知らされた。政治が変わる局面ではやはり常識なんていうのはかなぐり捨てないと政治は変わらないし、常識なんていくらでもかなぐり捨てられるんだということは、知識としては分かっているつもりだったんですけれどね。

組閣だって常識を超えていて、さすがに変人でなければできなかった。そういう意味では細川内閣はもっと常識的な内閣だったから、この高支持率はやはり「変人支持率」ですよ。ただ国民が熱烈に支持するだけのマグマがたまっていたということは、やはり基本的な状況としてあったわけです。大きな問題設定として、なぜ小泉さんが総裁選挙で勝ったかという問題は非常に重要だけれど、本来「そういうことがもっと早く起きるべきだったのに、なぜ今まで起きずにきたのか」ということの方が、ある意味で日本の政治分析としてはオーソドックスなんじゃないかという気がする。

それは橋本派支配だとか自民党が政権からの転落を防ぐために手練手管を弄してきたというが、その中で野中さんに代表される主導権を握った人たちが言ったことは二つあった。一つは「このままでは日本は大変なことになる」と言った。二つ目は「自分たちは身も心もボロボロになりながらやって来たんだ」と言った。逆にいえば、この二つしか言わなかった。「日本をこういうふうにしたい」という話は彼らからついぞ聞かなかったんです。そういうことで、これまで変化を抑制・抑圧してきて、それによってマグマがたまっていたわけだけれど、そのマグマを「変人」が動いて爆発させ、それによる人気が人気を呼んでいるわけでしょう。

▽小泉支持と自民支持は別もの

井芹　世論調査で「嫌いな政党は自民党」という回答が、大きな集団に膨れ上がっていたけれど、これが小泉政権誕生で今はどうなったか。これは状況が激変したような気がするんですが、どうでしょうか？

蒲島　『論座』の「自民党の拒否政党化」の記事が出たの

が二〇〇一年三月の初旬で、それで自民党の若手には危機感が稲妻のように走った。今まで「嫌われている」なんて思ったことはない。自民党は包括政党ですから、嫌われるような政党ではなかった。公明党とか特定の支持基盤に支えられていると、他から嫌われやすいけれど、自民党のような包括政党が嫌われるのは相当な現象。それに対する危機意識が党員や議員の間に共有された。

小泉さん自身も『論座』を読んでコメントしていますが、「もう後はない」と。結局、あの段階で自民党の中でサバイブする（生き残る）というチョイスを小泉氏本人が捨てたんじゃないかな。だから巨大な自民党の本流、自民党の支持基盤を相手に対決する覚悟を決めたのではないか。そうでないとあのような悲壮感は出てこない。先ほど川戸さんも言われたけれど、ＹＫＫは「負けたら民主党といっしょにやるんだ」という覚悟が強かった。自民党を否定することによって自分たちが浮き上がってくる構図。そういう意味であの（小泉氏の）戦略はまさに「自民党を捨てた。自民党の支持基盤を捨てた」という都市の逆襲みたいな強さがある。

総裁選の過程をテレビで見ることによって、本当は自民党員しか参加してないのに、有権者が「自分も参加し、自分が（小泉政権を）産んだんだ」という母親のような錯覚を起こした。なぜ国民的な人気が九〇％近くいったかというと、母親的な錯覚なんです。その強さが今でも続いている。

小泉政権の選挙に対するインパクトは三つあると思う。時間的なインパクトと自民党支持に与えるインパクト、もう一つはその方向性みたいなもの。時間的なものに関して言えば、都議選・参院選まではもつような気がする。第二の点では、小泉人気は自民党支持に直結していない。これは当然です。小泉氏は自民党を否定しながら自分だけ上がってきたんですからね。しかし、一〇％近く自民党支持が上がったのは、柔らかい保守層が「自分は自民党支持者だ」と安心して言えるようになった。自民党支持者の七五～八〇％が自民党に投票するというのが今までの経験ですから、この支持の拡大は自民党にとってのプラスは大きい。一方、無党派層は基本的に反自民的な雰囲気があるが、小泉さんに対しては強く支持している。無党派層の七五～八〇％が民主党に行ったときに、民主党が初めて勝つんであって、五〇—五〇では自民党が勝つ。

それから方向性。確かに無党派層や自民党支持層に対してはプラス。しかし、公明党と自民党の選挙協力にはマイナスに出てくると思う。小泉さんと公明党は仲がよくないというより、小泉さんが掲げている政策が公明党が一番に嫌うようなものだ。それと構造的に公明党が影響力を発揮できるのは自民党だけではマジョリティーを取れない場合だから、衆院選のときほど自民党べったりになってフル・サポートするとは思えない。

自民党は勝つと思うけれど、その勝つ基準がどこかということがある。勝つ基準には二つゴールがある。九五年の参院選と九八年の参院選では自民党が四五、四四それぞれ取っている。これが参院選の自民党の通常の実力だが、これを超えることは間違いない。当然それに勝利すると言える。しかし改選議席は六一ある。これはどこからきたかというと新進党や無所属からどんどん入ってきて、実力以上に水ぶくれしている。これと比べて、六〇議席以下で、例えば五五人だったら、マスコミは「自民党敗北あるいは減退」と書くだろう。前現有議席がゴールになってくると、勝負は非常に厳しいと思う。

『論座』七月号で発表する世論調査を是非読んでほしいのですが、小泉人気と自民党の体質への嫌悪感というのはまったく別です。自民党の嫌な所を拒否することで（小泉支持が）上がってきたのだから、そうなる。小泉さんが参院選の比例区で出たら圧倒的ですよね。それができないかぎり、業界団体出身候補の名前を書かせるわけで、それでは六一議席はクリアできないかなという感じがしている。

▽地方の三票と総取りルールが決め手

川戸　いま、小泉さんに皆が結構言っていることは、「衆参ダブル選挙にしなさい」ということなんです。ダブルにすれば、まず参院も少しアップするから、その意味では参院選挙区で二人目を立てられる。そのときに小泉シンパの人を取ろうというのがひとつ。なおかつ衆議院だといま落選している元衆院の候補なんかは捨てて、新人や「小泉新党」の人を立てられる。かつ定年制をきちんとすれば幹事長を握っているから、これも新しい候補を立てられる。そういう意味で「ダブルにしたらいいんじゃないか」という人は結構いる。もう一つは、そこでは公明党と組むことは必ずしも考えてはいないと。民主党と組むことを考えて態勢を作れば、ダブルにした方がいいんじゃないですかという人はいる。

成田　まあ、政治的な常識から言えば、ダブルをやるとは思えないが、いまは常識を超えてるからなあ。ただ、今の蒲島さんの話で、国民や一般有権者には自分たちが小泉総裁や小泉内閣を産んだという錯覚があるという指摘があったし、曽根さんのコメントにも「何ゆえ党員や党友が投票したのかを明らかにすべきだ」という問いかけがあった。確かに一般国民は非常に盛り上がって、小泉と田中真紀子が宣伝カーで行くと何千という聴衆が集まるということがあったが、私は自民党の予備選だったからこそ小泉さんは圧勝したのだと思っているんですよ。自民党の党員たちだから、国民の自民党に対する批判を敏感に感じてテコの原理での反応が起きたということが第一点と、第二は自民党の党員にとっては四人の候補のうちだれが勝っても自民党の総裁なんです。だから誰に入れてもいい。そこが一般の選挙で自民党政権か民主党政権かという選択のためらいとはまったく違って、かえって円滑な選択の移動をもたらしたのだと思う。

自民党の予備選挙というのがビルトインされていたから、あれだけの大きな変化が起きて、その結果にまた国民の反応が加わって、という二段ロケット（での支持増）というのはそういう意味です。制度論的な問題提起をすれば、非常に大きかったのがwinner - take - all system（勝者の総取り）がほとんどの都道府県で採用されたことです。あれがやはり大きな決め手になった。そういう意味では日本政治史上の出来事としては、例の石橋湛山総裁誕生の二・三位連合などと並んで、「ルールが結果を決めた」という、典型的なケースになるんじゃないかなという気がする。

井芹 そこは結局、執行部側は読み違いでしょ。

川戸 そうそう。一番はじめは……。

成田 しかしwinner - take - all systemは都道府県が決めたんでしょう？

川戸 でも、それを執行部がなぜ容認したかというと、三票あれば一票は（小泉さんに行くが）、一番勝つのは橋本さんだと思っていたわけですよ。

早野 つまり橋本が勝つという想定の下でルールを作ったわけだ。それでも勝てると思ったんだな。

成田 そこが最大の誤算ですよ。

蒲島 恐らくそのときはそれで合理的に勝つと思っていた。しかし時代が変わっちゃった。

早野 ルールを用意したけれど、その先は読めなかった。

近藤 職域党員ですら今回は小泉さんに投票した。いや、職域党員だからこそ小泉さんを支持した。つまり職域候補を抱えているから、参院選で誰を担いだら勝てるかということで、小泉さんを支持する。橋本さんの地盤である岡山ですら職域団体の長たちは、橋本さん絶対支持ではなかった。それと「一県五票だったらこうはならなかっただろうな」と言われている。

川戸 五票だったら、無理だったでしょうね。

近藤 一票だったら橋本さんだったでしょうね。三票というのは絶妙な数ですね。

早野 一票だと小泉になっても、要するに議員投票とのバランスでひっくり返せる。

川戸 なおかつ直前まで、福岡のある人は「福岡は麻生さんが勝つ」と信じていた。で、その話をしている最中にも、その人は「たとえ負けたとしても、私たちは一県三票とは言っていない。無記名投票だから、東京に来たら結果はどうなるかわからない」とひそかに言うわけです。つまり全部コントロールできると執行部は思っていた。

近藤 もう一つ分からないんだけれど、どうして橋本さんは本選に出たんだろう？

川戸 あれは意地でしょうかね。

成田　組織防衛でしょう。

早野　組織防衛と巧みに小泉政権を作るためですよ。

近藤　「巧みに」というと、やはり自民党員としてのロイヤリティーを大切にした、と？。

川戸　いやいや、これから先につなげるために。

早野　亀井が降りたから、小泉は多数を取れるわけです。だから橋本が出たという部分もある。つまり小泉さんはたぶん過半数は取れるから、あえて橋本さんは出た。

近藤　でも、橋本さんは出て負けるっていうのはとても耐えられない。

川戸　でも、降りたら存在しないことになるわけですよ。

早野　例えば、まだあの時点でも亀井さんたちが橋本さんに乗ってくれれば、橋本が勝っちゃう可能性があったわけですよ。しかし、勝っちゃうとこっち（小泉氏らＹＫＫ）は離党しちゃうから、だから上手に負けたわけです。そうしないと自民党自体を防衛できなかった。コップが壊れてしまう。後で謎解きすれば、そういう計算になる。

井芹　（政治状況は）そこまで行っていた。首班指名の問題が控えていた。

早野　自民党総裁選で国会議員が党員投票で勝った小泉を無理にひっくり返す形になれば、今度は首班指名選挙でやられる。ひっくり返ると思っていたから出たんじゃないのかな。だから敢えて出たんですよ。もちろんそこには橋本さんの美学もあるし意地もあるし、今後につなげるという計算もある。

川戸　小泉さんは早い段階で「橋本さんに負けたら離党を覚悟する」みたいな話はしてましたけどね。

早野　それはにおいを感じ取ってたんだね。

川戸　本会議で民主党と組んでもいいと。

早野　かなりギリギリの局面だったね。

井芹　そもそも野中さんたちが小泉さんを担いで、今までと同じパターンで代理政権を作るという動きはあまり報道されていなかったけれど、どうだったのか。

川戸　青木さんがやってたんじゃない？

早野　野中さんはやらなかったな。

川戸　野中さんは「自分が」というのがあった。

井芹　今回は、いつもはキングメーカーの野中さんの欲が全体状況を曇らせた。結局、野中氏側から政局が見えなくなってしまった。逆に青木さんの方からは見えていてかと思うけれど、もし青木工作が成功して小泉さんを橋本派一派支配の上に乗せたとしたら、いまの小泉人気はない。

川戸　そうでしょうね。

成田　野中さんとしては、どうなの？　本人は「二〇〇％ない」と発言していたけれど、「本心としてはその気がある」とマスコミは見ていたね。

早野　「出るつもりだった」というのは、誰も取れてないんだよね。憶測じゃないかな。

成田　細川さんについて、新進党や新・民主党の党首での復権を狙っているとか、本人はまったくそんな気持はないというのに、マスコミが口をそろえて間違ったことをずっと書くというのは身近に経験していることです。だからマスコミがそう書いているから野中さんにその気があったというのは全然信じる気にはならない。けれど、それを否定する生データを持っているわけでもない。

早野　誰にもないんですよ。

成田　実際のことはどうだったのか。政治史を書くときのためにもたいへん興味があるんだけれど……。

早野　もう一つ、青木さんは小泉氏でもいいと思っていたけど、「小泉が出ない」ということを話していた。

川戸　いや（小泉氏は）「郵貯民営化を曲げない」ということを言ったわけです。

早野　それで、「小泉が出ないから野中も出るな」という局面もあったかと。

成田　それはよく言われていた。「小泉が出ないことがはっきりしたから野中も出ない」とかね。

早野　その辺は明確にはなっていないけれど、いろんな駆け引きがあって、野中氏が全然「出ない」と言うこともまた、「出るかもしれない」という計算のもとにとか……。

川戸　野中さんの周りは出したいという動きがあった。

成田　周りはそうでしょう。それは間違いではない。

早野　（真相は）分からない。それから森首相があのまま行けば参院選までやったでしょう。やはり「えひめ丸」ですよ。引きおろし工作とか総裁選前倒しというお膳立てをしたからというのでなく、えひめ丸で動きが取れなくなったから、辞任を決意してあの密室の五人組でというのを次の政権に引きずっちゃいけないから、ここは公開のやり方でという判断ができてきた。

成田　しかし、森を辞めさせる手法として総裁選前倒しという意表をつく手法を持ち出した。

早野　それはそんなに意外な手法ではないと思う。降りれば総裁選をやるのは当然なんだから。

川戸　ただ、理屈づけとして「総裁選の前倒し」を言った。降りさせることが決まってからそういう理屈をつけた。

成田　いや、森さんに全然その気がないのに周りで総裁選（前倒し）ということで仕向けたんでしょう?

早野　なんといってもえひめ丸ですよ。

川戸　すごく往生際は悪かった。

早野　十八日からかなり早かったですね。えひめ丸直後に小泉さんに（辞意を）伝えてるわけだな。

川戸　そう言ってます。

早野　それで、小泉さんは青木さんに相談して、最終的に辞任表明になるのは三月半ばになるわけですがね。

▽異常人気と沈黙のらせん

早野　それよりこの支持率をどう見ますか。ちょっと異様な部分があるような気がする。テレビの芸能マスコミ的なあおられ方。それは田中真紀子にその現象が起きているんだけれど、朝昼テレビを見ていると、「真紀子さんの行かれるスーパーです」とか「真紀子さんが来て何を買われるんですか」「すごく真紀子さんて庶民的なんですね」と。これはおかしい。肉や魚や野菜を買うなんて当たり前ですよ。それから真紀子さんのファッションとかしゃべり方とか。昨日、今日は真紀子さんのそばについている秘書官。「あの人は前任者が倒れたから急きょなった人なんだけれど、あの秘書官は山口県の人で萩高校。たいへん素晴らしい人で山口でも十年に一人の人材。地元の人たちの喜びの声」なんてね。ずいぶん山口県っていうのは人材が少ないんだって思ったけれど、そういうものがいったい何なんだと。それの裏返しで、国会での野党の質問者に対する嫌がらせはすさまじい。「馬鹿、あほ、死ね」というもので、こういうのは有権者とは言えない。なんか異様なるフィーバーだ。

近藤　フーリガンみたいなもんだね。

早野　そう。こういう意識が小泉や真紀子を支えている部分がある。半分以上そうじないかなと。したがってこの所をどう理解するのか。

蒲島　有名なマスコミュニケーション理論で、「沈黙のらせん」というのがある。ある特定の議論がマジョリティー（多数派）になってくると、次第にマイノリティー（少数派）の意見が言えなくなってくる。それがどんどんらせん状に沈黙して行くわけです。普通は各自が沈黙するわけだけれど、このケースは反対者に対する攻撃。だから沈黙のらせんのもっと極端な例。正論はみな言っていて、政治学者も田中真紀子の実力を評価してないし……。

川戸　それは目立たない。

蒲島　それにマスコミが一番乗りやすい。

早野　活字マスコミはまだ田中真紀子の限界とか、おかしい点とか産経新聞や朝日新聞は一生懸命書いているんだけど……。

川戸　それは分かりますけれど、見ている人は「ワイドショーはワイドショー」として観ていますよ。

早野　そうかな?

川戸　だって世論調査の支持者も全部それが投票しに行くわけじゃない。

早野　そうじゃない人も多いんじゃないかな。そこが心配だ。

成田　フィーバーして抗議電話をかけて来るのはファンのレベルですよ。それと小泉内閣を支持しているコアは違うんで、コアの部分は森内閣と比較して「小泉内閣はどうか」と聞かれれば、それは九〇％は「いい」と答えるでしょう。

早野　一つは森内閣はひどすぎちゃったから、それの反動でもあるんですね。

▽自民党批判を餌にした高い内閣支持率

早野　塩川正十郎財務相なんかいい例ですよ。「忘れた」とか雑誌で読んだものを自分で言ったと錯覚するなんて基本的に問題だ。それをテレビでは「塩爺をいじめるな」でしょ。そこいくと、真紀子はまだいい。いろんな議論があるから。塩爺は論外だよ。

井芹　「癒し系」とか言って……。

早野　「癒し系だ」などと最近の薄っぺらな社会心理分析みたいなものをくっつけるのは、テレビの一番浅はかな部分。全部浅はかとは言わないが……。

近藤　本当に早野さんの言う通り。テレビのコメンテーターたちも「小泉倒すにゃ刃物はいらぬ。真紀子こけるの待てばいい」なんて言ってるのに、テレビに出演するとまったく違うことを言う。

蒲島　有権者は本人に実際会っていないから、そこに介在するのはマスコミです。活字マスコミとテレビ・マスコミがあるけれど、テレビの方が圧倒的に影響力は大きい。誰かスターがいると、みんなばーっと寄って行くでしょ。それは昔から言われている民主主義の危険な一面。それを誰も注意できない所まできているような気がする。

早野　五人組から森政権まで鬱屈しすぎたんだろうね。だから分からないわけじゃない。

成田　今の政治体制は、政治学的に言えばプレビシット体制なんですよ。プレビシットというのはフランスでよく議論されるもので、議会が大統領に対する抵抗体になっているときに、大統領が議会を飛び越えて直接、国民投票に訴えて自分に対する支持を獲得する。プレビシットは直訳すると、人民投票とか国民投票です。例えばナポレオンが皇帝になったのは、国民公会が反対したから国民投票をやって、それで支持された形で皇帝に就任した。

早野　じゃあ真紀子さんも皇帝になるな（笑）。

成田　ナポレオンにしてもドゴールにしてもフランスの政治リーダーの伝統的手法として、議会が言うことを聞かないときには国民投票にかけるというプレビシット的な体制がある。一般的には独裁の一形態として否定的に見られているが、これをどう使うかはリーダーの力量次第です。だから小泉さんがどれだけしっかりしたリーダーシップを持てるかが鍵になる。

早野　小泉さんはなかなかいい政治家だと思うんだけれど、今度の国会論戦を聞いていて、例えば首相公選論のことを言って「これは議会を廃止するというわけではない」というようなことを言うのは信じられない。野党の人達が「私たちが質問をすると抗議電話が殺到する」と言ったのに対して、小泉さんは「私たちはいつも批判されている。たまには批判する側が批判されてもいいじゃないか」と切り返して皆笑って終わりになっちゃった。

成田　小泉さんを見ていて「うまいな」と思うのは、ニュースステーションで久米宏キャスターが「非常に素っ気ない答弁と熱弁を振るう部分と両極分解した対応をする」と言ってたけれど、情感に訴える部分とそれから国民受けする餌をパッパッとばらまく部分がある。道路特定財源の問題とか、参院候補者の派閥離脱の問題とか、国民が飽きそうになってくるとポッと投げてうまく人気を持続させている。それで、その餌は何かというと、自民党的なるものをやり玉にあげることなんですよ。結局、自民党を餌にしている。

早野　(餌は) 自民党批判でしょ?

成田　そうそう。自民党批判を餌にしながら人気を続けている。まさに自民党の破壊者で、自民党を壊して行くことによってこの人気を続けて行く。それで自民党を壊して行くと、結局、橋本派との対決・バトルになる。しかし、小泉さんは族議員制の批判をやっているけれど、それは小泉さんの大蔵族としての……。

早野　そう、大蔵族のメニューなんですよ。

近藤　確かに財務省の官僚たちは大歓迎している。

蒲島　一口で言うとタコ足内閣だね。自分の足を食いながらどんどん太っている。気づいたら強固な支持基盤まで食ってしまうと。食ってしまったら最終的に都市部の有権者に乗らざるを得ない。

▽民主党はどう対応すべきか

早野　そこで政界再編ということで民主党の部分とＹＫＫが合流できれば、政治基盤としてもある程度のものができるのかもしれないが、それと大衆モビライズ（動員）の手法と彼の戦うべき構造改革というテーマが全然そぐわない。構造改革は痛みを伴う。(小泉支持の) 九〇％以上の人が痛みを覚悟しているのかね。

蒲島　『論座』の世論調査ではそのくらいの数字が出ていて、「血を流しても痛みを伴う改革をしなければいけない」に賛成は八〇％以上という結果が出ている。

早野　八〇％以上が?

成田　いや、知識としては分かっているというだけ。

蒲島　総論は賛成なんですよ。実際、自分の血が流れたとき、失業や倒産という事態になったときにそれができるかどうかなんです。できないでしょう。それと経済は生きものだから、血を出してもうまくいかない可能性もある。構造改革をやって人気を保ったという人はなかなかいないけれど、アメリカのレーガンがいる。にこにこ笑ってばっさりやった。小泉さんは彼に似ているかもしれない。その苦しみを笑顔やポピュラーズ・サポート（民衆の支持）で吸収できるという人はなかなかいないけれど、その可能性はある。

でも民主党にとっても、それはいいことなんです。いま、民主党が政権を取ったら構造改革の痛みの部分と癒しの部分を全部やらなきゃいけないでしょ。小泉さんが全部やってくれたら、次は痛みを受けた部分から民主党は支持を得られる。それでいいんですよ。逆に構造改革が日本にとって必要だとすればいいときに出てきてくれたなと。

早野　そうかもしれません。

蒲島　だって橋本さんはできなかったでしょ。結局、（保守）本流は自分のシステムから離れることはできない。

早野　菅直人が「俺たちはサッチャーとブレアの両方をやらなきゃいけない」と言っていたが、そのサッチャーの部分は小泉さんがやってくれるわけだから、民主党はあとで登場するブレアでいいわけだ。

蒲島　民主党もそこにちゃんと気づかなきゃ。

成田　おたおたする必要はない。参院選で「もしかしたらひっくり返せるかもしれない」と言われて張り切っていただけだからね。

早野　それもぱくって口をあけてただけ。そんなのはダメに決まってる。

蒲島　でも、これで逆に舞台が立派だとこれだけ世論が動くことが分かったわけだ。ちゃんと役者をそろえればね。

川戸　（民主党には）人材が少なすぎますね。

成田　僕もコメントしたんだけれど、民主党支持者や自由党支持者が小泉支持に回ってるというのは、逆に言えば与党と野党が完全な代替関係に成り立っているということだ。今までのように支持層が別々で分割されている体制じゃなくて、政府が業績を上げれば政府の支持に回るし、失敗すれば野党に行くという代替関係が成り立って、極めて業績評価型のパターンができあがってきているわけで、そういう意味では政権交代の基盤が成立してきた。そういう意味では実は民主党は喜んでいい。もう一つ欧米でもそうですが、近年の政治的支持は政策のアナリティカル（分析的）な評価の上に成り立った支持じゃない。政策の内容と政治的支持がたいへん分離していて、支持はむしろスタイルとか、やってくれそうだということで決まる。東京都知事選でも政策の中身で考えれば、都民は石原知事を選ばなかったでしょう。だから小泉内閣の支持というのも小泉内閣の政策の評価のうえに成り立っているものではない。

早野　ハンセン病の控訴断念というのは大きいね。ひとつやったことになるから。

蒲島　財政的なコストがあまりかからないでしょ。

早野　そんなことはない。突き詰めれば、カネがかかりそうだっていうことが控訴の理由だった。地裁判決は賠償額が高過ぎる。もう少し値切りたいということだったと思う。

井芹　国会の不作為責任という建前論と行政の面子。

早野　あの問題はごたごたしても、しょせんどうってことない。だから今日は最後に財務大臣を呼んで計算させた。

成田　しかし、カネの問題だと、ますますけしからんな。

早野　だから控訴しなかったわけで、そこは小泉の判断ですよ。

近藤　さっきのレーガン大統領の話ね。アメリカのさる学者も同じことを言ってた。アメリカでも構造改革はレーガンに任せたわけだ。しかし、民主党が政権を取るためにはクリントンを待たなきゃならなかった。蒲島さんは『論座』の二〇〇一年四月号で指摘していたけれど、民主党は菅や鳩山では、政権奪取は難しいでしょ。

蒲島　ダメでしょう。

川戸　次の世代を待たないと。

▽イデオロギーなき小泉政治

井芹　小泉政権支持には左右のウイングというものも意味がない。一方で靖国神社参拝を出した。「右」は今までフラストレーションがあり、自由党支持に行っていた人も「よく言ってくれた」と、そこを見て賛成する。逆に「左」や中道的な人はメーデーに行ったというような所を見て支持をしている。右から左までウイングを広げて、そのウイングという考え自体が意味がないのかもしれない。

川戸　イデオロギーがないんですよ。

成田　そうすると、次の課題は実績ですよ。道路特定財源の見直しでも早速、自民党の総務会から反対が来たり、地方から批判があったり。これをどうやり遂げるのか、あるいはできないのか。

早野　そこが大変ですよね。ハンセン病は官僚が反対でもできるんだけれど、利権にかかわってくると（難しい）。

川戸　小泉さんの戦略は世論を楯にしなきゃいけないから、今は反対勢力をあぶり出すことでしょう。あれ（特定財源見直し）ができる・できないは別にして、まずテーマを与えてそれに反対する人は誰かということ。

成田　小泉さんは代表質問や予算委員会でも「政権を獲ってまだ一カ月も経ってないのにどうするかと聞かれたって分からない」と言ってたけれど、それは世界の常識には通用しない。例えば「ブレアの一〇〇日改革」だって、政権を獲ったらすぐやって一〇〇日で終える。小泉さんのように三度もチャレンジした人がいざ立ってこれから考えるというのは、本当は通じない理屈だ。

早野　通じさせているのは、最初に言ったやや歪んだ民主主義ですよ。

成田　そうですよ。日本的な（民主主義）。

蒲島　それと四人の候補とも公約を出した。マスコミは、小泉さんの総裁選における公約はなんだったのかを出さなきゃいけない。それがいま全部忘れられている。
早野　だっていくらもなかったもの。
川戸　一番まとまってたのは橋本さんですよね。
早野　その辺は実力あるんだ。

▽自民党的手法の虚をつく小泉氏

成田　これでいつまで人気を持たせていくことができるかが問題だ。そのとき自民党の基盤になっていた既得（権益）構造がどのくらいの抵抗体になるのか。それを小泉さんが乗りきれるのかということが、小泉内閣が終わって小泉論を書くときに一番重要だね。
早野　大衆フィーバーをかきたてながら構造改革ができたら、新しい時代の英雄ですよ。構造改革はこれでできたってことはないでしょう。一種の永久革命ですからね。
成田　「参院選前にレールを敷いてしまわなければならない」という小泉さんの考え方は正しい。そこには自民党的手法が働いて、抽象的なニンジンだけつるして参院選を乗り切り、その後、実際はやらないということになるのか、小泉さんがそういう従来的手法を叩きのめすのか。
早野　小泉の側から言うと、向こうもちょっと妥協し、こっちも妥協した振りをしながら、本当にやっちゃうのか。いざとなったら、案外それもできる人だ。
川戸　そういう感じですね。
早野　「参議院の候補者を無派閥にしろ」とか。あれはリトマス試験紙になるから迷う。橋本派なんて新聞に載ってたら落ちるんじゃないかと。
井芹　各自が決めるから「後退」と書いてあったけれど、各人が自分で決める方がきつい。
早野　党の命令だったら形だけ「無派閥になりました」と言えるけど……。
井芹　総務会で決めると言ったら、総務会はもめるでしょう。だけど、各自が決めればいいんだし、選挙戦になって派閥を離脱してない所にはただ「応援に行かない」と言えばいいんだから簡単だ。選挙区の候補には影響が出る。
早野　なかなか厳しいよ。
井芹　個人でやるとなると、全部リトマス試験紙にかけられる。小泉さんなら応援に行っても「この人は派閥を離脱してないけれど、ここで離脱してくれるんじゃないか」とか、言いそうな気がする。
成田　そういう意味では小泉批判勢力の自民党の伝統的な手法が全部裏目に出てるな。そこをついているのは確かに小泉さんの才能だとは言える。
早野　馬鹿にできない。
蒲島　選挙制度改革の影響が小泉さんに追い風になっている。なぜかというと、新しい制度になって派閥の力が弱くなっている。橋本派の派閥の力は錯覚かもしれない。本当は幹事長が一手に握ってきた。橋本派が握っていたというのは全部錯覚で、実体としては党が一手に握っている小選挙区制の選挙だからだ。それが今から橋本派を崩すときの追い風になるかもしれない。

井芹　ずっと橋本派の幹事長だったんですよ。ダミーだったこともあったけれど。

早野　党支配だったのに、橋本派がやってたからだ。

井芹　「一派支配」というのも幹事長という機関を通じた一派支配だった。小泉さんは「総裁の権限を持っている人がちゃんとそれを行使してこなかった」と言っている。それはいつも総理がダミーであって、自分の権限・権力の認識が非常に不分明だった。それこそ出処進退まで他の人が決めていた。森さんなんか悲惨でした。

川戸　小泉さんは「別に仲良しクラブの派閥はあってもいいけれど、決めるのは党の組織であり、派閥はあっても有名無実にするよ」という。それが派閥離脱宣言ということでしょう。

蒲島　大学の学位授与みたいなもので、総務会がなんと言っても、「おまえは次の選挙で推薦しない」と言ったら、それは一発ですね。

川戸　それは野中さんの時代やその前の時代に脅かしてやってきた手法。それをたまたま小泉さんが同じようなことをやっている。

早野　それでも強権的じゃない。自分の方に人気があるから、「どうぞ、ご勝手に」と言うだけだ。

川戸　それには従わざるを得ない。

▽小泉内閣の地雷原としての田中外相

成田　小泉内閣論の重要なポイントは、田中真紀子外相ということになる。

近藤　「真紀子こけたら小泉こける」になるかな。

成田　こけないだろうけれど、しかし危険だ。地雷原だよね。

蒲島　ファンは多いけれど、あの傲慢な性格や人柄は好きじゃない。

井芹　富士山型政治家ですからね。遠くから見ている分には見事だが、近づくと瓦礫ばかり目につく。

成田　行革担当相だったらよかった。国民世論と結びついて既得権益構造を打破するということになれば適任だった。

川戸　やはり森さんの評判が悪かったのが小泉さんに幸いしているのと同じで、外務省の人気もすごく悪いから、それで今は救われている。

成田　その部分もあるかもしれないけれど、やはり外交は気配りの世界だから、向いてないのは歴然だ。

近藤　成田さんも蒲島さんもそう言うけれど、やっぱりあの人の人気はすごいと思う。

成田　だれに人気があるの？
川戸　外国から結構いいんですよね。
高橋　小泉さんは最初から外相にするつもりじゃなかった。真紀子さんがどうしてもやりたかったの？
川戸　そう。
成田　一番やりたかったのは官房長官だった。
高橋　しかし外相ってそう簡単に務まるポストじゃない。
蒲島　日米中の関係の中ですごく重要だ。田中さんはどっちかと言うと中国寄りですね。
成田　寄りじゃなく、はっきりしている。
蒲島　いま中国もアメリカと関係が悪いから日本が欲しい。それに取り込まれたら危ない。
成田　李登輝問題のときも電話会談で唐家璇に「ビザを発給しない」と言ったと報道されながら、国会では「そんなことは言ってない」と言った。本来であれば、中国は「違う」という声を上げるべきなんだろうけれど、中国としては親中派の田中真紀子を大切にしたいということでしょう。だから追い詰めることはしない。中国がかばって行けば意外にもつかなという感じもしている。
早野　そっちはもつかもしれないけど、日米関係が……。
川戸　ただ、官邸そのものは結構、親米派。
井芹　有事立法でもそうだ。
成田　だからこそ、ますますギクシャクするでしょう。
近藤　実際、外交を切り盛りしているのは福田（康夫）官房長官だそうですね。福田さんは親中でも反米でもないでしょう。
早野　安倍晋三《あべしんぞう》（官房副長官）もほんとうは田中真紀子がすごく嫌いでしょう。
川戸　みんな嫌いですよ。政治の世界で真紀子さんを評価しているのは小泉さんくらい。
蒲島　外交の世界はけんかしながらでも、最終的には信頼の世界だと思う。それがないとやれない。そういう意味では相手の立場をおもんぱかるとかリスペクト（尊敬）するとかは世界共通のことだ。（田中外相には）それがないような気がする。
井芹　ただ今までの外相はリスペクトされていたかはともかく、プレイヤーとして認知されなかった。外交は、方向性はともかく相手にされないと始まらない。
川戸　田中さんはその意味では親中かもしれないけれど、それだけでもアメリカからは「真紀子 Who？」となって、注目されている。
井芹　アメリカは相手が敵なら敵、味方なら味方と認知して初めて外交のグラウンドに乗ってくる。それだけにこっちも覚悟はいる。
蒲島　アメリカはすごく単純ですよ。敵は敵、味方は味方。敵だったら戦う。

早野　まもなく日米開戦かな（笑）。
成田　しかし、田中真紀子にそれに耐えるだけの外交の知識と技量があるかっていうと疑問だな。
井芹　有事立法にしてもＭＤ（ミサイル防衛網）にしても、田中真紀子さんはそもそも理解しようとしているのか疑問もある。
川戸　小泉さんも同じですよ。
蒲島　周りに側近がいないと、個人じゃとうていできない。
川戸　外務省の中もいろいろあって、それこそ今までの体制に反感を持っている若手とかいる。だから外務省全部が敵というわけではなく、今では相当情報が入っている。それを整理しきってない。
蒲島　でも、北岡伸一さんや田中明彦さん、五百旗頭真さんにしても、リスペクタブルな外交専門家は田中真紀子に対しては危機感を持っている。
早野　正しいね。
井芹　（田中氏には）外交のファンダメンタル（基礎）が欠けているような気がする。
蒲島　哲学があってやるならいいけれど……。
井芹　外交のプレイヤーとしてはキャラクターが大事だけれど、それより前に信頼感を醸成する一番の基礎ができているのかな。アーミテイジ米国務副長官に会わなかったことを初めとして。
成田　だからいつまでもつかですよ。
早野　真紀子は、頭は悪くないからもう少し勉強して良くならないかなと思ってるんですが……。
蒲島　僕は田中角栄の娘だというだけだと思う。
早野　それだけじゃない。
成田　田中角栄が手こずったくらいだから。
早野　勝負勘もいいし、度胸はあるし、選挙は必ず勝つ。参院新潟選挙区で自分の旦那（田中直紀《たなかなおき》氏）が負けそうだったのを押し込んだり、長岡市長選などでの勘所は抑えている。しかも角さんが作ったようなピラミッド型の支配組織じゃなくて、国民直結型の組織に作り変えた。だから中間層はみな大反発ですよ。だけど平気で自分でやってしまうというのは角栄からの遺伝で、魅力もあって、そこは並じゃない。むろん欠陥はたくさんあるけれど、馬鹿にはできない。異能の政治家ですよ。
蒲島　じゃあ、そこは田中外相の可能性は大きいですね。
成田　でも、危険ですよ。だって国会答弁で次官のことを「尻尾を出さない」とか言う。欧米の政治家にはそういう暴君的なのもいるから、そういうタイプの政治家の扱いには慣れていて、意外に寛容かもしれないけれど……。
川戸　アメリカ人にとっては理解されやすいタイプの政治家だという人もいる。
成田　どれだけ国際政治の舞台でサステーナブル（持続的）

な外務大臣になるかだな。

早野　やっぱりこの鬱屈した自民党政治をドカンと破るのは小泉―真紀子コンビという一種の乱暴、非常識、バランスの取れない力でないとできないというのがあるのかな。少し我慢してみないといけないのかな。

高橋　でも、そうやって勝負させるなら外相でないほうが良かった。

蒲島　行革担当ですよね。

成田　特殊法人をばっと切れば、最高だった。

▽小泉氏の「仮想敵」作戦

井芹　別の方向からの議論ですが、小泉政権の戦術というのは「仮想敵」をあぶり出して「抵抗勢力だ」と言う。鳩山氏が「だれのことだ」と聞いたら、「これから私の政策に反対するものはすべてそうだ」と。今までの自民党首相だと、党内をまとめるために反対勢力に対してはアメを出して、波風を立てないようにするのが政権運営の秘訣だったけれど、小泉政権はこれと全く逆の出方。道路特定財源問題にしても、これは予算編成期に出すのが普通だけど、参院選の前に結論を出そうとしている。これも仮想敵づくりだろうが、これは結構、巧妙だ。

成田　それで自民党の支持基盤を切り崩している。それがまさに小泉政権なんですよ。

早野　「これは政権交代と同じ意味だ」と言ったのが、小泉首相の自己規定としては正しい。

井芹　逆に橋本派にとっては破壊的と言える。今まで「橋本派支配」と言われたように、「自社さ」「自自公」と政権の形が変わっても、その利益は必ず自分たちに入るように政権をもってきた。ところが、今度は心臓をつかまれた。「ジス・イズ自民党」みたいな部分はこれからどうするのか。

蒲島　「ジス・イズ自民党」に一時は大義名分があった。経済成長の成果を分配するときには「発展と平等」という大義名分があった。ところが、その前提が崩れたのに、その行動は続いてきた。

川戸　分配するものがないのにですね。

▽自民党生き残りの知恵としての小泉政権か

成田　それで、総括的な設問をすると、小泉純一郎はなぜ自民党の中から出てきたのか？

井芹　それは自民党自身が国民の多様な意見を吸収する包括政党だからでしょう。

成田　だって（小泉氏の主張は）包括政党を捨てるってことでしょう。だから（小泉政権が）自民党の中から出てきたというのは、政権交代を防ぐための、自民党の生き残りの知恵ということなのかな。

川戸　そうですよ。いかにも自民党らしい。

早野　しかし、今までの自民党がそのまま生き残るというわけじゃないですよ。

成田　しかし、今までの自民党とは何か。どこの部分が残るのか。

早野　それは橋本派でしょう。

成田　その橋本派はつぶされるでしょう。敵と見なされてるわけだから。

早野　これから小泉さんの所と民主党と自由党が一緒になって「小さな政府」の構造改革案を作り、一方、橋本派はリフレッシュして今度は社民党と組んで、分配型の政策を作る。公明党ももちろんそっち（笑）。橋本派・公明党・社民党で「大きな政府」の政党を作る。

川戸　それで政界再編成になる。ところが自民党に全部ぶら下がって巨大政党ができかねない。それが怖いなというのがある。

早野　だから解散しないほうがいいんです。

蒲島　それに気づかずに民主党が下手に小泉政権を応援するというのはいけない。民主党はやはり血の出るほうに味方しないと、（鳩山は）クリントンやブレアになれない。だから「改革は小泉政権で勝手にやってくれ。自分たちは次の政権を獲る」と言い続けないといけない。なまじ小泉さんの人気に乗せられてパーッとそっちに行って、一緒にやろうとすると絶対、裏切られる。

井芹　民主党は小泉政権をホメ殺しするのがいい。改革すべてに賛成するが、実行できていないじゃないかと攻める。ただ、そういうことをしても民主党自身が融解してしまうかな。

成田　いま民主党の戦略は、「小泉さんは一生懸命やっているけれど、自民党がついているからできない」と。こういう所を批判するわけだね。

早野　その批判の構造は成功するのか。

川戸　しないでしょう。

蒲島　成功しない。だって小泉さんに全部ぶら下がる。

成田　生き残りのためには改革をやっちゃった方がいいと？

川戸　生き残りのためには橋本派も微妙に変わらざるを得ない。

成田　なるほど。自分が死ぬよりはいい。

川戸　そう。死ぬよりは変わったほうがいい。今までだってそうだった。曲げても必ず生き残る方についている。それが自民党だ。

早野　それが今度の党員の投票なんだな。

蒲島　小泉政権は新保守主義なんだから対立軸ができやすい。「きっと多くの血が流れるぞ」と言っておけばいい。

成田　そこが最大の判断の分かれ目だ。

川戸　ブレアさんみたいに一〇年待てばいい。

成田　野党としては、待つのは当然だ。しょせん野党が政権を獲るためには政府が失敗しなければいけないんだから。いま政権側が好調であれば、時間ができたなと思って一生懸命、政策作りや組織作りをやればいい。

蒲島　あとはリーダーですね。小泉さんだってそんな卓越したリーダーとは思わないけれど、（民主党は）時代が求めるようなリーダーを用意する必要がある。

川戸　今回の橋本派の敗北の原因の一つは担ぐ人がいなかったことだ。だれか担ぐ顔がいれば橋本派は勝っていた。誰を担ぐかというのはすごく重要だ。

早野　ところで鳩・菅の次は、民主党にいるのかな。岡田《おかだ》克也《かつや》と枝野幸男が予算委員会の質問に立った。まあまあだった。もっとも小泉さんに「君たちは敵じゃない」なんて突っ込まれていたけれど、確かにそういう（人材）問題も出てきている。

蒲島　時間をかけて後継者を育てないといけない。

成田　しかし、いま政治家はキャラクターなんだな。

川戸　スタイルですね。政治スタイルのある人。

成田　スタイルと言っても、小泉さんは別に美男子じゃないし……。

川戸　いえいえ、別に美男とかじゃなくて、自分なりの（政治家としての）イメージをきちんと出せる人という意味。

蒲島　特定のイメージのある人のほうがいい。

成田　細川さんは改革者ではあったけれど、小泉さんみたいになり振り構わずできるタイプじゃなかった。

蒲島　昔の細川さん。そういう人がいるはずです。

井芹　行き着くところは人材ですか。有権者は政治家をきちんと見分けて育てなきゃいけないし、政治家は自分で育ってもらわないといけない。小泉政権の登場で少し期待も膨らむが、実を結ぶかはもう少し見てみたい。二十一世紀の日本の政治は楽観できないが、悲観ばかりでもないところにはきた。

（注1）衆参ダブル選挙　結局今回は見送られた。

永田町日誌

井芹浩文

【一九九六年】
10月20日　第四十一回総選挙。
　21日　自民、社民、さきがけ三党が連立維持。細川護熙元首相が新進党の分党を提案。
　23日　新進党の分党構想が頓挫し、小沢一郎党首続投。
　31日　自社さ三党が連立で政策合意。
11月7日　第百三十八回特別国会召集。橋本龍太郎自民党総裁を首相に指名。自民党単独の第二次橋本内閣組閣。
　29日　第百三十九回臨時国会召集。所信表明演説で五大改革を打ち出す。（後に六大改革となる）
12月2日　日米SACO（特別行動委員会）が米軍普天間飛行場の代替基地に関して最終報告。
　18日　ペルー大使公邸人質事件発生（現地時間17日）

【一九九七年】
1月13日　自社さ三党が財政構造改革会議設置で合意。
　29日　オレンジ共済事件で友部達夫参院議員逮捕。
2月1日　橋本首相とフジモリ・ペルー大統領が首脳会談（カナダ・トロントで）
3月12日　政府、自民党は社さ両党に対し駐留軍用地特別措置法（特措法）改正の方針伝える。
　22日　民主党初の党大会。鳩山由紀夫、菅直人両代表をあらため選出。
4月3日　橋本首相が小沢一郎新進党党首と会談。4日再会談。
　7日　自社さが医療保険制度の抜本改革で最終合意。
　17日　沖縄特措法成立。
　23日　ペルー人質事件解決（現地時間22日）。新進党第三回党大会。小沢党首が自民党との部分連合の考え表明。
　26日　日米首脳会談（現地時間25日、ワシントンで）
　30日　橋本首相は「保保連立」は困難と表明。
5月8日　新進党の旧公明党グループ「公友会」発足。
6月2日　新進党が「日本再興基本構想」案。
　18日　国会閉幕。細川元首相が新進党を離党。
　20日　デンバー・サミット（主要国首脳会議）。
8月10日　細川元首相が鳩山民主党代表、羽田孜太陽党党首と軽井沢で会談。
　15日　梶山静六官房長官が辞意、橋本首相は慰留。
　17日　梶山官房長官が日本周辺有事に台湾海峡も含まれると発言、中国反発。
　25日　「改革会議」発足。竹下登元首相・小沢新進党首会談。
9月4日　橋本首相訪中（〜7日）

5日　自民党に北村直人氏復党。衆院で単独過半数回復。
8日　自民党総裁選告示。橋本龍太郎氏が無投票再選。
11日　第二次橋本改造内閣発足。佐藤孝行氏が総務庁長官で入閣。土井社民党党首**「心穏やかでない」**。
16日　社さ両党が佐藤長官の罷免要求。民主党が菅直人代表－鳩山由紀夫幹事長体制に移行。
22日　佐藤長官辞任。橋本首相は**「政治により高い倫理性を求める世論の重みに十分思いを致さなかった」と陳謝。**
23日　日米安保協議委員会「２＋２」で日米防衛ガイドライン決定（ニューヨークで）
26日　宮本顕治共産党議長退任。
29日　第百四十一回臨時国会召集。
10月1日　ゼネコン汚職の中村喜四郎衆院議員に実刑判決。
12日　小泉純一郎厚相が郵政三事業民営化を主張。
24日　小里貞利総務庁長官と小泉厚相会談。郵政三事業の独立行政法人化で合意。
11月1日　日ロ首脳会談（～2日、クラスノヤルスクで）。二〇〇〇年までに平和条約締結で合意。
3日　三洋証券が倒産。
11日　自社さ三党代表団が訪朝（～14日）
12日　円・株・債券とトリプル安進行。
20日　橋本首相が破綻金融機関の処理策づくりを指示。
22日　省庁再編問題が決着。山一証券が経営破たん。
28日　財政構造改革法が成立。公明常任幹事会が新進党へ合流せず、参院選は独自で戦うとの方針決定。
12月1日　地球温暖化防止京都会議（～11日）
3日　行政改革会議が一府一二省庁に再編の最終報告。
9日　介護保険法成立。
11日　衆院で橋本内閣不信任案を否決。
12日　小沢新進党党首と藤井富雄公明代表が会談、公明が新進党への合流見送り。臨時国会閉幕。
17日　橋本首相が二兆円の所得税特別減税実施を発表。
18日　新進党党首選投票。小沢一郎氏が再選。
24日　政府与党が金融システム安定化策決定。
26日　公明拡大中央委員会で分党―参院新党結成の方針決定。細川元首相らが新党「フロム　ファイブ」結成。
27日　新進党が解党を正式決定。
30日　新進党の分割協議会。「自由党」、「国民の声」、「新党友愛」、「新党平和」、「黎明クラブ」、「改革クラブ」の六党に分裂することが確定。

【一九九八年】

1月6日　旧新進党の六新党代表が分割協議書に署名。
7日　野党六党が衆院統一会派「民主友愛太陽国民連合（民友連）」結成で合意。
12日　第百四十二回通常国会召集。ブレア英首相来日。
18日　黎明クラブが公明に合流。

20日　自社さ三党が大蔵省の金融・財政部門の分離問題で合意。さきがけは当面与党を離脱せず。
23日　「民政党」（羽田孜代表）旗揚げ。
28日　三塚博蔵相が大蔵省検査官汚職事件で引責辞任。橋本首相が小村武大蔵事務次官に辞表を提出させる。
2月4日　一九九七年度補正予算成立。
16日　金融安定化二法成立。
19日　逮捕許諾請求された新井将敬衆院議員が自殺。
3月12日　金融危機管理審査委員会が二十一行に対する一兆八一五六億円の公的資金投入を承認。
20日　日銀新総裁に速水優氏を任命。
25日　新「民主党」が基本理念で「民主中道」路線。
4月1日　日本版金融ビッグバン・スタート。
7日　新「民主党」の代表に菅直人氏が固まる。
8日　一九九八年度予算成立。
9日　橋本首相が総額四兆円の特別減税実施を発表。
10日　財政構造改革会議が赤字国債の弾力条項新設。
19日　橋本首相がエリツィン・ロシア大統領に北方領土問題で国境線画定の新提案。
24日　政府が一六兆六五〇〇億円の総合経済対策決定。
27日　新「民主党」が統一党大会。衆参議員一三一人。
30日　民主党の細川元首相が議員辞職願提出。
5月16日　バーミンガム・サミット（～17日）
29日　改正財政構造改革法と二兆円特別減税法成立。
6月1日　土井社民党党首が橋本首相に与党離脱を正式通告。自社さ与党体制が四年で幕。
2日　自由党第一回党大会。**「創造的自由主義」**掲げる。
5日　金融システム改革四法、改正ＰＫＯ協力法成立。
9日　中央省庁改革基本法成立。
12日　衆院で橋本内閣不信任案を否決。
25日　第十八回参議院通常選挙公示。
7月3日　橋本首相が所得減税で**「恒久的な税制改革」**表明。
5日　橋本首相がテレビ番組で**「私は『恒久的な税制改革』とは言ったが、『恒久減税』という言葉は使っていない」**。
8日　橋本首相があらためて**「恒久減税」**実施を公約。
12日　参院選投開票。自民党四四議席で惨敗。橋本首相が退陣表明。
20日　日中両共産党が三十二年ぶりに関係正常化。田中真紀子氏が自民党総裁選について**「小渕さんは凡人、梶山さんは軍人、小泉さんは変人」**と評す。
24日　自民党両院議員総会で小渕恵三氏を総裁に選出。
30日　第百四十三回臨時国会召集。小渕氏を首相指名。
31日　小渕首相が**「六兆円の恒久的減税」**を表明。
8月7日　小渕首相が所信表明で**「経済再生に内閣の命運」と表明。野中広務官房長官が「小沢さんにひれ伏してでも国会の審議にご協力いただきたい」**。

29日　小沢自由党党首が野中官房長官と会談。
31日　北朝鮮が弾道ミサイル・テポドンの発射実験。
9月1日　亀井静香氏ら二一人が三塚派を脱退。
11日　不破哲三共産党委員長が連立政権下での天皇制を容認、政権参加へ強い意欲表明。
26日　金融再建関連法案めぐる与野党協議が大筋合意。
10月12日　金融再生関連法成立。金融早期健全化法案で自民、新党平和、自由三党が合意。
16日　金融早期健全化法成立。額賀福志郎防衛庁長官に対する問責決議案可決。第二次補正予算成立。国会閉幕。
20日　新党さきがけ解散。五年四カ月の活動に終止符。
23日　長銀の一時国有化決定。柳沢伯夫国土庁長官を金融再生担当相に任命。
11月7日　新党平和と公明が新「公明党」結成。
10日　自民、公明両党が商品券支給で合意。
11日　小渕首相訪露。モスクワ宣言に署名（13日）
15日　沖縄県知事選で保守系の稲嶺恵一氏当選。
16日　総額二四兆円規模の緊急経済対策決定。
19日　自自党首会談で連立政権発足合意。菅民主党代表が不倫疑惑で釈明。クリントン米大統領来日（～20日）
20日　額賀防衛庁長官が防衛庁背任事件で引責辞任。
25日　江沢民中国国家主席が初来日（～30日）
27日　第百四十四回臨時国会召集。自自党首再会談。
29日　自民党山崎派が旧渡辺派から独立。
12月11日　「危機突破・改革議員連盟」結成。自民党三塚派が森派に衣替え。第三次補正予算成立。
12日　日本債券信用銀行（日債銀）経営破たん。
19日　自自党首会談。閣僚数一八人で決着。
22日　自民党宮沢派が加藤派に衣替え。

【一九九九年】

1月6日　自自政策協議再開。小渕首相訪欧（～13日）
11日　自自両党が政府委員制度全廃などで合意。
14日　小渕首相が内閣改造し「自自連立内閣」発足。
16日　自民党定期党大会。小沢自由党党首が出席。
18日　民主党代表選。菅直人氏が再選。
19日　第百四十五回通常国会召集。小渕首相は施政方針演説で景気回復優先を強調。
2月1日　青島幸男東京都知事が不出馬表明。
26日　政府の経済戦略会議が最終答申。
3月1日　与野党幹事長等会談で憲法調査会設置に合意。
8日　中村正三郎法相が失言で辞任。後任に陣内孝雄氏。
10日　石原慎太郎氏が都知事選出馬を表明。
17日　九九年度予算成立。戦後で最速。
23日　日本海で二隻の不審船発見。
4月11日　統一地方選前半戦。都知事選で石原氏当選。
13日　公明党が日米ガイドライン法案に賛成の方針。

合意。
15日　自公両党が金融危機管理の大蔵省・金融庁共管で合意。
25日　統一地方選後半戦。
29日　小渕首相が二〇〇〇年サミットの沖縄開催決定。
5月1日　小渕首相が「**自自公協力**」を表明（シカゴで）
24日　自自公でガイドライン関連法成立。
6月1日　組織犯罪対策三法案が自自公の賛成で衆院通過。
17日　通常国会会期を五十七日間延長。
18日　日米首脳会談。ケルン・サミット（〜20日）
23日　自自両党が衆院定数五〇削減の公選法改正案。
28日　小渕首相が公明党に連立政権参加を求める。
29日　公明党が国旗・国歌法案に賛成の方針を決定。
7月7日　小渕首相が神崎公明党代表に対し閣内協力要請。
8日　中央省庁改革法、地方分権一括整備法が成立。
24日　公明党が臨時党大会で連立参加の方針決定。
26日　国会活性化法が成立。
8月5日　衆院比例定数削減をめぐり小沢自由党党首が連立離脱も辞さない強い姿勢を示す。
9日　国旗・国歌法が成立。
11日　衆院で小渕内閣不信任案否決。通信傍受法案をめぐり野党が七年ぶりの牛歩戦術で徹夜国会に。
12日　通信傍受法など組織犯罪対策三法が成立。
13日　小渕首相と小沢自由党党首が、定数削減法案の次期国会冒頭処理で合意。通常国会閉幕。
9月3日　自公両党が連立に向け政策合意。
21日　自民党総裁選投票。小渕氏再選。
25日　民主党代表選投票。鳩山氏を新代表に選出。
30日　茨城県東海村の核燃料加工施設で臨界事故。
10月4日　自公保三党首が連立政権発足の合意書に署名。
5日　自自公連立による小渕再改造内閣発足。
21日　リクルート事件の藤波孝生衆院議員の上告棄却。
29日　第百四十六回臨時国会召集。自自公三党が六十五歳以上の介護保険料の半年間徴収延期で合意。
11月10日　衆院で初のクエスチョンタイム（党首討論）
11日　政府が約一八兆円の「経済新生対策」決定。
24日　自自党首会談で自由党の連立離脱回避。
26日　自自公三党が年金制度改正関連法案を強行可決。
12月3日　超党派訪朝団が朝鮮労働党と共同発表に署名。
9日　第二次補正予算が成立。
19日　政府与党が高齢者の一割定率負担導入など医療保険制度改正案を決定。
29日　自自公三党がペイオフ解禁の一年延期合意。

【二〇〇〇年】

1月1日　小渕首相が年頭会見で自自合流問題について「**そういう道があれば望ましい**」と表明。
8日　加藤自民党前幹事長が「**自自公連立政権への評価**

は必ずしも高くない」（鶴岡市で）

9日　野中広務自民党幹事長代理が「加藤さんへの信頼感は白紙に」と不快感表明（岡山市で）

18日　政府の二十一世紀日本の構想懇談会が最終報告。

20日　第百四十七回通常国会召集。憲法調査会設置。

21日　社民党の土井たか子党首が無投票再選。

27日　衆院定数二〇削減の公選法改正案を衆院本会議で野党欠席のまま可決。

28日　小渕首相が野党欠席のまま施政方針演説。

2月2日　改正公選法成立。衆院予算委も与党だけで審議。

25日　越智通雄金融再生委員長が「手心」発言で辞任。

3月4日　小渕・小沢極秘会談。

17日　二〇〇〇年度予算成立。

28日　年金制度改革関連法成立。

31日　北海道有珠山が噴火。

4月1日　自自公党首会談で小渕首相が連立解消を表明、「自自公体制」が半年で崩壊。

2日　小渕首相が脳梗塞で順天堂医院に緊急入院。

3日　青木官房長官が首相臨時代理に就任。自由党を離脱した二六人が「保守党」結成。扇千景党首。

4日　小渕内閣総辞職。

5日　自民党両院議員総会で森喜朗氏を総裁に選出。森氏を首相に指名。自公保三党の新連立内閣発足。

20日　竹下元首相が引退表明。

30日　森首相がプーチン次期ロシア大統領から「八月来日」の合意取り付け（サンクトペテルブルクで）

5月5日　日米首脳会談（ワシントンで）

14日　小渕前首相が死去。

15日　森首相が神道政治連盟議員懇談会で**「日本は天皇を中心とする神の国」**と発言。

17日　森首相が「神の国」発言陳謝。撤回はせず。

20日　天皇訪欧（～6月1日）

26日　森首相が「神の国」発言で釈明の再記者会見。

6月2日　衆院解散。

3日　森首相が**「国体」**発言（奈良市で）

6日　梶山静六元官房長官死去。

8日　小渕前首相の内閣・自民党合同葬（日本武道館で）

13日　第四十二回衆院選公示。

19日　竹下登元首相死去。

25日　衆院選投開票。

26日　与党三党首が連立政権維持と森首相の続投確認。

30日　金融再生委員会がそごう救済策決定。

7月4日　第百四十八回特別国会召集。森氏を首相に再指名。自公保三党連立の第二次森内閣組閣。

12日　政治圧力でそごうが債権放棄計画を白紙撤回。

13日　自民党最大派閥の旧小渕派が橋本派に衣替え。

8月11日　日銀がゼロ金利政策解除を決定。
21日　民主党代表選告示。鳩山代表が無投票で再選。
9月3日　ロシアのプーチン大統領が来日（～5日）
9日　民主党大会。鳩山代表―菅幹事長体制。
19日　共産党が「前衛政党」の表現削除の党規約改正。
21日　第百五十回臨時国会召集。
10月15日　長野県知事選で作家の田中康夫氏が当選。
18日　斎藤十朗参院議長が「非拘束名簿式」の公選法改正案の与野党あっせん不調で辞任。後任は井上裕氏。
19日　参院本会議で「非拘束」法案を野党欠席で可決。
20日　森首相がブレア英首相に九七年訪朝時、拉致された日本人の第三国発見方式を提案していたと明かす。
26日　衆院で公選法改正案を可決、成立。
27日　中川秀直官房長官が辞任。後任は福田康夫氏。
11月4日　公明党大会。自公保連立政権維持を確認。
6日　政府がIT国家基本戦略草案を公表。
8日　東京地検がケーエスデー中小企業経営者福祉事業団（KSD）の古関忠男前理事長らを逮捕。
10日　自民党の加藤元幹事長が内閣不信任案採決での欠席もあり得ると表明、政局が一気に緊迫。
15日　日露首脳会談。
20日　野党が森内閣不信任案提出。同調を表明していた加藤、山崎両氏らが欠席方針に転換、事実上の敗北宣言。
21日　衆院で森内閣不信任案を否決。
24日　第二二回共産党大会。不破哲三議長―志位和夫委員長体制を決めて閉幕。
28日　自公保三党が公共事業二一〇件の中止決定。
12月1日　野中自民党幹事長が辞意表明、森首相も了承。
5日　内閣改造。宮沢、橋本両元首相らが入閣。
13日　自由党両院議員総会。小沢党首再選。
18日　政府与党の整備新幹線検討委員会が北陸新幹線などのフル規格着工を決定。

【二〇〇一年】

1月6日　1府12省庁体制スタート
16日　KSD事件で自民党の小山孝雄参院議員逮捕。
23日　額賀福志郎経済財政担当相がKSD疑惑で辞任。
25日　外務省が松尾克俊元要人外国訪問支援室長の機密費流用疑惑の調査結果公表。松尾を業務上横領で告発。
2月9日　日銀が公定歩合を引き下げ（新〇・三五％へ）
10日　ハワイ沖で米原潜と宇和島水産高の実習船が衝突（現地時間9日）。一報後も森首相がゴルフ続行。
11日　神崎公明党代表が森首相のゴルフ続行を批判。
15日　森首相のゴルフ会員権問題が浮上。
22日　村上正邦自民党参院議員会長がKSD事件で議員辞職願提出。
27日　森内閣支持率が七％に急落――共同通信世論調査。

28日　日銀が公定歩合を再引き下げ（新〇・二五％へ）
3月1日　東京地検が受託収賄容疑で村上前参院議員逮捕。
5日　森内閣不信任案を否決。
10日　森首相が自民党五役に総裁選の前倒しを提案し、事実上の辞意表明。警視庁が松尾元室長を詐欺容疑で逮捕。
19日　日米首脳会談。
4月12日　自民党総裁選に橋本龍太郎、小泉純一郎、亀井静香、麻生太郎四氏が立候補。
20日　李登輝前台湾総統へビザ発給（22日来日）
23日　自民党都道府県の予備選で小泉氏が一二三票を得て圧勝、本選挙での当選も確実に。
24日　自民党両院議員選挙で亀井氏が本選挙辞退。小泉氏が二九八票を得て総裁に選出される。
26日　森内閣総辞職。衆参両院で小泉氏を首相に指名。小泉内閣発足。
29日　小泉内閣支持率は過去最高の八六・三％――共同通信世論調査。
5月3日　偽造旅券を持つ北朝鮮・金正日総書記の長男と見られる人物を身柄拘束（6日強制退去）
6日　小泉首相が初の所信表明演説。「聖域なき構造改革」断行を表明。
8日　田中真紀子外相と外務省のあつれき増す。
11日　ハンセン病国家賠償訴訟で国に総額約一八億円支払いを命じる原告全面勝訴の判決。
21日　小泉首相が参院予算委で参院選前の道路特定財源見直しを明言。自民党内の反対論強まる。
23日　小泉首相がハンセン病訴訟の控訴断念を決断。

あとがき

内田健三

『失われた十年』という表現が一種の流行語となっている。しかし、その期間と内容はさまざまで、確定した定義はない。ここでは、国内政治に限定して、一九八九年（その初頭の一月、昭和天皇が〝崩御〟し、年号は「平成」となった）リクルート事件で竹下登内閣が崩壊したあと、二〇〇一年七月現在に至る十余年を対象とする。

この十余年間に、日本の内閣はなんと十一代を数えた。竹下、宇野、海部、宮沢、細川、羽田、村山、橋本、小渕、森、そして小泉の歴代内閣である。いかに、政治状況が不安定と動揺の連続だったかが分かろう。私たちの研究チームは、この間二十数回の研究会を開き、討論を重ねた結果、ようやく総括の段階を迎えた。

二〇〇一年四月の小泉純一郎内閣の登場によって、失われた十余年は新たな段階を迎えた。しかし、これで日本の政治の失われたものが回復・新生できたとはとても思えない。それはただ、政治新生の糸口が見え始めたかということに過ぎない。

というのは、私たちはいまから八年前の九三年八月、細川護熙内閣の成立によって同じ政治新生の道筋が開かれたと信じた。しかしこの期待は空しく失われてしまった。先なる細川、後なる小泉。この両リーダーの前後をつないで、失われた十余年の日本の政治は、どのような政治新生の成果をかち得ることができるのであろうか。

細川改革の前夜の九二年四月、『政治改革推進協議会』（民間政治臨調）が発足した。自民党からの脱党者（羽田孜、小沢一郎、武村正義ら）を含め、非自民八党会派結集が進み、九三年八月、ついに『非自民勢力・細川連立内閣』の成立となった。同年九月、細川政権は小選挙区・比例代表並立制など政治改革関連法案を提出、野党に回った自民党との間で修正協議のうえ、翌九四年三月、ようやく一連の政治改革法が成立した。

しかし政治舞台は暗転する。九四年四月、細川首相は突然辞任し、羽田孜新首相が継承したが、わずか二カ月で辞任し非自民勢力は分裂、崩壊した。代わって同年六月末、政権復帰の執念に燃える自民党の工作が実り、自民、社会、さきがけ三党による村山富市社会党委員長首班の三党連立内閣が誕生した。実質は自民党中心の旧体制の復活である。一年後の九五年七月参院選挙は、連立三党の勢力が伸びず（自民党四六）、新野党の新進党が四〇に倍増して〝痛み分け〟に終わった。自民党では、橋本龍太郎新総裁が登場、副総理となり、翌九六年一月には、村山から橋本への首班交代で自民党主導の政権が二年半ぶりに復活した。同年九月、野党サイドでは民主党が新結成されて、新進党と並んだ。

九六年十月の総選挙結果――自民＝二三九、新進＝一五六、民主＝五二、共産＝二六、社民＝一五、さきがけ＝二、無所属・その他＝一〇――。この結果九六年十一月の新国会では、自民党単独の第二次橋本内閣が生まれ、三年半ぶりに自民党単独政権の復活となった。しかしその間冷や飯暮らしの苦い体験をしたにもかかわらず、自民党の金権体質は少しも変わらなかった。むしろ更に深まっていた。

以上が、失われた十年の前半（八九年〜九六年）の経過である。そして、後半の約五年間が、木鐸社刊新著のための座談会の報告・討議ということになる。

はじめに、『先なる細川、後なる小泉』と表現したのは、両者が前後照応し、連動して、空白と閉塞の状況を続ける日本の政治を打破し、改革し、新生面を開くと期待するからである。

八年前の細川政権は、自民党の外側から、その一党長期支配の腐熟と頽廃を改革しようとした。それが挫折してから八年、いまの小泉政権が試みているのは、より腐敗と硬直の病状が深刻化した自民党を、その内部から告発し、改革しようとする一種の自己革命である。自民党内だけでなくそれに従属・相呼応する守旧派勢力はなお強大である。細川から小泉へと継承された政治改革の成否が二一世紀の日本の運命を左右することになろう。

二〇〇一年六月二十二日

●**曽根泰教**（そね・やすのり）——慶應義塾大学大学院政策・メディア研究科教授。1948年，神奈川県生まれ。70年，慶應義塾大学法学部政治学科卒業。75年，同大学大学院博士課程修了。専門は現代政治学，政策過程論，公共選択論，日本政治論。著書『現代の政治理論』（放送大学教育振興会），『決定の政治学』（有斐閣）他。

●**高橋栄一**（たかはし・えいいち）——都市出版㈱代表取締役専務。1956年東京都生まれ。81年，早稲田大学大学院理工学研究科修士課程修了。電気メーカー，経済誌の編集記者を経て96年より現職。月刊誌『東京人』『外交フォーラム』を発行。

●**成田憲彦**（なりた・のりひこ）——駿河台大学法学部教授。1946年，北海道生まれ。69年，東京大学法学部卒業。同年，国立国会図書館入省。89年，同館調査及び立法考査局政治議会課長，93年細川内閣総理大臣首席秘書官，95年より現職。00年より法学部長。著書『選挙と国の基本政策の選択に関する研究』（編著，総合研究開発機構）他。

●**早野　透**（はやの・とおる）——朝日新聞編集委員。1945年，東京都生まれ。68年，東京大学法学部卒業。同年，朝日新聞社入社。政治部次長を経て現職。主な著書は『田中角栄と戦後の精神』（朝日新聞社）他。

【著者略歴】（50音順）

●**井芹浩文**（いせり・ひろふみ）――共同通信社総合選挙センター長。1947年，熊本県生まれ。69年，東京大学法学部卒業。同年，共同通信社入社。ワシントン支局,政治部などを経て現職。著書『派閥再編成』(中公新書),『アメリカの宇宙戦略』（教育社）他。

●**内田健三**（うちだ・けんぞう）――政治評論家，新構想研究会副会長。1922年，熊本県生まれ。53年，東京大学法学部卒業。同年，共同通信社入社。政治部長，論説委員長を経て，82年，法政大学教授。91年より東海大学教授。第８次選挙制度審議会委員，臨時行政改革推進審議会委員などを歴任。著書『現代日本の保守政治』(岩波新書),『政治烈々』(ＮＨＫ出版)他。

●**蒲島郁夫**（かばしま・いくお）――東京大学法学部教授。1947年，熊本県生まれ。79年，ハーバード大学大学院博士課程修了。政治経済学 **Ph.D.** ワシントン大学客員準教授，プリンストン大学国際問題研究所客員研究員，筑波大学教授を経て，97年より東京大学法学部教授。著書『政治参加』(東京大学出版会),『現代日本人のイデオロギー』(同)『政権交代と有権者の態度変容』(木鐸社) 他。

●**川戸恵子**（かわど・けいこ）――ＴＢＳ報道局ニュース編集センター部長兼解説委員。1944年，兵庫県生まれ。66年，お茶の水女子大学国語国文科卒業。同年，ＴＢＳにアナウンサーとして入社。ＴＢＳ『ニュースデスク』などのキャスターを経て，政治部記者。自治，建設省，国土庁，郵政省担当などを経て現職。

●**近藤大博**（こんどう・だいはく）――日本大学大学院総合社会情報研究科教授。1945年，北京生まれ。68年，東京大学文学部卒業。同年，中央公論社入社。『中央公論』編集長を経て，米国ミシガン大学客員教授，アトランタ・ジャーナル客員論説委員。91年より「外交フォーラム」編集顧問「ジャパン・エコー」編集委員を兼務。99年より現職。著書『漂流する日本』(花伝社) 他。

この政治空白の時代――橋本、小渕、森そして小泉政権

2001年7月20日第一版第一刷　印刷発行

著者代表：内田健三
発 行 者：能島　豊
発 行 所：有限会社　木鐸社（ぼくたくしゃ）
印　　刷：㈱アテネ社
製　　本：大石製本所
住　　所：〒112-0002　東京都文京区小石川5-11-15-302
郵便振替：00100-5-126746
電話／ファックス：(03) 3814-4195
ISBN4-8332-2311-2　C3031

東大法・蒲島郁夫第１期ゼミ編

「新党」全記録（全３巻）

92年の日本新党の結成以来，多くの新党が生まれては消えて行った。それら新党の結党の経緯や綱領，人事，組織など，活動の貴重な経過資料を網羅的に収録。混迷する政界再編の時代を記録。

第Ⅰ巻　政治状況と政党

A5判・488頁・8000円（1998年）ISBN4-8332-2264-7

第Ⅱ巻　政党組織

A5判・440頁・8000円（1998年）ISBN4-8332-2265-5

第Ⅲ巻　有権者の中の政党

A5判・420頁・8000円（1998年）ISBN4-8332-2266-3

東大法・蒲島郁夫第2期ゼミ編

現代日本の政治家像（全２巻）

これまで政治学では，政党を分析単位として扱ってきたが，その有効性が著しく弱まってきている。そこで現代日本政治を深く理解するために政治家個人の政治行動を掘り下げる。第１巻は全国会議員の政治活動に関わるデータを基に数量分析を行う。第２巻は分析の根拠とした個人別・網羅的に集積したデータを整理し解題を付す。

第Ⅰ巻　分析篇・証言篇

A5判・516頁・8000円（2000年）ISBN4-8332-7292-X

第Ⅱ巻　資料解題篇

A5判・500頁・8000円（2000年）ISBN4-8332-7293-8

東大法・蒲島郁夫第３期ゼミ編

有権者の肖像 ■55年体制崩壊後の投票行動

A5判・696頁・12,000円（2001年）ISBN4-8332-2308-2

JESⅡ調査を承けて，その後の有権者の意識と行動を分析。

政権交代と有権者の態度変容

蒲島郁夫著

A5判・316頁・2500円（2000年2刷）ISBN4-8332-2237-X

３年余７波にわたるパネル調査で収集した膨大な選挙調査データを用いて，55年体制の崩壊をもたらした93年総選挙とその後の政治変動期における有権者の態度変容を実証的に分析した日本政治学にとって画期的な業績。(『朝日新聞』評)
